PUBLIC LAW REVIEW

公 法 评 论

第八、九合卷

刘茂林 主编

北京大学出版社
PEKING UNIVERSITY PRESS

图书在版编目(CIP)数据

公法评论. 第8、9合卷/刘茂林主编. —北京:北京大学出版社,2015.6
ISBN 978-7-301-25920-7

Ⅰ. ①公… Ⅱ. ①刘… Ⅲ. ①公法—文集 Ⅳ. ①D90-53

中国版本图书馆CIP数据核字(2015)第121394号

书　　名　公法评论(第八、九合卷)
著作责任者　刘茂林　主编
责 任 编 辑　邓丽华
标 准 书 号　ISBN 978-7-301-25920-7
出 版 发 行　北京大学出版社
地　　址　北京市海淀区成府路205号　100871
网　　址　http://www.pup.cn
电 子 信 箱　law@pup.pku.edu.cn
新 浪 微 博　@北京大学出版社　@北大出版社法律图书
电　　话　邮购部62752015　发行部62750672　编辑部62752027
印 刷 者　三河市博文印刷有限公司
经 销 者　新华书店
965毫米×1300毫米　16开本　29印张　445千字
2015年6月第1版　2015年6月第1次印刷
定　　价　58.00元

目录

特　稿

立宪史研究

宪法实施的回顾与前瞻

公法理论研究

公法制度研究

基本权利研究

《新宪法秩序》书评

《规范性的来源》书评

域外译文

会议实录

特稿

从“五四宪法”走过来的法治梦

蒋碧昆*

时光荏苒，岁月飞逝。转眼间，“五四宪法”已经悄然走过了一个甲子。纵然已离我们远去，但其法治的精神在“八二宪法”中得以明显地贯彻和彰显，这也不失为一件幸事。作为共和国的第一部宪法，是经过了郑重的起草工作而完成的，民主集中制和群众路线的原则贯穿于宪法制定的始终。而我作为中国人民大学法律系首届毕业生，也有幸参加了“五四宪法”草案的编辑和整理工作。

记得1954年我于中国人民大学毕业以后，就被分配到中南政法学院(现中南财经政法大学)工作，中南政法学院是全国第一次院系调整后诞生的高等法律院校，当时正在筹办本科，急需师资。到学校不久后，中国人民大学办教师进修班，我就又回到了母校进修国家法。在我进修期间，宪法起草委员会邀请中国人民大学法律系的师生参加制定宪法的相关工作，通过联系介绍，我被分配到宪法起草委员会办公室的秘书组担任临时编辑，主要工作是和一位姓周的同志把来自全国各地的意见进行汇总整理，大至大政方针，小至标点符号，均要予以记录。在这次由1.5亿人参加的讨论中，人民群众一共提出了118万条修改、补充意见和问题，几乎涉及宪法草案的每一个条款。而我当时也整理了14大本笔记，分成社会制度、国家制度、国家机构、公民的权利和义务、国旗国徽首都五大类。

在我们工作期间，办公室主任田家英同志会时不时地来指导一下

---

* 湖北省宪法学会名誉会长，中南财经政法大学教授。本文系蒋碧昆教授口述，由中南财经政法大学宪法学与行政法学硕士研究生庄培彩同学整理而成，曾以《从“五四宪法”走过来的法治梦》为题署名发表在《人民日报》(2014年9月19日第5版)。

我们的工作,传达一些会议的精神,并对我们的工作提出要求,当时感觉他既随和又严谨。印象比较深刻的是关于国家主席的设置问题,我们工作人员那时对中国国家主席和资本主义国家的总统有什么区别也有一些疑问。而田家英同志转述了董老(董必武)的意见,董老认为设置国家主席制度有三个方面的原因,一为实际,二是需要,三曰经验。经验主要是指,中国有设置国家主席的习惯,可是用习惯一词不妥,所以是经验。其特点是国家主席与全国人大常委会结合起来行使国家元首的职权。除此以外,田家英同志还给我们转达了毛主席对于宪法文风的要求:"能听的人听得懂,能看的人看得懂。"让老百姓都能理解宪法。

1954 年 9 月 15 日,第一届全国人民代表大会第一次会议在中南海怀仁堂举行,当时由于怀仁堂空间有限,我们工作人员就坐在中南海的紫光阁小会议室里听大会的广播。刘少奇同志在大会上作了《关于中华人民共和国宪法草案的报告》,在报告的第三部分,他就讨论宪法草案时提出的各种意见作了专题的说明。首先对于涉及其他法律问题的意见,应当另作处理;其次对于采纳了的群众意见,宪法草案作了相应的改动,既有内容方面的,也有文字和修辞方面的;最后,对于一些意见不够准确和宪法不宜作出规定的就没有采纳,比如有些人提议在序言中详细地叙述我国的革命历史;有些人提议在第 5 条中列举我国现有的各种生产资料所有制的时候,还应当提到国家资本主义;有些人提出地方各级人民代表大会也应当和全国人民代表大会一样设立常务委员会;还有些人提议在宪法中增加规定我国疆域的条文,但是刘少奇同志都一一说明了未加采纳的理由。这样的做法,态度是负责的、慎重的,体现了实事求是的原则和精神,也使中央的意见和全国人民的意见相结合,使宪法内容臻于完善,而且深入人心,与通过的宪法条文一样受到了全国人民的拥护。

1954 年 9 月 20 日,宪法三读通过,当周恩来总理宣布:"《中华人民共和国宪法》已经由中华人民共和国第一届全国人民代表大会第一次会议于 1954 年 9 月 20 日通过"时,全场热烈鼓掌,大家的喜悦和激动之情也溢于言表。

一届全国人大一次会议后不久,我就结束了在中国人民大学的进修,回到中南政法学院继续从事宪法专业的教学工作,同时自己也成了宪法知识培训的骨干，几乎走遍了湖北省各个地区，为当时绝大部分的县市领导干部宣讲宪法。1957 年，本着普及宪法知识的目的，我编著了第一本宪法普及读物——《中华人民共和国宪法名词简说》，反响很好。

我觉得，“五四宪法”在那时已经是非常先进的，这既与党中央的高度重视与正确领导有关，同时也是全国各族人民集体智慧的结晶。同时，“五四宪法”的通过也具有重要的意义。首先，“五四宪法”是顺应时势与民意制定通过的，是十分必要的，因为共同纲领只是一部临时宪法。“五四宪法”不仅是巩固政权所需，也是公民基本权利得以保障所系。尤其是关于公民在法律上一律平等的规定更是一大突破，具有划时代的意义。其次，在今天看来，“领导与群众相结合”、“本国经验与国际经验相结合”的立宪经验也具有重要的借鉴意义，其必须充分运用与发挥。最后，“五四宪法”具有重要且良好的示范作用。我们知道“八二宪法”是以“五四宪法”为基础制定的，这说明其中的相关规定是符合时代要求和群众需要的，这也是其价值的最好体现。

我们在肯定“五四宪法”的同时，也应当看到，其并没有得以良好地实施和执行，这对于我们来说是有经验教训可借鉴的。首先，我们应当依法治国，根除封建主义的等级制、家长制和特权思想以及官僚主义的遗毒。其次，到了 1982 年《宪法》修订的时候，大家才有了对宪法实施监督制度的思考和设置，这个问题在 1954 年《宪法》起草的时候，据我所知，没有任何人提到过，而这个制度正是宪法能否实施的重要保障。这也是“五四宪法”的一大缺憾。最后，我们要坚持中国共产党的领导，同时我党也应该在宪法和法律范围内活动。总之，我们要珍惜这个国家，珍惜宪法，完善我国的宪法实施保障制度，维护好人民群众的根本利益，既不要走封闭僵化的老路，也不走改旗易帜的邪路。

重温六十年前国家制定的根本大法和确定的立法精神，回顾新中国宪法发展史走过的坎坷不平的道路，欣逢法治春天的来临，真是感慨万千。典范犹存，光辉的历史文献正激励着全国各族人民，在党中央的领导下，开创着社会主义法治事业的新局面。

（责任编辑：赖伟能）

立宪史研究

君民共政，并治天下

——中国立宪人物评论之王韬

江国华* 向雪宁**

内容摘要 作为早期维新派代表人物的王韬，其思想既受到传统儒家文化的影响，同时也受到了西方外来文明的冲击。无论在宪制思想还是宪制实践方面，他都在客观上推动着中国宪制进程的发展，提出了极具代表性的民本学说及宪制改革思想，并成为了当之无愧的近代新闻理论的奠基者。

关键词 王韬 维新派 宪制思想 宪制实践

王韬(1828 年 11 月 10 日—1897 年 5 月 24 日)，中国近代著名改良派思想家、政论家、教育家、新闻工作者，出生于江苏苏州府甫里村(今角直镇)，原名王利宾，字兰卿。八岁县考第一，改名为王瀚。后流亡香港，改名韬。王氏家族是一个日趋没落的家族，初生的王韬即被寄予金榜题名、高官厚爵和振兴家族中衰局面的厚望。

后因"十九试京兆，一击不中，遂薄功名而弗事，于是杜门息影，屏弃帖括，肆力于经史，思欲上扶圣贤之精微，下悉古今之繁变，期以读书十年，然后出世而用。"道光二十九年(1849 年)，受雇于英国传教士麦都思创办的墨海书馆。因脚病得治于西医，思想在悄然无息中发生着改变。

在咸丰八年(1858 年)，因受到第二次鸦片战争与《天津条约》签

* 武汉大学教授，博士生导师。

** 武汉大学法学院宪法学与行政法学专业硕士研究生。

订的冲击，王韬开始上书清朝大臣，系统阐述他对时局的看法和挽救政策，希望可以有人拔擢他于布衣之中，以便他能一展抱负。他提出“和戎”、“防海”、“弭盗”三大端，其中以“和戎”为重点。咸丰十一年（1861年）冬天，基于对形势的判断，为避免做清王朝的陪葬品，王韬携家眷逃离上海，向仍在太平天国控制下的苏州甫里进发。次年3月，他陪同英国传教士艾约瑟作“金陵之游”，在天京会晤太平天国干王洪仁玕、忠王李秀成。后其母发病，曾回乡探视母亲，在回乡期间，结识了太平天国苏福省民政长官刘肇钧，并受到刘的器重。

同治元年（1862年），王韬以“黄畹兰卿”的名义给刘肇钧上书一封，信中写明为报答“知遇”之恩，特为太平军攻取上海献计献策。4月，清军攻占上海近郊七宝王家寺七堡垒，“黄畹”上太平天国书落到清军手中，经两江总督曾国藩等人上奏，同治皇帝下旨，对黄畹“迅速查拿，毋任漏网！”5月18日，王韬潜回上海。23日避难于英国驻沪领事馆，达135日。其间，英国驻华公使卜鲁斯曾出面拒绝清政府对王韬的引渡要求。10月5日，王韬乘“鲁纳”号悄然离沪南行，10月11日抵达香港，王韬因自己的多角之“恋”而开始了长达22年的流亡生活。同治九年（1870年）自英国返还香港，回国道经巴黎时，谒访法国名儒儒莲。返回香港后写成《普法战纪》和《法国志略》，长久流传后世。

光绪五年（1879年），王韬在粟笨锄云等众多日本学人的联名坚邀下，4月23日自沪乘船游日本。他在日本的主要活动便是考察明治维新后的日本社会，游观各地结交了中国文化倾慕者和西学倡导同路人。8月22日，王韬正式启程回国。光绪十年（1884年），经挚友丁日昌、马建忠、盛宣怀等人斡旋，由洋务大员李鸿章默许，王韬携全家自香港返居上海，自此结束了长达二十多年的流亡生活，更号“淞北逸民”。

光绪十一年（1885年），王韬创办木刻活字印书局于上海，取名“弢园书局”，刊刻自撰著作，也刊印友人部分书籍。光绪二十三年（1897年），王韬在穷困凄凉中，卒于上海寓所“城西草堂边”，享年70岁。外孙将其灵柩运回故里，葬于甫里村父母坟边。

一、宪制思想

王韬生活的时代,正是中国社会发生前所未有的大变革的时代。中国传统的封建社会急剧衰落,而以英、法、美为代表的西方资本主义国家经过工业革命以后日益强大,并不断对非西方落后国家发动侵略战争,进行殖民掠夺,将其纳入整个资本主义经济体系之中。在王韬生活的短短70年里,中国面临内外交困的严重局势,在此形势下,如何认识这个时代和怎样应付这种复杂局面,不能不成为像王韬这样的仁人志士思考和回答的问题。

(一)民本学说

民本思想[①]是中国传统文化遗产的精华所在,《尚书·五子之歌》就有"民为邦本,本固邦宁",孟子也说过"民为贵,社稷次之,君为轻"。民本思想在中国流淌了数千年。王韬在学习前人的进步思想的基础上,将资产阶级的民主理念与之融合,形成了具有代表性的"民本学说"。民本学说的内涵极为丰富,概括起来可以分为以下几个方面:

其一,承认"民"决定国家治乱。王韬认为被统治者所据为己有的国家,实际上其主体应当是"民","民"才是决定国家治乱安危的关键。"天下之治,以民为先,所谓民为邦本,本固邦宁也";"天下何以治,得民心而已,天下何以乱,失民心而已"。[②] 王韬对统治阶级"只知有君,不知有民"的做法提出了严厉的警告。

其二,强调"民"决定民族的强弱。当西方侵略者以洋枪洋炮打开中国大门的时候,中国的统治阶级中的部分人士已充分看到了其在民族对抗中的作用,并发起了以购买和制造武器为主的洋务运动。王韬早年也是这一运动的积极倡导者。但是,在积极倡导的同时,王韬也看到了"民"在决定民族强弱方面的作用。"今夫富国强兵之本,系于民而已矣。"[③]民族对抗既是军事实力的对抗,也是民心民智的对抗。

---

① 李天纲、张安庆主编:《上海文学百家文库.005:王韬卷》,上海文艺出版社2010年版,第55页。

② 王韬:《弢园文录外编》,卷一,"重民中"。

③ 王韬:《弢园文录外编》,卷一,"重民上"。

其三，呼吁以“重民”政策取代“轻民”政策。王韬指出，民心如水，既可载舟，亦可覆舟。“勿以民为弱，民盖至弱而不可犯也；勿以民为贱，民盖至贱而不可虐也；勿以民为愚，民盖至愚而不可欺也”；对民“欺”、“虐”、“犯”，必将不得善终。[①] 要做到“重民”必须通民情，达民隐。要开放言路，尊重百姓问政的权利。要与民开诚布公，实行政事公开。王韬一步步把民本思想向民权思想拉近。王韬在提倡采取“重民”政策时特别强调对待海外华人的态度问题，他在初次去到新加坡时就注意到了海外华人的问题，建议清政府设立领事，对他们予以保护，扭转之前的“轻民”思想。

其四，主张“富民”先于“富国”。对于先富民还是先富国这一问题，王韬始终坚持应当先富民。国家治乱与民心静与动有关，而民心的静与动又与老百姓的经济状况有关。民富与国富应当是相辅相成的，“民之富藏于公，家之丰通于国”；“民生既足，国势自张”。[②] 为达到真正富民的效果，王韬提出了发展民间工商业的办法，也即近代资本主义的办法。同时，为使民能够掌握近代社会的谋生手段，王韬还提出应当“教民”。“富民”及“教民”概念在民本学说中的出现，表明王韬的民本思想已经具有强烈的资本主义时代的气息，超越了传统的民本思想。

王韬在继承中国传统民本思想的同时，吸纳了近代西方民主思想，创造出了颇具时代特征和个性特点的新民本思想。这种新民本思想虽然还不是完整意义上的近代资产阶级民主思想，但后者无疑是从前者继承发展而来的。从这个意义上来讲，严复的“鼓民力、开民智、新民德”、梁启超的“民权兴则国权立”诸说和孙中山中西合璧的三民主义都是从王韬的“重民”、“富民”、“教民”的基础上发展起来的。

（二）政治改革思想

王韬是最早倡导洋务活动而又最早对洋务活动只重器物层变革提出批判的思想家。王韬清楚地看到，“徒变器物”不能将中国带入现代化的富强之境；“今欲与泰西并驾齐驱，则莫如以自治为先”，即只有深

---

① 王韬：《弢园文录外编》，卷一，“重民中”。

② 王韬：《弢园文录外编》，卷七。

层次的政治变革，挽回民心，才能真正使中国与西方并驾齐驱。[①]

试图从政治改革来挽回民心，首先要做到的就是“去弊”，即消除封建君主专制制度和政策中的不合理部分，一切以现实需要和民意为依归。“去弊”的主张主要包括以下几个方面：

其一，精简官僚队伍，裁撤冗吏，惩治贪官。官吏在精而不在多，王韬建议对清朝各级官员实行一次甄别筛选的普查，凡属冗员，不论是官是吏，为文为武，“悉从而汰之”；凡属贪员，则“必严其典章，纠其贿赂，戍边不赦，籍没不贷，即其家资以充军需”[②]；而对经过筛选合格留任的官员则应该重其权，增其薪，使其安心放手办事。正反相合，官员必将“顾恤名节，相尚以廉，而治道可兴”。

其二，改革储才和用人制度。王韬自认为是清朝储才和用人制度的牺牲品，对此制度极为厌恶，改造它的愿望也特别急迫。他认为清朝的主要储才和用人途径科举会将富有创造思想的人变为“毫无心思智慧”、“所习非所用，所用非所长，问以钱谷不知，问以兵刑不知，出门茫然，一举步即不识南北东西之向背”的“废人”。[③] 王韬指出万国相通的世界格局下民族的竞争就是一种人才的竞争，他提出应废除八股制度而提倡经济、法律、格致、天算、制器、兵法等有用之学。捐纳是清朝用人制度中比科举更腐败、更不得人心的一项制度，也即现在所说的买官。捐纳之初，既以利进，入仕之后，便难免以“膏血”为目的，寡廉少耻，不择手段。这无疑又会加重人民的负担。为此王韬大声疾呼：“不废捐纳，天下终不得治”。[④]

其三，停止妄费，与民休息。内战与外战都会破坏社会经济，加重平民百姓的负担，使其落入悲惨境地。“剥民政策”实乃不明智之举，王韬认为政府应当把注意力从多征捐费和奢侈生活转移到关系国事民生和节制开支上来。封建君主应率先体察国难民艰，崇尚节俭，革除宫中的“妄费”。后王韬通过研究英国和法国的税制，说出税收“藉以养民而便民”，君主亦“不得擅自支取”的话。

---

① 王立群：《中国早期口岸知识分子形成的文化特征：王韬研究》，北京大学出版社2009年版。

② 王韬：《弢园文录外编》，卷十二。

③ 王韬：《弢园文录外编》，卷一。

④ 王韬：《弢园文录外编》，卷二。

王韬的“去弊”主张表现了他的思想倾向性，即西方式的议会民主政治。西方议会民主政治既是王韬批判中国封建君主专制政治的参照系，也是他倾心向往、不断呼唤的理想目标。

王韬对西方政治制度的了解始于他“浪迹香江”之后，而真正静下心来比较研究，进而把它介绍给国人则始于1870年他自欧洲旅行归来之后。1870年到1871年《法国志略》和《普法战纪》两书的翻译使他对欧洲各国的政治有了比较全面清晰的了解。此后，王韬基本上没有改变他对西方民主政治的推崇。王韬的可贵之处在于，他不仅比较出资产阶级民主制度与封建专制制度的优劣，而且观察到西方民主制度中君主立宪政体和共和政体的差别，这从他的叙述中可以看出：

泰西之国有三：一曰君主之国，一曰民主之国，一曰君民共主之国。一人主治于上而百执事万姓奔走于下，令出而必行，言出而莫违，此君主也。国家有事，下之议院，众以为可则行，不可则止，统领但总其大成而已，此民主也。朝廷有兵刑礼乐赏罚诸大政，必集众于上下议院，君可而民否，不能行，民可而君否，亦不能行也，此君民共主也。①

在三者之中，王韬最推崇的政体是君民共主即君主立宪政体。“君民共治，上下相通，民隐得以上达，君惠亦得以下逮，都俞吁咈，犹有三代以上之遗意焉。”②王韬把君主立宪政体誉为“有三代遗意”，加之他一直在不停地呼吁要返璞归真，重返三代，因此不难看出他主张在中国推行君主立宪制度。

二、宪制实践

王韬一生中提出了很多具有代表性和先进性的宪制思想，但是苦于当时的顽固派过于强大，王韬本人又不受清政府的重视，因此他的大多数宪制思想都没能得到实现，只在一定领域内推行了宪制实践。

（一）翻译西书及中国经典

道光二十八年（1848年），王韬生平第一次到上海“省亲”，探望父

① 王韬：《弢园文录外编》，卷一，“重民下”。

② 同上。

亲逗留三宿。在上海期间,王韬还去往外国传教士麦都思等人创办的译印《圣经》和其他西方经典的墨海书馆访问,“后导观印书,车床以牛曳之,轴旋转如飞,云一日可印数千番,诚巧而捷矣”。

道光二十九年(1849年)上半年王韬仍在家乡教书,6月其父王昌桂病死在上海。在上海的传教士麦都思听闻后,派人邀请他去往上海,到墨海书馆做中文助手。王韬就这样被家门的不幸推入到中西方文化对抗与交流的漩涡。王韬在书馆所从事的工作主要是帮助麦都思修改、润色他的译著,初入馆时,“名为秉笔,实供指挥”,不免自叹“佣书西舍,贱等赁舂”。王韬虽然讨厌宗教著作的翻译工作,但是对西方科学技术书籍的极大兴趣已在这个时期有所显现。

咸丰二年(1852年),他仍在墨海书馆做文字编辑工作,1840年译成的《圣经·新约全书》中文译本正式刊印出版。

咸丰三年(1853年),他仍在墨海书馆译书,译成《圣经·旧约全书》中文译本,并在咸丰四年(1854年)正式印刷出版。《新约全书》和《旧约全书》的中文译本,“皆文辞雅达,音节铿锵”,号称为“代表本”或“委办本”,在当时基督教传播中,是最通行的中文版本。

同治二年(1863年),王韬受英国传教士理雅各的邀请,去到英华书院助译中国经典。王韬经学功底深厚,加之十多年的墨海书馆助译经验,因此在英华书院的助译工作十分得心应手,《尚书》译述在1865年完工并刊印发行。

同治六年(1867年),回国省亲的理雅各牧师来信邀请王韬赴英继续佐译中国经典。王韬遂只身前往,经新加坡、锡兰,入红海亚丁湾,由苏伊士运河,道经开罗、巴黎、伦敦,抵达理雅各的故乡——苏格兰。王韬海外之行踏足的第一个地方便是新加坡,他对清政府视海外华人为异邦之民而不闻不问的政策提出了异议,建议设立外交代表予以联络保护。他客居苏格兰两年,帮助理雅各续译《诗经》、《易经》、《礼记》等书。

同治七年(1868年),41岁的王韬仍在苏格兰帮助理雅各翻译经典。曾赴牛津大学演讲,用中文演讲孔子学说、中英关系。呼吁英国停止对华的不平等行为,提出两国应相互尊重。

(二)创办《循环日报》

王韬办报得自于西方报业的启发。在旅行欧洲和研究西方人文历史的过程中，王韬逐步认识到西方国家制造之精、制度之美、民风之好与西方社会的舆论公开、信息开放、报刊传播媒体的发达是互为因果的。他认为在向西方学习坚船利炮、典章制度的同时，还应当像西方那样为富强活动开拓出一个信息灵通、舆论活跃的社会文化环境，只有这样富强活动才能引起举国关心，最终获得成功。同治十三年（1874年），王韬在友人黄胜、伍廷芳以及钱征、胡礼垣等人的帮助下，在中华印务总局的基础上，在香港创办了《循环日报》，希望其能发挥“通上下”、“通内外”、“辅教化之不足”的社会作用。

《循环日报》是中国历史上第一份完全由华人集资创办、主编和管理的中文日报。相较于其他报纸而言，它的独特之处在于：第一，它是日报，除每个星期天以外，它坚持按日出版；第二，它是由中国人完全自办经营的独立报纸；第三，它具有政论色彩。《循环日报》的政论刊登在第二版的“中外新闻”栏内，每期不止一篇，王韬坚持将国内外要事消息汇于一纸，而且要毫不隐讳地表述报社的看法和主张。

从《循环日报》的特点来看，我们可以说它是一份中国资产阶级主张变法自强的“喉舌报”，因此它得到了香港华人资产阶级的大力支持。王韬亲自主笔该报达10年（1874—1884年）之久，他在该报撰文数百篇，评论时政，鼓吹洋务，倡言变法自强，成为名噪一时的洋务政论家，因而受到洋务大员曾国藩、李鸿章、丁日昌的注目。

（三）推行西学教育，担任格致书院山长

王韬秉承了中国古代社会重视人才的传统，终其一身，他几乎没有间断过对人才重要性的呼喊。王韬对八股取士制度进行了强烈的抨击，呼吁建立一个资本主义性质的全新教育体系；主张文科分十科考试，设立院校，除教以传统学问外还教授西学新知识。

1886年秋，王韬应上海格致书院中西董事唐廷枢、傅兰雅的邀请，出任格致书院山长，直到1897年逝世。王韬担任山长的12年中大力推行西学教育，并主持该院每年四季的课士活动，他主持格致书院时期是该院办得最红火、最有生气的时期。他大力推行西学教育，对格致书院的实际贡献主要有以下几项：第一，招收山童，进行初等自然科学教育；第二，四方张罗，为格致书院等筹集经费和招募师资；第三，创立考课制度，促进士人研究现实问题。除此三项之外，王韬还与傅兰雅配

合，邀请中外专家举办临时性的讲演。身为山长的王韬，还对夜校的办学方针和具体管理提出了许多切实可行的意见。

三、历史评价

王韬的一生是颠沛流离的一生，也正是因为有了这样的经历，才使得其宪制思想更接“地气”，其宪制实践亦更着“基本”。

（一）改良派思想家、政论家

王韬继承鸦片战争时期林则徐、魏源的“师夷”、“制夷”的思想，指陈洋务数十年，成为洋务运动的重要代言者。难能可贵的是王韬的现代化思想不是停留在低层次的练兵制器的器物层面上，而是较早地提出了“恃商为国本”、“与民共利”、“与民共治”、改革科举、造就“有用人才”等为内容的“变法自强”论，作为洋务自强的纲领，从一定程度上突破和否定了洋务派官员所恪守的“中体西用”论这一洋务纲领。王韬因此自19世纪70年代开始在思想界独领风骚十余年，成为洋务思潮左翼的重要代表者。同时王韬也是中国最早主张在中国推行英国式民主政治的先进思想家。

（二）近代新闻理论的奠基者

王韬不仅是一位近代报纸的创办者，更是一位近代新闻理论的奠基者。他是中国历史上第一个发表专文讨论报刊理论的“开风气之先者”。他在《循环日报》上先后发表《西国日报之盛》、《论日报渐行中土》、《倡设日报小引》等一系列文章，对报刊的社会地位、社会职能等问题提出了比较完整的看法，从而开启了中国近代报刊新闻思想的先河。

王韬是一位走出了传统、跨进了近代的资产阶级维新派报人。在办报过程中，他创立了近代舆论意识十分强烈的新闻理论。这种理论是他变法图强思想的重要组成部分，也是中国历史上不曾有过的新文化现象。他所提出的新闻问题和理论几乎全是中国人在这领域的第一次探索。从王韬开始，中国的新闻学才算正式诞生。林语堂把王韬比作“中国新闻报纸之父”，白瑞华称王韬为香港早期中文报纸的领袖，这些评价都是符合历史实际的中肯之语。

（三）伟大的教育家

王韬一生都没有停止对改革中国教育的呼唤，他的改革目标具有革命的意义。他为中国教育改革设计了一个完整的方案，他不知疲倦地呐喊，希望有朝一日能看到新式教育的胚芽在中国大地上破土而出。王韬的教育思想是一种与传统教育思想及实践相背离的新型教育思想，它在很多方面已达到或接近西方资产阶级教育思想的高度。王韬所主持的格致书院既是“中国近代新制教育的滥觞”，又是“近代科学教育的先驱”，更是近代新思潮的温床，极大地影响了以后中国科学教育事业和思想文化的发展。他用实实在在的教育实践，为他的人才观和教育思想写下了最好最恰当的注脚。王韬在中国近代文化教育发展史上无论从思想上还是从实践上来讲都是一位当之无愧的先行者。

（四）思想中的瑕疵

王韬因受传统旧学的影响严重，而在西方科学文化、思想方法等方面又没有接受到专业的训练，加之他的思想成熟于国门刚刚开放之际，传统势力异常强大，因此王韬的思想中难免有断裂和矛盾之处。

其一，一方面鼓吹“西学源于中国说”，一方面又倡导学习西学。中国知识分子都抱有一种与生俱来的文化优越感，思想中有较为强烈的“华尊夷卑”色彩，认为一切美好之物都是中国的固有之物，其中西学就是源自中国，王韬也是赞同这一观点的。他曾这样写道：“中国，天下之宗邦也，不独为文字为始祖，即礼乐制度天算器艺，无不由中国而流传及外。……中国为西土文教之先声，不因此而益信哉！”[①]各民族之间文化相互影响是事实，但是将西方的知识成果都视为中学西被的结果，则无疑是文人的主观想象，没有任何历史根据。然而，王韬虽然赞同并提倡“西学源于中国说”，但同时也倡导向西方学习，这就使二者之间产生了矛盾。因为这样是在助长、加强封建顽固派的保守心态的同时，鼓励积极向西方学习，使得中国学习西方的广度和深度都大打折扣。

---

① 王韬：《弢园文录外编》，卷一，“原学”。

其二,主张宗法制又提出要改革封建政治。宗法制从氏族社会的血缘关系演变而来,亦有古老的历史,它是统治阶级维护国家政治的工具。王韬认为,天下治乱的关键在于"民心之得失","民心既得,随危而亦安,民心既失,虽盛而亦蹶";而欲得民心,必须"重民";"重民"又必须"有以维持而联络之"。王韬认为最好的联络方法便是宗法制,他认为宗法制才是富国强兵的手段。但宗法制和宗法观念是封建专制政治的基础,是中国民主自由思想长期得不到发扬光大的罪恶之源。提倡宗法制与王韬所主张的推行政治改革、学习西方民主政治南辕北辙。这一矛盾体现出了王韬思想上欠缺一定的严密性和逻辑性。

终其一生,王韬都在为实现国家自强而奋斗,其思想呈现出一种"亦新亦旧"的特点,不免给人以中西杂糅的感觉。一言以蔽之,一方面他推进了西学在中国的传播,另一方面他鼓动了国内的变革,其对宪制发展所作出的贡献不容忽视。

(责任编辑:赖伟能)

精英吸纳、群众动员与政治合法性建构

——以新中国早期立宪为中心的考察

于龙刚*

内容摘要　由于新中国独特的政治—社会环境，围绕《共同纲领》、“五四宪法”展开的新中国立宪实践形成特有的形态。其围绕“意识形态建设”展开，以确立执政党及其意识形态领导权为主要目标，并表现为一项国家工程和社会事业。卡里斯玛型合法性模式构成这一实践的内在逻辑。“中国共产党领导中国人民为建立社会主义制定宪法”是新中国早期立宪的核心命题。

关键词　共同纲领　五四宪法　意识形态　政治合法性　政治仪式

一、立宪的新中国形态

在中国宪法学研究中，一直存在一种迷思——有宪法无宪制。这一迷思反映了西方理论同中国宪制实践之间的内在冲突。抛弃传统西方宪制理论，重新发现中国理论成为目前很多宪法学人努力的方向。①传统立宪研究主要从两个方面展开，一是立宪程序，二是立宪政治。立宪程序主要指起草、审议、通过和实施成文宪法这一法律过程；而立宪政治则是指形成立宪程序、关于权力安排的结构和程序等一系列宪法

* 吉林大学计划司法文明协同创新中心 2011 级博士研究生。

① 目前，高全喜、强世功、田雷等学者的研究反映了这一趋势。参见高全喜：《革命、改革与宪制："八二宪法"及其演进逻辑？》，载《中外法学》2012 年第 5 期；强世功：《中国宪政模式？》，载《中外法学》2012 年第 5 期；田雷：《"差序格局"、反定型化与未完全理论化合意》，载《中外法学》2012 年第 5 期。

制度之社会政治过程。这一社会政治过程主要包括学术运动、革命、改革、舆论宣传等一系列社会政治活动。在现实当中，立宪程序通常和立宪政治融合在一起，并且受民主、平等、自由等宪法价值影响。这一研究以西方近代革命、启蒙时期的法学思想为重要基础。在新中国早期的立宪实践中，该研究面临困境，其无法将中国革命以及新中国立宪实践中的一系列成文制度、不成文惯例纳入进来，两者出现冲突。在新中国的立宪实践中，存在很多"中国特色"。第一，执政党主导宪法起草、审议和通过；第二，执政党的执政理念成为宪法的指导思想；第三，在宪法起草过程中，由执政党领导人组织宪法起草小组，邀集部分社会精英参加，以确定宪法草案；第四，在宪法讨论当中，将宪法草案交付社会大众进行讨论，收集相关建议；第五，组织群众选举地方人民代表，由地方人民代表选举代表参加全国人民代表大会对宪法进行表决；第六，在全国人民代表大会对宪法草案进行表决过程中，针对宪法条文的辩论、对宪法草案的拥护，以及对相关社会问题的争论相互交织；第七，宪法最终全票通过；第八，立宪学说以阶级分析法、马克思历史唯物主义等学说为基础。上述八个方面构成立宪的新中国形态之重要表现，这些"中国特色"的核心特征在于执政党及其意识形态同立宪的特殊关系。这种关系及上述形态与西方立宪价值之间存在一种内在距离。这种距离使得无论是从立宪程序，还是从立宪政治角度展开的研究都容易忽略或是曲解上述立宪的重要细节。因此，如何跳出上述框架，从历史与经验角度展开分析，对新中国的立宪进行另一种解读成为应对上述困境的主要出路。

到目前为止，新中国已经制定出包括《中国人民政治协商会议共同纲领》在内的五部宪法，其中，《共同纲领》构成新中国的第一部临时宪法，"五四宪法"构成新中国第一部宪法。在这两部宪法当中，新中国的基本制度、国家性质、政体以及国家根本制度等内容得到确立，并为后续宪法所遵循；同时，在制定这两部宪法的过程当中，新中国立宪特色被完整呈现出来，立宪思想、理念被表达出来。因此，研究围绕这两部宪法展开的新中国早期立宪史成为本文回应上述问题的途径和方法。

二、《共同纲领》与精英吸纳

（一）军事胜利后的合法性困境

在1949年初，在军事胜利的背景下，中国共产党面临一项重要问题——建立新中国。[①] 在这种“新中国”中，国家权力的组织原则，政党与国家关系等核心内容已经得到确立，即以人民民主专政的形式确立中国共产党及工人阶级的“领导权”。[②] 进而，“新中国”的政治合法性就成为1949年中国共产党进行建国时所必须处理的另一个重要问题。显然，虽然中国共产党已经在解放战争中取得重大胜利，国民党军队败局已定，但是，新国家的合法性并不能仅仅建立在军事胜利这一事实之上。另外，马克思理论当中，共产党国家的合法性来源于资本主义必定要灭亡这一历史发展规律，但是，这种来自理论上的合法性，在马克思主义还没有成为全中国的政治共识时，无法作为新中国政治合法性的基础。同时，在解放区，通过土地改革等一系列措施所建立的合法性无法在全国进行普及，一方面是由于国民党一直以来的污名化宣传，更为重要的是由于通过这种途径来建立合法性是需要通过取得政权之后来进行的，在中国共产党还未取得全国政权，在很多地区刚取得军事胜利，这种合法性的建立方式是无法得到实践的。这三个方面体现了中国共产党在即将从一个地方政权的执政党变成一个全国政权的执政党，由一个拥有区域合法性的执政党走向一个拥有全国合法性的执政党时所面临的合法性困境。由于即将建立的新中国以人民民主专政为政体，以中国共产党的领导为重要特征，因此，上述困境进而成为建国困境。

---

① 以下史料主要来源于以下文献，参见许崇德：《中华人民共和国宪法史》，福建人民出版社2003年版；韩大元：《1954年宪法与新中国宪政》，湖南人民出版社2004年版；张岩：《共同纲领诞生的台前幕后》，载《党史纵横》2010年第9期；张万禄：《毛泽东与新中国的诞生》，中央文献出版社2009年版；张军锋：《见证新中国的诞生》，江苏人民出版社2010年版。

② 〔意〕安东尼奥·葛兰西：《葛兰西文选》，李鹏程编，人民出版社2008年版，第45页。

（二）确立领导权的政治协商

面对上述困境，中国共产党所采取的措施是：邀集各民主党派人士，进行政治协商，制定《共同纲领》，组建联合政府。采取这一措施，是中国共产党以往统一战线政策在建国这一过程上的延续，但更为重要的是，这一措施成为应对上述合法性困境的重要出路，即将政治共识作为新中国的合法性基础。在抗日战争时期，国民政府对民间参政议政的适当放松以及国民党一直以来的一党专政政策使得"政治协商"、"联合政府"成为一种反体制政治共识得以存在。这一共识在1945年进行的"国共和谈"以及政治协商的相关实践中得到强化。在解放战争期间，中国共产党、各民主党派虽然坚持不同的政治理念，但是，在"政治协商"、"联合政府"这一问题上实现了一致。因而，在这种政治共识之上，进行建国，成为中国共产党应对上述合法性困境的唯一举措。值得注意的是，《共同纲领》即是在这一政治共识的框架之中产生的。政治协商、党派联合需要一个共同的基础，这个基础即是《共同纲领》，同时，在政治协商过程中如何确立中国共产党的领导权，确立新中国的人民民主专政政体，以及将"新民主主义"作为国家的意识形态，新《共同纲领》的起草、制定和修改为实现这一目的提供了方法和路径。

《共同纲领》最初是由毛泽东提出的。在1945年的《论联合政府》中，他提出：为动员和统一中国人民一切抗日力量，彻底消灭日本侵略者，并建立独立、自由、民主、统一和富强的新中国，中国人民，中国共产党和一切抗日民主党派，迫切需要一个共同纲领。[①] 在1949年之前，《共同纲领》的起草、修改等实践大多在党内展开，其目标也是以此作为统一战线的重要载体，以争取解放战争的胜利。但是，在1949年，在围绕"政治协商"、"建立联合政府"这一政治共识展开的建国历程中，其被赋予了另外一种意义。

在1949年之后，新《共同纲领》的制定成为党派合作、政治协商的必要构成。这一转变一方面是由于需要通过纲领的形式对新中国的国家政体、国家权力组织形式、国家基础制度进行规定，这也是所有国家

① 参见《毛泽东选集》（第三卷），人民出版社1991年版，第1055—1056页。

在建国时期制定宪法时的主要目的和宪法的主要内容。但是,如何将民主党派集中在中国共产党周围,如何在政治协商、联合政府的框架下将人民民主专政作为新国家的政体,如何实现中国共产党在新国家的领导权,实现工人阶级在新国家阶级中的领导地位成为这一转变的深层次原因。上文提到,1949 年的建国实际上是建立一个以中国共产党为执政党,以人民民主专政为政体的新国家,以"新民主主义"为国家理论。要在政治协商的过程中确立这些内容,则 1945 年的政治协商实践将被抛弃,传统政治协商理论也将被改造,因为这是一种旨在实现政党领导权的政治协商。

传统的政治协商理论在立宪中体现为不同党派平等地参与制宪过程,自由表达意见,愿意倾听并考虑不同意见,在理性的讨论和协商中作出具有集体约束力的决策。① 但是,旨在确立领导权的政治协商中,实现民主党派对中国共产党建国理念的认同成为重要目标。围绕这一目标,在新《共同纲领》的起草、讨论、修订过程中,中国共产党采取了一系列的相关措施,主要体现为各种权力技术的使用,包括个别交谈、报告会、小型座谈会等方式,以及组织民主党派人士参观解放区。通过这些技术,中国共产党弥合了同部分坚持"三民主义"民主党派之间的分歧,最终使得新民主主义成为中国政治精英的政治共识。

在这一系列的权力技术之中,之前中国共产党同民主党派人士所处的围绕"联合政府"这一政治共识的涣散状态已经发生改变,在《共同纲领》的形成过程中,中国共产党和民主党派投入到一场轰轰烈烈的建国运动当中,在这次运动中,中国共产党所坚持的人民民主专政、"新民主主义"成为新中国的立国原则,中国共产党的执政党地位得以确立,同时,其同民主党派的关系也发生巨大改变,在新中国的政治框架之下,两者已经成为新的政治共同体之下的必要组成。通过《共同纲领》的制定过程,中国共产党实现了对中国政治精英的吸纳。

(二)通过《共同纲领》塑造政治魅力

在《共同纲领》的制定过程中,充分邀集政治、社会精英,以及从程序和内容上确立其"先进性"成为两项主要特征。前者体现"联合政

① 陈剩勇:《协商民主理论与中国》,载《浙江社会科学》2005 年第 1 期。

府”、“政治协商”这一政治共识在新中国建立运动中的良好实践,同国民政府的一党专政形成鲜明对比。后者则是通过新政协筹备会议等组织,对纲领内容,乃至文字、文法进行仔细推敲、论证和充分讨论,并确立保障个体权利、平等、民主等价值,使得这部“临时宪法”优越于中国近代时期的其他宪法。《共同纲领》的这两个特征构成新中国以及中国共产党执政合法性的重要基础。韦伯将合法性基础分为三个方面,一是传统型,二是卡里斯玛型,三是法理型。其中,卡里斯玛型的合法性基础主要特征在于统治的合法性建立在执政者的非凡品质和超凡神圣性之上。[①] 在新中国建立之前,通过土地改革、政治运动、革命等一系列行动,中国共产党的非凡品质在解放区已经确立。而在建国期间,通过《共同纲领》的制定,以及由此展开的一系列权力实践,包括权力技术、组织动员等形式,中国共产党在全国的超凡神圣性已经建立。中国共产党在新中国的合法性来源于其领导政治精英建立了中国近现代历史中“最为优良”的国家,制定最为完善、优良的宪法。这一成就无疑构成新中国以及作为执政党——中国共产党的政治合法性,其所产生的政治魅力不仅在国内发挥功能,而且,对国外华人发生重大影响,当时大量华人、华侨归国参与新中国建设,国家建设无疑是这一政治魅力、执政禀赋的体现。

在西方,制宪同建国的关系表现为通过制宪来为国家提供合法性基础。但是,在新中国,执政党领导权渗入这一制宪与国家的合法性脉络当中。在新中国建设过程中,中国共产党的国家观念、国家政治理论——新民主主义、人民民主专政——成为建国的指导原则,使得建国的过程成为中国共产党政治理论、意识形态普及的过程[②],新民主主义开始从一党的意识形态演变为国家的意识形态,伴随这一意识形态普及状态,解放区的政治实践开始走向全国。这一政治实践、意识形态的重要内容之一为领导权问题,其理论根基为“阶级分析法”,阶级分析法是马克思分析社会、政治的重要手段,在中国革命中,毛泽东将这一

① 〔德〕马克斯·韦伯:《支配社会学》,康乐、简惠美译,广西师范大学出版社 2004 年版,第 262—277 页。

② 意识形态是一个复杂的政治哲学概念,在本文,笔者无意对其进行一种深层次的解读,只是从一般意义上对其进行使用。

方法应用至对中国社会阶级、革命、新中国建设的分析中。[①] 这一分析的核心在于划分不同阶级，确定领导阶级以及领导阶级同其他阶级的关系。在这一理论中，中国共产党被作为领导阶级的先锋队，从而被赋予社会、政治领导权。解放区的土地改革、全民族的统一战线，都是围绕这一阶级分析法展开的。在论证作为《共同纲领》指导原则的新民主主义与人民民主专政的过程中，这种方法发挥了基础性的功能。因此，领导阶级、政党领导权问题成为这一过程的内核。《共同纲领》的形成成为一种需要确立领导权的“政治协商”，与之相关的建国运动成为一种塑造政治魅力、执政禀赋的手段。围绕《共同纲领》展开的相关实践都围绕这一内在逻辑展开，立宪的新中国形态也同这一内在逻辑相关。

三、“五四宪法”与意识形态合法性

（一）“社会主义”问题

马克思提出，共产主义国家的一个重要任务在于进行社会改造、消灭阶级。[②] 在中国，这一理论演变为从新民主主义向社会主义的过渡。早在《共同纲领》的制定期间，由于在新中国成立一段时间之后建立社会主义是“新民主主义”的重要内容，因此，《共同纲领》同社会主义的关系就成为当时中国共产党同社会精英讨论的重点对象。但是，由于中国共产党同各民主党派在政治理念上的差异，联合政府这一政治共识还无法容纳社会主义这一问题。因此，关于社会主义的规定，在《共同纲领》中并没有明确作出。但是，在1952年制定的“过渡时期总路线”中，关于“社会主义”这一问题在中国共产党、各民主党派及其他社会精英之间已经取得共识[③]，进行社会改造、建立社会主义开始成为20世纪50年代中国的重要政治、社会实践。这需要对社会结构、经济结构、政治结构进行变革，需要对社会进行巨大的改造。这一目的在常规

① 《毛泽东选集》(第一卷)，人民出版社1991年版，第3—11页。

② 《马克思恩格斯选集》(第一卷)，人民出版社1972年版，第230—247页。

③ 国家建设、意识形态问题是中国宪法的核心内容，从这个角度讲，过渡时期总路线的制定是对《共同纲领》的一次修订，它将社会主义作为国家意识形态，将建立社会主义作为国家目标，这一修宪原则在1954年制定《宪法》的过程中得到确认。

国家框架体系内，通过传统国家行为无法实现，进而运动式的治理成为应对该问题的主要方式，在这一治理方式中，针对群众进行的政治动员成为主要内容。[①]《共同纲领》的形成围绕精英吸纳展开，对于群众，遥远的《共同纲领》并未对其产生深刻的影响和引起巨大的认同，因而，从某种程度上讲《共同纲领》由此也未"建立在人民的意志"之上。[②]在"五四宪法"的制定中，如何将宪法建立在最广泛群众的意志之上，成为立宪所面临的第一个问题。

另外，虽然"过渡时期总路线"已将社会主义同国家、政党联结起来，但是，在国家宪制层面，这一关系还未得到确立。在国家层面，通过宪法来确定这一关系的核心在于回应意识形态合法性这一问题。社会主义作为新中国的意识形态，如何确立其合法性成为国家必须应对的一个问题。但是，意识形态合法性的确立不同于执政党合法性、国家合法性的确立，其包含双重过程，一是将执政党的意识形态通过宪法的形式上升至国家层面，成为国家意识形态；二是将国家意识形态下降至社会个体，使其成为个体自然态度的组成部分。传统的立宪程序可以实现第一个过程，对于第二个要求却无法实现。建构新中国的立宪形态，成为应对这个问题的重要方式。

（二）五四立宪的四个阶段与三种动员方式

"五四宪法"的制定过程主要包含四个阶段：党内拟定宪法草案；党派间就宪法草案进行讨论和修改；将宪法草案交付中央人民政府委员会讨论，并由其向社会公布草案，组织社会讨论；以及由全国人民代表大会表决通过宪法草案。在前两个阶段，条文文字表达、国家具体制度设计、宪法结构等成为讨论的主要内容；在后两个阶段，宪法草案的优良、社会主义、中国共产党领导权成为讨论的主要内容。另外，在这一过程当中，围绕立宪展开了三种形式的政治动员：初期的地方人大选举；在宪法草案拟定后组织的 8000 人进行讨论；以及将宪法草案向社

① 周雪光：《运动型治理机制——中国国家治理的制度逻辑再思考》，载《开放时代》2012 年第 9 期。

② 此处"建立在群众的意志之上"指实现社会主义同群众的勾连，将社会主义作为群众自身的内在态度。

会公布，组织、动员社会精英参与宪法的宣传、学习活动。[①] 在这三种政治动员活动中，打破了性别、信仰、财产、教育程度等个体分类标准，以将绝大多数群众纳入到人大代表的选举、宪法制定这一运动当中。同时，召开各种宪法讨论委员会，采取组织宣传队、动员模范进行报告等权力技术，动员群众参与到宪法讨论当中。

（三）以意识形态为内核的立宪形态

在上文中，笔者提到，五四立宪需要回应两个问题，一是将立宪建立在最广泛的群众意志之上，二是实现意识形态的合法性，其中包括通过宪法形式确立意识形态的国家地位以及实现意识形态同社会个体的勾连。在立宪的四个阶段中，通过将社会主义写入宪法，由全国人民代表大会全体通过，已确立社会主义这一意识形态的国家地位。这点无需仔细说明。但是，对于如何通过立宪实现意识形态同社会个体的勾连，以及如何理解立宪过程中大规模的政治动员、宣传活动，如何理解立宪四个阶段中"党内—党派间—社会—国家"这一形态，则需要仔细说明。

首先，社会主义成为宪法的核心内容，同时，在立宪过程中，社会主义被不断言说。宪法的性质被确定为社会主义，建立社会主义被作为制定宪法的主要目标。同时，在"五四宪法"序言中规定："中华人民共和国的人民民主制度，也就是新民主主义制度，保证我国能够通过和平的道路消灭剥削和贫困，建成繁荣幸福的社会主义社会"。毛泽东提出，"五四宪法"即是《共同纲领》加上"过渡时期总路线"。另外，社会主义也被作为宪法的原则，毛泽东提出，社会主义原则是指在该部宪法中规定完成社会主义改造是国家的重要目标，而且，在确立这个目标的同时，宪法规定了实现社会主义的主要期限。上述内容在立宪过程中被不断言说，诸如陈伯达在宪法起草委员会所作的报告、刘少奇在全国人民代表大会上所作的报告、毛泽东在立宪期间所发表的相关论文、报告等。因此，在立宪过程中，"宪法—社会主义"成为具有基础性地位的话语，而社会主义这一意识形态的运作成为核心内容。

其次，在立宪的三种政治动员方式中，由于社会主义成为宪法的核

① 许崇德：《中华人民共和国宪法史》，福建人民出版社 2003 年版，第 228—249 页。

心内容,群众被组织、动员参与到针对宪法草案的讨论、学习当中。在这些活动当中,作为宪法草案核心内容的"社会主义"被不断言说,广大群众借助于这些活动同社会主义这一抽象话语产生关联。托克维尔提出:"政治语言中充满了一般性的词组,抽象的术语、浮夸之词以及文学句式。这种文风为政治热潮所利用,渗入所有阶级,而且不费吹灰之力,便深入到最下层阶级"。[①] 在这次立宪运动中,社会主义借助政治动员,深入到群众当中,并且成为对群众进行政治动员的重要机制。在实现将"五四宪法"建立在最广泛民意这一目标的同时,立宪发挥了将抽象话语同政治动员结合起来这一功能。

最后,立宪四阶段的重要特征是伴随立宪沿着"党内—党派间—社会—国家"(此处将全国人民代表大会作为国家的政治象征)这一顺序的前进,针对宪法优良性、社会主义、国家政策的讨论逐渐取代针对宪法条文的讨论。具有这种核心特征的立宪过程成为新中国立宪的重要形态。在第一阶段,执政党将自身的意识形态溶解在宪法草案、立宪过程当中;在第二阶段,党派间就宪法草案进行讨论,讨论围绕具体条文展开,在讨论过程中,溶解在草案中的意识形态得到延展;在第三、四阶段,宪法草案进入社会和国家,在这两个阶段中,对宪法优良性的探讨成为中心,同时,讨论已经超越宪法本身,围绕国家政策、执政党合法性、国家发展展开。"讨论国是"成为这两个阶段的核心特征,在此时,一种重要的权力技术被生产出来——情景建构。在常规国家结构中,个体、国家被分离为科层的两端,而在"宪法讨论"、"人民代表大会"这两个情景中,两者之间的层级被打破,两者的结构关系被颠倒,国家不再高高在上,个体突然在此处凌驾于国家之上。[②] 此外,一方面个体参与到对国家事务的讨论当中,另一方面,这种权力技术使得国家意识形态在个体内心打下深深的印记,开始成为个体自然态度的一部分,而新中国的立宪形态成为承载这种权力技术

---

① 〔法〕托克维尔:《旧制度与大革命》,冯棠译,商务印书馆 1992 年版,第 182 页。

② 特纳在《仪式过程:结构与反结构》中,对这一权力情景在原始社会和现代社会的运行进行了详细论述,不过,他将所建构出来的权力情景称为"阈限"。参见〔美〕维克多·特纳:《仪式过程:结构与反结构》,黄剑波、柳博赟译,中国人民大学出版社 2006 年版,第 94—126 页。强世功在《"法律不入之地"的民事调解——一起"依法收贷"案的再分析》中也论及到派出法庭的法官如何采取这种方法进行调解。参见强世功:《"法律不入之地"的民事调解——一起"依法收贷"案的再分析》,载《比较法研究》1998 年第 3 期。

的政治仪式。

四、合法性模式与立宪的新中国形态

（一）广义的立宪研究与立宪的新中国形态

立宪即为制定宪法，立宪的研究即为研究制定宪法的过程。当这种研究被纳入到法律知识体系中时，立宪的法律程序即成为研究的重点，以法律价值为媒介，其他与立宪相关的政治、社会现象同法律程序产生关联。但是，这种研究容易忽略政治、社会现象本身的逻辑，以法律的逻辑取代非法律现象的逻辑。新中国的立宪是一项复杂的事业，一个丰富的政治—社会过程。而从上述角度展开的研究，极易将之纳入到“极权主义”和“政治吸纳立宪”这两个框架当中，即将立宪在新中国的实践作为极权模式在立宪层面的延伸，以及将之作为全能主义政治对法治的侵犯。在笔者看来，新中国的立宪包含一种内在逻辑，这种逻辑同新中国的政治、社会相适应。因此，必须从政治、社会角度考察这一立宪过程。更为重要的是，从新中国早期的《共同纲领》、“五四宪法”，到之后的“七五宪法”、“七八宪法”、“八二宪法”，新中国立宪形态中诸如确立领导权、塑造政治魅力、意识形态建设、政治动员等核心要素依旧在运行，成为一种制度性实践。因此，应该从广义上对新中国的立宪进行研究，将制定宪法程序之外的各种政治运作、权力技术、社会行动纳入进来，思考其中的内在逻辑和进路。从这一研究进路出发，笔者试图通过对《共同纲领》、“五四宪法”形成过程的分析，来对新中国的立宪形态进行研究。在笔者看来，新中国的立宪形态具有以下几个方面的内容。

首先，在执政党与立宪层面上，确立执政党领导权是立宪的核心目标，同时，在立宪过程中，塑造执政党政治魅力、确立其意识形态合法性是实现这一目标的主要手段。在西方，政党的合法性来源于宪法条文的相关规定，以及民主选举。但是，在新中国，政党的合法性不仅来源于宪法条文的规定，而且来源于立宪过程，在这一过程当中，执政党的政治魅力得到塑造，其意识形态成为国家意识形态以及民众自然态度的组成部分。而围绕这一过程展开的是立宪实践，“党内—党派间—

社会—国家”、“确立领导权的政治协商”、“政治动员”是其主要内容。其次,在立宪与国家层面上,将立宪作为国家工程,围绕立宪展开官僚动员,通过立宪进行国家设计与改造是新中国立宪的又一体现。立宪是一项国家工程,是国家活动的重要构成。新中国的立宪是一项对国家进行设计、改造的工程,国家的具体制度、权力结构、政治话语需要在这一过程中确立下来,同时,围绕这一活动,需要将官僚动员起来,使其投入到这场国家设计、改造的活动当中。最后,在立宪与社会层面上,立宪也是一项社会事业,立宪承担了对社会的经济、政治、道德制度进行型塑和改造的功能,因此,社会动员成为其重要内容。同时,它是面向未来社会的,通过立宪这一纽带,所有社会成员被勾连起来,一同走向确定的未来。

(二)合法性的三种基础与合法性模式

合法性是研究政治、社会的重要概念。韦伯认为:“合法性是促使一些人服从某种命令的动机,任何群体服从统治者命令的可能性主要依据他们对统治系统的合法性是否相信。”李普塞提出:“任何政治系统,若具有能力形成并维护一种使其成员确信现行政治制度对于该社会最为适当的信念,即具有统治的合法性。”[①]可以看出,合法性是一个政治体系存在、持续、稳定和发展的基础和前提。根据支配类型的不同,韦伯将合法性基础分为三类:(1)理性的基础:确信法令、规章必须合于法律,以及行使支配者在这些法律规定之下有发号施令的权利;(2)传统的基础:确信渊源悠久的传统之神圣性,以及根据传统形式支配者的正当性;(3)卡理斯玛的基础:对个人及他所启示或制定的道德规范或社会秩序之超凡性、神圣性、英雄气概或非凡特质的献身和效忠。[②] 以法律同合法性的关系为标准,以上述三类合法性为基础的理想类型可以分为两类,一类是以法理为基础的合法性模式,在这种模式中,国家、执政党的合法性来源于法律,法律的合法性来源于法律条文、

---

① S. M. Lipset,“Some Social Requisites of Democracy:Economic Development and Political Legitimacy”, American Political Science Review,V 53. 转引自胡伟:《在经验与规范之间:合法性理论的二元取向及意义》,载《学术月刊》1999 年第 12 期。

② 〔德〕马克斯·韦伯:《经济与历史 支配的类型》,康乐、吴乃德、简惠美、张炎宪、胡昌智译,广西师范大学出版社 2004 年版,第 303—306 页。

制定法律的程序服从于法律价值；另一类为不以法理为基础的合法性模式，在这种模式中，法律并不是国家、执政党的合法性来源，习惯、传统、魅力人物的英雄气质、超凡品质成为国家、执政党的合法性来源，同时，上述因素也塑造了法律的合法性。

西方立宪实践以第一种模式为主。在现代民族国家建立之后，需要制定宪法为新国家提供合法性基础，在宪法的框架中，执政党通过选举获得执政的合法性。同时，宪法本身的合法性来源于两个方面，一是其宪法条文对公平、正义、平等、博爱等法律价值的遵循，二是宪法制定程序对上述法律价值的遵循，宪法制定程序应该公平，应为大多数民众意志的体现。为实现这一价值，西方国家已经创造出成熟、完备的立宪技术和程序，并上升为理论。在目前的立宪研究中，对于这些立宪技术、程序以及理论的研究进路成为立宪研究的主要范式，进而将西方语境下的立宪实践作为绝对的研究对象。但是，我们需要注意，西方的立宪实践是建立在以法理为基础的合法性模式这一框架之下，新中国的合法性模式是否也是如此？这是我们在应用上述范式研究新中国的立宪时必须首先回答的问题。

（三）意识形态合法性与新中国立宪中的合法性模式

新中国立宪中的合法性模式是什么？新中国、执政党政治合法性的确立是通过何种方式实现的？其同新中国的立宪形态具有何种关系？这些问题是思考新中国立宪内在逻辑的重要进路。韦伯所总结出来的三种合法性基础，是一种理想模型，在新中国的立宪形态中，我们可以发现三者的影子，却很难将之归纳到任何一种模式当中。首先，《共同纲领》的制定是对近代中国社会“协商政治”这一反体制传统的遵循；其次，通过《共同纲领》、“五四宪法”来对国家、执政党进行“政治背书”，通过将“五四宪法”建立在最广泛的群众基础上来确立立宪程序本身的合法性。这两者体现了前两种合法性基础。最后，意识形态建设、政治魅力塑造是制定《共同纲领》、“五四宪法”过程中的核心内容，两者分别围绕“新民主主义”、“社会主义”展开。这是第三种合法性基础的体现。从笔者提出的合法性类型角度来考量，可以发现，一方面，法律构成国家、执政党合法性的来源，程序构成法律合法性来源；另一方面，意识形态也构成国家、执政党、法律合法性的来源,两个方面共同存在。但是,在新中国的立宪中,后者占据主导。

首先,意识形态建设是立宪的核心内容。将新民主主义作为立国原则是制定《共同纲领》的主要目标,中国共产党同民主党派的分歧也主要是围绕这个点展开。将社会主义这一意识形态上升至国家层面,同时,将其作为民众自然态度的构成,是"五四宪法"形成过程的重要构成。另外,这两种意识形态以国家设计、社会改造为重要内容,因此,其框架之内的立宪也成为一种国家工程、社会事业。同时,执政党同其具有"道成肉身"的关系,因此,执政党领导权同意识形态合法性相联系。可以看出,意识形态建设构成上述新中国立宪形态的内在逻辑。从这个角度上讲,新中国立宪实践主要遵循上文论述中的第二种合法性类型。新中国立宪实践的核心命题为"中国共产党领导中国人民为建设社会主义制定宪法",宪法的合法性基础不仅来源于制定宪法的程序,而且来源于"中国共产党领导"和"为建设社会主义"。这一命题成为对新中国立宪中的合法性模式的恰当说明,也成为新中国立宪内在逻辑的体现。

五、结语:作为国家剧场与政治仪式的新中国立宪

通过宪法确立国家合法性是现代宪制的核心命题,其源于传统西方宪政理论,是西方立宪实践这一"总问题"之下的逻辑延伸。[①] 新中国具有特殊的政治—社会背景,其核心特征在于中国共产党及其意识形态领导权的确立。这是中国近代百年政治实践的最终结果和选择。围绕这一目标,西方立宪理论被进行了中国式的改造,被赋予一种新功能。作为"临时宪法"的《共同纲领》成为中国共产党吸纳政治精英,确立以其领导权为内在构成的新中国国家合法性的重要手段。通过制定"五四宪法","社会主义"这一意识形态不仅被上升至国家层面,而且深入民心,成为社会的一种自觉行为和内在气质,从而为完成建立社会主义这一宏大目标奠定基础。从这个角度上讲,新中国早期立宪不仅

① 关于"总问题"的理论陈述参见〔法〕路易·阿尔都塞:《保卫马克思》,顾良译,商务印书馆2010年版,第15页。

是一种依照法定程序，制定宪法的过程，更为重要的是，它成为各种话语、权力和技术交织的国家剧场，以及一种确立执政党及其意识形态合法性的政治仪式。

（责任编辑：赖伟能）

人大监督工作三十年回顾与展望

王亚平*

内容摘要 “八二宪法”施行以来的三十年,人大监督工作经历了从实践摸索到规范完善,从地方制度创新到监督法律制度构建的阶段。人大监督理念不断更新,监督主体的监督意识和能力不断提高,监督制度规则不断完善,监督方式和程序不断规范,监督领域和渠道不断拓宽,监督实效不断增强。但是,监督权的行使仍然是一个薄弱环节。新形势新阶段地方人大监督工作的总体思路应当是:围绕中心、服务大局,突出重点、关注民生,注重实效、促进发展。人大监督工作的努力方向是:深化监督认识、完善制度规范、加强能力建设、实施监督公开。人大监督工作的重点领域和创新空间是:更加注重对法律法规实施的监督,更加注重对经济社会发展重大事项和民生问题的监督,更加注重计划预算的审查监督,更加注重对规范性文件的备案审查监督,更加注重提高人大及其常委会会议审议监督的质量。

关键词 人大监督 监督法 监督制度 监督方式 回顾 展望

人大监督制度是我国根本政治制度——人民代表大会制度派生的具体制度之一,是人民代表大会制度的有机组成部分。自“八二宪法”施行以来,随着我国改革开放的不断推进、民主法治建设的深入发展和人民代表大会制度的健全完善,人大监督制度随之得到了发展和完善,人大监督工作有序开展并取得了明显成效。

---

* 湖北省人大常委会副秘书长、法规工作室主任,中南财经政法大学硕士生导师。

一、人大监督工作三十年之回顾

"八二宪法"施行以来的三十年,伴随着我国人民代表大会制度的不断完善,人大监督工作经历了从实践摸索到规范完善,从地方制度创新到监督法律制度构建的阶段。总体来讲,这三十年间人大监督理念不断更新,监督主体的监督意识和能力不断提高,监督制度规则不断完善,监督方式和程序不断规范,监督领域和渠道不断拓宽,监督实效不断增强。

(一)人大监督理念之变

人大监督的理念转变不是对过去人大监督工作理念、原则、思路的否定,而是反映了对人大监督的认识在不断深化。人大监督理念的变化主要体现在以下三个方面。

1. 什么是人大监督,要不要监督?对于什么是人大监督,彭真指出:"人大常委会对政府工作的监督,主要是监督它是否违宪、违法,是否正确执行国家的方针、政策,是否符合人民的根本利益。"①这就是现在所说的"法律监督"和"工作监督"。针对当时社会上有的人把人大监督看做"多了一个婆婆",不理解或者不愿意接受人大监督,在人大工作的同志也存在畏难情绪,怕强调监督会被认为是和党委"唱'对台戏'",怕搞僵了同"一府两院"的关系,不敢或者不愿大胆行使监督权的现象,彭真强调:"省级人大常委会在同政府的关系上,方针不是'唱对台戏',但也不是等因奉此、不问是非的'橡皮图章'。方针是实事求是,以人民利益为根据,以宪法、法律为准绳,是就是,非就非。对的,就肯定,就支持;错的,就否定,就纠正。不批准就是否定。"②这就纠正了此前社会对人大监督工作的不理解和不信任,有助于人大监督工作理念的转变。

2. 如何监督?"一不失职,二不越权"——关键是要依法履职、依法办事。彭真指出:"人大常委会要严格依法办事,一不要失职,二不

① 彭真:《第六届全国人大常委会第一次会议上的讲话》,载《人民代表大会工作全书》,中国法制出版社1999年版,第1013页。

② 同上。

要越权。""一不要失职,就是要认真履行宪法赋予的职责;二不要越权,就是不要越俎代庖,干扰宪法规定由政府、法院、检察院分别行使的行政权、审判权、检察权。"①万里指出:"人大常委会依法进行监督,目的是为了保证政府、法院、检察院有效地执行宪法和法律,是对这些机关工作的支持和促进。""人大常委会行使监督权,必须依照宪法和法律办事,必须避免干预或代替政府、法院、检察院职权范围内的工作,以保证政府统一高效运转,保证法院、检察院依法独立行使审判权和检察权。"②

"健全监督机制,促进各项改革措施的落实"——各种监督需要进一步加强。乔石指出:"在我国政治、经济和社会生活中,有各种形式的监督。……人大及其常委会的监督,是国家监督中最具权威的有法律效力的监督。""各级人大及其常委会要在党的领导下,加强对政府、法院、检察院的工作监督。……要继续坚持听取和审议行政、审判、检察机关工作报告的制度,监督各项改革措施的落实,督促他们把各项工作做得更好。""要逐步改进和加强对国家计划和预算的监督,认真做好审查和批准国民经济和社会发展计划、财政预算的工作,并严格监督其执行。……要加强对人大及其常委会选举和任命的工作人员的廉政监督。"③

"既要监督,又要支持"——监督与支持相结合。李鹏指出:"要把监督工作放在重要的位置,加大监督力度,完善监督方式,特别是要增强监督的实效。""人大监督的目的是督促和支持'一府两院'依法行政、公正司法。""要把监督和支持结合起来,在监督的同时,还要强调支持,通过监督,支持政府、法院、检察院把工作做得更好。"④

3. 如何有效监督?"围绕中心,突出重点,讲求实效"——这样的监督才能取得党和人民满意的效果。吴邦国说:"全国人大常委会在人大工作特别是监督工作的思路上进一步统一了认识。人大工作涉及方方面面,很多工作都是法定的,一定要做好,不做就是失职,同时必须

---

① 彭真:《第六届全国人大常委会第二十一次会议联组会上的讲话》,载《人民代表大会工作全书》,中国法制出版社 1999 年版,第 1031 页。

② 万里:《第七届全国人大常委会第一次会议上的讲话》,载同上书,第 1043 页。

③ 乔石:《首都各界纪念人民代表大会成立四十周年大会上的讲话》,载同上书,第 1061 页。

④ 李鹏:《第九届全国人大常委会第二次会议上的讲话》,载同上书,第 1075 页。

增强工作实效。这里的关键就是，人大工作要紧紧围绕党和国家工作的大局、紧紧围绕改革发展稳定中的热点难点问题、紧紧围绕关系人民群众切身利益的问题，集中力量、突出重点、抓住关键，取得党和人民满意的效果。”①吴邦国强调：“贯彻实施监督法，做好人大监督工作，最根本的就是要把坚持党的领导、人民当家做主和依法治国有机统一起来。一要坚持党的领导。中国共产党是中国特色社会主义事业的领导核心。坚持党的领导是人大工作的基本前提和根本保证。人大的各项工作都要有利于加强和改善党的领导，有利于巩固党的执政地位，有利于保证党的路线方针政策的贯彻实施。二要处理好人大与‘一府两院’的关系。人大对‘一府两院’进行监督是宪法和法律赋予的重要职权。人大的监督是代表国家和人民进行的具有法律效力的监督。人大行使监督权必须尽职尽责，依法按程序办事，坚持民主集中制，坚持集体行使职权、集体决定问题。人大是国家权力机关，在监督工作中不代行行政权、审判权和检察权，使各国家机关在党的统一领导下依法独立负责地履行职责、协调一致地开展工作。三要围绕中心、突出重点、讲求实效。人大监督工作必须紧紧围绕党和国家工作的大局，把关系改革发展稳定全局和社会普遍关注、影响社会和谐的突出问题作为监督重点，综合运用各种监督形式，着力推动带有普遍性、倾向性问题的解决，不断增强监督工作的针对性和实效性。”②

总结以往的实践经验，2006 年制定的《中华人民共和国各级人民代表大会常务委员会监督法》确定了人大监督工作应当遵行的基本原则：坚持党的领导，坚持依法行使监督权，坚持民主集中制，坚持监督与支持相结合，坚持监督要接受监督，坚持监督公开。该原则是人大监督工作三十年来的精确提炼与科学表达，是人大监督工作的最新理念成果。

（二）人大监督主体之变

人大监督的主体是人民代表大会和它的常务委员会。人民代表大会由本级人大代表组成，人大常委会作为本级人大的常设机关，由主任

---

① 吴邦国：2005 年 3 月 9 日在第十届全国人民代表大会第三次会议上所作的全国人大常委会工作报告。

② 同上。

（委员长）、副主任（副委员长）、秘书长（不设区的市、县、自治县、市辖区不设此职）、委员组成。三十年来，人大监督主体在组成人员的数量与结构上、监督主体的素质和能力上、监督的职权和责任上都发生了很大的变化。

1. 人大代表和人大常委会组成人员的数量和结构发生了变化。总体上减少和规范了人大代表名额。全国各级人大代表人数由 1987 年的 620 万，减少到 1990 年的 400 万、1994 年的 360 万、现在的 280 万。2002 年党的十六大提出，要优化人大常委会组成人员的结构；2007 年党的十七大强调，要优化人大常委会组成人员知识结构和年龄结构；2012 年党的十八大明确强调，要健全国家权力机关组织制度，优化常委会、专委会组成人员知识和年龄结构，提高专职委员比例，增强依法履职能力。党中央的这些要求都对人大代表和人大常委会组成人员的实际构成产生了重要影响。

2. 人大监督主体的素质和能力得到提高。各级人大常委会定期开展法律知识讲座，从 2005 年开始由全国人大到地方人大有计划、大规模地开展了代表履职培训和专题培训，加之日益经常化的人大代表履职实践，使人大代表和人大常委会组成人员的监督意识、监督能力和整体素质有了提高。

3. 人大监督主体在监督活动中逐渐明晰，人大监督法律关系中的内部和外部职责逐步明确。如人大常委会主任会议、人大专门委员会、常委会工作委员会等组织机构在人大监督工作中起重要作用，但不是法定的人大监督主体，不能独立行使人大监督权；又如，在人大常委会组织开展的执法检查中，"一府两院"及其有关部门负责人可以参加检查，以便了解情况、听取意见、处理问题，但不应是检查组成员。

（三）人大监督规则之变

人大监督制度规范体现在中央立法与地方立法、立法与制度建设等层面，总的趋势是在探索实践中规范，在规范中完善发展。

1. 中央立法。从 1982 年《宪法》、1982 年《全国人民代表大会组织法》、1989 年《全国人民代表大会议事规则》、1987 年《全国人民代表大会常务委员会议事规则》、1979 年《地方各级人民代表大会和地方各级人民政府组织法》（1982、1986、1995、2004 年修正），到全国人大出台关于监督工作的若干决定(1993 年全国人大常委会《关于加强对法律实施情况检查监督的若干规定》,1999 年全国人大常委会《关于加强中央预算审查监督的决定》,2000 年全国人大常委会《关于加强经济工作监督的决定》),再到 2006 年出台《各级人大常委会监督法》,我国人大监督法律制度已经基本形成。

2. 地方立法。我国地方人大监督法律制度的形成,主要集中在上世纪 80 年代中后期(截至 2002 年 10 月有地方监督法规 113 件)和监督法出台后 2008 年实施前这两个时期,大体经历了地方法规规定的监督制度、监督法出台过程中的清理、地方法规完善三个阶段。立法形式大多表现为综合立法,如监督工作条例;也有单项立法,如执法检查条例、评议工作条例、个案监督规定等。

3. 与立法并行的监督制度建设。没有立法权的地方人大及其常委会依据法律、法规的有关规定,先后制定和修改了一大批有关监督工作的决定、办法、规定、意见等,成为我国人大监督法律制度的有益补充。

(四) 人大监督方式之变

从人民代表大会的监督方式来看,法定的监督方式主要有:(1) 听取和审查本级人大常委会和本级人民政府、人民法院、人民检察院的工作报告;(2) 审查和批准本行政区域内国民经济和社会发展计划、预算及其执行情况的报告;(3) 改变和撤销本级人大常委会不适当的决议;(4) 撤销本级政府不适当的决定和命令;(5) 质询、罢免和特定问题调查。从实践来看,过去地方人大会议主要是听取和审议几个常规工作报告,现在发展到有的地方人大会议听取和审议某个方面的专项报告,有的地方人大会议对“一府两院”及有关部门的工作进行民主测评或者满意度测评;过去批准报告的决议几乎“一致通过”,现在偶尔“被否决”;20 世纪 80 年代常见的质询、罢免等严厉监督方式,现在鲜有运用。

从人大常委会的监督方式来看,从视察发展到执法检查和跟踪监督,从听取和审议报告(简称“一听二看三通过”)发展到工作评议、述职评议(简称“两评”),从个案监督发展到“类案”监督,从专题调研发展到专题询问,从多种监督方式发展到监督法规范为“七种法定监督方式”:(1) 听取和审议“一府两院”专项工作报告;(2) 审查和批准决算,听取和审议计划、预算执行情况的报告和审计工作报告;(3) 组织执法检查;(4) 规范性文件备案审查;(5) 询问和质询;(6) 特定问题调查;(7) 撤职案的审议和决定。现在,人大常委会的监督由“两不搞”(不搞述职评议、不搞个案监督)转到“两加强、两改进、两调整、两落实”。“两加强”:加强对计划、预算执行情况的审查和监督工作;加强对规范性文件的备案审查工作。“两改进”:改进听取和审议专项工作报告的工作;改进执法检查工作。“两调整”:将原来的述职评议调整为听取和审议专项工作报告和工作评议;将原来的个案监督调整为听取和审议专项工作报告和做好信访工作。“两落实”:落实常委会行使职权的情况要向本级人大代表通报的要求;落实常委会行使职权的情况要向社会公开的要求。

(五) 人大监督细节之变

人大监督的细节变化主要体现在《监督法》实施后带来的新变化:监督工作有序开展——制定年度计划,监督工作重点突出——围绕中心和大局选题,监督工作方式创新——预算监督、规范性文件备案审查、专题询问等,监督工作注重实效——更加关注人民群众普遍关注的重大问题,关注民生问题,扩大代表参与,监督工作更加公开透明。

二、人大监督工作未来之展望

回顾现行宪法颁布实施三十年来的历史进程,总体来说我国的人大监督制度不断完善和创新,有很大的进步,但是与人大及其常委会的职权相比,监督权的行使仍然是人大工作中的一个薄弱环节,仍然需要在新形势新阶段继续探索和完善。我们有理由相信,随着我国政治体制改革和民主法治建设的深入推进,人民代表大会制度的不断完善,必将进一步健全和完善国家权力机关组织制度和运行机制。在这个过程中,我国的宪法监督制度、预算监督制度、重大事项监督制度必将得到进一步完善和发展;随着人大代表的代表意识进一步增强,人大代表素质进一步提高,人大常委会组成人员年龄结构和知识结构进一步优化,人大监督工作必将得到有效加强。

（一）今后地方人大监督工作的总体思路

今后地方人大监督工作的总体思路应当是：围绕中心、服务大局，突出重点、关注民生，注重实效、促进发展。通过人大及其常委会依法行使监督权，推动科学发展，保障改善民生，促进社会和谐稳定，维护社会公平正义。

作为监督者，人大及其常委会要做到“八个字”：有为、有序、有度、有效。“有为”，即有所为有所不为，以为立位，以为立威；“有序”，即有计划有步骤地进行，使之符合法定程序；“有度”，即既要有监督力度，又要考虑被监督者的可承受程度；“有效”，即监督要有实实在在的效果，防止走过场、搞形式主义。

（二）今后地方人大监督工作的努力方向

1. 深化监督认识。一是各级人大及其常委会自身要强化对人大监督制度的认识，准确把握人大监督的定位，把握人大监督工作的新要求；二是各级党委要升华对人大监督制度的认识，支持和保证人大及其常委会依法行使监督权；三是各级人民政府、人民法院和人民检察院要深化对人大监督制度的认识，自觉依法接受监督；四是社会公众要加强对人大监督制度的认识，营造良好的社会环境。

2. 完善制度规范。通过完善地方立法和地方人大及其常委会的议事规则、监督制度等，着重在监督的计划、动议、调查、视察、检查、审议、询问、质询、测评、表决、反馈、跟踪检查、问责等环节完善监督程序，保证监督效果。同时，应当通过制定包括规范地方各级人民代表大会监督在内的“大监督法”来进一步完善人大监督制度。

3. 加强能力建设。要进一步提高人大代表的素质，优化人大常委会、专委会组成人员的知识和年龄结构，提高专职委员比例，提升地方各级人大及其常委会组成人员的责任意识和履职能力。着重提高监督主体审时度势、把握大局的能力，体察民情、见微知著的能力，依法表达、民主议事的能力，审查纠偏、建言献策的能力。

4. 实施监督公开。要增强人大监督工作的透明度，按照监督法的规定，将监督计划、监督事项、监督过程和监督结果向社会公开，让老百姓关心、支持和监督人大及其常委会更好地履行监督职责。

（三）今后地方人大监督工作的重点领域和创新空间

1. 更加注重对法律法规实施的监督，保证法律法规的正确实施。进入法律体系完善阶段，法律法规的有效实施将成为主要矛盾。执法检查将成为保证法律法规实施的重要监督方式。执法检查的具体方式方法，应当做到“学”——学习法律法规、“查”——开展执法检查、“审”——会议审议执法检查报告、“改”——跟踪督促落实“四位一体”。

2. 更加注重对经济社会发展重大事项和民生问题的监督，确保改革发展的正确方向。按照“抓大放小”的原则，围绕关系改革发展稳定大局的重大问题和涉及群众切身利益的民生问题，突出监督重点，依法开展监督。只有这样，监督工作才能取得实效。

3. 更加注重计划、预算的审查监督，推动公共预算监督取得新的进展。在我国，国民经济和社会发展计划是对国家或者一个地区经济社会发展各项内容所作的分阶段的具体安排，体现党和国家的方针政策，规定着经济社会发展的方向、规模、结构、速度和比例关系，关系到经济社会的发展走向和质效。因此，应当更加重视对计划的审查监督。在现代国家中财政监督被视为议会监督的“核心”。党的十八大报告强调：“要加强对政府全口径预算决算的审查和监督。”目前的监督主要是对政府公共预算的监督，下一步还应加强对政府性基金预算、国有资本预算和社会保障预算的监督，要在这方面探索和总结经验。

4. 更加注重对规范性文件的备案审查监督，解决规范性文件“不适当”的问题。做好备案审查工作，小而言之是给文件进行“体检”，防止“文件违法”、“文件打架”；大而言之是维护法制统一，维护公民、法人和其他组织的合法权益，维护社会公平正义，从而有利于从制度上、法律规范上保障和促进经济社会科学发展。在工作中，要进一步明确备案审查工作的主体、范围、机制和程序。尤其是要明确对规范性文件“如何审查”和“审查什么”的问题，在审查内容上，做到合法性审查和合理性审查相结合；在审查方式上，做到主动审查与被动审查相结合；在职责分工上，做到专（工）委与专门工作机构相结合；在审查结果处理上，做到自行纠正与依法撤销相结合。在审查过程中要坚持依法审查，认真研判，充分论证，不能局限于书面和条文审查。要加强沟通机制,审慎运用撤销程序,真正使备案审查工作的监督效用落到实处。

5. 更加注重提高人大及其常委会会议审议监督的质量,增强监督实效。人大及其常委会的工作特点是集体行使职权,基本方式是召开会议,法定表达方式是"决议、决定"、"审议意见"和"建议、意见、批评"。因此,要切实提高人大及其常委会会议,尤其是人大常委会会议的审议质量和效果。要解决好三个问题:(1)"审什么"——选题,按照监督法的规定,围绕关系改革发展稳定大局和群众切身利益、社会普遍关注的重大问题,从"六个途径"来选择确定监督的议题;(2)"怎么审"——"三专"或"四专"相结合,把专题调研、审议专项工作报告、专题询问、专项工作评议相结合,促进专题询问工作常态化;(3)"审了之后怎么办"——作出决议或者决定,或者形成审议意见,并且抓好决议决定的贯彻落实、审议意见处理情况的跟踪督办。

最后,人大监督制度在我国整个监督体系中具有重要的地位和作用,人大监督是具有最高法律效力的监督,但人大监督不是万能的,不可能解决所有的问题,它必须和党的监督、舆论监督、民主监督、群众监督等其他的监督制度一起共同发挥作用,才能更好地推进我国的民主政治建设。

(责任编辑:赖伟能)

湖北省地方立法工作的回顾与前瞻

周冶陶*

内容摘要 1979 年《地方组织法》赋予省、市、自治区、直辖市人大及其常委会制定地方性法规的权力,我国的地方立法工作积累了很多的有益经验。本文以湖北省人大常委会立法工作为样本,在统计湖北省人大常委会成立以来(第五届至第十一届)的立法数据的基础上对其进行研究分析,努力探索地方立法工作的经验、问题与对策。

关键词 立法 地方性法规 自主性立法 实施性立法

经过多年努力,我国的政治、经济、文化、社会生活的各个方面基本做到了有法可依,已经基本形成以宪法为核心的中国特色社会主义法律体系。党的十八大的顺利召开,给全党全国人民提出了新的历史使命,特别强调,要全面推进依法治国,加快建设社会主义法治国家,更加注重发挥法治在国家治理和社会管理中的重要作用。面临新时期新的历史使命,我们地方人大工作者要想适应形势发展,努力争取工作的主动权,必须认真研究总结过去的成功经验与值得吸取的历史教训。

就地方立法工作而言,自从 1979 年《地方各级人民代表大会和地方各级人民政府组织法》(以下简称《地方组织法》)赋予省、市、自治区、直辖市人大及其常委会制定地方性法规的权力,到今天已经走过了三十多年的历史。笔者以湖北省人大常委会立法工作为样本,试图在统计湖北省人大常委会成立以来(五届到十一届至今)的立法数据的基础上,努力探索地方立法工作的经验、问题与对策,或许能为地方人大立法理论研究和立法实践工作提供一点有益的帮助。

---

* 湖北省地方人大工作研究会会长,湖北省地方立法研究会会长。

一、湖北省制定地方性法规的基本情况

地方立法是中国特色社会主义法律体系的有机组成部分，1980年以来，湖北省人大及其常委会积极开展地方立法工作，截至2010年9月，先后制定、修改和批准的地方性法规、自治条例和单行条例506件，其中五届、六届、七届、八届、九届、十届、十一届分别为8、26、42、147、125、110、48件，有129件作了修改，除56件废止和2件失效外，现行有效的有303件。其中省本级现行有效的地方性法规有181件，为执行法律、行政法规制定的配套法规有61件。总起来看，从1979年7月五届全国人大二次会议通过的《地方各级人民代表大会和地方各级人民政府组织法》赋予省级人大及其常委会地方立法权开始，湖北省的地方立法进程经历了从起步探索，到逐步提高、快速发展，再到规范完善四个阶段。

第一，1980年至1982年是起步探索阶段，共制定了8件地方性法规，须说明的是这8件法规到后来全部废止。主要原因在于这一阶段省级人大常委会自身处于设立之初，立法工作处于摸索试行阶段，且立法力量十分薄弱。因此，相对而言，这一阶段不仅立法数量较少，而且比较粗糙，法规质量难以有效保证。

第二，1983年至1993年是逐步提高阶段，共制定了75件地方性法规，其中后来被修改28件，废止21件，修改后又废止的8件，失效2件。这一阶段立法数量逐步增加，但基本保持稳定，最多的1992年，制定了10件。这一阶段立法质量有所提高，除因时过境迁废止外，至今依然有效的法规有19件。

第三，1994年至2000年《立法法》出台前是快速发展阶段，共制定了205件地方性法规，其中后来被修改88件，废止10件，修改后又废止的8件。这一阶段随着我国实行社会主义市场经济的步伐，立法速度明显加快，特别是1997年党的十五大明确提出建设中国特色社会主义法律体系后，社会对法律期望值提高，部门立法积极性增长，立法数量呈井喷式发展，我省仅1997年就制定了53件地方性法规。与此同时，立法质量得到重视，制定了比较具体的立法程序。但由于立法速度过快，而立法资源有限，也有一些未经充分论证调研仓促出台的法规，

由于科学立法、民主立法理念不足，缺乏立法技术的保障等因素，立法难免留下了缺陷，存在一些质量不高的法规。如1996年制定的《湖北省实施〈中华人民共和国母婴保健法〉办法》、《湖北省实施〈中华人民共和国消费者权益保护法〉办法》，仅实施了一年，1997年就进行了修改。

第四，2000年《立法法》出台后至今属于逐步规范完善阶段，共制定了218件地方性法规，其中后来被修改13件。这一阶段由于《立法法》的颁布，立法权限、立法程序、地方立法体制等有了明确规定，压缩了地方立法空间，立法数量得到控制，2001年至2009年平均每年为22.6件。到十一届湖北省人大期间，每年都未超过20件，基本上呈逐年下降趋势。同时随着质量立法理念的建立，对立法质量的关注开始超越对立法数量的关注，立法质量明显提高，立法不久即修改的现象大大减少，据统计这一阶段制定的法规，目前进行修改的仅有0.06%。

二、转变观念，把握新时期地方立法的重点

三十多年来，湖北省地方立法工作取得了重大成绩，法规数量和质量都有了较大发展。但随着中国特色社会主义法律体系的建立和形成，作为中国特色社会主义法律体系重要组成部分的地方立法，如何适应形势发展，把握工作重点，提高立法质量，更好地发挥地方立法在保证法律的贯彻执行、加快经济和社会发展、保持社会稳定等方面的重要作用，笔者认为至少需要实现几个转变：

第一，从目前数量与质量并重的立法要求，向更注重立法质量迈进，从追求数量的“速度型”立法向追求品质的“质量型”立法转变。除了特殊情况需要，应当加强立法的计划性，务求加强立项前的必要性论证工作。在我国社会政治经济生活各领域已基本有法可依的前提下，必须明确地方立法主要是对国家法律、行政法规起着拾遗补缺的作用，当前中国特色社会主义法律体系已经形成，地方立法工作的主要矛盾已不是数量问题而是质量问题，要正确处理立法数量与质量的关系，必须克服急躁情绪，坚持质量优先，兼顾数量的立法原则。立法不是万能的，法律只是规范调整社会生活的一种手段，而不是唯一手段。少则精，多易滥。在立法资源有限的情况下，如果还片面追求数量，势必造

成“法繁扰民”的问题。因此,要克服单纯把立法数量作为政绩统计的弊端,严格控制立法数量,以需定立,当立则立。要改变过去那种数量速度型立法模式,把提高立法质量放在更加突出的位置,在立法规划、计划、起草、调研、论证、审议、表决等方面下工夫,走精细化立法道路,真正实现数量速度型立法向质量品质型立法的转变。

第二,从立法内容来看,从经济立法为主转向经济、社会立法并重,尤其要注重把握社会性立法重点(例如民生问题)。回顾省九届人大常委会,省本级共制定、修改法规案76件,其中涉及规范市场主体、维护市场秩序、改善经济环境等方面的经济立法占一半以上。相比较而言,省十届人大常委会社会立法的比例有了明显的提高。从2003年初选举成立至2006年12月省人大常委会第二十四次会议,总共审议法规案(不包括报请批准的法规案)44件,其中社会法规案26件,占59.1%;通过法规案39件,其中社会方面法规案25件,占64.1%,具体涉及了人大制度建设、归侨权益保护、人才市场管理、预防职务犯罪、信访工作、征兵工作、爱国卫生、人民防空、实验动物管理、文物保护、志愿服务、档案管理、科学技术普及、行政执法等诸多方面。在新形势下,我省如何进一步调整工作重点,在继续加强经济调节、市场监管方面立法的同时,更加重视地方社会立法建设,实现与地方经济、社会全面发展良性互动,适应构建社会主义和谐社会的新要求,是摆在我们面前的崭新课题。

第三,正确认识社会立法倡导性与强制性的关系,注重有效发挥立法引领作用。从我省立法实践来看,相比较经济立法,社会立法往往倡导性条文比较多;法律责任设计相对原则,法规整体刚性不足。分析这样的社会立法,有两个方面的问题值得注意:

一方面应当认识到,法规一定的引领性或曰倡导性是社会立法的内在特点。法律作为一种行为规范,为人们提供行为模式,指引人们可以这样行为、必须这样行为或者不得这样行为,从而调整社会关系。法律调整对社会关系不仅有规范作用,也有引导性功能,它确立一定的价值标准来影响社会关系的发展,但也不可能超越它所植根的历史条件,规定超前一些的行为模式。法有它的强制性一面,也需要根据所调整社会关系的不同特点,有一定的倡导性条文引导主体行为。这一点在社会立法中,显得更为明显。例如《湖北省青年志愿服务条例》第16

条规定:“全社会都应当尊重青年志愿者组织和青年志愿者的劳动。”《湖北省科学技术普及条例》第 2 条第 3 款规定:“科普事业是公益事业,提高公众科学技术素养是全社会的共同任务,社会各界都应当积极支持、广泛参与各类科普活动。”《湖北省征兵工作条例》第 8 条规定:“鼓励公民依法履行兵役义务。”《湖北省实施〈中华人民共和国国家通用语言文字法〉办法》第 12 条第 2 款规定:“公共场所的题词、题字和手书招牌,提倡使用规范汉字。”

另一方面,地方社会立法虽然需要有一定的倡导性,而且在立法实践中,某些法规中这种倡导性还比较突出,例如《湖北省科学技术普及条例》在表述上用到“鼓励”二字的,就多达十处;但从提高立法质量的角度来思考,有些地方社会立法的刚性不够,体现在不少条款有行为模式,但在法律责任部分却缺乏相对应的罚则。须知,法律法规是以国家强制力作后盾的行为规范,如果一部法规案倡导性的条文过多,或者可操作性太差,那么这部法规的立法必要性或者成熟性可能就是应当质疑的,需要认真考虑该法规所调整的社会关系是否需要通过立法来调整,刚性不足的法规案能否达到调整该法规指向的社会关系,是否可以考虑用其他的社会规范来调整,例如道德、政策等等。毕竟法律区别于其他社会规范的一个重要特征就在于它的强制性,在于一旦触犯了法律规范,就会科以法律责任;也正是法律的强制性能够保证法律规范的普遍遵守,能够保证法律规范的权威性,使得法律规范成为社会的基本行为规范。

基于以上分析,不难发现提高社会立法质量,必须正确把握社会立法倡导性的“度”。一方面要把好立法选项关,努力保证进入立法程序的社会法规案的必要性和可操作性;另一方面在强调法规强制性的同时,也应当注意社会立法的社会导向。

第四,从追求立新法的“制定型”立法向立、改、废并举的“完善型”立法转变。过去我们在立法中十分注重新法规的制定,对已经制定的法规的修改、废止工作重视不够,究其原因,还是受到了追求数量速度型立法模式的影响。随着中国特色社会主义法律体系形成和逐步完善,地方立法应更多关注法规的准确性、实效性,工作的重心应当由制定新的法规转移到制定新法与修改、废止旧法兼顾的轨道上来,坚持慎立多修,更加重视修改、废止不适应社会形势发展的旧法的工作思路。

这有以下三个方面的原因:一是统一性要求。由于国家法律、行政法规的制定、修改,一些先于上位法出台的地方性法规,出现与上位法相抵触的问题。二是适应性要求。这是由法规本身属性所决定的。由于地方性法规在制定时受当时经济体制、社会关系、利益格局、思想观念等方面的影响,具有一定的阶段性,而目前我国的经济、政治、文化、社会各方面的发展变化非常快,社会政治经济生活中不断出现一些法规与经济社会发展不适应的新情况、新问题。三是协调性要求。当前地方性法规的草案基础大多由部门设计,报送到人大后的制定过程中,部门利益的色彩难以完全克服,加之立法部门的队伍力量、素质、立法技术有限等问题,易出现法规之间的矛盾和冲突。这些与上位法相抵触、与经济社会发展不适应、法规之间不协调的地方性法规如不能及时进行修改、废止,必将对地方社会发展产生消极作用,同时中国特色社会主义法律体系内部的科学、统一、和谐也无法得到保证。

三、确保质量,不断改进地方立法工作

当前,法规质量应是我们进行地方立法时必须重视的首要问题。笔者以为要进一步提高我省地方立法质量,需要认真做好以下几项具体工作。

第一,把好法规立项关,严格控制立法数量。选择立法项目是立法工作的源头,搞好法规立项,是提高立法质量和效率的首要环节。要加强立法的计划性,建立和完善立项论证制度,避免单纯凭部门要求、凭领导意志、凭工作关系和积极性等不规范、不科学的立项方法。地方需要立什么法,什么时候立合适,都要从法规制定的必要性、可行性等方面入手,进行严格论证。要科学合理地安排每届、每年的立法数量,本着分清轻重缓急、突出重点、急需先立的原则,将有限的立法资源用在最急需、最有效的立法项目上,把主要精力放在提升法规品质上。

第二,建立并完善法规质量评估机制,定期开展法规清理工作。法规质量评估是地方立法的后期工作,是保证地方性法规质量的重要环节。法规颁布实施一段时间后,法规制度设计是否合理、内容是否恰当、条款是否具有针对性、操作性如何等等都需要进行客观评价,这样才能及时发现制定时存在的局限、法规与新形势不相适应的地方等等,

才有利于法规的修改、完善。根据法规质量评估结果,定期开展法规清理工作,对维护国家法制统一、消除与上位法的不一致及地方性法规之间的冲突,从而提高地方立法的质量,具有重要意义。要建立包括法规清理工作的启动机制、不同利益群体代表的参与机制、工作流程及标准、处理意见等环节的法规清理工作长效机制,使法规清理工作常态化,不断提升法规质量。

第三,从自主性立法为主向自主性与实施性立法并重转变。从统计来看,我省省级人大为执行法律、行政法规制定的 61 件实施性地方法规占全部现行有效的 181 件法规的比例为 33.7%。分析这个比例,我省地方立法基本还是以自主性立法为主。当前,国家法律体系已经形成,地方立法空间和事项大大压缩,地方性立法要想提高工作水平,提高立法质量,必须统筹自主性与实施性立法,尤其应当更多地在实施性立法上下工夫,在对国家法律、行政法规的补充、细化上下工夫。

第四,突出实施性法规的地方特色,增强其可操作性。实施性地方立法是指地方结合自身特点,为执行法律、行政法规而制定的地方性法规。实施性地方性法规的特点在于实施,法规的执行力强不强,能不能有效实施,是衡量其质量高低的一个重要标准。因此,在制定实施性地方法规时,不能简单照抄照搬上位法,而要从本地区的经济社会发展水平、文化风俗民情状况的实际出发,对上位法中许多概括式、原则性的规范作进一步的细化,突出地方特色,同时还要增强法规的可操作性。地方性法规的制定不在于体例是否完善,不在于条款的多少,关键要能解决实际问题,只有这样才能真正发挥地方立法在促进地方经济社会发展中的积极作用。

(责任编辑:赖伟能)

我国公民基本权利三十年发展的回顾与前瞻

王广辉[*]　胡　朋[**]

内容摘要　我国现行宪法规定的公民基本权利无论是在宪法结构的编排、权利内容的丰富，还是权利体系的内在逻辑上，大体反映了当今世界权利发展的普遍性要求，又具有中国特色。公民基本权利规定的变化折射出宪法价值观由国家权力本位向公民权利本位的转变，权利观由阶级性为基础向普遍性为基础的转变，以及更加注重公民基本权利保障的国家理念。基本权利的实现需要强调国家责任，通过合理履行立法、行政与司法等国家义务，更好地促进人的全面实现。

关键词　公民基本权利　权利发展　理念变化　国家责任

人的全面实现，是宪法的出发点和落脚点。这意味着，宪法的制度设计都是围绕"人的全面实现"而展开，宪法的发展应然地就涵摄了公民基本权利的发展，即宪法的发展需要在基本权利的发展上表现出来，基本权利的发展会促进宪法的发展。① 这一特征在成文宪法的国家表现得最为典型。在回顾和检视我国现行宪法发展三十年所取得的成就及存在的问题之时，首要问题就是回顾基本权利的发展以及理念的变化，以便为公民基本权利之实现提供脉络清晰的智识保障。

一、我国现行《宪法》的公民基本权利体系

从世界的范围来看，各国的宪法典虽然在结构编排以及权利体系设计上存在差异，但是绝大多数都设置了集中规定公民基本权利的条款。

---

* 中南财经政法大学教授，博士生导师。

** 法学博士，现任职于中国人民银行长沙中心支行。

① 王广辉：《论中国宪法基本权利的发展》，载《政法论丛》2010 年第 4 期。

我国从1954年《宪法》开始，一直采取设置专章规定基本权利的方式。这种宪法结构的安排，不同于其他国家宪法的规定。如美国《宪法》在制定之初并没有出现基本权利条款，而是随着美国权利运动的兴起以宪法修正案的方式对公民基本权利进行了规定；法国《宪法》在结构编排的选择上，将公民基本权利列于宪法序言之中；德国在吸收第二次世界大战的经验教训之后更是将基本权利的内在根据"人的尊严"条款在其《基本法》中的第1条予以体现，并将基本权利置于第一章进行了规定。

从宪法内容上看，我国现行《宪法》对于公民基本权利的规定涉及：平等权，政治权利与自由，宗教信仰自由，人身自由，监督权，社会经济权利，文化教育权利和自由，妇女的权利和自由，有关婚姻、家庭、老人、妇女和儿童的权利，华侨、归侨和侨眷的权利等等。宪法学界根据宪法文本对基本权利的规定进行了学理分类。典型的有"五要素说"，即把基本权利分为五个方面：平等权、政治权利和自由、人身自由和信仰自由、社会经济文化权利与特定人的权利等；"四要素说"，即把基本权利分为四个方面：参政权、人身自由和信仰自由、经济和教育文化以及特定人的权利等；"八要素说"，即把基本权利分为八个方面：人格权、平等权、精神自由、经济自由、人身自由、政治权利、社会权利、获得权利救济的权利。[①] 笔者认为，基于人的基本需要，我国现行《宪法》规定的基本权利可以概括为这样几个方面：平等权、自由权、参政权、社会权、文化权、特殊群体的权利、获得物质帮助与救济权利。其中每一项基本权利又具体分为若干不同的权利形态，构成完整的权利体系。

从数量上看，我国现行《宪法》规定公民基本权利的条文共18条，内容包括平等权，政治自由与权利，人身自由与人格尊严权，批评、建议、申诉、控告、检举权，社会经济权利，文化权利以及特殊群体的权利等。相比较而言，1954年《宪法》关于基本权利的规定有15条，1975年《宪法》基本权利的规定只有2条，1978年《宪法》有12条，现行《宪法》规定基本权利的条文数量是最多的。只是单纯从宪法文本规定基本权利的条文数量的增加并不能说明问题，最主要的应该是基本权利的内容。现行《宪法》与1954年《宪法》相比，增加了人格尊严不受侵

① 韩大元、林来梵、郑贤君：《宪法学专题研究》，中国人民大学出版社2004年版，第272页。

犯、退休人员生活受国家社会保障、公民享有对国家机关及其工作人员提出批评建议的权利。同时又根据我国的社会变化,取消了1954年《宪法》的迁徙自由、1975年和1978年《宪法》的罢工自由。

可以说,我国现行《宪法》在公民基本权利的体系设计、结构安排以及基本权利条款的数量等方面相比之前的宪法文本而言,具有很大的进步,大体上反映了当今世界人权所达到的发展程度和普遍性要求。[①] 但比较世界各国宪法的规定和《国际人权公约》的规定,仍有较大的提升空间,尤其在基本权利内容的完善和基本权利的保障方面。

二、基本权利的发展完善

我国现行的1982年《宪法》是在总结新中国建立以来正反两个方面的历史经验教训的基础上,为适应新的历史时期中国社会的发展需要而颁布的。其中的基本权利部分,无论是结构安排还是内容规定都有比较大的发展。具体体现在以下几个方面:

(一)结构编排:规定于国家机构之前

作为新中国国家奠基之法律基础的《中国人民政治协商会议共同纲领》,将公民的基本权利直接规定在总纲当中。1954年《宪法》是对中国近代以来一百多年有关宪法问题和宪制运动的历史经验总结,继承了《共同纲领》的精神,承受了《共同纲领》确立的重要制度和基本国策,同时又在内容安排方面对《共同纲领》有所发展,主要的表现就是设置专章规定公民的基本权利,为此后宪法文本在体例和内容上对基本权利的规定奠定了基础。[②] 在这部《宪法》中,公民的基本权利和义务单独列为一章,置于第二章国家机构之后加以规定,对此种结构安排,有研究者指出,主要是因为“公民的政治权利是在政治制度中产生的,把公民权利放在后边,并不会贬低公民的地位”[③]。规定基本权利的条款共14条。1975年《宪法》、1978年《宪法》虽然在基本权利的内容上作出了较大的变更,但是沿用了1954年《宪法》的这种结构安排;

① 韩大元:《中国宪法学上的基本权利体系》,载《江汉大学学报》2008年第1期。

② 文正邦等:《走向21世纪的中国法学》,重庆出版社1993年版,第147页。

③ 许崇德:《中华人民共和国宪法史》,福建人民出版社2003年版,第383页。

1982 年《宪法》总结了新中国建立后三十多年革命和建设的经验教训，同时又规定了适应国家工作重心转移之后民主法制建设需要的基本方针政策。虽仍然将基本权利作为单独的一章进行规定，但是在内容方面有补充和完善，更主要的是结构安排上进行了调整，将基本权利部分规定在国家机构这一章之前。无论立宪者真实意图为何，这一宪法结构的变化表面上看是排列次序的变化，实质上折射出的是修宪者对待国家权力与公民权利之间关系价值取向的变化，即由国家权力本位向公民权利本位的转变。

（二）内容丰富：增加了新的条款

宪法被称为公民权利的保障书，至少在形式上意味着公民权利能否得到切实保障的前提条件就是宪法是否对公民应该享有哪些权利进行了全面规定。当然并不是说，公民权利得到了宪法的全面规定，就一定能得到充分保障，而是全面的规定增强了权利充分保障的可能性。检视新中国宪法中对于公民基本权利的规定及其发展，可以看出：1954 年《宪法》对于公民基本权利之规定是比较全面和系统的，涉及的基本权利内容有：法律面前人人平等；选举权与被选举权；言论、出版、集会、结社、游行、示威的自由；宗教信仰自由；人身自由；住宅不受侵犯；通讯自由；居住与迁徙的自由；劳动权；休息权；物质保障权；受教育权；文化活动与创造的自由与权利；对妇女、婚姻、家庭、母亲、儿童的特殊保护；提出控告和取得赔偿的权利；对国外华侨正当权益的保护。1975 年《宪法》颁布于政治上的动乱时期，性质上是对 1954 年《宪法》进行的修改，对基本权利的规定与 1954 年《宪法》相比，不仅条款数量由 14 条减为 2 条，而且内容也有缩减，仅规定了言论、出版、集会、结社、游行、示威自由；罢工的自由；人身自由；选举权与被选举权；受教育权；控告权；男女平等权；对婚姻、家庭、母亲、儿童的特殊保护以及华侨正当权益保护。特别是权利和义务的规定上，采取先规定公民义务，后规定公民权利的方式，即便是保留下来的基本权利，在现实中也多遭遇践踏而无法实现。[①]

① 韩大元：《1954 年宪法与中国宪政》（第二版），武汉大学出版社 2008 年版，第 393—397 页。

1982年《宪法》在总结历史经验教训的基础上，对基本权利的规定进行了发展完善：一是增加规定，公民的人格尊严不受侵犯，禁止用任何方法对公民进行侮辱、诽谤和诬告陷害；二是关于人身自由，增加禁止非法拘禁和非法搜查公民的身体，禁止非法搜查或者非法侵入公民住宅等规定；对宗教信仰自由，增加规定不得强制公民信教或者不信教、不得歧视信教或者不信教的公民；三是增加了公民对于任何国家机关和国家工作人员有提出批评和建议的权利，充实了公民向国家机关提出申诉、控告、检举等权利的内容；其四，增加规定公民按照居住地区设立居民委员会和村民委员会、实行基层社会生活的群众性自治。1982年《宪法》实施后的四次宪法修正案进一步对公民基本权利体系进行了补充和完善。如完善了公民的个人财产权条款，对于财产权的外延，不再采取列举的方式，而是采用概括性条款进行规定，即“公民的合法的私有财产权不受侵犯”，同时明确规定了对公民的财产进行征收征用要进行补偿。尤其是2004年《宪法修正案》将“国家尊重和保障人权”写入其中，明确了国家在保障公民基本权利上承担的法律责任，为公民享有和行使未列举宪法权利提供了宪法依据。

（三）逻辑自洽：权利确立与国家义务的有效补充

我国现行《宪法》对公民基本权利之确认确实有了长足的发展，然而也存在一些值得注意的问题：

首先，基本权利的内在依据问题，即基本权利的逻辑起点。基本权利的设置以及体系的安排出于何逻辑起点，是宪法进行基本权利设置时无法回避的关键问题。1982年《宪法》第38条规定：“中华人民共和国公民的人格尊严不受侵犯。”该条款的规定是立宪者总结过去尤其是“文化大革命”时期的教训所作出的深刻反思，也奠定了基本权利的内在根基。第二次世界大战以后，各个国家对于人的尊严也都予以规范上的高度重视，只是在结构安排上存在差异。德国《基本法》在其第1条就开宗明义规定，人的尊严不受侵犯，保护人的尊严是所有国家权力的义务，其后所规定的基本权利是对人的尊严的具体化。无论对于我国《宪法》第38条作何种阐释，尤其对于人格尊严究竟为权利原则，还是权利概括条款，或者是具体权利，都充分折射出了人的尊严对于公民基本权利实现的始源意义。

其次,公民基本权利的开放品格的体现问题。公民基本权利是宪法基于社会发展的现实考量以及人类认识的发展水平对人权认识、选择、确认的结果。从这个意义上讲,公民基本权利是一个动态、发展的概念,基本权利体系也就是一个开放的体系。现行《宪法》如何回应公民基本权利开放的理论品格以及权利发展的社会现实,2004 年《宪法修正案》将“国家尊重和保护人权”写进宪法,有效地解决了这一理论和现实逻辑诉求。从这一条款可以看出:其一,“人权”概念被引入宪法文本,极大地拓展了公民基本权利的可解释空间,即该条款实质上确立了公民基本权利的概括性条款,契合了公民基本权利的开放品格;其二,承认或者肯定了人权的普遍价值,折射出了立法的人本主义倾向。因此,可以说,现行宪法在权利的确立层面实现了逻辑的自足性要求。

最后,国家权力与公民权利的协调问题。第二次世界大战之后,西方社会随着福利国家的建设,“最弱意义上的国家”、“守夜人”等自由主义权利观发生改变,要求国家在公民基本权利的实现中积极作为。宪法中对于公民权利的确认,一方面是对公民基本权利内容力求体系化的全面规定,另一方面(甚至更为重要),强调国家在公民基本权利实现中的责任。这是现代宪法应有的时代属性,即对权利实现中的国家义务的重视。2004 年“国家尊重和保障人权”入宪,首次明确了国家作为公民基本权利实现的重要责任主体。从规范主义的分析可以看出,“国家”尊重和保障人权,强调国家在尊重和保障人权中的责任主体地位,也是现实中国家权力对公民权利的潜在威胁之宪法回应,摒弃了“国家是出于公益的绝对的善”这一传统认识。与此同时,该条款也平衡了宪法的权利义务关系。我国宪法在规定公民基本权利的同时,又规定:任何公民享有宪法和法律规定的权利,同时必须履行宪法和法律规定的义务;中华人民共和国公民在行使自由和权利的时候,不得损害国家的、社会的、集体的利益和其他公民的合法权益,等等。这些条款规定了公民的义务,而忽视了国家在保障公民基本权利中的义务。因此,2004 年《宪法修正案》弥补了公民权利与国家权力良性互动的逻辑前提。“国家建立健全同经济发展水平相适应的社会保障制度”也是一个有力的例证。

三、基本权利发展的理念转向

经过上述分析，我国现行《宪法》所规定的公民基本权利，无论是内容还是结构都是对1954年《宪法》、1975年《宪法》和1978年《宪法》的发展。而1982年《宪法》颁布实施之后，其基本权利的内容和体系也在不断地变化和发展。宪法作为一部与政治关系密切的规则体系，基本权利的变化发展，绝非规范意义上的内容变化和结构调整，深切反映的是国家执政理念和宪法观念的变化。

其一，折射出宪法价值观由国家权力本位向公民权利本位的转变。宪法作为国家的根本大法，其条款的规定以及各条款的编排顺序都是基于所处政治、经济、文化及社会情势所作的审慎决策，蕴含着一定的价值取向和治国理念，具有强烈的象征色彩。具体而言，在宪法结构中，规定公民基本权利的部分在前还是规定国家机构的部分在前，体现的是谁更具有重要性的问题。我国现行《宪法》一改之前的宪法文本将国家机构规定于公民权利之前的结构安排，将基本权利规定在国家机构之前，折射出的就是公民权利优位于国家权力的理念，即宪法价值观由国家权力本位向公民权利本位的转变。具体内容的例证则是，2004年"国家尊重和保护人权"入宪，再一次强调公民基本权利在现代法治社会的重要性以及国家在公民基本权利实现过程中的责任。宪法价值观中对于公民基本权利的强调，也进一步延伸到了其他部门法的立法之中。如《刑事诉讼法》的立法目的已由惩罚犯罪向人权保障的方向转变。还有，国家积极加入和批准国际人权公约，并制定和实施国家人权行动计划，也是这种价值观转变所产生的结果。

其二，反映出人权观由阶级性为基础向普遍性为基础的转变。传统观点一般认为，"宪法的实质在于：国家的一切基本法律和关于选举代议机关的选举权以及代议机关的权限等等法律，都表现了阶级斗争中各种力量的实际对比关系"[①]，因而宪法中所规定的公民基本权利也是体现特定阶级意志的产物。在新中国成立后的很长一段时期内，"人权"概念曾被视为资产阶级的专利，否认人权具有普适性价值。社

① 《列宁全集》（第15卷），人民出版社1963年版，第309页。

会主义国家只有阶级的和具体的人权,而没有抽象的人权。2004 年《宪法修正案》,明确在宪法中引入和使用了"人权"概念,首次在宪法的层面确认了人权的普遍性。当然,承认人权的普遍性并非肇始于 2004 年的《宪法修正案》,1991 年的《中国人权状况白皮书》、1997 年党的十五大报告中已经开始出现,1997 年我国签署和批准《经济、社会、文化权利国际公约》,签署《公民权利和政治权利国际公约》,更是向世界表明了我们在对待人权问题上立场发生了转变。

其三,体现出权利观由强调约束向加强人权保障的转变。我国现行《宪法》明确提出"国家尊重和保障人权",一方面强调国家在公民基本权利实现中的责任,另一方面"尊重"其实从侧面也反映出国家存在"不尊重"或者"不够尊重"的情形,也就是说事实上承认了国家也可以成为侵犯人权的主体。为了防止国家权力对公民基本权利的侵害,尤其是对具有积极主动性的行政权更需要进行防范,我国《行政诉讼法》的颁布实施是一个重要的保障机制。除了精细设计监督国家权力、实现公民权利的保障机制之外,我国现行《宪法》也重视权利实现过程中的国家相关制度的保障,如"国家建立健全同经济发展水平相适应的社会保障制度",确保公民基本权利最低限度的实现,等等。诸如此类,与前几部宪法相比,现行《宪法》体现出了权利观由强调约束向加强人权保障转变的趋势。

四、基本权利保障中的困境与出路

改革开放以来,中国社会发生的转型与重大变化,为宪法基本权利的发展创造了有利的条件和时机,但在一定程度上讲,只能说是刚刚开始,而不是完成。有学者认为,我国宪法的公民基本权利体系需要进行重构,以便能够接纳新的权利诉求。不可否认,1982 年《宪法》受当时历史背景和人们认识水平的局限,会出现或多或少的问题。笔者认为,当下对于公民基本权利的关注应该是如何在现有的法治框架内实现经过宪法法律所确认的基本权利。公民基本权利实现在中国的现实是,不是权利太少,而是宪法所规定的权利之实现程度还存在较大的空间。本文拟从国家义务的视角,围绕立法、行政和司法三个层面予以展开。

（一）人权立法与立法的人权导向

从整体上看，宪法中的基本权利条款难以直接成为个人行使基本权利以及国家对基本权利进行规范的依据，必须通过相应的立法将其具体化以后才能落实。正是在此意义上，宪法的基本权利条款仅为有关立法奠定了基础，我国宪法有关基本权利的规定同样如此。当下的主要问题是缺乏相关的立法将这些基本权利加以具体化，造成众多的基本权利长期处于宪法的抽象宣告，而无具体法律保障的状态。[①] 例如，就“宪法及其相关法”这个中国特色社会主义法律体系的重要部门而言，涉及宪法规定的基本权利的支架性法律，如言论自由法、结社自由法、出版自由法、宗教自由法、人身自由法等还处于空缺的状态，由此可以反映出对于保障基本权利的立法，我们还没有给予足够的重视。对于解决上述困境的思路，笔者建议如下：

首先，形成基本权利需要通过普通法律具体化的认识。一般认为，宪法是公民权利的保障书，但并不意味着宪法直接实现公民的基本权利。其理由在于：其一，宪法是规定国家最基本的政治制度、经济制度、文化制度以及公民基本权利的根本法，内容涉及国家和社会的方方面面，需要通过立法的方式将其具体化，方能实现有法可依，基本权利的规范也不能例外。其二，基于我国宪法体制安排，宪法是不能直接被司法适用的，即便是某些宪法条款比较具体，也不能直接作为法院审判的适用依据。其三，基本权利的权利内涵随着社会的发展而日益丰富，由于宪法修改程序极具刚性以及出于宪法稳定性的考量，法律对基本权利的具体化是维护宪法稳定性的重要方式。由此，需要进一步加强人权立法，通过宪法性法律将宪法中的基本权利具体化。

其次，明确立法在于促进权利实现而非限制的目的。普遍认为，现代法治的最终价值就是人权的实现。立法为现代法治秩序提供明确的规范保障，因而立法的目的也就在于促进权利的实现。需要指出的是，立法的目的在于权利实现，并不意味着国家不能出于公益的目的而对权利进行限制，但限制的目的必须是为了更好地促进权利实现。然而，我国以往的立法中却存在着对基本权利进行过于严厉限制的情形。以

① 王广辉：《论中国宪法基本权利的发展》，载《政法论丛》2010 年第 4 期。

《集会游行示威法》为例,公民要行使集会游行示威的自由要以行政审批为合法要件,无可厚非。但该法第 8 条规定,申请书中应当载明集会、游行、示威的目的、方式、标语、口号、人数、车辆数、使用音响设备的种类与数量、起止时间、地点(包括集合地和解散地)、路线和负责人的姓名、职业、住址等。由于集会游行示威行为本身的动态性,尤其是标语、口号、人数均会受到当时环境的影响,无法事前确定。如此限制性规定实质上阻碍了权利的实现。另一方面,由于中国特殊的国情,在权利保障中行政立法的作用也是不容忽视的。以社团登记为例,登记制度中所设置的"主管部门"究竟是对结社自由的促进还是限制是饱受质疑的。因此,明确立法目的是制定良法的前提保障。

再次,肯定遵循现有宪法框架而进行立法选择的策略。任何法律不可能是完美无缺的,同样我国现行宪法的规定也会存在规定不全面、不完整等不足。但是,这不能构成否认宪法具有正当性的逻辑前提。美国宪法就是一个最好的例证,其在制定之初并没有对公民的基本权利进行相关规定,而是通过随后的宪法修正案予以补充。鉴于此,对宪法中的基本权利条款的认识应当持有的态度是:肯定现有的宪法秩序,而不是否认宪法的正当性。因而,对于基本权利立法应该是"补足和完善"的策略,而不是"推倒重来"的极端做法。

最后,强调国家权力在基本权利实现中的义务。在强调国家对公民基本权利的宪法义务时,不能忘记宪法消极权利所具有的"防御功能",对国家权力干预公民权利必须慎重对待。宪法在规定国家保障基本权利的义务的同时,往往确立了一些对国家权力的否定性的条款,也构成宪法基本权利保障条款的内容。[①] 也就是说,立法的任务不仅仅是对宪法中具有高度概括性的基本权利条款的具体化,还应注重国家在保障公民权利实现中应承担的责任和义务,形成公民权利与国家责任的高度一致,公民义务与国家义务的平衡的良性互动关系。

(二)司法救济与宪法技艺

宪法的颁布与实施已经成为衡量一国是否为法治国家的主要标志

① 吴家清、杜承铭:《论宪法权利价值理念的转型与基本权利的宪法变迁》,载《法学评论》2004 年第 6 期。

之一。但由于不同国家有着区别于其他国家的政治、经济、文化传统，因而，各个国家的宪法实施机制又各有特色。宪法是一个国家的最基本的法律，这一观点在学术界和实务界已经达成共识。[①] 宪法的生命力在于实施。宪法只有在实践中得到贯彻和落实，为人民的权利提供切实的保障才能获得作为一国根本法的权威和尊严。窃以为，囿于我国违宪审查制度目前还没有有效运行，宪法诉讼也难以实现，通过普通法律的实施来间接实施宪法是当前中国宪法实施的一种较为可行的路径选择。其理由如下：其一，国家承担人权的保护义务，这一义务应该为所有的国家机关，包括普通法院，而非仅由宪法适用机关所承担；其二，在成文宪法国家，普通法律对权利的规定源自于宪法的基本权利，保障普通法律中权利的实现根本上具有实现基本权利的效果；其三，从域外经验来看，即便是违宪审查制度运行良好的国家，也并不是将所有问题直接上升为宪法问题，寻求宪法救济，而是需要遵循“穷尽其他法律救济”的原则。因此，法院实施好了普通法律，也就间接实现了对宪法的实施。具体到基本权利上，法院通过适用普通法律来间接实现宪法中基本权利的实施可以采取的途径有：

其一，选择所适用的法律。法院在运用审判权的过程中，尤其在“上位法与下位法相冲突”的适法过程中，可以基于司法权的能动性，选择与宪法规定相一致的法律进行适用。与其说是选择适用，还不如说体现的是司法权运用中的宪法技艺。“洛阳种子案”一方面体现了主审法官的宪法意识，但同时也折射出了其对中国宪法体制的误解和宪法技艺的缺失。

其二，遵循法律的特别规定。由于我国没有宪法诉讼制度，对于基本权利的保护有时规定在其他部门法中。如选民名单案件，对于选举权的权利争议适用《民事诉讼法》中的特别程序。《民事诉讼法》规定的选民名单案件并非实质意义上的民事权利，本质上是公民的宪法权利。因此，遵循法律的特别规定也是法院保障公民基本权利的重要途径。

其三，直接适用普通法律。从我国法律体系来看，刑法、民法、诉讼法等均规定了公民人身权、财产权等的内容，严格适用了诸如此类法律

---

① 翟小波：《论我国宪法的实施制度》，中国法制出版社 2009 年版，第 1 页。

的相关规定，在客观效果上就促进了基本权利的实现。

其四，用宪法指引法律适用。法律规范在应对变化的现实生活以及新兴社会事件时，不可能均实现法治所追求的正义。如何破解这一法治困境，唯一之策就在于用宪法指引法律适用，以此避免法律对社会生活的"望文生义"。例如我国宪法中规定的"劳动权"中的"劳动"，显然不同于某些国家宪法中职业自由所蕴含的谋生手段的工具行为，而具有道德上的评价。这也就意味着法院在处理劳动者工资与生存权的关系时，可以通过权利价值的平衡来予以实现。

当然法院通过对普通法律的适用来救济公民的基本权利只是当前中国的应景之策，并不是所有的权利都能通过法院适用普通法律得到救济。毫无疑问，追求宪法诉讼是我们未来的方向。

（三）依法行政与合理裁量

每个人从一出生就跟行政权结下了不解之缘，行政权对于公民基本权利实现的重要地位由此可见一斑。尤其在福利社会出现之后，传统的"消极自由"也变成了一个相对概念，与所谓的积极权利的实现一样需要国家的积极作为。立法机关通过立法将基本权利具体化以后，相比司法权而言，行政权的积极作为对于公民基本权利的实现具有直接针对性。行政权在保障基本权利实现时应遵循以下理念：行政权在法治框架内运行就是对基本权利的间接保障；行政权正确行使自由裁量权就是对基本权利的有力保障；建立健全社会保障制度为基本权利实现提供基础。

当然，人权保障是一项需要长期坚持的系统工程，除了从上述的立法、行政以及司法三个层面进行突破之外，随着多元社会的形成和市民社会的建立，公民基本权利一方面需要国家承担相应的责任，另一方面社会也必将成为公民基本权利实现的重要力量。为此，我们要认识到，希望建立一种或几种制度一劳永逸地解决权力的滥用对公民基本权利造成的侵害以及权利保障的现实困境，根本是不可能的，需要综合考虑，多方配套。

（责任编辑：赖伟能）

宪法三十年:中国梦与个人梦

陈　新*

内容摘要　三十年,宪法是中国梦的保障者、推动者。宪法文本确认了国家富强是国家首要目标,确立的政治制度得到全面贯彻,以宪法为核心的法律意识成为公民的重要意识。三十年,宪法也激发了社会成员的个人梦。宪法确认的市场经济唤醒了个人自由意识,确立了个人自由的正当性,也创造了多元思想文化。未来,中国宪法应该努力实现中国梦与个人梦的协调与融合。要建立公平正义的宪法体制,完善宪法公民权利体系,落实宪法监督制度。

关键词　宪法　中国梦　个人梦

三十年,从1982年至2012年,是我国现行《宪法》融入社会生活的过程,也是宪法功能作用逐渐突显的过程。在中国历史上,从来没有一个时代,宪法能这样持续、有效地发挥深远、巨大的影响,虽然,这种影响的性质还值得进一步探讨,但实践效果却是明显的。在其众多影响中,宪法正成就中国梦①,激发个人梦②,促进中国梦与个人梦的融合。在梦想的追逐过程中,中国宪法也被渐进地塑造。

---

*　中南财经政法大学副教授,硕士生导师。

①　中国梦是以国家富强、民族振兴为首要目标。国家领导人习近平对此多次进行阐述,2012年11月29日,他在参观《复兴之路》基本陈列时指出,实现中华民族伟大复兴,就是中华民族近代以来最伟大的梦想。这个梦想,凝聚了几代中国人的夙愿,体现了中华民族和中国人民的整体利益,是每一个中华儿女的共同期盼。2013年3月17日,他在第十二届全国人民代表大会第一次会议的闭幕会上指出:"实现全面建成小康社会、建成富强民主文明和谐的社会主义现代化国家的奋斗目标,实现中华民族伟大复兴的中国梦,就是要实现国家富强、民族振兴、人民幸福……"。

②　个人梦是指以个人自由、价值的实现为最高追求。个人梦与中国梦有联系也有区别,参见周志刚、张婷、刘洪侠、张建伟:《将"个人梦"融入"中国梦",为中国梦凝聚青春力量》,载中国青年网,2013年5月8日。

一、现行宪法三十年,促进了中国梦的实现

国家独立、民族富强是近百年来中国政治发展的“主旋律”,作为政治运动组成部分的宪法历史当然也受其影响。甚至于中国宪法产生也是清政府“救亡图存”的产物。因此,近代中国虽然出现了分别以突出君上大权、民主共和以及军阀特权为政治取向的各不相同的宪法,它表现了近代中国不同历史时期阶级力量对比关系所呈现的差异。但政治取向的不同并不能掩盖这三种宪法在表达近代中国宪法的宪法价值观方面的一种共同特征,那就是近代中国的制宪者都将推动和促进中华民族的富强和独立作为立宪的首要目标。[①] 中国的屈辱历史,使中国人形成了强烈的民族情怀,希望国家、民族能强盛于世界之林。这种情怀甚至已经内化为国民性格。新中国成立后,虽然实现了国家主权的独立,但经济文化上的落后依然是中国人心中的伤痛,因此,振兴中华,赶超英美是国家首要任务。改革开放以来,国际国内的和平环境,特别是执政党对社会发展规律及国情的正确认识,实施了一系列正确的方针政策,使这种梦想正在变成现实。三十年来,宪法不仅是国家富强的见证者,也是保障者与推动者。

(一)宪法文本确认了国家富强是国家的首要目标

与新中国成立之前的宪法文本相比较,包括与新中国成立之后的前几部宪法相比较,1982 年《宪法》更加直接、明确地规定了国家的根本任务。现行《宪法》序言第七自然段明确指出:“今后国家的根本任务是集中力量进行社会主义现代化建设……逐步实现工业、农业、国防和科学技术的现代化,把我国建设成为高度文明、高度民主的社会主义国家。”1993 年宪法修正案对此进行了更进一步的修改,明确表述为“我国正处于社会主义初级阶段。国家的根本任务是……逐步实现工业、农业、国防和科学技术的现代化,把我国建设成为富强、民主、文明的社会主义国家。”这一修改不仅直接表明了“富强”是国家首要目标,而且也说明,与民主、文明相比较,富强更重要一些。这也说明,国家富

① 张晋藩:《中国宪法史》,吉林人民出版社 2004 年版,第 10 页。

强是所有国家机关、公职人员、企事业单位、公民个人等行为的最终奋斗目标，它成为制约所有社会主体的行为准则。另外，宪法文本还比较详细地规定了实现国家富强目标的具体方针政策，包括实现国家富强目标的指导思想、经济措施等内容。

实现国家富强之所以成为现行宪法的重要指导思想，是因为追求国家富强一直是执政党矢志不渝的奋斗目标，并且已经上升为执政党的基本路线。中国共产党的性质及其在国家中的地位，使得宪法的指导思想与党在不同历史时期的基本路线具有十分密切的联系，党的基本路线往往直接表现为宪法的指导思想。[①] 我国现行《宪法》实施三十年来，虽然执政党的基本路线表述并不完全相同，也有一个发展变化过程，如，初级阶段、中国特色社会理论、一个中心两个基本点、邓小平理论、“三个代表”观、和谐社会，等等，但党的基本路线的核心内容，都是强调经济发展、国家繁荣昌盛。近年，随着执政党治国理政经验的进一步成熟，对人类社会及国家发展规律有了更深刻的认识，在此基础上，确定了国家发展长远目标，具体称为“三步走”发展战略，目前已初步实现第一阶段目标，即，实现人均生产总值“翻两番”的目标，另外两个是“双百[②]”目标还有待进一步努力实现。正因为如此，一些学者将现行宪法称为“小康宪法”[③]。作为执政党方针政策法律化的宪法通过条款多次的修改，使党的这些重大方针政策在宪法文本中得到及时体现，也使现行宪法能集中全面反映执政党的基本路线。

（二）现行宪法确立的政治制度在现实生活中得到全面贯彻

我国1982年《宪法》不仅通过文本形式确立了中国梦，而且通过宪法制度，使国家富强的中国梦有了制度保障。

政治是经济的集中表现。宪法确立的富强目标，需要有相适应的政治制度，只有适宜的政治制度才能保障富强目标的实现。现行宪法确立了以人民代表大会制度为核心的一系列政治制度。经过三十多年的实践证明，这种政治制度是有利于国家富强目标实现的。人大制度

① 刘茂林：《中国宪法导论》（第二版），北京大学出版社2009年版，第33页。

② 中国共产党成立一百年时全面建成小康社会的目标，新中国成立一百年时建成富强民主文明和谐的社会主义现代化国家的目标。

③ 张晋藩：《中国宪法史》，吉林人民出版社2004年版，第14页。

具有如下几个特点，第一，国家权力相对集中在中央，在上下级国家机关权力关系中，下级或地方权力都是由中央或上级授予的。这种金字塔式的权力结构及权力分配与运行原则，保证国家的正确决策在全国范围内能得到充分有效的实施。第二，地方国家机关或下级国家机关享有一定自主权和支配权。中央集权并不意味着地方完全没有自主权，在一定范围内它们也享有一定的自主决策权。第三，这种政治制度保证中央与地方各级各类国家机关之间既相互分工、又相互配合，避免制衡产生的机关之间的矛盾冲突。

三十年来，宪法确立的人大制度得到了有效的实施。这包括全国人大及地方各级人大依据宪法规定形成制度性的开会习惯，履行了宪法及有关法律赋予的职权，每五年顺利完成全国及地方国家机关的换届选举，国家政治、经济、文化等领域内的重大事项由各级人大及其常委会决定。政治生活的有序化，不仅是社会经济良性发展的体现，也是宪法发挥作用的体现。实践证明，正是由于我国宪法确立的特殊政治体制，才使我国克服了一个又一个困难，并且短时间内在经济、文化等领域取得举世瞩目的成绩。

（三）以宪法为核心的法律意识在社会成员头脑中逐步提高

经济发展需要相适应的上层建筑，这包括社会成员的意识、观念。而法律意识应该是以宪法为核心的对法律的情感、态度、认知及判断等主观意识。我国宪法虽然没有司法直接适用效力，不能成为解决具体纠纷的裁决依据，但宪法通过具体法律的制定，通过领导人的职权行为，还包括一系列公共话题，如，领导人的法律知识学习、经媒体报道的宪法事例，等等，使宪法成为社会热点话题。宪法内涵的精神、价值及基本原则、具体规则等也逐渐为社会成员所熟悉了解。

法律是国家文明的组成部分，也是国家富强的重要手段。经济的发展，特别是市场经济良性运行更需要公平正义的规则。宪法意识的普及和提高，不仅意味着社会成员观念的改变，社会秩序的和谐与健康发展，而且更重要的在于它使社会成员树立了规则、权利意识。正是这些观念的传播使社会经济发展有了强大的动力，也为经济发展创造了良好的秩序。

只有具备了规则意识，才可能产生规则行为。宪法意识在强调规则的重要性的同时,还在全社会树立了规则正当性的观念。在一系列关于特定宪法行为、宪法事件的热点问题、公共话题的讨论中,宪法应该是法律的法律,是法律正当性的根据,已经成为社会成员的普遍共识。这种观念的确立能保障宪法规定的一系列经济政策得到遵守与执行。

在实现国家富强、民族振兴过程中,产生于西方自由主义文化背景下的宪法逐渐中国化,显示出以国家主义、民族主义为基本价值的特征与运动规律。

二、现行宪法三十年,激发了中国人的个人梦

改革开放中制定的现行宪法,不仅实现了国家繁荣富强,也激发了中国人沉睡的个人梦想。与蓬勃发展的经济相适应,宪法实施也使个人权利、自主、自由等意识逐渐被激活并得到传播。

(一)依据宪法实施的市场经济,唤醒了中国人沉睡的自由意识

"人是生而自由的,但却无往不在枷锁之中"。长期的封闭、专制、落后,包括特定时期的国家优先思想,个人自由的天性不能得到充分的释放,个人自由成为中国人的稀缺资源。改革开放政策,特别是随着宪法确立的市场经济的实施与发展,以等价、自由交换为特征的商业活动在全社会逐渐普及,与商业行为相关联的商业文化也开始得到社会成员的认同,契约、财产、自由、平等等观念也开始在全社会传播,传统文化中的身份、等级、封闭等观念受到强烈冲击。个人利益的维护与发展在商品经济大潮中成为人们行为的自觉选择,自我意识比以前的任何一个时代都要强烈。

与经济的不断繁荣发达相适应,政治上也出现了一系列变化。主要表现为,国家权力职能方面,强调国家权力性质的服务职能,弱化统治职能;国家权力结构方面,强调放权,要给予下级、基层更多的自主权;权力运行方面,要求权力运行过程中应遵循基本程序。国家权力的这些变化,使政治国家放松对社会的控制。这种相对宽松的政治氛围,也为公民个人自由发展提供了政治基础。

(二) 宪法文本对公民权利的规定,确认了个人自由的正当性

宪法文本对公民权利的确定,应该说不是我国现行《宪法》独有的特征,新中国成立以来几部宪法都规定了公民权利,甚至有的宪法还规定了一些现行宪法中没有规定的公民权利,如"五四宪法"规定公民有"迁徙自由"、"罢工自由",而现行宪法却没有这些权利。但相比于前几部宪法,现行宪法规定的公民权利是现实社会经济政治文化生活的反映,具有现实的物质、文化基础。因此,这些宪法权利更能转化为现实实践。

宪法文本中的公民权利转化为个人自由主要是通过两种途径,一是通过其他基本法律或单行法律进一步具体化,2011 年 3 月 10 日,在第十一届全国人大第四次会议上,当时吴邦国委员长宣布,到 2010 年底,"一个立足中国国情和实际、适应改革开放和社会主义现代化建设需要、集中体现党和人民意志的,以宪法为统帅,以宪法相关法、民法商法等多个法律部门的法律为主干,由法律、行政法规、地方性法规等多个层次的法律规范构成的中国特色社会主义法律体系已经形成"。二是宪法权利被公民直接转化为个人行为与利益。主要是指由于社会成员宪法意识的增强,在正确理解宪法相关条款的基本精神与含义的基础上,指导自己的日常工作、学习、生活。现实生活中出现的公民各种维权事件,应该说是公民宪法权利运用的生动体现。

近年,根据实践发展,还修改完善了宪法文本中关于公民权利的相关条款。如,2004 年,将"国家尊重和保障人权"载入宪法,还增加了"国家建立健全同经济发展水平相适应的社会保障制度"、"公民的合法的私有财产不受侵犯"等。这些内容的修改,一方面说明宪法对现实生活的积极回应,促进了社会经济文化的发展;另一方面,也说明宪法是公民权利的宣言书,公民权利与自由的行使获得了正当性、权威性。

(三) 宪法确认公民权利的实现,催生了个人自由所需要的多元文化

伴随经济发展、科技进步,宪法确认的公民权利也逐渐得到实现,如言论自由、财产权、教育权、劳动权、文艺创作自由等。在市场全球化

背景下,这些权利的实现与发展,不仅需要文化的多元性,而且也催生了思想文化的多样性。各种思想观念、思潮被传播、介绍到国内,国内也发展产生新的多样化的思想观念并被传递出去,传统社会中一元化思想观念被打破。而社会成员利益的多样性为文化思潮多样性的生存、发展提供了丰富的社会土壤。宪法三十年实施过程,也是中国多元文化初步形成的过程。马列主义毛泽东思想等思想虽然还是得到官方认可的主流思想文化,宪法对此也作了明确规定,但中国传统文化、西方自由主义等思潮也逐渐成为一些社会成员认同的价值理念。

在多元文化已逐渐成为当下中国社会客观事实的前提下,社会成员实现自己的梦想有了多种可供选择的指导思想。文化的多元,不仅提供了宽松的文化氛围,带来思想的开放与开明,也为人们的梦想提供了想象空间。个人梦想的产生及其实现都需要文化的滋润,多样化的文化思想为个人梦想提供充足的养分。正是与宪法三十年相伴随的中国思想文化的逐渐多样化,才使这个时代成为一个伟大的时代,造就了一个又一个政治、经济、文化等领域的杰出人物,他们不仅实现了个人梦想,也成就了国家、社会的繁荣与发展。

三、中国宪法的未来:中国梦与个人梦的协调与融合

在两个“百年目标”计划的指引下,实现国家富强、民族振兴依然是我们国家政治、经济、文化的主要奋斗目标,因此,中国梦也是我们宪法的主要精神,但,已经苏醒的个人梦想将强劲地在现实生活中生长并影响到中国梦的实现。如何实现中国梦与个人梦的协调与融合应该是中国宪法未来的重要课题。

虽然在宏观、整体与长远上来看,中国梦与个人梦之间是一致与协调的,只有个人梦想得到充分实现,国家梦想才能有现实动力,个人梦想是国家梦想的动力与源泉、归宿。当然,国家梦想也是实现个人梦想的平台与基础。但特定时空条件下,针对个人、集体、社会等具体相互关系时,还是经常发生各种利益冲突,如何认定及协调这些矛盾冲突是需要法律(包括宪法)通过确定相关体制、制度来解决的。

（一）建立公平正义的宪法体制，激发社会成员强大的爱国热情

人类社会之所以需要国家，是因为国家能提供人们“安全、秩序、正义”的需求，而正义应该是国家最基本、本质的特征。正如奥斯丁所言，如果没有正义，国家就和抢劫集团没有区别。抢劫集团虽然也有安全、秩序，但它们却没有正义。正义在不同时代、不同国家、不同个人的理解并不完全一样，但本质是指一个国家应该满足个人和团体生存所应该得到的最基本的需求。正义既包括分配资源的方法，也包括分配资源的结果。方法是公平交易，结果是承认所有的个人及团体能够平等地享有一些基本的权益，并且在他们之间进行合理的分配。当人们得到了相等的机会，拥有了基本的权益，那么他们就认为这个国家是正义的。[①] 正是因为国家能提供正义的需求，所以社会成员才热爱这个国家，国家在社会成员心目中才有权威。

宪法对国家正义形成的贡献在于，构建符合正义原则的国家权力结构，规范国家权力运行，实现国家权力的人民性、服务性。具体来说，国家权力横向配置应该体现权力的制约性，防止权力的集中与垄断，国家权力的纵向配置方面，应该体现权力的便捷与效益，减少权力的层次与环节，具体权力运行中，权力应该严格依法定程序行使，坚决杜绝权力滥用行为。

现行宪法在未来发展中，在国家权力设计方面应该进一步发挥其规范权力的功能。具体来看，在国家权力顶层结构中，要突出权力的监督与制约，如，要落实、完善人大对行政机关、司法机关等机构的监督与制约，在纵向方面，要逐渐减少权力的层次，降低权力运行成本，增强权力的效益，同时调整权力的横向结构，如，根据经济发展需要调整国家行政区划设置等。这些权力配置的改革，将极大地增强国家权力的正义性。

（二）完善公民宪法权利体系，充分保障公民利益诉求

利益是权利的内容，自由是权利的外在形式。宪法确认公民权利是对公民利益的尊重、保护与发展，也是国家对公民的承诺。

---

① 杨光斌主编：《政治学导论》（第2版），中国人民大学出版社2004年版，第99页。

人类社会文明进程表明，随着时代发展变化，个人利益及行为方式也会不断增加和调整，国家应该通过宪法文本及时确认公民权利，为公民实现自己的利益提供正当性、合法性依据，使公民行为能得到国家保护，其尊严、价值得到充分、有效的实现。

宪法三十年，公民宪法权利有一个直接或间接的发展趋势，如，1988 年《宪法修正案》确认私营经济，应该也是间接确认公民私有财产权；而 2004 年《宪法修正案》关于保障制度的完善、人权入宪、私有财产权征收的限制等应该是直接确认公民相关权利。

这些权利的确认有效维护了公民个人利益，但与不断高涨的公民权利意识，与国家政治、经济、文化发展所需要的公民地位相比较，宪法关于公民权利的规定还存在一些不足，主要是，公民生命权缺乏直接规定，与户籍制度相关的迁徙自由、与劳动权相关的罢工权、与生态环境相关的环境权等都没有直接规定。这些宪法权利的缺失不仅使公民权利体系不完整，也使公民利益的实现受到限制，阻碍个人自由、尊严、价值的实现。

（三）落实宪法监督制度，维护宪法权威

宪法是中国梦的载体，也是个人梦的载体，既是个人自由的保障，也是国家强盛的后盾。保障宪法实施应该成为国家机关、社会团体、公民个人的基本共识。实践中，我国宪法监督制度还存在一些不足，其中，明显的问题是，宪法监督制度没有得到真正的落实。虽然我国宪法明确规定了宪法监督的主体，但至今缺乏有效的行使，致使现实生活中的一些违宪事件、违宪行为不能得到及时查处和纠正。

宪法监督制度的缺失，不仅损害宪法权威，也削弱了宪法功能，国家富强和个人尊严的实现都受到阻碍。在纪念现行宪法公布施行二十周年大会上，胡锦涛指出：“全面贯彻实施宪法，必须健全宪法保障制度，确保宪法的实施……要抓紧研究和健全宪法监督机制，进一步明确宪法监督程序，使一切违反宪法的行为都能及时得到纠正……各级国家行政机关、审判机关和检察机关都要坚决贯彻宪法，依法行政，公正司法，不断提高执法人员的素质和执法水平。任何组织或者个人都不得有超越宪法和法律的特权。”事隔十年之后，在纪念宪法公布施行三十周年大会上，习近平指出：“保证宪法实施的监督机制和具体制度还

不健全,有法不依、执法不严、违法不究现象在一些地方和部门依然存在。""全国人大及其常委会和国家有关监督机关要担负起宪法和法律监督职责,加强对宪法和法律实施情况的监督检查,健全监督机制和程序,坚决纠正违宪违法行为。"这些讲话说明,我国宪法实施还存在一些不足,加强宪法实施应该成为国家法治建设的重要内容,而且也说明,保障宪法实施具有紧迫性、重要性。

在实践中,我国通过具体立法开展了相关的探索,如,《立法法》、《各级人民代表大会常务委员会监督法》中有关条款具有一定宪法监督性质。在学术界,一些学者就完善我国宪法监督制度问题进行了大量研究,提出了多种完善宪法监督制度的建议。这些探索与研究虽然有重要的价值,但与国家法治建设的目标要求相比较,依然还有很大距离,推进我国宪法的实施任重而道远。

(责任编辑:赖伟能)

政治宪法学的历史背景与理论状况

田飞龙*

内容摘要 中国政治宪法学的兴起不仅基于对“司法化”路径模仿失败的反思，更基于对百年中国立宪进程的内在政治性的理解与把握。中国有别于其他转型共同体的独特之处在于，面对全球化和殖民化的巨大压力，始终保持着主权意义上的“政治自主性”，反复接引、论辩和试验不同版本的现代建国方案，产生了饱满的“政治宪法”意识和制度经验。无论是思想观念，还是制度遗产，中国宪制转型的基本场景与条件大体收束于一个未充分宪法化和制度化的“政治宪法结构”之内，单纯依靠不自主的司法和不自足的公民社会无法形成充分的转型动力和理性路径，而需要该结构自身的内在理性化与转型取向，即需要走一条“政治宪治主义”的道路。国外宪法学研究中有着大量丰富的政治宪法学思想资源，分别匹配各自国家的特定宪制问题，可为借鉴，但不可照搬。中国政治宪法学的成熟需要超越法学方法的方法论自觉，形成对自身政治宪法经验的严格科学解释与理论化。

关键词 政治宪法学 法治现代性 转型 人民 司法宪治主义

一、中国立宪史脉络中的“政治宪法”意识

中国的宪法转型与中国法治现代性的特定经验密切相关。本文的

---

* 北京航空航天大学人文与社会科学高等研究院讲师，法学博士，北京市人民政府行政复议委员会专家委员。

基金项目：本文研究得到了2014年中央高校基本科研业务费专项资金资助（课题名称：政治法的基本原理与制度框架研究；项目编号：30418001）。

基本问题意识即来自于对中国近现代整体法治进程的历史体认与理论反思。中国的法治现代性始于清末变法,是中国应对西方文明挑战的整体努力的一部分。[①] 中国法治现代性的生成主要从两个相互关联的维度完成结构性准备并导引出中国宪法的现代性要素:一是围绕现代民族国家建构的主权建构,二是围绕个体解放与自觉的公民建构。这一"立国"与"新民"的双重建构在民族整体生存危机的压力下呈现出一定的历史次序,总体而言,"立国"优于"新民",换言之,"救亡"压倒"启蒙"[②],这一逻辑及其制度进程至今尚未完结,从而造成规范主义宪法学者的诸多尴尬与无奈。

晚清以康梁派和实业派(张謇等)为代表的立宪运动和以沈家本为代表的法律现代化运动为探索现代中国之国家法理与法制进行了最初的悲壮但伟大的尝试。民国时期的法治现代性建设倒是颇具规模,从宪法到普通法律已初具现代法律体系之形貌,然外敌入侵与内部阶级斗争过烈终使深具保守品格的法治难以推行,所结晶之"六法全书"更是在愈加严格的革命"断裂"逻辑之下被腰斩。须知,晚清的政治与文化条件对于以宪法为制高点的法治现代性转型的约束更加严格,其内忧外患的冲突格局不断冲击宪法转型所依赖的政治文化上的包容性

---

① 这种"挑战—应对"式的实证历史经验是费正清中国学中"刺激—反应"模式的历史基础,尽管近来的某些研究对该传统框架多有挑战,但该框架仍然具有较强的理论解释力,正确地解释了中国现代化转型的外在背景与生存论意义上的道德动机,这一"后发"特征至今深刻影响着中国人对现代化与现代性的整体理解与实践方式,费正清的相关研究参见〔美〕费正清:《美国与中国》(第四版),张理京译,世界知识出版社 1999 年版;对当代中国现代化特征的一个整体性的观察与批评,参见秦晓:《当代中国问题:现代化与现代性》,社会科学文献出版社 2009 年版。

② 这是著名哲学家李泽厚先生的概括,他认为中国现代史是"救亡"与"启蒙"的双重变奏,而"救亡"在历史进程中压倒了"启蒙",从而预伏下中国现代转型的坎坷命运,参见李泽厚:《启蒙与救亡的双重变奏》,载《走向未来》1986 年创刊号,收入李泽厚:《中国现代思想史论》,东方出版社 1987 年版,第 7—49 页。在笔者看来,"立国"与"救亡"被归于一端,"新民"与"启蒙"被归于另一端,前者倾向于国族保全的保守性维度,张扬国家主义,后者倾向于个体解放的现代性维度,张扬个人主义,中国百年宪治的自主进程便呈现出强烈的以"党国"形式出现的国家主义倾向,尽管这一倾向需要进行个体伦理的启蒙式清理,但同样需要进行政治理性的制度化改造,生成一种优良政体框架内的"国家理性"(reason of state)。这一双重维度之整合需求亦为国内某些法理学者所识别与阐释,参见许章润:《国家建构的精神索引——今天中国为何需要省思"国家理性"》,载许章润、翟志勇主编:《历史法学》(第四卷·国家理性),法律出版社 2010 年版,第 3—14 页;许章润:《现代中国的国家理性——关于国家建构的自由民族主义共和法理》,法律出版社 2011 年版。本文的政治宪治主义立场便产生于这样的历史脉络与审慎思辨之中。

和协商智慧，其“部族政权”[①]的“少数民族”属性更是将汉民族之民族主义推至自身的对立面，使得晚清政府面临民族革命和民主革命的双重压力，且一句“驱逐鞑虏”之号召力可能要超过“自由、平等、博爱”式的共和理念若干倍。[②] 在革命的压力之下，晚清政府也一度“预备立宪”并制定了具体的立宪计划，出台了具有君主立宪性质的《钦定宪法大纲》(1908年)和《宪法重大信条十九条》(1911年)，终因“部族政权”之弊而失利。2011年正值辛亥革命百年祭，两岸策划各种纪念活动，颇以辛亥为共和之始。然而，将共和化约为民主乃近代激进主义政治哲学的结果，就本源而言，共和未必民主一途，君主立宪亦为共和之可能形式，“走向共和”的规模化论证与实践亦并非孙文一脉，康梁理应自成一脉。有人感慨中国晚清立宪运动之夭折，叹息中国错失“光荣革命”之荣光，其立场大抵采英式保守主义，其论理大抵抨激进主义之罪，或可名之为一种“保守改良主义”史观。[③] 依此立场，则国共两党于20世纪上半叶展开之波澜壮阔的“大革命”，无论为旧民主主义，还是新民主主义，皆为激进主义之流。这一进路不失为评断中国近现代革命的一种独特视角，然历史评断还需进行深层的原因探析，从具体探析中挖掘历史智慧和分析方法，为后世鉴。比如晚清之变局，一般学者往往夸大孙与袁的政治与思想差异，殊不知二者同为汉族政治领袖，对

---

① 这是钱穆的看法，代表了汉族知识精英对“华夷之辨”的深刻认同与坚守，参见钱穆：《中国历代政治得失》，三联书店2001年版，第141—145页。

② 对于清王朝及其历史命运，我们有两个并存的常识性判断，一是清王朝的统治成功在于彻底“汉化”(这一点常与蒙元的短命统治比较)，二是清王朝灭亡的主要原因是“部族政权”和满汉对立，显然，这两种判断之间存在巨大张力，美国“新清史”的研究突破传统的“汉化论”和华夷之辨，强调清王朝的“满族特性”，这一进路将清朝大一统的原因归于“满族特性”对华夷之辨的超越，同时亦有助于理解满汉对立之长期性与根本性，对该进路的一个较为系统的研究性评述，参见党为：《近三十年来的美国清史研究：以新清史为线索》，华东师范大学2010年博士学位论文；杨念群教授则指出了新清史研究视角的外部性和边缘性缺陷，主张走第三条道路，参见杨念群：《超越“汉化论”和“满洲特性论”：清史研究能否走出第三条道路?》，载《中国人民大学学报》2011年第2期。事实上，笔者认为这些学术争论根植于一个更加根本的中国历史哲学难题，即如何提出一种现代历史哲学框架来融贯处理以清史为代表的古代史和以民国史为代表的现代史，从而实现“旧邦新造”，显然，清朝的悲剧命运在于当时的政治与文化精英尚不具备处理这一“大转型”问题的知识基础与制度经验。

③ 比如高全喜：《立宪时刻：论〈清帝逊位诏书〉》，广西师范大学出版社2011年版，笔者对此曾有思想性评论与对话，参见田飞龙：《保守改良主义与百年共和》，载《战略与管理》2011年第5/6期合编本；高全喜、田飞龙：《辛亥革命与现代中国》，载《南方论丛》2011年第4期。

革命目标或有差异，但在汉族主权建构上高度一致——这也是南北议和及在形式上“速定共和”得以成功的关键。如袁为满人，《清帝逊位诏书》便不得颁行。或有人诘问，英国君主亦为外族（诺曼人征服），为何可以“光荣”进入新共和体制？殊不知英国宪法为不成文宪法，根基深厚，其代议制经验和普通法传统已然提供了现代宪法国家之实质性基础，其近代革命蜕变之低烈度和光荣性非他国可比。[①]

在民国奠基生成之关键期，除了“保守改良主义”及其政治担纲者（立宪派）之外，革命党内部也曾出现过政治妥协和守护宪法的积极努力：一方面，在意识形态上，当革命功成之时，及时地将“驱逐鞑虏”改为“五族共和”，将作为革命之敌人的鞑虏（满族）重新包容进作为民国国民主体的“五族”之内，显示出立国的宪法理性；另一方面，在制度实践上，革命党内部出现了以宋教仁为首的“党改派”，决意将具有革命党性质的“同盟会”改造为具有更宽政治基础的议会党，即“国民党”，并根据《临时约法》（或后续正式宪法）“模范”地实践中国的议会政治。不过，民国初期的南北政治集团终因相互猜忌和权力斗争而无法协力启动正式的、以相互承认为前提的制宪过程，更无法依据《临时约法》之议会程序开展临时宪法下的政治生活。上海火车站射向宋教仁的子弹也同时射向了民国宪治，开启了“二次革命”、“法外护法”和国民党重建的民国历史新阶段。孙中山 1914 年重建之“中华革命党”，其建党思想已具领袖原则和政党国家之端倪[②]，尽管还未形成系统的“党治国家”理论。此次重建及 1924 年的系统化改组，其目标绝非只进行局限于政治革命的“小革命”以及将自身打造为模范遵守宪法的议会第一大党，而是以“建党”的形式完成国家在政治上的初步的组织化，开展“大革命”并武力取得政权，然后通过“党军”（军政）和“党政”（训政）直接打造一个具有现代性质的“宪政”国家。然而，究竟何时以何种方式实现“宪治”亦成为困扰国民党长达大半个世纪的根本难题，这是国民党版的“建党伟业”。助成这一伟业的还有两个方面的关键性力量：一是列宁主义之思想与政治指导，二是共产党人的政治协助。

① 美国则兼采普通法传统和成文宪法理性，饱含英吉利海峡两岸的法治文明血液，宪治成就更具系统性和现代性，也因此在世界历史上更具特殊性。

② 一个经典化的机制体现是，孙中山要求党员重新登记，并在入党时打指模宣誓效忠领袖个人。

严格而言,国共两党最终以“非议会政党”的方式分别展开的“建党伟业”均为民国宪治失败直接诱发的历史后果,“以党建国”渐成中国共和历史的主流,由此造成中国宪法文本中以“党国”原则为核心的“政治宪法结构”,这种结构以有所差别的形式体现于1931年的《中华民国训政时期约法》和新中国建立之后的多部社会主义宪法之中。

晚清不成,民国初期也不成,后来的民国又如何呢?民国当区分为两段,以1924年国民党一大为界。前一段呈现出共和政体下的两对矛盾:一是南北汉族政治集团在联合逼迫清帝退位及速定共和之后,在宪法框架内展开了激烈的夺权斗争并逐渐超越法律底线;二是袁世凯去世之后出现的北洋军阀内部大争斗。其中的袁世凯称帝与张勋复辟均为“君主立宪”的回光返照,“共和不容君主”的思想至少在普通的汉族精英知识分子内部取得了共识,而北洋军头们则因为君主制的家天下逻辑损害自身政治利益而奋起反击。后一段以孙中山的“联俄联共”的建党决策为标志,开始了中国民主革命新的力量组合与合作,孙的一方保持不变,另一方北洋军阀则成为绝对的“反动派”而被新生的中国共产党所取代。“联俄”的结果是孙中山采行了列宁主义政党的若干建党原则,比如党治原则与领袖原则,将国民党锻造成为一个更具纪律性和战斗力、因而可能更具革命性的政党。“联共”的结果是正式实现了第一次国共合作和以北伐为共同任务的大革命。国共两党代表了超越北洋军阀集团的新的政治力量,均以政党组织直接掌握军队和领导政权的方式执行革命任务并指导国家建设。[①] 按照党史的通识,孙中山的三民主义与共产党的民主革命纲领存在共识区间,这构成了第一次国共合作的政治基础。就立宪论,1911年底的《中华民国临时约法》属于临时宪法,一般被指认为中华民国第一部宪法性文件,《天坛宪草》并未生效,袁世凯的《中华民国约法》有程序瑕疵,作为政治贿赂产物的“曹锟宪法”(1923年)则更不被看好。尽管民国前一阶段的宪治和议会政治未能成熟开展,但宪法至少在形式上稳定地成为新政权的合法性标志,任何一个新政权都不得不诉诸立宪来标榜自身的合法性,这体现了民国政治在现代性规范意义上的进步。1924年之后大革命

① 关于民国政治中的“党国政治”逻辑的经验性分析,参见邓野:《民国的政治逻辑》,社会科学文献出版社2010年版。

的迅速开展和国家形式上的统一，为国民党政府的经济建设和法治建设提供了相对稳定的政治社会条件，尽管这一过程同时发生了国共分裂、国内土地革命战争（国民党谓之“剿匪”）和“九一八事变”。1927—1936 年这一历史区段既是国民经济的“黄金十年”，也是民国法治的“黄金十年”。所谓的“六法全书”在这一时期已具备相当之规模。

抗战八年是特殊时期，形诸制度文本的普通法律的推行受到严重影响，拟议中的制宪不得不中断，然而这也是近代以来中华民族所经受之最残酷和最有成效的民族意识与共同体行动能力的锻造时期，在客观上推动了中华民族的政治成熟。抗战胜利后，国民党撇开旧政协决议，一党主导制定并通过了 1946 年宪法，“六法全书”遂得以成就。其间还有著名的民国法学家杨兆龙先生邀请哈佛大学退休院长庞德教授来中国指导展开法律清理和司法改革的系统工作，因解放战争的迅速胜利而告终。民国宪治之失败，颇令诸多有识之士叹息。阿克顿勋爵的“妥协是政治的灵魂”[①]的教诲始终未能穿透中国主流政治精英的心灵。历史实践中的巨大牺牲和快速胜利也熏陶出了理想的纯粹性与实践的严酷力，从而奠定了威权政治的精神基础。[②] 然而中国宪治的一波三折是否完全是革命激进主义的责任？公允而论，不尽然。首先，民国之政治教育和法律启蒙根底颇浅，良好图景未及展开。其次，20 世纪是革命的世纪，中国处于内忧外患的特殊情境之中，民族整体的生存理性获得优先性认同，激进主义有其历史的合理性与必然性。再次，中国当时并无抗御激进主义的成熟政治传统、学术传统与社会基础，中国本身就处于迷惘和挣扎的激流之中。不过，尽管大革命肯认了激进主义逻辑，但中国政治精英在立国思想上并未放弃对西方自由民主宪治的追随乃至于超越。孙中山尽管不是严格的政治思想家，但其关照实践的宏观概括能力是颇为惊人的，比如“三民主义”之“民族、民权、民生”是以现代民主国家为蓝图的“三代人权”的整合理论，“五权宪法”

---

① 〔英〕阿克顿：《自由史论》，胡传胜等译，译林出版社 2001 年版，第 165—182 页。

② 李慎之先生在给《哈维尔文集》作序时曾概括了“后极权主义”的精神特征，即“权力者已经失去了他们的前辈所拥有的原创力与严酷性”，显然，“前辈”的“原创力与严酷性”是维持特定权力政治的必要精神条件，参见李慎之：《无权者的权力和反政治的政治——后极权主义时代的人生哲学〈哈维尔文集〉序》，载《哈维尔文集》，崔卫平等译，http://blog.sina.com.cn/s/blog_484de7510100yrq2.html，2014 年 10 月 20 日访问。

为西方三权分立的纯粹逻辑性（康德称之为“三段论”结构[①]）合理增添了历史成分和本土因素，宪政三阶段论之“军政、训政、宪政”实为背负反帝反封建之沉重任务的后发国家进行民族民主革命不得不经历之理性实践过程。在为迎接新中国成立六十年拍摄的历史大片《建国大业》里，毛泽东在山城重庆与蒋介石共同召开记者招待会（可能是历史上唯一的一次）上的那句“我们都是中山先生的弟子”的表达耐人寻味。然而，两党之教义系统的规范性差异最终导致了“联合政府”的破产。[②] 尽管晚清与民国的法治现代性建构遭到了历史性的失败，但其思想与制度成果泽被后世。我们今天重新启动常态政治下的法治国家建设，法学教育和法学研究还需不断地往返于前人成果和今日情势之间，因为历史是最珍贵的宝藏。失败者亦为中华民族的伟大的现代转型洒下热血，贡献心智，协力奠基——肯认这一点，是我们纪念辛亥共和百年并深思推进共和未竟之业的精神起点。

新中国成立六十五年来是波澜壮阔的中国现代国家建构的接力期，也是中国法治现代性生成的接力期。新中国之法治现代性，尽管建立在废除“六法全书”的政治决断之上，但晚清与民国期间引介与实践的若干现代国家建构与公民培育的政治法律思想及其机制仍暗隐其中，尤其是国共两党共享之“党与国家”建构思路，对民国以来之宪法创制与变迁影响极大。所谓新中国法治现代性之生成，也并非全新之物，实为接力之作，是一种渐然消退革命激情与教义、面向传统和现代法治经验的一种历史性回归与综合。1949 年革命被定性为“新民主主义革命”，除却阶级基础与革命具体目标的差异之外，与孙中山开启之“旧民主主义革命”仍有千丝万缕的思想关联。作为后发国家之法治现代性之路，需以政治上之共同生存与共同意识为前提，在中国采取的是以先进政党为代表的民族民主革命与国家建构路径，国民党与共产党分别团结并试图整合中国之中上层与中下层而展开现代国家与法制的创建。[③] 新中国的建立证明了在政治上共产党对中下层之整合作业

① 〔德〕康德：《法的形而上学原理——权利的科学》，沈叔平译，商务印书馆 1991 年版，第 138—139 页。

② 关于训政逻辑与联合政府设想之冲突性特征的经验分析，参见邓野：《联合政府与一党训政：1944—1946 年间国共政争》，社会科学文献出版社 2011 年版。

③ 著名历史学家黄仁宇有类似论断，称“国民政府重组了中国的上层结构，中共则整合了以农村为主的下层结构”。

的历史成效。然而,领导革命之先进政党在取得全国性政权后继续指导国家之建设与法律之创制,其最大困惑在于党的领导权如何获得法制转化,亦即以领袖原则和党的纪律为内核的"革命党"制度规范如何通过宪法创制与法律实施完成向"执政党"之国家规范的转型。新中国法治现代性之路更由于作为指导思想的马克思主义的"宪法性"作用和"苏联榜样"而加剧了"党—国家—社会—公民"之间的思想与利益关系的巨大波动与挫折。新中国前三十年被称为"毛泽东时代",由于国际环境的极端恶化与政治运动的异常频繁,常态化的法治进程受阻,直至"文化大革命"十年,法治试图规训的"权力"和予以保护的"权利"之间丧失了基本的规范框架——这就注定了"文化大革命"的历史命运,同时也为回归法治的"反向建构"提供了必要的经验参照和历史理由。"毛泽东时代"并未根本偏离始自近代的"立国"与"新民"的主题,但其所实践的乃是一种激进的社会主义方案,无法为审慎而节制的宪法与法律实施提供有利的历史空间。邓小平以来的"改革时代",国家发展的指导思想实现了从激进理想主义到经验实用主义的转型[①],"经济建设"替代"阶级斗争"成为新时代的主题。部分出于对"文革"的反思,部分出于对"毛泽东时代"被压抑的"官僚法治国"模式的重新试验,法治现代性在这一时代获得了相对宽松稳定的政治环境以及较为显著的发展,尽管仍时有争议和波折。从 1979 年率先实现刑事制裁的法律化,至 1982 年确立改革时代最为稳定之《宪法》,以及相关的适应经济改革需要的民商事立法的体系化和 20 世纪 80 年代后期开始的行政法的崛起,历经 30 年,一个具有相当规模的中国特色社会主义法律体系初步成型,尽管还有重要的欠缺(如行政程序法等)。除了立法层面,中国的司法改革也构成了法治现代性的重要维度。尽管后期由于政治反弹和社会矛盾而出现反复,但以司法权为主体的"法治理性"在制度和社会意识上被成功建构出来,具有了针对政治系统与社

① 顾准先生早在"文革"过程中就颇具预见力地提出了"从理想主义到经验主义"的命题,参见顾准:《顾准文集》,贵州人民出版社 1994 年版,第 223 页以下。

会系统的一定的对话与影响能力。[①] 其中,“宪法的司法化”成为法律自主性尝试的最高诉求,但由于欠缺政治前提和宪法根据而衰落。总体而言,改革三十年是中国法治稳定发展的三十年,在根本法治领域,司法宪治主义受挫,政治宪治主义兴起;在具体法治领域,“部门法自治”现象日益显著,但根本法治与具体法治之间的沟通整合仍然面临体制性困难,而这种困难极大影响了中国法治的整体性成就。[②] 中国法治在改革三十年的文化启蒙与制度实践基础上,正面临着更加深刻与复杂的挑战,为此,我们需要从关于“现代中国”的更长时段的思想史和宪法史框架来加以理解和定位。

中国的立宪史绵长、激烈而命运多舛。时至今日,中国在人类政治史上的数波“民主化”浪潮中依然坚持从自身的文化基础、政治前提和民族意志出发展开现代宪治的深层制度建构。在大量的比较宪法研究中,中国无疑是大国宪治的“异数”。在“普适价值”的漫天教条和实证经验刺激下,中国当代的主流宪法学坚定地完成了告别革命和告别旧法学传统的学术仪式,转身进入“司法宪治主义”的价值启蒙、知识储备和技术模拟的轨道。在“齐玉苓案”司法批复发布和废止的近十年间,中国宪法学对“司法宪治主义”的学术与实践热情空前高涨,但始终无法寻觅到恰当的制度突破口,也无法将自身的宪法主张嵌入中国宪法转型的主流议程之中。在此学术言说与制度实践渐行渐远的关口,宪法学内部部分学者产生了“政治宪治主义”的问题意识和理论努力,试图为中国宪法转型提供另一种进路,笔者基本上全程见证并适当参与了这一新兴宪法学术进路的初期理论建构。

实际上,中国宪法转型在理论上始终面临着如何正确对待 1982 年宪法文本的问题。在主流宪法学的理论叙事中,尽管诸多学者供奉“文本主义”,但却并不供奉同一文本,比如有些学者认为中国宪法文

---

① 不理解这一点,就无法理解中国法治系统的实际进步及其行动能力,也无法理解法官在“宪法司法化”追求中的重要作用。尽管在“宪法司法化”的追求中受挫,但中国司法并未放弃“能动主义”,而是经过适当调整之后转入指导性案例、司法解释民主化、行政审判白皮书、婚姻法解释与新家庭秩序等领域,在“普通法治”层面坚持专业标准和话语优势并积极拓展外部性影响。

② 关于改革三十年根本法治与具体法治的详细分析,参见高全喜、张伟、田飞龙:《现代中国的法治之路》,社会科学文献出版社 2012 年版,第五章“面向常态的转型法治:改革与治理”。

本中只有国家机构条款和基本权利条款是"宪法",序言和总纲则仅仅具有"宣示"效力,不是宪法规范,也有宪法学者对总纲部分条款网开一面,但对于宪法序言则避而不谈。[①] 这些以"文本主义"为名的"半文本主义"本身就是对宪法的一种总体性解释,是解释者自身宪法概念与宪治理想的表达,而非中国宪法自身的精神与原则的表达。这些文本主义进路大体属于一种规范主义进路,且以司法过程为预设来构造中国宪法学的范畴、体系与学术话语框架。[②] 然而,中国宪法的实施模式恰恰不是司法性的,而是政治性的,翟小波博士对中国宪法实施制度的实证主义解释较好地说明了这一点。[③] 被主流进路忽视或有意遮蔽的中国宪法文本中的序言与总纲条款恰恰构成了中国宪法的"政治宪法结构",其要害在于人民主权在这一结构中具有复杂的制度表现形式,且人民主权的具体落实有赖于这一结构的条理化和制度化。然而,学界流行的文本主义却对这一"政治宪法结构"保持着价值立场上的疏远,从而不能够真正坚持解释学上的完整的文本主义立场以及彻底的法律实证主义立场,其所谈论的中国宪法大体只是施米特所谓的"理想宪法"[④],是比较宪法意义上的"宪法",或者说主流进路钟情解释的是"宪法",而不是"中国",因而无法完整解释"中国宪法"。正因为主流进路谈论的是"理想宪法",所以,该进路在运行过程中很可能悄悄地背离了宪法教义学的保守性前提,而将自身的来自比较宪法脉络中的道德理想与革命激情植入对中国宪法文本中孤立的"理想条款"的解释之中。在此意义上,政治宪治主义的进路恰恰是要在完整意义上对待中国宪法文本,关注的不是中国宪法文本中孤立的"理想条款",而是具有政治原则和根本法意义的序言和总纲,试图从中分辨出中国宪法的"政治宪法结构"并进行理论和制度上的探讨。政治宪治主义并非脱离宪法文本,而是深度挖掘宪法文本的政治内涵及其制

① 近来青年宪法学者中的学术意识有所变化,开始对中国宪法中的"纲领性条款"进行专门的研究,如陈诚:《论宪法的纲领性条款》,浙江大学2011年博士学位论文。

② 比如韩大元、林来梵、郑磊主编:《中国宪法学基本范畴与方法:2004—2009》,法律出版社2010年版。

③ 翟小波:《论我国宪法的实施制度》,中国法制出版社2009年版。

④ 这恰恰是施米特所批评的一种宪法观念,即"在一种突出的意义上、因一种特定内容而被称为宪法",参见〔德〕卡尔·施米特:《宪法学说》,刘锋译,上海人民出版社2005年版,第41页。

度原理,并认为这一挖掘对于解释和建构中国宪治转型的制度性论说框架具有理论上的比较优势。

因此,政治宪法学的核心问题即可界定为:如何从宪法理论上回应中国宪法文本中的“政治宪法结构”?如何经由这一结构而从理论与制度上探讨人民主权在中国宪法上的具体实现?这一核心问题将牵涉对“政治宪法结构”的立宪史考察、对回应这一结构的政治宪治主义的比较思想考察、初步理论建构与制度运用。同时,政治宪治主义的理论进路又需要严格区别于传统的“阶级论”式的政治宪法理论模式,发展出一种以共和主义为核心的、兼容保守主义与自由主义合理价值的规范基础。[①] 本文无法完成这一理论方向上的所有环节和工作,因此只是作为该方向的一个理论导论而存在。

二、政治宪法学的理论状况:内外比较

与司法宪治主义的丰厚制度成就、理论文献与实践优势相比,政治宪治主义即使在世界范围内也处于非主流的地位。国外宪治成熟国家的宪法学研究已经进入“规范宪法学”阶段,依托相对成熟的司法审查机制所积累的判例,巩固、调整和发展宪法学的基本理论,但也存在一些具有史学倾向和左翼思想的宪法学者将目光从法院移开,关注法院之外的宪法创造与实施过程及其相关机制,提出“政治宪治主义”的相关解释理论。国外发展中国家大部分接受“选举代议民主 + 司法审查”的宪治转型方案,由于民主尚未巩固及社会化,司法审查在很多国家并未取得重要的制度成就,但普通法背景的发展中国家情况稍好。中国立宪史尽管有着非常丰厚的政治宪治主义思想与制度遗产,但主流的宪法学术界跟随比较宪法潮流和司法宪治主义旗帜,对中国自身的政治宪治主义的理论关注和梳理严重不足。在法理学和部门法学领域,只有少数学者关注并试图提出针对相关法律现象的政治解释

① 笔者对此已有一定的理论分析成果,参见田飞龙:《中国宪法学脉络中的政治宪法学》,载《学海》2013 年第 2 期。

框架。[1]

这里拟分别从国外与国内两个层面对政治宪治主义的研究状况予以简述。由于本文主要是一个理论导论，因此只是进行理论线索上的勾勒。

（一）政治宪法学的域外地图

司法宪治主义与政治宪治主义是西方宪法学内部发展出来的关于宪治主义的二元话语体系，且政治宪治主义大体是在与作为主流进路的司法宪治主义的不断的理论对话与互动过程中产生的。本文对国外政治宪治主义理论研究的学术分析受到两种知识来源的启发：一是国内政治宪法学者建构自身理论框架时所依赖的主要的思想资源；二是阿克曼教授在"我们人民"第一部《奠基》第一章中对于世界宪治思想地图的刻画。国内政治宪法学者，以北京法政学界的陈端洪、高全喜、翟小波为例，主要调用了洛克、卢梭、戴雪、施米特、阿克曼等人的理论资源。在阿克曼的宪法思想地图中，"一元民主制"以英国为原型，"权利本质主义"以德国为典型，美国则是"二元民主制"的宪治国家。然而，笔者认为"权利本质主义"只是德国 1949 年《基本法》之后的宪法思想特色，德国自身的政治宪法理论资源集中于魏玛宪法时期，以施米特为代表，而英国与美国也有着政治宪法理论的相关资源。据此，笔者对国外政治宪治主义理论研究的简述就大体分为三种来源和模式：(1) 美国的"人民自己"[2]模式；(2) 英国的"议会自己"[3]模式；(3) 德国的"总统自己"[4]模式。[5] 这里的类型化服务于对政治宪治主义比较

---

① 比如法理学领域的卓泽渊教授关于"法政治学"的系列研究，主要参见卓泽渊：《法政治学研究》，法律出版社 2011 年版；刑法学领域的刘树德关于"政治刑法学"的研究，参见刘树德：《政治刑法学》，中国法制出版社 2011 年版。

② 较为典型的是阿克曼学术个案，参见田飞龙：《政治正当程序：阿克曼的政治宪法理论及其启示》，载《学海》2014 年第 1 期。

③ 较为典型的是英国宪法学中的"政治宪法"传统，参见田飞龙：《英国议会主权的思想史演变》，载《环球法律评论》2014 年第 3 期。

④ 最为典型的是施米特学术个案，参见田飞龙：《施米特对魏玛宪制的反思及其政治宪法理论的建构》，载《南京大学法律评论》2014 年春季卷，法律出版社 2014 年版。

⑤ 这一理论选择方案并非意味着笔者对法国政治宪法理论资源的忽视，实际上无论是就宪法思想还是宪法实践而言，法国模式都值得作为独立个案来加以分析，而且本文也时常援引卢梭、贡斯当等法国思想家的经典论述，只是限于篇幅和理论处理上的简明性，本文不将法国模式予以独立阐述。

考察的需要,不代表相关国家只存在该种理论模式或该种理论模式就是主导模式。事实上,在英美世界,基于普通法传统的司法宪治主义始终具有主导和强势地位,而在德国魏玛时期,支撑司法宪治主义的自由法治国思想也显然占据主导地位。政治宪治主义所保持的始终是一种对传统的某种坚持和对现实的某种反思,蕴含着强烈的保守主义倾向和主体性意识,并应形势而对其共和政治取向进行调整与改造。

美国的政治宪法理论可以概括为一种“人民自己”(the People Themselves)模式,其理论作用的政治时空为“宪法政治”,介于“非常政治”与“日常政治”之间,其核心理论意图是通过重新解释人民主权的实在性来缓解严格代议制(常规民主)条件下的“司法审查”与“民主”的规范性冲突,以“人民”的政治参与而非任何一种宪法机构的垄断性解释作为宪法变迁与宪法原则制度化的最终正当性依据。这一脉络中的政治宪法理论以阿克曼为主线,“人民宪治论”系列作者为辅线。阿克曼的学术历程受到20世纪60年代以来比克尔“反多数难题”及其学术讨论氛围的直接影响。确实,仅仅梳理阿克曼所在的美国宪法学的内部学术背景不足以理解阿克曼的完整理论意图。在强烈的“去欧洲化”的理论意图之下,阿克曼基于对美国二百多年宪治历程的独特历史观察和理论反思,提出了著名的“二元民主论”。阿克曼二元民主论的核心问题意识既来自于美国宪法学内部的论辩结构,也来自于阿克曼颇具民族主义动机的宪法理论创新意图。这一理论来自于经验描述,具有经验性特征,但阿克曼并没有将其理论完全建构为一种历史理论,而是通过对人民主权原则的重新解释发展出一种具有规范性质的“政治正当程序”理论,这是其“高级立法”概念的核心。阿克曼的主要理论作品是其“我们人民”系列。“人民宪治论”源自20世纪90年代初帕克教授的一次主题为“这里,人民统治”的学术演讲。帕克之后,美国宪法学界出现了被称为人民宪治论“四驾马车”的松散学术联合体:拉里·克雷默(Larry Kramer)、马克·图什内特(Mark Tushnet)、罗伯特·普斯特(Robert Post)和瑞娃·西格尔(Reva Sigol)。在“人民宪治论”的系列理论叙述中,图什内特的“远离论”标定了人民宪治论对待司法审查的最为激进的理论立场,克雷默的人民宪治主义也具有相对的激进性,但普斯特和西格尔较为温和与克制。

被阿克曼界定为“一元民主论”的英国宪制实际上也具有政治宪

治主义的特征。英国宪制具有两种叙事传统:一种是普通法宪治主义,以普通法律师、普通法法学家和普通法院法官为主体,沿袭并发扬柯克的司法传统;另一种是政治宪治主义,以宪法学家、政治思想家为主体,以英国代议制为中心,坚持并发扬英国的政治宪法(political constitution)传统。当然,英国的政治宪法是以"精英"为中心的,缺乏明确的"人民"概念和"人民主权"理论,是"一元民主"或"常规民主"意义上的政治宪法。不过,作为一种常态政治下的政治宪治主义,英国模式的论证者也提出了诸多值得讨论的规范性命题。英国的政治宪法理论可以概括为一种"议会自己"(the Parliament Itself)模式,其理论作用的政治时空为"日常政治",其核心理论意图是通过对英国代议制基本原则的重新解释来捍卫英国"议会至上"的光荣传统,以健全有力的"议会"来表征英国宪法的优越性。在英国"政治宪法"的漫长传统中,柯克首先以普通法宪治主义的代言人身份挑起了司法审查在英国宪法中的地位之争,后经洛克和布莱克斯通的努力,"议会主权"原则得以确立,柯克的理想受到一种根基于民主和意志优先论的政治宪法原则的限制。白芝浩和戴雪分别从政治社会学和宪法学的角度完成了对英国现代宪法的经典诠释,但英国"政治宪法"更加明确的地位最终是由20世纪30年代的詹宁斯经过对戴雪理论的普通法偏见的系统清理而获得确立的。格里菲思、汤姆金斯、贝拉米等人关于英国政治宪治主义的当代论述则分别从功能主义和规范主义的角度重新解释英国宪法的规范基础与制度功能,为我们提供了关于日常政治宪治主义的最为完整的理论框架。相对而言,英国政治宪治主义的理论与制度资源最为丰厚,而英国宪治又是有别于欧美成文宪法模式的一种打上浓重的"政治宪法"印记的独特模式,因此值得认真对待。尽管近来出现了关于"英国新宪法"[①]的讨论,但英国传统宪法仍旧具有主导地位。而且,第二次世界大战后英国宪法变迁的主要动力并非来自其政治宪法结构,而是来自欧洲一体化,后者打破了英国宪法的自发秩序。因此,即使将来某一天英国宪法出现了"欧洲化",纳入成文宪法和司法审查的模式之中,但其传统经验模式仍然值得进行独立的分析与借鉴。

德国魏玛时期以施米特为代表的政治宪法理论在阿克曼的理论视

① See Vernon Bogdanor, *The New British Constitution*, Hart Publishing, 2009.

野之外(或许是有意回避),但却是德国思想界政治宪法理论的一种独特贡献。施米特政治宪法理论的四本主要著作《政治的概念》、《政治的浪漫派》、《宪法学说》和《宪法的守护者》呈现了其政治宪法理论的基本特征。尽管笔者在总体上认为施米特的政治宪法理论由于以“非常政治”为中心而缺乏某种“转型原理”,因而不适合中国当下的宪法改革,但其对于政治和宪法概念的深刻反思与建构却能够为我们从整体上理解与把握中国宪法的原则与精神结构提供有益的养分。在笔者看来,施米特的政治宪法理论不同于美国的“人民自己”模式和英国的“议会自己”模式,是一种诉诸决断和神圣守护的“总统自己”模式。

实际上,针对这些政治宪治主义理论叙述的相关评论文献卷帙浩繁,笔者不可能一一予以精细的援引和综述。此外,笔者认为,直接面对这些理论文本本身要比皓首穷经于评论文献的丛林更加能够凸显原作者的理论意图并满足本文的考察需求。

(二)政治宪法学的国内脉络

国内宪法学界关于政治宪治主义的讨论非常薄弱,政治哲学界的某些相关讨论大多流于政治价值与流派的理论争论,缺乏对中国相关问题的真实关注和法律建构。①

在中国立宪思想的丰厚素材中,孙中山的“宪政阶段论”和毛泽东的“民主宪政论”是国内政治宪治主义理论叙述的权威性线索。笔者对中国宪法中的“政治宪法结构”的思想溯源即主要以二者的宪法理论论述为主,这里不具体展开。②

在当代宪法学研究脉络中,传统的“阶级论”式的政治宪法理论也在特定的时代背景下对于中国宪治的塑造起到了历史作用,但这一进路显然不适合于面向常态国家建构的改革时代和长期化的社会主义初级阶段。本文关注的重点是以“共和论”为共同基础的新政治宪法理论。关于政治宪治主义的理论论述,武汉大学等学术群落关于“宪治

① 这一学术状况凸显了秉持“法政思想”的中国法政学人在知识视野与学术经验上的某种不对称性,参见田飞龙:《中国的法政事业与思想责任——“法政思想文丛”的时代抱负》,载《经济观察报·书评增刊》2011 年 8 月号;《法政思想的时代化生产——在“法政思想文丛”主题研讨会上的发言》,http://www.21ccom.net/plus/view.php? aid = 48301,2014 年 10 月 25 日访问。

② 田飞龙:《八二宪法中的政治宪法结构》,载《读书》2012 年第 12 期。

中国"的研究、江苏省委党校刘大生教授关于"党主立宪"的研究等对于开拓中国宪法学的政治宪法思维具有一定的理论价值,但更加系统化的政治宪法学理论建构则主要呈现为北京法政学界近几年来的学术努力,主要体现于陈端洪、高全喜、翟小波等人的相对集中和互有关联的理论论述之中。

陈端洪政治宪法理论的基础是主权和制宪权。[①] 这些政治宪法概念的重构,使得政治宪法学观察中国宪法文本就具有了一种"政治"(political)的独特视角和整体性。此外,陈端洪的政治宪法理论还深受施米特政治法学的影响,主要体现在其提炼我国1982年《宪法》之"根本法结构"的那篇聚讼纷纭的标志性论文之中。[②] 陈端洪对"根本法结构"的提炼是其主权/制宪权理论、社会主义政法理论、施米特政治法学以及自由主义宪法理论综合运用的结果,但其侧重点在于前两种思想资源。主权/制宪权理论的影响是明显的,所以在其"根本法结构"中,作为主权原则的"中国人民在中国共产党领导下"名列第一,而在自由主义宪法理论中具有首要和优先地位的"基本权利"却名列末尾,这在某种意义上翻转了主流宪法学者对宪法本体结构的规范认知,张扬了其政治宪法理论的政治理性。陈端洪的政治宪法学既是一种对中国宪法的政治解释,也是一种关于中国宪法的转型理论,更是一种守护中国宪法之"根本法结构"的、具有阿克曼式民族性特色的政治宪法理论,是一种融合历史分析、实证分析与规范论证的宪法理论。在这种非主流的思想学术"穿越"与"往返"之中,陈端洪表现出的主要不是一种"历史悲情"与"文化乡愁",不是荷尔德林意义上的"返乡",而是包含了对中国宪法之政治生命的历史理解以及对中国宪法理性与和平转型的深刻关怀。

高全喜政治宪法理论的发展呈现出三个相互关联的面向:(1) 作为学术回应的"政治宪治主义":以2008年底的主题讨论稿为代表,侧重对陈端洪的立论进行政治思想史的批评与重构[③];(2) 作为正面建

① 主要理论作品是陈端洪:《宪治与主权》,法律出版社2007年版;《制宪权与根本法》,中国法制出版社2010年版。

② 陈端洪:《论宪法作为国家的根本法与高级法》,载《中外法学》2008年第4期。

③ 高全喜:《从非常政治到日常政治——论现时代的政法及其他》,中国法制出版社2009年版,第3—54页。

构的“宪制发生学”:以国家构建的“早期现代”为背景,发展出早期现代宪制发生的“三条线索”理论,即“战争/革命”线索[①]、“财富/财产权”线索[②]和“宗教/心灵”线索[③],关涉一个现代宪制据以“发生”或“成熟”的政治、经济和文化三个核心维度的理念与制度建构,这一面向以高全喜对早期现代思想史背景的研究以及三篇相关的主题论文为代表;(3)作为制度关怀的“中国立宪史研究”:属于在初步的政治宪法理论建构的基础上对中国立宪史中的关键性宪法事件的专题研究,以《立宪时刻:论〈清帝逊位诏书〉》为代表,后续研究还可能前延至1895年的中日甲午战争,后延至1946年的旧政协。总体而言,高全喜教授的政治宪法学研究背靠其政治思想史的理论背景,以“宪制发生学”的建构为主线,不仅显著区别于主流宪法学进路,也与陈端洪等人的基于宪法学背景的政治宪法学研究存在重要差异。作为从政治思想史角度关照中国宪法问题的学者,高全喜并不从实证的1982年《宪法》入手或以之为明确的理论回归的终点,而是从思想史和历史主义的双重角度阐释西方早期现代宪制得以型构和成熟的普遍原理,这种原理不同于宪法学者通常的作为理论“通论”或成熟宪治的显白原则予以介绍的那些相对单薄的原理或普适价值,而是从思想史的复杂脉络中提取出西方宪治思维的更加整全的框架,恢复其论辩结构与思想张力,从而深化国内学界对西方宪制发生的思想与历史复杂性的认知,弥补简化叙述中的“自由主义”或“宪治主义”在承担中国宪法转型命题时过于单薄和片面的思想性缺陷。此外,高全喜教授对中国立宪史的关键事件的研究也有别于传统法制史学者的进路,别具新意。

青年学者翟小波博士对于近几年政治宪法学的兴起也有着较为重要的影响。总体而言,翟小波的政治宪法理论是以反对“宪法司法化”、建立公议民主式的“宪法民主化”框架为主线的,是一种在承认既定宪法文本的前提下对于宪法实施模式的政治性建构,接近于一种英国式的常态政治宪治主义。从2002年写作硕士论文开始,经过“思想史批判”和“宪法解释批评”之后,翟小波博士开始思考如何从程序上对“代议机关至上的人民宪治”进行制度补强,这表明他并非在教义上

① 高全喜:《战争、革命与宪法》,载《华东政法大学学报》2011年第1期。

② 高全喜:《财富、财产权与宪法》,载《法制与社会发展》2011年第5期。

③ 高全喜:《心灵、宗教与宪法》,载《华东政法大学学报》2012年第2期。

顶礼膜拜代议机关的"至上性",而是从法治逻辑和程序理性的角度开始"发动"人民通过民主参与和理智论辩来"驯化"这种特定代表机构的"至上性"。在《公议与人民主权》一文①中,翟小波博士改造了卢梭的"大立法者"模式,实际上是将民主的制度原理寄托于理性化的程序而非神秘莫测的"公意"或"同质性",于是在作为卢梭政治理论双核的"契约"与"公意"的选择上走向了施米特的反方向,从而使得其政治宪法理论跳过了施米特而接近了哈贝马斯,最终还是进入了常态政治的法律框架之内。所谓"公议民主",其核心内涵为二:(1)"公",即"平等、广泛、尽可能直接的参议";(2)"议",即"无偏私的、理智的公开对话"。更进一步,翟小波博士提出了公议民主的双轨制,即公议民主同时覆盖正式公共机构内的决策和各种社会团体内的决策,这在一定意义上已经突破了"代议机关至上的人民宪治"的单调空间,开放出"社会自治"的规范意涵。从更长时段的理论轨迹及其趋势来看,翟小波通过开放的"公议民主"来补救保守的"代议机关至上的人民宪治",这成为其政治宪法理论的重要转机,其理论前景值得期待。

三、政治宪法学的研究方法说明

政治宪法学并不采取单一的法教义学方法,而是综合运用社会科学相关方法对宪法与宪治展开分析研究。②

第一,理论分析与理论建构:对"政治宪治主义"的基础性文献进行阅读和梳理,展示西方"政治宪治主义"的问题意识和理论进路,在此基础上结合转型宪法的规范内涵,建构一种适合于中国宪法转型的政治宪治主义理论框架。

第二,历史分析:主要涉及对中国"政治宪法结构"的历史溯源,从中国宪治的历史进程及其制度逻辑中探求中国宪法的政治理性和自主性精神结构。

---

① 翟小波:《公议与人民主权——公议民主的结构与价值》,载姜明安主编:《行政法论丛》第13卷,法律出版社2011年版。

② 有关政治宪法学方法的更细致说明参见高全喜、田飞龙:《政治宪法学的问题、定位与方法》,载《苏州大学学报(哲学社会科学版)》2011年第3期;陈端洪:《中国宪法学研究中的政治逻辑》,http://www.lawinnovation.com/html/cxjt/hg/23507387.shtml,2014年10月30日访问。

第三,比较分析:主要涉及对司法宪治主义模式、政治宪治主义理论基础、国内政治宪法理论脉络的比较考察与分析,从中展示政治宪治主义在理论与制度两个层面的基本理路和学术状况。

第四,法律解释与制度分析:这是较为严格的法学方法的运用,主要涉及对 1982 年《宪法》的整体性和结构性解释、对“政治宪法结构”的制度化分析、对政治宪治主义制度运用的具体解释与分析等。

第五,多学科方法的运用:如以宪法学视角为主,综合运用政治哲学、政治学、历史学等方法展开分析。

这些多元方法的运用也显示了政治宪法学在以中国宪法文本上的“政治宪法结构”为主要研究对象时对社会科学诸种方法的依赖。本文既是政治宪治主义的一个理论导论,同时也构成对政治宪法学方法论的某种学术尝试。当然,与已然成熟和体系化的宪法教义学[①]不同,政治宪法学的方法论体系是一个开放的结构,是一个未完全学术化和理论化的、有待建构与完善的学术目标。

(责任编辑:陈明辉)

① 关于宪法教义学的较为系统的理论建构,参见白斌:《宪法教义学》,北京大学出版社 2014 年版。与之旨趣相近的宪法解释学著作,较有代表性的包括张翔:《宪法释义学:原理 · 技术 · 实践》,法律出版社 2013 年版;谢立斌:《宪法解释》,中国政法大学出版社 2014 年版。

互联网宪法政治的生成、演化与挑战

余盛峰*

内容摘要 互联网的发展使得信息的传递已超出民族国家的有效控制,成为现代新型文明的精神象征物。互联网系统正在经历一个类似于近代国家政治宪法化的进程。互联网宪法政治与国家宪法政治的相同之处在于二者的内在动力都是其所处的世界和社会分化的范式转移,以及社会结构和社会语意的巨大转型。二者的不同之处在于互联网宪法政治的空间结构、时间结构和社会秩序的基本单元均已不同。传统的国家宪法政治已不能有效导控互联网系统的特殊治理需求,传统的政治和宪法理论在面对互联网时代的数字化、资本化和全球化挑战时已捉襟见肘。寻求互联网系统的"我们人民"、重构互联网系统的三权分立制衡、形成互联网系统的二元对抗政治空间以及互联网系统的宪法化双重运动将是未来互联网政治和互联网宪法研究的四大基本问题。

关键词 互联网 宪法政治 宪法秩序

一、作为当代精神象征物的互联网

互联网已然成为当代社会的精神象征物。20 世纪 80 年代以来,全球范围的信息化重组过程,正将历史推进到一个新的发展阶段。根据研究统计,全球的生物信息是 10 万尧字节,而技术元素的信息则是 487 艾字节,虽然总数还不如生物信息,但呈指数级增长。其中,计算机数据每年净增 66%,其增速是其他一切制造品的 10 倍以上,这种爆

* 清华大学法学院 2011 级博士研究生,《文化纵横》杂志社执行主编。

炸式增长正使整个地球裹挟在知识与信息越来越致密的互联网络之中。[①] 当代全球信息网络是一个由10亿台中央处理器组成的超级有机体,其中包括难以计数的储存设备、信号处理器、信息流通渠道和分布式通信网络,以及围绕于这一网络的全部服务设施、芯片和设备——包括卫星、服务器、扫描仪、二维码、传感器等。这样一台超级虚拟计算机,其所有晶体管数量高达10万万亿支。每一秒有10万亿比特信息通过,每一年数据量接近20艾字节。另外,还包括27亿部手机、13亿部固定电话、2700万台数据服务器和8000万台掌上电脑。整个网络约有1万亿网页,每一个网页链接60个网页。[②] 这一切的总和,无疑就是当代法律全球化的物质性根基,也构成了互联网作为一个封闭自主运作系统的宪法化进程的物理性基础。

民族国家的领土疆界正在失效,信息不再受到主权边界的有效控制,这种全面互联的信息网络深刻改变了传统的社会与经济模式,当代的法律、金融与贸易体制也随之改变。更为深刻的变化,也是极易被忽视的,则是这一超越主权管控范围的、愈益呈现全球化封闭运作的互联网系统,正在进入一个自主的宪法化演进过程之中。[③] 这类似于16世纪以来,伴随中世纪天主教神权普世秩序的崩溃,由地域性领土国家所开启的重构人类政治空间的宪法化进程。以美国革命和法国革命的宪法结晶为标志,全球空间秩序开始进入威斯特伐利亚体系的领土分化模式,以主权领土和民族国家认同为分界线的国家宪法化进程,主导了时至今日的世界政治—法律秩序基本形态。[④]

---

① 参见〔美〕凯文·凯利:《科技想要什么?》,熊祥译,中信出版社2011年版,第69页。

② 参见同上书,第332页。

③ See Poster and Mark, "Cyberdemocracy: Internet and the public sphere", *Internet culture* (1997): pp. 201—218; Fuchs, Christian, "The internet as a self—organizing socio—technological system", *Cybernetics & Human Knowing* 12.3 (2005): pp. 37—81; Lessig, Lawrence, "Reading the constitution in cyberspace", *Emory Lj* 45 (1996): p. 869; Wu, Timothy S, "Cyberspace Sovereignty——The Internet and the International System", *Harv. JL & Tech.* 10 (1996): p. 647.

④ See Meyer, John W., et al., "World society and the nation—state", *American Journal of sociology* 103.1 (1997): pp. 144—181; Barkin, J. Samuel, "The evolution of the constitution of sovereignty and the emergence of human rights norms", *Millennium—Journal of International Studies* 27.2 (1998): pp. 229—252.

二、互联网宪法政治与国家宪法政治的异同点

互联网系统宪法与民族国家宪法自主演化的相似性在于，一方面，它们都因应于当时所处的世界和社会分化的范式转移，社会结构和社会语意的巨大转型，构成了宪法化进程启动的内在动力，同时，宪法化进程的启动，也是因应于这一时代和社会大转型的挑战。可以看到，紧接牛顿时代所出现的霍布斯、洛克等政治哲学家的系列讨论，都是针对当时工业文明的转换对政治—法律体系的挑战，当时所出现的宗教战争，以及各国爆发的内战，实际上都和背后一系列的政治、经济和社会变化直接相关。简而言之，是从中世纪的层级式社会分化形态向现代的功能性社会分化形态转型的产物。①

中世纪宪法建立于教士—贵族—平民的等级性分化结构之上，从而形成"等级会议—三级会议"宪法结构，它符合中世纪天主教普世秩序的想象，预设了托马斯·阿奎那的神法—自然法—人法的天主教神圣秩序构想。② 而这一秩序构想的特征在于宗教、政治、经济、法律等领域的相互缠绕关系，并由宗教神权赋予其顶点和中心的神圣权威性保证。此后人文复兴运动、宗教改革运动、近代启蒙运动的产生，既是对这一神圣秩序的反叛，也隐含了这一神圣秩序自我松动的迹象。特别是新教改革运动所推动的信仰自由心证和民族国家对宗教精神事务的干预，带来了中世纪神圣秩序与领土分化世俗秩序之间的剧烈冲突，两套秩序的内在张力，通过领土国家的社会分裂和暴力冲突形式集中反映出来，并体现为"正义—和平—秩序"等法律语意冲突形式。在这一转型过程中，中世纪神权秩序的正当性基础受到了冲击，等级会议宪法不再能够有效整合新兴的民族国家秩序，资产阶级不再满足于由教

① See Luhmann, Niklas, "Differentiation of society", *Canadian Journal of Sociology/Cahiers canadiens de sociologie* (1977): pp. 29—53; Luhmann, Niklas, "Globalization or world society: how to conceive of modern society?", *International review of sociology* 7.1 (1997): pp. 67—79.

② See Pocock, John Greville Agard, *The ancient constitution and the feudal law: A study of English historical thought in the seventeenth century*. Vol. 276. Cambridge University Press, 1987; Blythe, James M., "The mixed constitution and the distinction between regal and political power in the work of Thomas Aquinas", *Journal of the History of Ideas* (1986): pp. 547—565.

士和贵族所垄断的法律特权,以及由此形成的社会排斥结构。而与此同时所形成的国家理性(*ratio status*),仍然有待于一种新的政治—法律哲学论证来进行驯服,它必须面对正在迅速崛起的“第三等级”(西耶斯语)所提出的普遍制宪权挑战。①

霍布斯在面对这样一个“一切人对一切人”的战争状态下,试图解决这种混乱的自然状态,从而提出社会契约论的思想,希望通过社会政治秩序正当性的重新建构来实现政治和平。经由洛克、卢梭、普芬道夫这一思想谱系的展开,最终形成了对民族国家世俗法律秩序构建的思想指导,其终极成果的典型成功代表则是美国宪法。② 这一宪法模式有效回应了现代社会系统的功能分化趋势,通过政治国家—市民社会的对立构造实现了政治系统与经济系统的分离和耦合,通过国家宪法的创设实现了政治系统与法律系统的分化和耦合。宪法基本权利体系的构建,则保证了不同社会空间自主性的展开,并实现了在民族国家范围内的去政治化—再政治化张力的平衡,社会涵括的自由—平等化进程通过综合化基本权利体系的不断扩展得以完成。③

当代互联网系统自主空间的生成,同样预示了世界社会分化形态的潜在转变。互联网其实已经不仅仅是一种技术,而且是我们当代一种区别于工业文明的新型文明的象征。互联网是作为当代世界秩序演变,作为世界秩序潜在革命性变化的精神象征物,凸显其重要性。正像牛顿时代和霍布斯时代以机器为时代象征物,互联网则是当代政治法律秩序演变的精神象征物。对这种象征物的理解和分析,如果继续沿用工业时代的政治与法律概念进行分析的话,就会出现许多错误。在这样一个急剧变动的时代背景下,我们整个政治和宪法的概念,实际上面临着一种危机和重构的需要。如果说,现代国家宪法因应了功能式分化社会的内在要求,因为中世纪神圣帝国秩序及其宪法形态所代表的等级式社会分化不再有效,从而推动了一种新的宪法形式的产生与

① See Mansfield Jr, Harvey C., “On the Impersonality of the Modern State: A Comment on Machiavelli's Use of Stato”, *The American Political Science Review*(1983): pp. 849—857; Sewell, William Hamilton, *A Rhetoric of Bourgeois Revolution: The Abbé Sieyes and What is the Third Estate?* Duke University Press, 1994.

② See Bellamy, Richard, “The political form of the constitution: the separation of powers, rights and representative democracy”, *Political Studies* 44.3 (1996): pp. 436—456.

③ See T. H. Marshall, *Citizenship and Social Class*, London: Pluto Press ,1987.

演化。那么,今日互联网技术所导致的全球空间与时间结构的重新调整,实际也正在侵蚀近代建构的民族国家法律体系及其法理基础,甚至也正在改变现代性所预设的社会系统功能分化逻辑。[①] 当代诸多疑难案件的密集出现与传统人权保护的内在困境,都预示了民族国家宪法在全球化、私有化、数字化转向潮流中所面临的不适。这使当代互联网系统遭遇和近代宪法生成时相似的历史挑战。

三、告别霍布斯时代的利维坦宪法哲学

与此同时,今天我们所面临的问题,实际上又不能简单等同于霍布斯所面临的困境,在笔者看来,至少有三个方面的重大变化。

第一个方面是空间结构的变化,也就是说,17 世纪建立的威斯特伐利亚民族国家体系已经受到冲击,传统工业社会和福特主义生产,依托于民族国家和传统国际关系的空间结构,依赖于民族国家市场经济、议会政治、政党政治和司法独立的政治—法律框架,这一切都配合于 18 世纪工业革命的历史进程。今天,我们可以看到全球媒介的广泛传播,金融资本、知识资本和信息资本的全球流动,已经突破了原来领土分化的逻辑,这是空间逻辑上的变化。[②]

第二个方面是时间结构的变化,在工业社会,时间的预期和规范的预期相对来说比较静态和稳定。但是我们当代时间的概念已经发生了很大变化,不确定性、动态性,以及有关过去、现在和未来的一种非常灵活的、自我反省的时间概念,在不同的领域,在资本运作的领域,在法律运作的领域,在媒介运作的领域,在政治运作的领域,都已出现。[③]

第三个方面是社会秩序的基本单元,已经从过去的个人和主体转向匿名的系统。在霍布斯时代,社会政治法律秩序是建立在个人的主体之上。现在,我们却发现不同的系统,已经逐渐成为一个自成一体的

---

① See Roth, Steffen, "Fashionable Functions: A Google Ngram View of Trends in Functional Differentiation (1800—2000)", *International Journal of Technology and Human Interaction* 10.2 (2014): pp. 34—58.

② See Tække, Jesper, "Cyberspace as a Space parallel to geographical space", *Virtual space*. Springer London, 2002. pp. 25—46.

③ 以上可详参余盛峰:《全球信息化秩序下的法律革命》,载《环球法律评论》2013 年第 5 期。

独立运作体系，对于这样一个独立运作的系统，个人心理的感受、个人的情感、个人物质的需要，只是偶尔被不同的系统所考虑，只是作为系统的环境而存在，如果简单套用传统法律主体和主观权利所依托的诉讼请求权，已难以真正做到“为权利而斗争”。不同匿名的魔阵、匿名的母体、匿名的 MATRIX，构成了当代社会的基本秩序单元。互联网系统、经济系统、宗教系统、医疗系统、科学系统，它们只是在各自内部封闭运作的基础上认知个体的感受，个人的利益和需求，不会直接转化为系统自身运作逻辑的转变。①

上述三点变化，实际上对于我们当代宪法秩序构成了非常严峻的挑战，传统的宪法理论、传统的政治理论，都在这些变化面前遭遇困境，这三个变化，也正是和互联网技术的迅速发展紧密相关的。它们既是互联网技术发展推动的结果，同时，这种变化也使得互联网系统进入了更为快速发展的轨道，互联网恰恰是作为这种时代秩序展开最好的体现和象征。

四、民族国家政治宪法的时代不适症

面对这些新型变化，霍布斯的政治—宪法解决方案已经不再可行，如果继续试图套用民族国家政治宪法，试图通过议会立法、司法独立、行政集权来解决互联网系统自身的运作问题，多数时候会发现越管越糟糕，也就是所谓的规制悖论问题。② 甚至，互联网系统自身构筑的“代码即法律”，会使其在技术设计的层面，就将国家法律和宪法的规范效力阻挡在外。③ 政治议会出台的法案或者司法系统作出的判决，因为它不能真正进入到不同社会系统的自我运作逻辑当中，最后可能使得监管的情况越来越糟糕。面对这种局面，我们就必须承认当代社

---

① 可以详参〔德〕贡塔·托依布纳：《魔阵、剥削、异化：法律社会学文集》，泮伟江、高鸿钧等译，清华大学出版社 2012 年版。

② See Sunstein, Cass R., “Paradoxes of the regulatory state”, *The University of Chicago Law Review*(1990): pp. 407—441.

③ See Lessig, Lawrence, “Code is law”, *The Industry Standard*(1999): 18; Lessig, Lawrence, “Law regulating code regulating law”, *Loy. U. Chi. LJ* 35 (2003): p. 1; Kerr, Orin S. “Are We Overprotecting Code—Thoughts on First—Generation Internet Law”, *Wash. & Lee L. Rev.* 57 (2000): p. 1287.

会正在经历的深刻变化，不同系统，包括政治系统、法律系统、互联网系统、金融系统的独立运作逻辑，是我们当代对宪法和政治重新想象和进行设计时，必须要直面的现实。如果不能直面这个现实，很多法律解决方案都会适得其反。民族国家宪法统辖主权领土范围内一切规范性事件的历史预设已经消失了。

此处可以举一个例子。在2008年金融危机发生后，欧美国家的不少学者和政治家提出很多解决方案。比如说，要求取消投资银行家的奖金或者要求提高金融产品的质量，加强国家或跨国金融监管，等等。但是，这一系列考虑和制度设计，最后都发现不能解决根本问题。因为，这些制度设计，最终还是希望能够约束资本家的贪婪本性或者进行道德上的批判，试图通过国家政治法律对社会个体的外围监管来解决这个问题。也就是说，传统的国家宪法设计（黑格尔的国家—市民社会—家庭秩序体系），预设了政治宪法能够确保市民社会“需求的体系”与国家公共普遍性的协调，因为，黑格尔时期的“政治经济学”被成功限制在主权领土范围之内，不同社会系统的功能分化，仍然可以寄托于一个具有全社会代表性的“政治国家宪法”来保证其公共性的实现。[①] 但是，当代社会系统实际上已经多数脱离于主权领土的分化逻辑，而呈现为全球空间尺度范围的运作。因此，这些传统的宪法设计和法律监管措施，实际已难以处理“金融危机”难题，因为它已难以介入到一个逐渐在全球范围内封闭自我运作的金融系统。

目前在欧洲，已经出现了一种新的讨论方式，就是所谓的纯货币改革。[②] 它的基本思路，就是认为要解决金融系统本身的问题，必须要首先搞清楚金融系统自身的运作逻辑。所谓的纯货币改革，就是意识到在一个全球化的条件之下，原来由国家中央银行垄断货币发行的可能性已经消失了。因为大量商业银行、影子银行的出现，借助金融交易的

---

① See Pelczynski, Zbigniew Andrzej, ed., *The State and Civil Society: Studies in Hegel's Political Philosophy*. CUP Archive, 1984; Avineri, Shlomo, *Hegel's theory of the modern state*. Cambridge University Press, 1974.

② See Kjær, Poul Fritz, Gunther Teubner, and Alberto Febbrajo, *The financial crisis in constitutional perspective: the dark side of functional differentiation*, Hart Publishing Pty Ltd, 2011; Teubner, Gunther, "A Constitutional Moment—The Logics of 'Hit the Bottom'", The Financial Crisis in Constitutional Perspective: The Dark Side of Functional Differentiation, Poul Kjaer and Gunther Teubner, eds., Hart Oxford (2011).

跨境操作、实时变化、衍生交易,实际上已使其获得事实上的货币发行权,这是金融危机发生的根本性原因,而只有进入到金融系统内部代码的运作,根据“中央银行”无法垄断货币发行的问题,针对全球金融系统货币符码的运作特点,设计出相应的政治法律方案,才能解决这个问题。简单做个类比,“中央银行”实际类似于民族国家政治宪法系统中的“最高法院”,也就是说,要介入到这一金融系统的运作,就必须通过“中央银行”这个中介管道输入,它是法律系统与金融系统的结构耦合地带,也正如“最高法院”是法律系统和政治系统的结构耦合地带。当然,这一思路仍然局限于民族国家的问题解决思路,因此,在全球尺度上,法律系统与金融系统的结构耦合,是否需要一个全球中央银行的创设呢?

实际上,这个问题与当代互联网的相关讨论也有直接相关性,因为,我们也往往希望对互联网系统进行外围的监管或者希望对互联网中的个体参与者进行法律控制,不管是传统的审查许可或者分类许可方式,都是希望通过国家权力和国家法律,对商业互联网的从业者进行道德规训和外部的法律规制,实际上,研究已表明这些规制措施的效果往往都不太理想。这一规制困境的发生逻辑,实际上正和国家宪法难以处理全球金融危机的挑战是一致的。

这里可以再举个例子。在互联网领域讨论中非常重要的原则,就是互联网中立性原则(net neutrality)。[①] 所谓中立性,就是指所有主体都应具有自由、平等的权利进入到互联网系统,互联网系统作为人工共同体财产(artificial community asset),应该保证所有主体都能自由和平等地涵括到其中。在互联网诞生之初,这样一个中立性原则,是通过互联网自身的技术架构设计来实现的。互联网架构最初的设计,本身在技术上就保证了所有主体都可以自由平等地进入。但是,随着整个商业互联网资本力量的扩张,我们发现,这样一个中立性原则已经受到了很大的挑战。新的数字工具可以区分不同的应用等级,在不同条件下

① See Economides, Nicholas, and Joacim Tåg, “Network neutrality on the Internet: A two—sided market analysis”, *Information Economics and Policy* 24.2 (2012): pp. 91—104; Sidak, J. Gregory, “A consumer—welfare approach to network neutrality regulation of the Internet”, *Journal of Competition Law and Economics* 2.3 (2006): pp. 349—474; Economides, Nicholas, “Net neutrality, non—discrimination and digital distribution of content through the internet”, *ISJLP*4 (2008): p. 209.

提供不同的互联网服务,网络运营商可以区分不同用户等级,向付费最多的用户授予最高等级优先权时("接入排名",access tiering),网络中立性原则已经受到了互联网高度资本化趋势的冲击。包括谷歌操纵搜索算法,或者网络运营商切断网络等行为,以及百度的垃圾广告搭车行为,都已经改变了互联网系统诞生之初的中立性保证。因此,在这里,原先由技术所支持的互联网中立性原则,现在就需要一种互联网系统的基本权利体系的生成来提供额外的法律保护与救济。

在国家宪法层面,这从属于反歧视和言论自由的基本权利,这种基本权利,需要在互联网系统中进行再特殊性的转化,至少需要通过合同法上的契约义务来保证:"接入规则应当确保所有媒介用户原则上享有相同自由。"

对于互联网系统的这种内在演化逻辑,如果我们站在简单的国家监管角度或者说简单的法律批判角度,都无助于问题解决和权利救济,而必须通过互联网系统自身的政治和宪法设计来弥补不足。比如,通过把中立性原则转化为互联网合同法上的契约原则,来保证不同法律主体进入的平等性。也就是说,在当代条件下互联网中立性原则如果要继续维系,就必须根据整个互联网系统的运作和演化逻辑进行重新设计,也就是说,传统国家宪法已经不能有效导控互联网系统的特殊治理需求,如果继续停留在政治国家—市民社会的分析框架之上,将实际已经自我治理的互联网简单视为一个去政治化的纯粹技术领域,就会将实际正在发生的社会排斥和权力压制阻挡在有效的法律救济和政治表达渠道之外。

五、数字化、资本化与全球化对国家宪法秩序的挑战

所以,关键的问题是传统的政治和宪法理论如何应对当前三种主要趋势——数字化、资本化和全球化——所带来的挑战?[①] 由全球化导致的空间变化、生产方式和生产关系的变化、时间概念的变化,都来自于一个巨大的新变量,即互联网的出现及其迅速发展。我们已经不

① See Gunther Teubner, *Constitutional Fragments: Societal Constitutionalism and Globalization*, Oxford: Oxford University Press, 2012.

能像霍布斯时代那样,通过民族国家宪法,试图解决主权领土范围的一切社会权力和权利冲突的问题,当代宪法理论,必须同时应对国家政治之外的跨国家运作的新型社会系统力量。传统宪法理论在互联网时代已经有点捉襟见肘。

试图通过民主国家和民主政治,通过一个固定领土国家之内的议会政治、民主政治、党派政治,通过政治系统的集中输出,来解决各大社会系统出现的不同问题。经济也想管一下,教育也想管一下,互联网也想管一下。事实证明,这些不同的社会子系统已经形成其自身一套独特的运作逻辑,国家政治宪法和国家政治权力的渗透,大多是失效的。①

不同社会系统的代码,已经不能直接相互翻译和输入。在这种情况下,实际正出现一种新的发展状况,即在全球以及民族国家范围内,出现不同社会系统自身的宪法化趋势,包括 WTO 宪法、世界金融宪法、媒体宪法、互联网宪法、体育宪法、科学宪法、贸易宪法等概念,这些都已经在西方法律思想界引发了许多讨论。② 在不同的封闭运作的社会子系统内部,它们会逐渐内生出一套这个子系统自身的内在宪法。在这样一个演化过程中,可能也会同时形成全球片段化的子系统之间的宪法化网络结构。在这样一个网络化的演进过程中,不同系统的宪法秩序会相互激荡与干扰,在这个互动、激扰和结构耦合进程中,会逐渐形成一套新的世界宪法秩序。这一全球网络化的宪法运动进程,也正与互联网的当代精神象征形成了一种时代呼应。

六、互联网宪法政治的四大命题和挑战

限于篇幅,在这里,笔者试图提出四个框架性的分析纲要供大家作进一步的讨论。

第一,互联网宪法政治的发展,要处理的首要问题就是如何寻找互联网人民和互联网公民的问题,也就是说,互联网宪法的未来演化及其

---

① See Nachbar, Thomas B., "Paradox and Structure: Relying on Government Regulation to Preserve the Internet's Unregulated Character", *Minn. L. Rev.* 85 (2000): p. 215.

② See Teubner, Gunther, "Constitutionalising polycontexturality", *Social and Legal Studies* 20.2 (2011): pp. 209—220.

正当性证成，以及互联网系统的“民主”根基，有赖于互联网系统的“We the People”的发现。这也是互联网系统立宪时刻能够发生的前提条件。也就是说，需要在商业资本和政府力量之外，寻找到新的可持续的能够支撑互联网公共领域发展的商业模式和非商业模式，来保证政治性的公共批判功能和自由公开表达功能在互联网领域的扩展和实现。需要发现新的多元化的社会力量来构筑互联网系统的“公共领域”，来支撑或者重新发现互联网系统的“我们人民”。① 这比单纯强调互联网传播的新闻职业伦理、抽象的言论自由权利和数字权利、在道德层面批判商业资本更为急迫和根本。换言之，我们今天面对的一个正在迅速崛起的新政治空间——互联网空间，实际上已迫切面临如何构造互联网系统的制宪权问题。② 如果说，在互联网系统诞生的早期，因应于一种“片段式”的“部落化”自然状态，现在实际上已经进入类似于中世纪的封建秩序结构，不同的互联网商业资本与金融资本已逐渐形成一种等级性的互联网封建化生态结构，根据不同的互联网身份和财产特权结构，形成一种封建化的等级分化形态，并形成一种新的互联网社会涵括—排斥结构。因此，我们需要在互联网系统中“发现人民”，寻找“第三等级”，来对逐渐“教士化”和“贵族化”的互联网系统进行“制宪权”意义上的革命性再造。

第二，互联网代码自我执行的悖论问题。在互联网系统，其特殊的内在悖论是，立法、行政、司法这三种权力功能的配置，在电子手段的自

① See Wellman, Barry, et al., “Does the Internet increase, decrease, or supplement social capital? Social networks, participation, and community commitment”, *American behavioral scientist* 45.3 (2001): pp. 436—455; Wellman, Barry, et al., “Does the Internet increase, decrease, or supplement social capital? Social networks, participation, and community commitment”, *American behavioral scientist* 45.3 (2001): pp. 436—455; Dahlberg, Lincoln, “The Internet, deliberative democracy, and power: Radicalizing the public sphere”, *International Journal of Media & Cultural Politics* 3.1 (2007): pp. 47—64; Margolis, Michael, and Gerson Moreno—Riaño, *The prospect of Internet democracy*, Ashgate Publishing, Ltd., 2013.

② See Davis, Richard. *The web of politics: The Internet's impact on the American political system*, Oxford University Press, Inc., 1998; Dahlberg, Lincoln, “The Internet and democratic discourse: Exploring the prospects of online deliberative forums extending the public sphere”, *Information, Communication & Society* 4.4 (2001): pp. 615—633.

我执行这里是三位一体的。① 我们都知道,所有古典政治哲学家都已经发现了三权合一会带来专制结果的规律,因此必须通过联邦制、三权分立以及司法独立等政治法律技术来分配和疏导权力管道。实际上,如果互联网系统内部的经济和政治利益实现封建化结盟,再借助互联网代码的"三权合一",就会形成技术专制的可能,就会从最初互联网黄金时代的无政府主义自然状态,转变为奥威尔式的1984互联网极权主义。对于这个问题,就必须在互联网宪法设计上进行一些想象性的探索,要建立一种类似于三权分立制衡、联邦制、司法独立、司法审查的法律—技术框架结构,重新设计互联网的治理权力和基本权利的对抗格局,这也可以从古典时期的国家宪法演化成就那里寻找灵感。简言之,要从互联网系统的三权合一,走向三权分立制衡的可能性。目前的互联网名称与数字地址分配机构(ICANN)仲裁委员会,包括有关功能和地域代表制、互联网分权结构、域名分配方面的司法权、互联网自主的基本权利标准(专属于互联网系统的言论自由标准和隐私权保护标准、信息公开权利)这些讨论,已经在这个方向上作了不少理论探索。②

第三,借用美国宪法学家阿克曼(Bruce Acerman)的概念,即区别于议会一元民主的二元民主论构想。③ 二元民主论,如果要沿用在互联网系统,就要区分出两种政治空间,一个是互联网制度化、组织化的政治空间,另一个是互联网的自发政治空间,要区分出这两种空间,并对其进行分离,使得这两种政治空间形成一种对抗和制衡的可能性。当前的挑战在于,既有的社会系统之中,只有政治系统和经济系统演化

---

① See Lessig, Lawrence, "Limits in Open Code: Regulatory Standards and the Future of the Net", *Berkeley Tech. LJ* 14 (1999): p. 759; Jordan, Tim. *Cyberpower: The culture and politics of cyberspace and the Internet*, Psychology Press, 1999; Karavas, Vaios, "Force of Code: Law's Transformation under Information—Technological Conditions, The", *German LJ* 10 (2009): p. 463.

② See Froomkin, A. Michael, "Wrong Turn in Cyberspace: Using ICANN to Route around the APA and the Constitution", *Duke Law Journal* (2000): 17—186; Klein, Hans, "ICANN and Internet governance: Leveraging technical coordination to realize global public policy", *The Information Society* 18.3 (2002): 193—207; Mueller, Milton, "ICANN and Internet governance: sorting through the debris of 'self—regulation'", *info* 1.6 (1999): pp. 497—520.

③ See Ackerman, Bruce A, "The Storrs Lectures: Discovering the Constitution", *Yale Law Journal* (1984): pp. 1013—1072; Burnham, Walter Dean, "Constitutional Moments and Punctuated Equilibria: A Political Scientist Confronts Bruce Ackerman's 'We the People'", *Yale Law Journal*(1999): pp. 2237—2277.

出了卓有成效的制度化、组织化空间与自发性空间的分离与张力。政治系统建立在国家制度化政治（如立法、行政、司法、外交）与社会自发政治（如选举、参与、审议、运动）的分离和张力之上；经济系统建立在“企业”（看得见的手）与“市场”（看不见的手）的分离和张力之上。互联网系统的自发政治空间要能对其组织化政治空间形成控制、监督和影响力，实际就类似于社会公民运动（公共舆论）对国家日常政治的影响力，以及市场调控（价格）对企业投资决策的影响力。也就是说，既要有议会的民主、制度化的民主，也要有大众的民主、社会的民主；既要有企业的经济、组织化的经济，也要有市场的经济、价格化的经济。而在互联网领域，就是既要有组织化的制度性互联网民主，也要有不局限于代码制度化运作的互联网自发民主。只有形成这两个互联网空间的分离和对抗，才能使互联网系统的民主潜力获得现实化。[①] 其难度则在于，如何在传统的政治系统和经济系统之外，超越传统的政治国家和市场经济非此即彼的涵摄模式，通过法律系统的介入，推动互联网系统内部这两个政治空间的生成和演化。

第四，则是互联网系统宪法的构成性功能和限制性功能的分离和合一的问题，这看起来比较抽象，但如果借用波兰尼在《大转型》中提出的核心命题，也即我们整个现代性自19世纪自由主义发展过程中始终需要解决的一个难题，即资本逻辑在自我发展过程中，由经济系统自身的无限扩展所带来的内在毁灭趋势，面对这种历史挑战，就需要形成社会自我保护的反向机制。[②] 因此，从自由主义模式到福利国家模式的发展，其实正是要防止经济资本吞噬一切其他社会空间的威胁。这种宪法化的历史“双重运动”，反映在互联网系统，则会变得更为复杂，因为它所面临的危险，不仅是来自外部资本的影响和政府权力的控制。互联网系统的技术代码的自我运作和扩张，就有吞噬其他一切社会空间的可能性，因此，它必然面临如何在其自身运作中寻找反制性力量的问题，以避免由自身过度扩张所引发的自我毁灭趋势，它必须把这种反

---

① See Graber, Christoph B., "Internet Creativity, Communicative Freedom and a Constitutional Rights Theory Response to 'Code is Law'", *Transnational Culture in the Internet Age, Sean Pager and Adam Candeub, eds*(2012): pp. 135—164.

② See Polanyi K. ,*The Great Transformation: The Political And Economic Origins Of Our Time* ,Beacon Press,2001.

制性力量内化为互联网系统的反身限制性功能的一种宪法化形式。

近代政治在其系统分出和历史生成的过程中,也即“政教分离”的历史时刻,伴随政治系统与宗教系统的分离,政治系统不断获得扩张,这正是政治系统“自我构成性”历史运动逻辑的展现。而在这个演化过程中,由于政治权力的不断扩张,政治专制程度不断加剧,“国家理性”因此开始遭遇一个“反制性”和“对抗性”的历史运动进程,比如三权分立、基本权利、司法审查、议会民主、政党政治的出现,这些实际共同构成了政治系统演化过程中的“自我限制性”宪法化形式。“构成性”和“限制性”这“双重运动”推动了社会子系统宪法化进程的实现。因此,当代的互联网系统,也很有可能会面临同样的宪法“双重运动”的演化趋势。这样一种自我限制性的系统约束机制,将由哪些社会力量、社会动力和社会结构来支撑和发动,也即互联网系统“反制性力量”的发现,将是未来互联网政治宪法讨论中需要关注的重大问题。①

笔者认为,寻找互联网系统的“我们人民”、重构互联网系统的三权分立制衡、形成互联网系统的二元对抗政治空间以及互联网系统的宪法化双重运动这四个问题,将是未来有关互联网政治和互联网宪法研究绕不过去的四大基本问题。只有在考虑互联网宪法政治演化的这四大基本变量的前提下,很多更为技术化的法律讨论,才能有更基本的价值指向和理论支撑作为基础。限于篇幅,以上还只是一些概要性的思考,需要在未来的讨论中更为细致地进一步展开。

(责任编辑:陈明辉)

① See Buchstein, Hubertus, “Bytes that bite: The Internet and deliberative democracy”, *Constellations* 4.2(1997): pp. 248—263; Brunkhorst, Hauke, “Globalising democracy without a state: Weak public, strong public, global constitutionalism”, *Millennium—Journal of International Studies*31.3 (2002): pp. 675—690; Palfrey, John. “End of the Experiment: How ICANN's Foray into Global Internet Democracy Failed, The”, *Harv. JL & Tech.* 17 (2003): p. 409; Hacker, Kenneth L., and Jan van Dijk, eds. *Digital democracy: Issues of theory and practice*. Sage, 2000.

政治与法:宪法概念之重述

唐冬平*

内容摘要 追问宪法是什么的诸多言说都绕不开宪法的政治要素和法律要素。政治要素和法律要素承载了关于共同体的不同观念追求。前者追求的是共同体的发展,后者追寻的是共同体的稳定。在政治与法的视角下分析诸多宪法概念,将有助于我们从一个较长的历史视野来理解宪法以及审视中国宪法所面临的问题。

关键词 宪法概念 政治 法律

一、问题与思路

追问宪法是什么是宪法学研究的起点。宪法学在追求科学化的过程中,必须尝试着进行回答。无数学者对此进行了诸多有益探索。昂格尔曾指出,在社会科学领域,伟大的人物让后继者背上包袱是常有的事①,理论言说的创新有时也难逃历史的负担。今天,宪法概念琳琅满目,但也依然存在诸多争议。在概念争论的背后缺乏一条融汇的通道,或者大家从来不把对这些言说进行整合当做一件有益的工作。笔者以为,如何从一个整体性的视野去对这些数量繁多的概念进行审视,对于理解宪法是什么本身是一件极有意义的工作。乔治·萨拜因在其《政治学说史》中指出,政治学说本身就是政治的一部分。② 诸多宪法概念

---

* 中南财经政法大学法学院2014级宪法学与行政法学硕士研究生。本文系教育部青年基金项目(14YJC820039)"社会道德困境的宪法回应与宪法实施问题研究"的阶段性成果。

① 参见〔美〕R. M. 昂格尔:《现代社会中的法律》,吴玉章、周汉华译,译林出版社2001年版,第1页。

② 参见〔美〕乔治·萨拜因:《政治学说史》,邓正来译,上海人民出版社2008年版,第5页。

也是在特定时空下人们认识自我、审视共同体、期待未来的一种思想反映。

在诸多宪法概念中,我们不难发现两个基本要素:政治要素和法律要素。这些概念无非围绕这两大要素而展开,尽管对要素的选择以及呈现出来的强度有所差异。笔者以为,政治与法的视角是一种较好的思路,以帮助我们对宪法的诸多认识进行回顾和审视,由此加深对宪法的理解。本文以政治与法为视角,即以宪法概念中的政治和法律两大要素为基本框架,阐述诸多宪法概念的背后意蕴,以此来对宪法概念作一种重述性的工作。这种重述并不意在重复,而是想说明一些可能还未言明的问题。

二、政治与法视角下的宪法概念

(一)宪法概念的政治要素和法律要素

对宪法是什么的回答不一而足。从其中挑选出典型的回答加以分析对我们在政治与法的视角下审视宪法概念是有益的。通过分析以下四种典型回答足以揭示出宪法概念是由政治要素和法律要素二维构造。第一,宪法就是城邦政体。这一来自古希腊的声音,简单而意蕴丰富。这种看法无疑将宪法与共同体的组织紧紧联系在一起。“对古希腊人来说,城邦就是一种共同生活;正如亚里士多德所指出的,城邦的宪法乃是一种‘生活的模式’(a mode of life),而不是一种法律的结构”。[①] 尽管在此没有显现现代意义上的法律身影。很多学者都从宪法的词源学意义上进行了考查,constitution 意指组织和结构。这与共同体的组织意蕴联系也非常密切。第二,宪法是关于政治统一体的类型和形式的总体决断。[②] 这是施米特著名的宪法学说。他将宪法分为绝对宪法和相对宪法,绝对宪法就是具体的、与每个现存政治统一体一道被自动给定的具体生存方式。相对宪法是一个特定国家的政治统一

① 〔美〕乔治·萨拜因:《政治学说史》,邓正来译,上海人民出版社 2008 年版,第 41 页。

② 参见〔德〕卡尔·施米特:《宪法学说》,刘锋译,上海人民出版社 2005 年版,第 4—25 页。

性和社会秩序的具体整体状态,也是一种特殊类型的政治和社会秩序以及动态生成规则。[①] 而不论是相对的还是绝对的宪法,其最终来源都是制宪权即政治决断。这种稍显含糊但有力度的回答凸显了宪法的政治属性,与先贤的声音有异曲同工之妙。第三,宪法是配置国家权力、公民权利之根本法。根本法框架下的宪法概念种类繁多,如有学者提出的"立政关系法"[②]、"法权分配的根本法"[③]、"宪法阶级斗争的结果和总结,是统治阶级意志和利益的集中反映,反映着阶级力量对比关系"[④]。无论是西方功能主义的概念还是马克思主义对宪法本质属性的揭示,这种根本法的概念越来越强调宪法的法律属性,以发挥其规范作用。第四,宪法是人们组织共同体的规则。[⑤] 这种回答显示出极强的新意,试图克服经典宪法概念的诸多局限,并揭示未来的走向。这里的概念彰显出共同体的经典意蕴和规则的重要性。

这四种典型宪法概念无非是围绕着法律要素和政治要素而展开。第一种宪法概念突出了共同体的组织,是政治要素和法律要素的完全融合。第二种宪法概念则特别强调政治要素,其对共同体存在的关键作用进行了昭示。第三种作为根本法框架下的概念,不论对根本性问题如何界定,都突出了宪法概念的法律要素。法律要素所承载的功能就是规范政治的运行。第四种概念则有一种回归的意蕴,既突出了共同体组织的根本性,又没有放弃规则在组织共同体中的重要作用,俨然是政治要素和法律要素的再次融合。从政治哲学的角度来看,人类生活的基本面向就是共同体生活。而组织共同体的方式可能有诸多种:没有国家概念的城邦也好,近代民族国家也罢,还有超越民族国家的新型形式。共同体的组建才是人类生活的真正意义所在。这四种对于宪法的典型认识恰恰揭示出了人类在组织共同体生活的历史发展过程中所呈现出的基本逻辑。政治要素和法律要素的融合——分离——融合是人类生活所必须要经历的一个历史过程。

---

① 参见〔德〕卡尔·施米特:《宪法学说》,刘锋译,上海人民出版社 2005 年版,第 4—9 页。

② 俞德鹏:《立政关系法:宪法概念的新概念》,载《政治与法律》1998 年第 6 期。

③ 童之伟:《论宪法概念的重新界定》,载《法学评论》1994 年第 4 期。

④ 刘茂林:《中国宪法导论》,北京大学出版社 2009 年版,第 14—17 页。

⑤ 参见刘茂林:《宪法就是组织共同体的规则》,载《山东社会科学》2006 年第 8 期。

(二)政治要素和法律要素的观念追求

政治要素和法律要素并不是一种简单的逻辑区分,而是反映了人们对于共同体生活的两种不同观念追求。宪法的政治要素追求一种共同体的自由发展观念,而法律要素则追寻着共同体的稳定观念。宪法的政治要素要实现的是共同体的自由发展。在城邦生活中,人们要追寻一种在共同体中善的生活。在民族国家中,人们所追求的共同体发展则是国家的整合和个人自由的实现。虽然近代宪法概念中有立宪主义理想即限制国家权力和保障公民权利,但限制的其实不是国家本身而是国家权力的实际执行人,限制本身恰是另外一种彰显,以加强国家认同和国家整合的有效性。[①] 现代宪法概念则在某种程度上更加强调共同体精神的回归,主张国家与社会以及公民的协调合作。上述第四种概念尽管超越了近代宪法概念的时空局限性,但共同体存续发展这一基本追求并没有因概念的改变而被抛弃。

宪法的法律要素要追寻的是一种共同体的稳定观念。法律要素最大的作用就在于搭建一套在一定时空条件下组织共同体生活的基本框架。无论强调的是法律的限制作用、保障作用还是预测作用,稳定共同体是法律要素所承担的历史使命。法律的规范作用在近现代社会得到了极度青睐。近现代法治意识形态的兴起是对于传统规范崩溃的一种有效回应。从近现代的政治意识来看,其对人的本质和作用范围的理解,发生了一个明显的变化。近代以前,人的肉体和精神都被管理,古希腊时期关注人的善,注重心灵的美德。这种全面管理的基本模式就是教会统治,教会组织不仅有一套严格的精神管理机制,还有一套世俗的管理机制。宗教改革以后,当个人的心灵自由变成私人事务,世俗权力的扩张逐步侵占教会的权力空间时,政治控制则不再干涉人的心灵,而更加关注人的身体。伯尔曼在《法律与革命》中就阐述了现代西方法律传统是如何在教会权力和世俗权力斗争过程中成长起来的。在此背景下,政治统治的策略也有一种强调合法性和有效性适度区别到现在的合法性和有效性混淆的变化过程。因此,现代的法治观念着眼于对人的身体管控,而不再关注人的精神和心灵。在组织共同体生活这

① 参见周洪波:《强国的现代政法逻辑与中国问题》,载《法学研究》2011 年第 5 期。

一层面,法治在塑造公共意识和共同体精神方面可能就变得逊色起来。因此,在宪法政治要素基础上,法律要素主要承担的是稳定共同体的功能。在过去,宪法的政治要素所要求的公共精神在传统社会中具有其内在的规范机制,而当这些规范机制被瓦解以后,法律在现代社会就大行其道。但值得注意的是,现代法律的统治注重身体控制,强调统治的有效性,而不太关注合法性,对于共同体稳定所起的作用并不是十分强大。

(三)政治要素的强势与弱势版本

这里可能会遭遇到一个质疑:宪法的政治要素一语就能作为分析这些概念的框架吗?回应质疑的关键在于澄清对政治的理解。笔者认为,上述典型宪法概念在宪法的政治要素上存在着弱势与强势两个版本。宪法是政体的观点,是政治要素的典型弱势版本,它主张人要过一种完善自我的善的公共生活,听起来就带着一点哲学生活意味。近代立宪主义的宪法概念则是强势版本,限制国家权力—保障公民权利中隐藏着对立、冲突。这尤其在马克思主义的宪法概念中显露无遗。马克思主义者毫不留情地揭示了宪法的阶级属性:宪法是阶级斗争的产物,宪法是统治阶级意志的反映,宪法反映着阶级力量对比关系的变化。这里政治要素的强势版本也就不难理解了。上述第四种概念,在突破传统经典宪法概念的局限中显得很抢眼,尤其是其对未来的揭示,更展示出了概念的完整性和宏大视野。但这里的新意也许是有空间的,它对于强调宪法政治要素的强势版本是全新的,也是容易被人接受的。但它对于远古的先声而言,则是殊途同归,是一个典型的弱势版本。因此,如果从一个组织共同体生活的角度来审视政治要素一词,上述分析带来的误解应该被消除了一些。

(四)法律要素的多元理解

法律要素在上述典型宪法概念中也可能会遭遇质疑:法律作为一种近现代的话语,如何能够超越时空去涵盖古老的历史与未知的未来。这里也涉及对于法律本身的理解。我们要知道,话语并不是单纯的一种符号,而是特定时空条件下权力建构出来的状态。米歇尔·福柯在《规训与惩罚》中向我们展示了现代刑事司法权力是如何塑造知识话语的。因此,法律作为一种近现代话语必定对应着这一特定时空条件下对于知识话语进行形塑的权力状态。质言之,话语的转换照应着社会需求。法律作为近现代话语也照应着近现代法律与宗教、道德相对分离的趋势。因此,如果看到了这一点,我们就能够对法律作一种多元的理解。在古希腊,必定没有现代意义上的法律,但那个时代依然有像法律一样发挥类似功能的规范存在。这些规范可能是道德的、宗教的。在近现代,发挥规范功能的主要是法律规范,但也并不意味着其他规范就消失殆尽。在遥远的未来,到底是什么形态的规范发挥着法律一样的功能,则是未知数。因而,如果我们对法律作这种多元理解以及对话语与权力有清醒的认识,在分析上述宪法概念的过程中,疑问也是可以被消除的。

当然,宪法的政治要素和法律要素既有要相互协作的一面,也有对立冲突的一面。这种冲突的调和仰赖于特定时空条件的转换。在不同的时空条件下,宪法的政治要素和法律要素关系是不同的。总之,宪法的政治要素和法律要素具有不同的观念追求。任何对宪法的概念与认识都离不开这两个基本要素。

三、宪法概念之重述与中国问题

以政治要素和法律要素分析宪法概念是一种重述,但不意味着重复。因此,无论是已有的宪法概念,还是未来我们要继续尝试对宪法进行的界定,宪法的政治要素和法律要素都不可偏废其一。政治与法的视角使我们有了一个整体性视野来审视对宪法的认识。这种重述不仅是对已有宪法概念的一种简单分析,更为重要的是将对宪法的认知提升到一个更高的层次,以跳出特定时空之局限,从一个较长的历史视野来认识宪法。宪法的政治要素彰显的是人类生活的基本面向,而法律要素则凸显的是如何让这种根本的政治生活具有一种稳定的基础。这种重述使我们更加认识到宪法在承载组织共同体生活中的重要作用以及法律要素在特定时空条件下稳定共同体的重要功能。因此,笔者认为,宪法概念就是人们对于宪法的政治要素和法律要素关系进行认知的一个反映。

而这种重述在中国语境下会面临一些困难。现代社会是一个专业化的社会,不同的学者基于不同的专业认知和专业素养,对于同一个问题可能囿于自己的立场和利益而有不同的回答。有学者认为中国宪法学研究的趋势是将宪法学转变为一种真正意义上的法学,这当然依托于中国宪法本身的转型。[①] 这种认知解释了中国宪法学人对宪法概念进行揭示的总体环境。上文提到,宪法概念中政治要素和法律要素的关系有一个历史发展过程:混同——分离——混同。显然,中国宪法还没有发挥出在一般法律意义上的作用,即中国宪法的政治要素和法律要素还处在分离的这一过程中。同时,我们还要意识到中国宪法的政治要素处在哪一个层次,是弱势版本还是强势版本。虽然,全球化正蓬勃发展,但主权国家和民族国家共同体还会存在很长时间。总体而言,中国宪法,一是政治要素和法律要素依然处在分离过程中,二是政治要素还处在一个强势版本的层次。以此观之,政治家的宪法可能还有市场,但会变小,法律人的宪法已经有一种格外凸显的重要性。笔者以为,中国宪法学中存在的广泛争论不仅是在某个宪法学具体领域内的争论,而且总是关涉到宪法是什么这一问题的。因此,政治宪法学和规范宪法学所要强调的宪法要素可能是侧重点不一致,但两者也并未完全冲突,它们都是我们理解中国宪法的重要维度,并且也有学者总结了两者所存在的隐形共识。[②] 在此背景下,政治与法的视角对宪法概念的重述显然不是在选边站队。

四、余　论

不论是对宪法进行定义也好,还是对宪法概念进行重述也罢,容易使我们忘记追问宪法是什么的社会情境。今天我们要追问宪法是什么恰恰反映了宪法实践中的不足。西方对宪法是什么达成共识了吗?他们显然并没有以此作为一个持之以恒的事业,因为有了更为广阔的宪法实践空间待言说。西方宪法显然是一种理性主义的产物,他们对于如何构建宪法有一些最基本的共识,也就是先有宪法理论,再有宪法制度的构建和实践。中国存在着一种理论构建和制度建构的时间上的脱

① 此观点为刘茂林教授在宪法学原理课堂上所指出。

② 参见叶海波:《我国宪法学方法论争的理论脉络与基本共识》,载《清华法学》2013 年第 3 期。

节。这实际上有一种所谓“补课论”的意蕴。列奥·施特劳斯在解读经典过程中,有一种思维就是,不仅要关注作者写了些什么,还要关注他没写什么。而后者有时候恰恰是最重要的。也就是说,存在一个故意隐藏的写作策略和技术的问题。[①] 笔者以为,如果宪法实践越来越成为日常,我们这种醉心于理论的构建与追问会减少很多。

（责任编辑：陈明辉）

① 参见〔美〕斯密什:《阅读施特劳斯——政治学、哲学、犹太教》,高艳芳、高翔译,华夏出版社2012年版,第16—19页。

洛克定理:司法权的历史与逻辑视角

安恒捷*

内容摘要 “洛克定理”是洛克提出的关于人类政制构设的一系列理论、方法、主张、观点的总称。厘清司法权的概念可以“洛克定理”为基点,从历史和逻辑两个角度进行考察。“洛克定理”之内在蕴意是这一考察的逻辑视角,主要包括四个方面:自由主义和国家主义两个视角;从历史角度考察,“洛克定理”在横向和纵向两个维度与孟德斯鸠所谓的司法权存在区别,同时为市民司法权的构建奠定了基础,成为美国宪治实践的理论渊源。“洛克定理”表征了美国宪治基因的原初形态,是考察司法权政治存在无法绕开的一项历时性课题。

关键词 司法权 洛克定理 国家主义 洛克

一、引 言

(一)“洛克定理”的工具性定义

约翰·洛克是英国三大经验主义代表之一。洛克的分权思想、财产理论以及哲学建树开辟了西方自由主义道路,其分权理论对西方政体架构影响尤为深远。① 目前国内外的研究者普遍将其概括为一种立法权和执行权的两权分立,并认为司法权并没有引起洛克的关注,如英国著名学者维尔在《宪政与分权》中就认为:“洛克与18世纪作者之间

---

* 中国人民大学法学院2013级法理学硕士研究生。

① 也有论者基于洛克“立法权之上”的观点拒绝将洛克视为分权学说的倡导者,因为“政府的一个机构完全从属于另一个机构肯定是与分权学说不一致的”。参见〔英〕M. J. C. 维尔:《宪政与分权》,苏力译,生活·读书·新知三联书店1997年版,第58页。

的一个主要区别在于他对司法职能的忽视。”“洛克一直忠实于那种比较陈旧的关于职能和权威的两重划分。”[①]国内学界主流观点对此并未质疑，并已然达成了某种共识。[②]

“洛克定理”是本文基于洛克在西方政治哲学传统中的历史地位与影响所采取的工具性定义。为了更好地厘清司法权概念的源流，我们有必要回到洛克，理解“洛克定理”的历史蕴意。需要指出的是，本文中的“洛克定理”是指英国政治哲学家约翰·洛克提出的关于人类政制构设的一系列理论、方法、主张、观点的总称，与科学哲学中所谓的“用逻辑的方法判断为正确并作为推理的根据的真命题”相异。本文主要从历史与逻辑两方面对“洛克定理”加以考察，溯源司法权概念，以期对司法原理与制度之研究有所增益。

（二）司法权概念的域内外考察

1. 国内司法权概念研究综述

20世纪90年代以前，对于司法权的理论研究几乎是一块被人忽视的“空地”。[③] 一直到20世纪90年代末，关于司法权概念的研究才逐渐成为司法改革浪潮中的学术热点之一。例如，陈瑞华教授认为，“司法权是相对于立法权、行政权的第三种国家权力”，“相对于立法权而言，司法权是一种裁判权，并且是通过将一般的法律规则适用于具体案件上，来发挥其裁判案件这一功能的。”[④]“司法是与裁判有着内在联

---

① 〔英〕M. J. C. 维尔：《宪政与分权》，苏力译，生活·读书·新知三联书店1997年版，第62、55页。

② 检索文献可以发现，法学界传统的观点认为洛克的权力分立理论并不包括司法权。参见张恒山主编：《共和国60年法学争论实录》（法理学卷），厦门大学出版社2009年版。随着整个法学界争论热点的转移（比如从法的阶级性与社会性到法治与人治，再到法律移植等）对洛克权力分立理论的态度存在着细微的变化。

③ 司法权理论研究热潮在20世纪90年代出现的原因何在？也即中国法理学的司法转向为什么在20世纪90年代出现？或许，其中主要的原因在于尽管“社会主义法律体系已经初步建立”，但是法律的实效（effectiveness）并没有随着“有法可依”而得到改善。

④ 陈瑞华：《司法权的性质——以刑事司法为范例的分析》，载《法学研究》2000年第5期。

系的活动，司法权往往被直接称为司法裁判权。”[①]孙笑侠教授是国内较早提出司法权是判断权论点的学者。他认为，“司法权以判断为本质内容，是判断权”[②]。以上两位学者提出的判断权说共同特点在于均以审判活动为参照系对司法权展开研究。

石茂生教授将学界过去几十年对司法权的理解归纳为从广义到狭义的四种观点：(1) 广义司法权说，该观点认为所谓司法即是对于社会纠纷进行处理之权力，包括一切与社会纠纷的处理和解决有关的权力，即审判机关、检察机关、侦查机关、司法行政机关以及律师、公证、仲裁等司法组织在办理诉讼案件和非诉讼案件过程中所享有的权力。(2) 狭义司法权说，司法权仅仅是指公安、检察和审判机关等国家司法机关在司法活动过程中代表国家行使的权力。(3) 更为狭义的司法权说，即司法权包括且仅仅包括法院的审判权和检察院的检察权。(4) 最为狭义的司法权学说，该观点认为司法权具有“中立性、消极性、判断性、独立性和终局性”，因而“司法权”只应属于法院。这一观点试图将检察机关归入行政机关之列进而否定其“法律监督者”地位。[③]

---

① 陈瑞华教授将将司法权定义为具有如下要素的“动态图景”：(1) 存在着一项特定的利益争端或者纠纷；(2) 特定的两方或多方(当事者)卷入上述争端之中；(3) 争端的一方将争端(案件)提交给享有司法权的机构、组织或者个人(裁判者)；(4) 裁判者作为独立于争议各方(通常为双方)的第三方，参与并主持对争端的解决；(5) 举行听证，届时争议各方同时参与，以言词争辩的方式影响裁判者的结论；(6) 如果争端涉及事实的认定问题，争议各方需要向裁判者提交证据，传唤证人；如果争端仅仅涉及法律问题，争议各方则要提出法律方面的论据；(7) 裁判者制定并宣布一项裁判结论，以解决争议各方的争端；(8) 裁判者须在听取争议各方主张、证据、意见的基础上，对争议的事实作出认定，并将实体法确立的有关原则和规则适用于该事实；如仅系法律争端，则须按照法律原则、规则、先例或者有关理论，对有争议的法律问题作出裁决。其中，(1)(2)为司法权产生前提，(3)涉及的是裁判者介入并主持争端问题的解决。(4)(5)(6)(7)涉及司法裁判的程序问题，提出了“司法权就是裁判权，裁判权就是判断权”这一观点。

② 孙笑侠：《司法权的本质是判断权——司法权与行政权的十大区别》，载《法学》1998年第8期。

③ 参见石茂生：《司法及司法权含义之探讨》，载《河北法学》2012年第2期。石茂生将司法权含义与性质总结为以下几种：(一) 判断权说，司法权是法院享有的，对当事人提请其解决涉及当事人人身权益与财产权益的纠纷作出判断；(二) 多元权力说，司法权是指包括基本功能与法院相同的仲裁、调解、行政裁判、司法审查和国际审判等纠纷解决机制在内，以法院为核心并以当事人的合意为基础和国家强制力为最后保证的、以解决纠纷为基本功能的权力体系；(三) 裁判权说；(四) 独立权力说，司法权是法院享有的、独立于行政权并对其进行制约的、依照成文法和判例法决定案件的终局性权力；(五) 二元权力说，在我国的现行法律体制和司法体制下中，司法权一般包括审判权和检察权；(六) 案件权力说。

另外，也有学者指出，我国的“司法”概念不同于西方司法之概念，二者存在法学概念与法律概念之间的区别。①

在笔者看来，国内关于司法权概念的研究存在广义与狭义之分。广义司法权概念包括审判权、检察权、侦查权、执行权，是国家权力的重要组成部分。② 狭义的司法权概念认为，司法权的本质就是判断权，司法权就是“独立而中立的法庭，针对案件争议，认定案件事实，解释适用法律，推断作出权威性法律决定的权力”③。

2. 域外司法权宪法含义综述

域外各国宪法均或多或少包含关于司法权的规定，通过梳理各国司法权的宪法内容，至少可以发现这些内容具有一个共同的特点：司法权职能的配置始终紧紧围绕着法院（法官）而展开。相较于中国司法理论与实践中关于司法权概念的多重含义，域外司法权概念显得更简洁而清晰。

例如，《美国宪法》第 3 条第 1 款规定：“合众国的司法权属于最高法院和国会不时规定和设立的下级法院。”④《德国基本法》第 92 条规定：“司法权付托于法官；由联邦宪法法院、本基本法所规定之各联邦法院及各邦法院分别行使之。”《意大利宪法》第 102 条规定：“司法职能由按法院组织法规则设置与调整的普通法官行使。”《日本宪法》第 76 条规定：“一切司法权属于最高法院及由法律规定设置的下级法院。不得设置特别法庭，行政机关不得施行作为终审的审判。所有法官依良心独立

① 杨秀清：《司法过程能动性的理性思考》，载《河北法学》2010 年第 1 期。

② 童兆洪：《司法权概念解读及功能探析》，载《中共中央党校学报》2004 第 2 期。

③ 安恒捷：《论司法公信力的认知逻辑》，载《云南大学学报（法学版）》2014 年第 5 期。这一司法权的概念来源于张志铭教授关于“司法”概念之定义，参见张志铭、于浩：《共和国法治认识的逻辑展开》，载《法学研究》2013 年第 3 期；同时，此一概念更得益于张志铭教授所授“司法原理与司法制度”课程。

④ 《美国宪法》第 3 条第 2 款规定了司法权的适用范围：“由于本宪法、合众国法律和根据合众国权力已缔结或将缔结的条约而产生的一切法律的和衡平法的案件；涉及大使、其他使节和领事的一切案件；关于海事法和海事管辖权的一切案件；合众国为一方当事人的诉讼；两个或两个以上州之间的诉讼；（一州和他州公民之间的诉讼，）不同州公民之间的诉讼；同州公民之间对不同州让与土地的所有权的诉讼；一州或其公民同外国或外国公民之间的诉讼。涉及大使、其他使节和领事以及一州为一方当事人的一切案件，最高法院具有第一审管辖权。对上述所有其他案件，不论法律方面还是事实方面，最高法院具有上诉管辖权，但须依照国会所规定的例外和规章。除弹劾案外，一切犯罪由陪审团审判；审判应在犯罪发生的州内举行；但如犯罪不发生在任何一州之内，审判应在国会以法律规定的一个或几个地点举行。”姜士林等主编：《世界宪法全书》，青岛出版社 1997 年版，第 1618 页。

行使职权,只受本宪法及法律的拘束。"①《韩国宪法》第101条规定:"(一)司法权属于由法官组成的法院。(二)法院由最高法院—大法院和各级法院组成。(三)法官的资格由法律规定。"《俄罗斯联邦宪法》第118条规定:"(一)俄罗斯联邦境内的审判权只由法院行使。(二)司法权通过宪法、民事、行政和刑事诉讼程序实施。(三)俄罗斯联邦的司法体系由俄罗斯联邦宪法和联邦宪法性法律确定。不允许建立特别法庭。"②

通过上述对国内外关于司法权概念的简单梳理,我们发现,在司法权之概念的主体(围绕着审判活动展开,以法院、法官为主体)这一点上,中外理论达成了某种共识。但是,这种共识的达成无法回答为何司法权会成为三权分立中至关重要的一极。换句话说,现有的理论在司法权与政治权力关系的历史与逻辑演变和发展问题上模糊不清。因此,回到"洛克定理"去探寻司法权之概念尤为必要。

二、司法权的历史视角:洛克定理如何可能

(一)洛克定理:司法权的自由主义视角

"人本主义"是洛克司法理念的重要组成部分。上帝抑或公民,究竟谁是司法权的主宰?洛克提出并回答了这个问题。洛克认为,公民是自足自在的理性个体,在神事与人事问题上应当具有自主性。在《论宗教宽容》中,洛克指出:"我以为下述这一点是高于一切的,即必须严格区分公民政府的事务与宗教事务,并正确规定二者之间的界限。如果做不到这点,那么那种经常性的争端,即以那些关心或至少是自认为关心人的灵魂的一方,和以那些关心国家利益的人为另一方的双方争端,便不可能告一结束。"③正是立基于公民个体的理性,神圣与世俗的二分,洛克将司法权定位于公民之权力。

考察洛克定理中司法权的自由主义面向,目的就是在于揭示洛克的古典自由主义理论基石。古典自由主义的一个重要特征在于个体理

① 姜士林等主编:《世界宪法全书》,青岛出版社1997年版,第387页。
② 同上书,第836页。
③ 〔英〕洛克:《论宗教宽容》,吴云贵译,商务印书馆1982年版,第5页。

性的启蒙，这预示着人作为主体具有绝对的权威，以人为本的理念贯穿于司法权的构设过程之中。

在《语境中的洛克》一书中，詹姆斯·塔利将洛克的司法理念概括为三种司法机制：天意司法机制、国家主义司法机制和人本主义司法机制。[①]

1. 天意司法机制

天意司法机制包括上帝、神法（或自然法）、天堂的奖励与地狱的惩罚、罪恶与责任明细表。良心（或判断）将一种行动与神法相比照，以判断它是罪孽还是责任。这种天意司法机制是由近代早期欧洲教会和国家构成的庞大的统治机器之一。洛克并不否认天意司法机制对于社会秩序的管控优势，但他也意识到天意司法机制也是造成社会失范的重要原因之一。

2. 国家主义司法机制

国家主义司法机制包括主权者或立法者、法律、刑事制度的奖与惩、合法与非法行为法规。这种国家主义司法机制是近代早期政治理论与实践的基础，意味着权力是由一个主权实体通过法律手段并借助奖惩机制来实施的，其目的在于倡导一种确定的行为。[②] 这种国家主义司法机制仍然不是洛克最为满意的理想司法机制。因为这种司法机制理论过于强调国家的至上权威，与洛克主张的“主体间”（intersubjective）观念不符。洛克认为，国家统治的权力应当置于人民司法主权之下。1697 年，洛克向当时的英国贸易委员会提交了一份关于济贫法体制改革的报告。在这份报告中，洛克指出当时英国“穷人成倍地增加”的原因不在于“供应不足或雇佣缺失”，而在于“规训松弛和举止败坏”。因此，洛克制定了一项宏大的计划，希望通过运用法律、矫治与习艺所、义务学徒制等内容来规训实践，使穷人服从法律，便于雇佣。[③]

---

① ［加拿大］詹姆斯·塔利：《语境中的洛克》，梅雪芹等译，华中师范大学出版社 2005 年版，第 193—195 页。洛克 1678 年的《论一般伦理》手稿中首次提及了这种司法机制三分法，这种司法机制三分法着眼于当时英国的政治、经济和宗教实践，其推演的基点是个人，相对于法国的孟德斯鸠以国家作为司法制度设计的推演起点，这样一种司法机制的分类显得更为微观，更为个体化。

② ［加拿大］詹姆斯·塔利：《语境中的洛克》，梅雪芹等译，华中师范大学出版社 2005 年版，第 194 页。

③ 同上书，第 219 页。

3. 人本主义司法机制

在洛克看来,最有效的控制机制是人本主义司法机制,它是"信仰和行动的最有效控制者"。这种人本主义司法机制以"名誉"为基础①,德行与荣誉、称赞以及名誉等各种动机转化成洛克的司法理论框架,是一种司法管理类型。"人们并不认真反省上帝的惩罚,即使他们那么做,也只是梦想着调解现世的罪恶。至于国家法,'他们经常以赦免的希望聊以自慰'。但是,没有人能逃脱他(她)与之来往的同伴的责难和厌恶所导致的惩罚。"②洛克主张的人本主义司法机制从个体荣誉和理性出发,试图在国家司法与上帝司法之间寻求第三条道路,达致了国家司法公权与司法人民主权之间的平衡。

(二)洛克定理:司法权的国家主义视角

如果说从自由主义审视洛克的司法理念是一种微观梳理,那么从国家主义视角考察洛克定理则是一种宏观视野。国家主义是一种从属于集体主义而区别于自由主义的社会理念。③ 国家主义视角下的司法权背后隐含着这样一条线索:司法权如何产生——司法权如何运行。

1. 司法权的创生

司法权的产生必须追溯到洛克所谓的自然状态。洛克认为,人类的自然状态必然走向社会状态。④ 只有在自然状态无法容纳个体之间的矛盾与纠纷时,市民社会才有得以建构的空间,也正因为如此,洛克关于权力的二重划分理论中所谓的立法权和执行权才能够建立。⑤ 然而,这并不意味着洛克忽视了司法权在其均衡政制理论中的地位和作

---

① 〔加拿大〕詹姆斯·塔利:《语境中的洛克》,梅雪芹等译,华中师范大学出版社 2005 年版,第 195 页。

② 同上。

③ 于浩:《共和国法治建构中的国家主义立场》,载《法制与社会发展》2014 年第 5 期。

④ 洛克的自然状态理论认为自然状态"必然"会走向社会状态,而卢梭认为自然状态仅仅是人类进入社会状态的"可能前提"。参见陈肇新:《对卢梭政治哲学的再思考——兼评〈"立法者"的远航:卢梭政治哲学研究〉》,载《人大法律评论》2013 年第 2 期,法律出版 2013 年版,第 169 页。

⑤ "前者的建立是在人们放弃从事他们认为有利于保存自身的一切事的权力而让社会的法律来调整之际;后者的建立是在人们为创立一种强制实施这些法律的权力而放弃他们的惩罚他人的权力之际。"〔英〕M. J. C. 维尔:《宪政与分权》,苏力译,生活·读书·新知三联书店 1997 年版,第 55 页。

用，洛克所谓“执行权”的职能实质上就是司法权，尽管洛克“所谓的‘裁判’基本上是一个哲学而非法学概念”[①]。当然，关于权力的三重划分理论也并非后来的孟德斯鸠所首创，乔治·劳森在 1657 年和 1660 年发表的两部关于政治的重要著作中就提出了政府职能的三重划分：“国家有三种权力，或者说有三层权力。第一是立法。第二是司法。第三是执行。”[②]尽管洛克主张权力的“二重划分”，但他仍然认为国家的主要职能是一种司法职能，国家是“自然状态中一直缺乏的法官”。

那么，洛克所定义的“自然状态”是什么？洛克认为，只有考虑人类原初的状态，才能正确理解政治权力之起源。自然状态“是一种完备无缺的自由状态，他们在自然法的范围内，按照他们认为合适的办法，决定他们的行动和处理他们的财产和人身，而无须得到任何人的许可或听命于任何人的意志”。自然状态是一种极为平等的状态，“一切权力和管辖权都是相互的”，“不存在从属或受限制关系”。[③] 当然，自然状态中的人们除了享有人身权、平等权和自由权以外，还拥有自卫和自行裁判权，在这种自然状态中，侵害他人的健康、自由或财产被绝对禁止，因为每个个体都是平等而独立的。

当然，这种自然状态并非完美无缺。洛克指出了自然状态的三种缺陷：“第一，在自然状态中，缺少一种确定的、规定了的、众所周知的法律，为共同的同意接受和承认为是非的标准和裁判他们之间一切纠纷的共同尺度。第二，在自然状态中，缺少一个有权依照既定的法律来裁判一切争执的知名的和公正的裁判者。第三，在自然状态中，往往缺少权力来支持正确的判决，使它得到应有的执行。”[④]虽然洛克并未明确提出“司法权”这一概念，但基于英国深厚的“行政司法化”传统，洛克主张的“裁判”、“公正的裁判者”、“裁判一切争执”等内容所指向的

---

① 王怡在《宪治主义》中也提到，“洛克将政府职权也分成三种，立法权、执行权和对外权。但和劳森一样，他的执行权概念也是和司法权高度重合的。因为行政管理权力的全面膨胀是二十世纪现代国家才出现的症候。在那之前，‘执行权’主要指的就是司法权，而不是今天行政意义上的执法权。”参见王怡：《宪治主义：观念与制度的转换》，山东人民出版社 2006 年版，第 273、274 页。

② *An Examination of the Political Part of Mr. Hobbes's Leviathan*, London, 1657, p. 8. 转引自〔英〕M. J. C. 维尔：《宪政与分权》，苏力译，生活·读书·新知三联书店 1997 年版，第 51 页。

③ 〔英〕洛克：《政府论（下篇）》，叶启芳、瞿菊农译，商务印书馆 1964 年版，第 3 页。

④ 同上书，第 77—78 页。

实际上就是现代意义上的司法权职能。可见,在洛克的宪制理论中,国家的诸种职能在一定程度上成为一种"善"(good),国家主义的微茫在自由主义者洛克那里时而隐现,但归根结底,洛克最终要回答的仍然是"使共同体合乎理性的问题,同时这种理性必须承认国家有必要存在这一命题"①。

尽管自然状态仅仅是一种理论假设,但并不妨碍洛克对于宪制权力架构的逻辑推演。正是因为自然状态并非永远完美无缺,洛克宪制理论中的国家的司法职能才被不断强化,宪制权力的"二重划分"才得以型构。② 关于洛克为何只提出了权力的"二重划分"而未提及"三权分立",斯金纳认为,洛克并没有将我们习以为常的司法权从立法权、行政权中分离出来,将其单列为政治权的一支,这句话的潜台词是,洛克心中的司法权或许并非我们习以为常的那种形象。③

为了补正自然状态中的种种缺陷与不足,洛克提出了权利委托理论。在洛克看来,自然状态下的司法状态存在三种缺陷:第一,缺乏明确的而周知的法律。第二,缺乏中立的裁判者。第三,即使存在裁判者,也缺乏执行判决的权力。④ 洛克主张将自然状态下的司法权委托给统治者——国家。经由这种具有公共性质的契约,个体与国家之间达成权利委托契约,国家司法权也就应运而生,但洛克主张权利委托并不意味着权利的让渡。这也就意味着,这种委托存在一定的条件:人民并未放弃对暴政的革命权利。此种权利在洛克看来乃是立基于原初形态的司法权的重要人权。"人民革命是近代政治的永恒特征",应当对政府权力保持高度警惕,因为政治权力具有演化为苛政的本性并会随着时间推移而走向腐败。⑤

市民社会(Civil Society)的产生使国家成为最高权力形态的载体,

---

① 于浩:《国家主义源流考》,载《浙江社会科学》2014 年第 10 期。

② 实际上,也有论者认为,洛克提出的是"三类权力":制定法律来维护和管理臣民的生活、行为和财产(立法权);运用共同体的力量来执行这些法律,以判处死刑和较轻的处分(行政权);发动战争以保护包括国外的殖民地和臣民在内的共同体免遭他国侵略(联盟权)。参见〔加拿大〕詹姆斯·塔利:《语境中的洛克》,梅雪芹等译,华中师范大学出版社 2005 年版,第 8 页。

③ See Quentin Skinner, *Vision of Politics*, Cambridge: Cambridge Press, 2002, p. 180.

④ 〔加拿大〕詹姆斯·塔利:《语境中的洛克》,梅雪芹等译,华中师范大学出版社 2005 年版,第 27 页。

⑤ 同上书,第 24 页。

但此时国家所拥有的权力已经不是所谓的司法权,而是以司法权为初始形态运行的立法权。“设置在人间的裁判者有权裁判一切争端和救济国家的任何成员可能受到的损害,这个裁判者就是立法机关或立法机关所委托的官长。而由于这种裁判者的设置,人们便脱离自然状态,进入一个有国家的状态。”①

2. 司法权的运行

司法公权的行使涉及公民个体的人身保护与财产安全。统治者一旦利用手中的司法公权压迫人民,此时“权利委托契约”即告失效,司法公权之法理正当性丧失,人民可以通过重构司法公权实现司法人权。洛克认为,司法权的行使必须遵循如下两条基本原则:第一,保存自己传统的自然法义务;第二,当他保存自身不成问题时,一种积极并关涉他人的保存其余人类的新义务。② 二者的结合乃是出于人类的“自我保存”之目的。这就是洛克主张的司法公权行使的自然法训诫。基于此种自然法训诫,洛克继而推演出两类公民权力:惩戒自然法违反者的政治权力和劳动权(或生产权)。前者由人民间接行使,而劳动权、生产权只能由人民直接行使。在这里,自然法执行权具备了司法的性质。③

除了司法权运行的自然法训诫之外,司法权还应当保障政治权力不被滥用。洛克将立法权作为民族国家的最高权力形态,立法权的变革即是改变国家“形式、生命和统一性”,将导致政府的解体,这一“政府解体理论”是洛克自由宪治理论的核心。此种“政府解体理论”的基础就在于每个人都拥有自然法的执行权力(the executive power of the law of nature)。“在洛克的政治哲学中,无论是常规的政治生活,还是政府解体导致的政治危机,都是基于从自然法执行权发展或衍生出来

① 〔加拿大〕詹姆斯·塔利:《语境中的洛克》,梅雪芹等译,华中师范大学出版社 2005 年版,第 25 页。

② 同上书,第 19 页。

③ “统治的权利和统治的权力,是个人的一种基本的天赋权利和权力,它与维护自己和他人的自然权利和权力并存。它有着司法的性质,因为它宣示并实施一种法,即作为理性法则的自然法。”洛克通过其“天赋政治德性学说”(doctrine of natural political virtue)将自然法执行权力普遍化,但在拉斯莱特看来,洛克从未列出这些法律本身,他也从未把一条自然法与另一条自然法联系在一起。他认为洛克是一个更为严重的反传统的自然法作者,大大超过了霍布斯。参见〔英〕彼得·拉斯莱特:《洛克〈政府论〉导论》,冯克利译,生活·读书·新知三联书店 2007 年版,第 125 页。

的原则。"[①]这种"洛克式"的自然法理论或许从逻辑上难以理解——既然自然状态中人人平等,那么平等个体"惩罚"那些违反自然法之人的权力从何而来？在笔者看来,洛克此处的自然法执行权与自然状态相矛盾。这种自然法执行权的论题场域乃是市民社会建立之后司法权的运行实践而非原初的自然状态,而且在对象上,这种自然法执行权更侧重作为权利委托契约对象的公权力。

因此,为了维持宪制的运行,为了司法权力的普遍实施,洛克提出了三条建议:第一,法律应当根据公共福利和自然法加以制定与执行;第二,统治者自己必须服从他们制定的法律,带头守法而不能带头坏法;第三,不经过多数人通过其代表同意,法律上的合法权利不能被政治权力随意改变。公民可以诉诸法律裁判他们之间的争端以及他们与政府之间的争端。当这种常规的司法方法行不通时,"人们转而采取第二种补救方法:发起革命,将它作为执行自然法的方式"。[②]

简而言之,洛克在其政治原理的建构中强调了契约的重要性,同时设置了契约履行不能继而触发的惩罚装置——革命权。在笔者看来,正是这种"随时造反"[③]的权力使洛克构想的宪制大厦极不稳定,所需社会成本过高,易陷入理论上的空想主义。但是,正如后文所述,这种

① 李猛:《革命政治——洛克的政治哲学与现代自然法的危机》,载吴飞主编:《洛克与自由社会》,上海三联书店 2012 年版,第 31、72 页。

② 一直以来,学者们大多把《政府论》视为洛克对 1688 年光荣革命所做的事后理论正当化工作。但是拉斯莱特通过精细的文本考证和历史探究,强调《政府论》的写作时间远在光荣革命之前。这一写作时间的重新标定,立刻意味着洛克写作此书的动机与目的需要重新解释。针对传统的看法,拉斯莱特至少在三个方面提出质疑:第一,《政府论》的写作时间远在光荣革命之前,意味着《政府论》并非为革命辩护的正当化理由,而是革命的先声和呼唤;第二,通过细致考察当时的出版物以及洛克图书收藏状况,拉斯莱特认为对洛克和霍布斯思想关系的传统看法需要再度审视;第三,比照洛克哲学理论和政治论说的文字风格,拉斯莱特强调《政府论》实乃"策论"文字,服务于当时的政治观念斗争,今日不妨以阅读文学作品的方式予以赏读;进一步地,拉斯莱特的言外之意更在于,政治哲学家并非一个置身事外的旁观者或事后总结者,他自己的写作意味着他乃是政治事件的参与实践者,其政治观点是一时一地的论争产物,是否有垂诸永远、推诸四海的普遍理论意义则颇值怀疑——这自然反映出拉斯莱特在政治方面重视经验智慧、轻蔑理论教条的一贯倾向。参见〔英〕彼得·拉斯莱特:《洛克〈政府论〉导论》,冯克利译,生活·读书·新知三联书店 2007 年版,第 140 页。另参见〔加拿大〕詹姆斯·塔利:《语境中的洛克》,梅雪芹等译,华中师范大学出版社 2005 年版,第 31 页。

③ 拉斯莱特认为,洛克论政府的主要论点整个是从人人拥有执行自然法的权力这一判断中发展出来的。可以把他的意图视为建立一种"天赋政治美德"的学说。参见〔英〕彼得·拉斯莱特:《洛克〈政府论〉导论》,冯克利译,生活·读书·新知三联书店 2007 年版,第 140 页。

理论背后隐含着美国宪治“基因”，洛克也因此被称为“美国宪治之父”。

三、司法权的逻辑视角：洛克定理如何演绎

（一）洛克与孟德斯鸠司法权概念的异同

法学界传统的观点认为，孟德斯鸠首先系统地提出了西方三权分立政制架构的理论框架。① 司法权作为与立法权、行政权相并列的权力一端，在孟德斯鸠那里被赋予了保卫古典自由的重要职能。这与英国的经验主义进路存在显著差异。对于此种英国自由主义与法国自由主义的分野，其背后的机理或许可以用“经验主义与理性主义”区别开来。② 哈耶克是这种区分的佼佼者，在《自由秩序原理》中，他将自由主义划分为英国传统与法国传统。③ 本文也正是基于这两种自由主义背景下的传统，分析洛克与孟德斯鸠在司法权理念上的异同，从而为理解洛克的司法权概念提供一种“历史逻辑”视角。

1. 洛克与孟德斯鸠司法权概念之“同”

第一，二者提出司法权概念的目的相同，皆旨在保障个人自由，实现人权。洛克所谓的“执行权”尽管包含了“立法权”主导之下的“行政

---

① 代表性的观点，如林来梵教授认为孟德斯鸠提出的司法权是在人类法律政治思想史上堪称最早而又最为系统深刻的论述之一。主张从旧的“执行权”中分离出一种新的独立的裁判权——司法权，乃孟德斯鸠最了不起的思想理论贡献。参见林来梵、刘练军：《论宪法政制中的司法权——从孟德斯鸠的一个古典论断说开去》，载《福建师范大学学报（哲学社会科学版）》2007 年第 2 期。当然，对于孟德斯鸠在权力分立学说上的开创性意义，也存在质疑的声音，维尔认为“孟德斯鸠没有发明权力分立学说，他在《论法的精神》的第六编第六章所说的许多话都是从他同时代的英国作者以及约翰·洛克那儿搬来的。”〔英〕M. J. C. 维尔：《宪政与分权》，苏力译，生活·读书·新知三联书店 1997 年版，第 70 页。

② 自笛卡尔、休谟以降，经验与理性的二元区分人为地割裂和忽视了“逻辑理性主义”和“经验理性主义”，“逻辑基于事理，经验来自历史……长时段的历史背后凝结为经验，而大范围的经验本身便包含着逻辑。换言之，再曲折波动的事物发展进程，随着时间维度的不断延伸，都会趋于平缓，历史的褶皱因而得以烫平。”对于这种认识论上的二元主义，《共和国法治认识的逻辑展开》一文对此进行了重构，提出了“大范围的经验也是一种理性”这一命题，从而将自启蒙时代以来的“经验/理性”二分理念重塑为“逻辑理性主义”与“经验理性主义”。参见张志铭、于浩：《共和国法治认识的逻辑展开》，载《法学研究》2013 年第 3 期。

③ 江宜桦：《自由主义哲学传统之回顾》，载刘军宁主编：《自由主义与当代世界》，生活·读书·新知三联书店 2000 年版，第 12 页。

权”意蕴，但其职能更多地体现为司法职能，突出强调了司法权的居中裁判、解决纠纷的功能。从目的上看，洛克提出的这一具有司法职能的权力形态仍然是为了保护从假定的自然状态中脱离的个体的自由与财产权益。洛克认为，执行权的存在有其必要性，执行权“负责执行被制定和继续有效的法律”，而且从司法的人权保障层面看，“哪里没有司法来保障人们的权利，在社会内部也没有其他权力来指挥强力或为公众供应必需品，哪里就肯定不再有政府的存在。如果法律不能被执行，那就等于没有法律；而一个没有法律的政府，我以为是一种政治上不可思议的事情，非人类的能力所能想象，而且是与人类社会格格不入的”。[①] 孟德斯鸠同样认为，司法权的目的在于“惩治罪行，裁决私人争执”。[②] 同时，孟氏在权力制衡的意义上第一次赋予了司法权在国家层面的地位，其出发点仍然是对于个人自由的维护。

第二，司法权运行皆要求独立的地位。孟德斯鸠认为，国家的政制架构不仅应当三权分立制衡，而且应当保障司法的独立地位。“司法权如果不与立法权和行政权分置，自由也就不复存在。司法权如果与立法权合并，公民的生命和自由就将由专断的权力处置，因为法官就是立法者。司法权如果与行政权合并，法官就将拥有压迫者的力量。”[③] 那么，洛克所谓的“执行权”中的司法权内容是否依附于立法权？或者说洛克所谓的司法权是否有其独立的地位？在笔者看来，从权力分立的角度看，洛克显然是主张立法权与执行权相分立的。[④] 进一步看，这种独立还包括司法人员（法官）的独立。[⑤]

2. 洛克与孟德斯鸠司法权概念之“异”

第一，司法权概念的表达方式不同。简而言之，洛克并未明确使用“司法权”这一术语，这也是造成后世诸多误解的原因。而孟德斯鸠从

---

① 〔英〕洛克：《政府论（下篇）》，叶启芳、瞿菊农译，商务印书馆1964年版，第132页。

② 〔法〕孟德斯鸠：《论法的精神》，许明龙译，商务印书馆2012年版，第186页。

③ 同上书，第187页。

④ 洛克说，“如果同一批人同时拥有制定和执行法律的权力，这就会使他们自己免于服从他们所制定的法律，并且在执行法律时，使法律适合于他们自己的私人利益，因而他们就与社会的其余成员有不相同的利益，违反了社会和政府的目的。”〔英〕洛克：《政府论（下篇）》，叶启芳、瞿菊农译，商务印书馆1964年版，第89页。

⑤“谁握有国家的立法权或最高权力，谁就应该以既定的、向全国人民公布周知的、经常有效的法律，而不是以临时的命令来实行统治；应当由公正无私的法官根据这些法律来裁判纠纷。”同上书，第80页。

国家权力制衡以及“市民司法权”的双重意义上明确提出了司法权这一概念。正如维尔对孟德斯鸠所作的评价：“在孟德斯鸠有关政府职能的论述中，最重要的方面是他完成了从‘执行权’的旧用法向一种新的‘裁判权’的转变……正是在对‘裁判权的讨论中显示出孟德斯鸠最伟大的创新意义’。”①

第二，司法组织设计不同。在微观层面，洛克并未明确提出司法组织的制度构建思路，对于司法组织、人员设定也同样语焉不详。这与洛克并未明确论述司法权概念有关。孟氏由于明确提出了司法权的概念，因而对于具体司法组织的设计有较为粗略的论述。孟氏认为，“司法权不能交给一个常设的元老团，而应由选自民众的人员执掌。这些人在每年的某个时间按照法律的规定选出（*tirees*）后，组成一个法院，法院的任期应根据实际需要确定。”②吊诡的是，孟氏认为司法权力是国家宪制平衡中的一极却并非常设机关，试图构建“无需职业法官的司法体系”图景。“这是一个陪审团体系，它显然将是事实问题的裁判者也是法律问题的裁判者，因为法律将是如此清楚和明显以致无需法官有职业知识。”③其原因或许在于孟氏之所谓司法权的二重角色：国家权力的平衡器和市民司法权的载体。

第三，历史传统有别。孟德斯鸠在考察英国君主立宪制的基础之上，针对法国长期以来的君主专制，提出了具有独立地位的司法权概念以维持均势。另外，孟德斯鸠提出的“宽和适中应是立法者的精神”在其巨著《论法的精神》末两章中也得以体现。④ 正如萨拜因所言：“孟德斯鸠的重要作用乃在于传播和强化了视英国的制度为实现政治自由的手段这样一个信念……他在英国居留的经历使他摆脱了那种认为政治自由取决于一种只有古罗马人才知晓并且只有在城邦中才能实现的高

① 〔英〕M. J. C. 维尔：《宪政与分权》，苏力译，生活 · 读书 · 新知三联书店 1997 年版，第 81 页。

② 〔法〕孟德斯鸠：《论法的精神》，许明龙译，商务印书馆 2012 年版，第 188 页。

③ 〔英〕M. J. C. 维尔：《宪政与分权》，苏力译，生活 · 读书 · 新知三联书店 1997 年版，第 82 页。

④ 孟氏提到，“宽和适中应该是立法者的精神。我说过这句话，而且我觉得，我之所以要写这部书，只是为了证实这句话。”〔法〕孟德斯鸠：《论法的精神》，许明龙译，商务印书馆 2012 年版，第 682 页。另外，关于《论法的精神》末两章，李瑛钧作了相当细致和独到的解读。参见李瑛钧：《孟德斯鸠：宽和适中应该是立法者的精神——〈论法的精神〉末两章实证研究》，载《人大法律评论》2013 年第 1 辑，法律出版社 2013 年版，第 241 页。

尚美德的成见。”①而英国的封建君主制一直存在，行政司法化的倾向是国家司法职能的最好体现。比如巡回审判制、王室法院的建立，统一司法体系的形成，基于法律职业共同体的“技艺理性”（artificial reason，或译为“人为理性”、“技术理性”）等均对英国法治实践中的司法传统产生了深刻的影响。正是基于此种不同的历史背景，二者司法权的概念具有相异的内涵和外延。

（二）市民司法权的创生与突变

洛克定理中的司法权经由孟德斯鸠的提炼和概括，被赋予了新的功能与地位。一种原初意义上的司法权形态，有学者称之为“市民司法权”②，由孟德斯鸠赋予了权力制衡的意义，最终形成了“政治司法权”，美国的宪治实践正是这种政治司法权的体现。违宪审查制作为美国三权分立中司法权的“牙齿”，深刻影响了美国的宪治历程，可以说美国正是一个立基于违宪审查而保有自由传统的“司法法治国”。

在《论法的精神》“英格兰政制”一节中，孟德斯鸠提出了“司法陪审团体系”概念，认为“这样一来，令人畏惧的司法权既然不专属于某个等级或某个职业，在某种意义上就变得看不见乃至不存在了。法官绝不会总在人们眼前如影随形，人们惧怕的不是法官，而是司法制度”。③ 此节中，孟德斯鸠写下了一句耐人寻味的话：“上述三种权力中，司法权在某种意义上有等于无。这样就剩下两种权力。这两个权力之间需要一种力量进行调节，使之趋于宽和，而立法机构中的贵族集团非常适合于发挥这个作用。”④在笔者看来，这里的“某种意义

① 〔美〕乔治·萨拜因：《政治学说史（下卷）》，邓正来译，世纪出版集团上海人民出版社2010年版，第244页。

② “市民司法权”最初由美国联邦大法官吉布森（G. J. Gibson）提出，他区分了两种意义上的司法权概念：政治性的司法权和市民性的司法权。他认为，司法权最本质的部分是法院通常而适当（ordinary and appropriate）的权力。参见林来梵、刘练军：《论宪法政制中的司法权——从孟德斯鸠的一个古典论断说开去》，载《福建师范大学学报（哲学社会科学版）》2007年第2期。

③ 〔法〕孟德斯鸠：《论法的精神》，许明龙译，商务印书馆2012年版，第188页。

④ 同上书，第190页。

上有等于无”①意味着孟德斯鸠所谓司法权的“政制分权”功能仍不成熟。这种不成熟的理论构想在著名的“马伯里诉麦迪逊案”中得以体现,美国违宪审查制即滥觞于此。

因此,市民司法权在政治权力的制衡上的确“在某种意义上有等于无(enquellquefaçonnulle)”。这种市民司法权剥离了三权分立意义上的制衡色彩,保留了司法权最本质意义上的功能形态。② 市民司法权的本质实际上等同于裁判权,被动性是其固有属性。即使是在分权的意义上,司法确立其权威的哲学基础也在于司法克制理念的贯彻实践。美国宪治实践中,司法一端被称为“最小危险的部门”,奉行的是克制与保守的司法哲学。那么,这样一种纯粹的司法权是否能够真实存在?在笔者看来,这种市民司法权不仅能够存在,而且是司法的应然形态。包裹着权力意志的司法权形态仅仅是市民司法权的“突变形态”,甚至某种程度上违背了基本的民主信任原则。卡尔·施米特(Carl Schmitt)认为,孟德斯鸠所谓的“司法权在某种程度上是不存在的”一语,可以理解为“司法权本身并不具有自身的政治存在,因为它把全部心思都投入到规范上去了”。③ 在其萌芽、生长、成熟、突变等一系列过程中,司法权基因中始终带有“规范主义”倾向的序列,其本质属性要求与权力保持一定的距离。

因此,从过程的意义上看,司法权的突变违背了司法权“去权力化”的本义,那么它在自身的演化发展中如何协调与其他两种权力之间的关系?这种权力意义上的司法审查是否造成了理论与实践中的多重困境?

---

① 英译原文为“Of the three powers above mentioned, the judiciary is in some measure next to nothing.”法语原文为“Des trios puissancesdont nous avonsparlé, celle de jugerest en quelquefaçonnulle.”See See Oeuvres complètes IV—L'Esprit des lois (Édition E. Laboulaye Garnier 1875), p. 426. Charles de Secondat, Baron de Montesquieu, *The Spirits of Laws*, translated by Thomas Nugent, revised by J. V. PrichardBased on an public domain edition published in 1914 by G. Bell & Sons, Ltd., Londonhttp://www.constitution.org/cm/sol_11.htm#006. 对于这句话的解读,汉语法学界代表性的文献有林来梵、刘练军:《论宪法政制中的司法权——从孟德斯鸠的一个古典论断说开去》,载《福建师范大学学报(哲学社会科学版)》2007 年第 2 期。

② 关于司法的“功能形态”理论,张志铭教授认为应当辨析“能动司法”一词的域内外不同含义,提出了“积极司法”的功能形态。可参见张志铭:《中国司法的功能形态:能动司法还是积极司法?》,载《中国人民大学学报》2009 年第 6 期。

③ 〔德〕卡尔·施密特:《宪法学说》,刘锋译,上海人民出版社 2005 年版,第 196 页。

(三) 美国宪制的“洛克定理”基因

美国宪制从发育到成熟充分展示了源于洛克和孟德斯鸠的分权学说中司法权经历的创生与突变，市民司法权经由北美大陆的建国实践被不断推到历史的舞台中央，成为一种政治上的威严公权——司法审查权。而司法审查权正是一种典型的现代性司法权。正如维尔所言，美国在1776年至1787年间，“政制思想发展的最重要后果之一在于司法领域……司法独立在英国的长期演化，以布莱克斯东的解释为媒介孟德斯鸠理论得到的发展，以及美洲殖民地时期赋予司法独立的重要程度，所有这些都是美国法院权力发展不可或缺的步骤”。[①] 美国宪制的血液中流淌着源自盎格鲁撒克逊的“洛克定理”基因。

回溯历史，联邦党人为新宪法所作的辩护极大促进了美国宪治理论的发展。同时，对于司法权性质的理解，联邦党人进行了理论认识上的深化，提出了司法权的“最小危险”理论。联邦党人认为：

> 大凡认真考虑权力分配方案者必可察觉在分权的政府中，司法部门的任务性质决定该部对宪法授予的政治权力危害最寡，因其具备的干扰和危害能力最小。行政部门不仅具有荣誉、地位的分配权，而且执掌社会的武力。立法机关不仅掌握财权，且制定公民权利义务的准则。与此相反，司法部门既无军权、又无财权，不能支配社会的力量与财富，不能采取任何主动的行动。故可正确断言：司法部门既无强制、又无意志，而只有判断……它无可辩驳地证明：司法机关为分立的三权中最弱的一个……归根结底，对自由的威胁既不虑单独来自司法部门，则司法部门与其他二者任一方面的联合乃最堪虑之事；纵然仍有分权之名，一经联合则必置前者于后者庇护之下；因司法部门的软弱必然招致其他两方的侵犯、威胁与影响；是故除使司法人员任职固定以外，别无他法以增强其坚定性与独立性；故可以将此规定视为宪法的不可或缺的条款，在很大程度上并可视为人民维护公正与安全的支柱。[②]

---

① 〔英〕M. J. C. 维尔：《宪政与分权》，苏力译，生活·读书·新知三联书店1997年版，第147页。

② 〔美〕汉密尔顿、杰伊、麦迪逊：《联邦党人文集》，程逢如、在汉、舒逊译，商务印书馆1980年版，第391页。

由此可见,“洛克定理”已然经由孟德斯鸠的分权理论而为联邦党人所发展完善。联邦党人认为,司法权乃是三权之中最不危险的权力。司法权对个人自由的威胁最小,因而既要保证其独立而中立的地位,又要使得司法权能够与行政权、立法权抗衡,实践中才孕育出违宪审查制。

另外一方面,美国宪治之所以包含“洛克定理”的基因,是因为“洛克定理”中提出的分权理论通过杰斐逊的《独立宣言》等宪法性文件奠定了美国的建国之基。而《独立宣言》所表达的“美国自由精神”是洛克定理最好的注脚。正是在洛克定理的影响下,《独立宣言》成为美国宪治理论的关键。[①] 如美国学者阿穆尔所言,“美国宪法——不是单指被冠以‘宪法’这一名称的文件,而是指可以被称作美国宪法活动的那个整体——中渗透着一种洛克精神”。[②]

从生物学的意义上理解,基因的特征在于它具有遗传性,控制着生物的形状。因而,基因又被称为“遗传因子”(hereditary)。生命体的生老病死很大程度上是由生物体的基因性状所决定的。基于此,美国宪治中的洛克定理基因同样在某种程度上决定着美国宪治的走向。[③] 当然,追溯起来,作为一位英国的圣公教徒,洛克的思想无不受到清教思想的影响,因而清教教义和“洛克定理”是美国宪治最核心的思想源泉。

四、结　　语

美国基于洛克定理发展演化出了违宪审查制,实践了孟德斯鸠关于宪治的三权分立结构,司法权成为一种“强势”的政治存在——尽管

① See Michael P. Zuckert, *Launching Liberalism: on Lockean political philosophy*, University Press of Kansa, p. 204; Jefferson to Henry Lee, May 8, 1825, in Jefferson, ed. *Merrill Peterson*, New York: Library of America, 1984, p. 1501.

② 〔美〕阿兰·S. 罗森鲍姆编:《宪治的哲学之维》,郑戈、刘茂林译,生活·读书·新知三联书店 2001 年版,第 12 页。

③ 这里隐含的推理前提是美国宪制的拟人化修辞。但是,我们不能简单地用生物学意义上的生命运作过程套用社会运作过程。尽管哈耶克曾指出,社会与人类均处于不断进化的自生自发秩序之中,社会中存在着除了“自然与人为”二分之外的第三类对象,即“人之行动而非人之设计的结果”。本文运用这种修辞是为了方便探讨“洛克定理”所生发的司法权概念在理论和实践中对美国宪制的决定性影响。

它奉行的是保守主义司法哲学。司法权从原初意义上的裁判权演化到市民司法权，再从市民司法权发展到政治司法权，其间司法权与政治权力日益渗透，成为当今宪治题域必须直面的话题，这也是本文基于洛克定理探讨司法权概念的出发点所在。

关照目前的司法理论与实践，需要澄清的是，我国的司法权概念始终基于"一府两院人大"制度展开讨论，并不包含西方三权分立意义上的司法权概念。需要注意的是，尽管与西方司法权概念有别，但我国的司法权仍然保持了高强度的政治存在，其政治权力色彩与西方尤其是美国是两种不同的"政治司法权"。

总而言之，我国的司法权概念应当回归市民司法权概念并以此推动司法改革。唯有如此，我国在司法改革中才能找准着力点，司法权才能回归其本义。在司法的理论研究中，回归司法的本义，就是回归司法权的本义。

何为司法？司法就是"独立而中立的法庭，针对案件争议，认定案件事实，解释适用法律，推断作出权威性法律决定的活动"。[①] 这就是司法最本质的含义，也是当下中国应该予以贯彻实践的司法理念。基于此种司法概念谈论司法权才能有的放矢，中国的司法改革才有希望。

（责任编辑：陈明辉）

① 这一定义是张志铭教授在中国人民大学法学院"司法原理与制度"课程中提出的独具原创性的概念。这一定义从主体、对象、方法、过程、性质等方面刻画了司法的典型形态，区分了司法过程的主导者与参与者。此一司法定义能够统摄司法研究理论中的种种乱象，回应司法改革中的层层隔膜，摆脱司法实践中的诸多困境。

共同体现实不自足性的宪法学考量

——由“黑社会(组织)”等问题引发的思考

石少剑*

内容摘要　当共同体的“自足”只能在逻辑上实现,而在现实中永远不可避免地面临着这种或那种的“不自足”时,这就表明该社会共同体在某些方面需要一种新的“一致性、连续性和确定性”。通过修改、完善成文宪法及相关法律来调节、规制、弥补共同体现实上的不自足的动态循环过程自然而然回归到共同体宪法秩序形成过程中观念、成文、现实三种宪法互动耦合的运作过程之中。共同体现实上表现的诸多不自足是其进行自足的逻辑前提和动力,而共同体的逻辑自足又是我们在面临其现实上诸多不自足时的终极价值追求,二者是一个互动的矛盾统一体。

关键词　黑社会组织　共同体　不自足　宪法秩序

黑社会组织或黑社会性质组织在全世界范围内广泛存在,意大利“黑手党”、日本的“暴力团”(Boryokudan)①、美国“黑手党”等等都是势力极大的黑社会组织。中国自古就有着深厚的“游侠”、“会党”文

---

* 中南财经政法大学法学院2012级宪法学与行政法学博士研究生。本文写作与修改过程中有幸得到刘茂林教授的悉心指教,获益良多,在此谨致谢忱。本文系中南财经政法大学博士研究生科研创新课题“转型中国的社会稳定与宪法稳定关系问题研究”(项目编号:2013B0502)之阶段性成果。

① 在日本,暴力团又统称为“雅库札”(yakuza),主要有三个最大帮派,即山口组、稻川会和住吉会,此外,还有一大批小帮派,如亲和会、双爱会、极东会、松叶会、国粹会等。1991年日本颁布《暴力团对策法》(Anti—Boryokudan Law),专门打击和控制日本的雅库札,但它不是将暴力团以犯罪的形式加以禁止的刑事法律,而是以逐步减少和排除暴力团组织为目的的带有若干刑事条款的行政法律。这项法律规定了暴力团的定义,但是并没有宣告暴力团组织为非法。在日本,暴力团本身不是非法的,并且是对社会公开的。参见何秉志:《黑社会组织(有组织犯罪集团)的概念与特征》,载《中国社会科学》2001年第4期。

化,长期存着各类"秘密教门"、"会道门"、"帮会"组织。[①] 总之,黑社会组织或黑社会性质组织无论是在传统社会还是现代社会,无论是东方还是西方都长期存在。在很多地方,黑社会(组织)还涉足政界,对当地的政治、经济、文化生活产生着重要的影响。黑社会(组织)似乎遍及世界各个角落,在很多地方,它与国家公权力形成了十分复杂的共生共存关系,调整或影响着共同体成员各方面生活。宪法作为组织共同体的规则[②],它调整着共同体政治、经济和文化的整全生活领域,它规制着共同体成员之间的基本权利义务关系,它关照着一切影响共同体基本社会秩序和共同体成员间基本权利义务关系的力量、因素。黑社会(组织)作为一种影响共同体经济、政治或文化秩序以及共同体成员诸多权利义务关系的力量,也应该被宪法予以关注。

一、黑社会(组织)与社会共同体的现实不自足性

任何社会组织的形成与确立,都是基于其成员某些价值观念、需求利益的一致性、相似性或互补性。正如功能学派大儒马凌诺斯基所说,任何社会制度(社会组织)都针对人的一种(根本)需要。[③] 黑社会(组织)也不例外,它同样是一定范围内社会成员价值观念或需求利益的结合;它在本质上是一定范围内社会成员的一种"利益共同体"[④],是生成于现有正常共同体之内但试图或已经脱离现有正常共同体,并与现有正常共同体形成对抗、竞争态势的"非常规共同体",是现有正常社

---

① 有学者指出,中国历史上的"秘密社会"按照其组织形态和行为方式,分为"秘密会党"和"秘密教门"两大系统。前者是用结拜兄弟的方式建立组织,以江湖义气、帮规家法和其他封建伦理道德观念来维系内部团结;后者是用师徒传承的方式建立组织,以被曲解、改造的儒、释、道三教教义、学说作为维系内部团结的工具。到民国时期,秘密会党逐渐演化为"帮会",有的变成了"黑社会";秘密教门则蜕变为"会道门",在政治和社会层面沦为落后、反动的组织。参见秦宝琦、谭松林:《中国秘密社会》(第一卷),福建人民出版社 2002 年版,前言第 5—6 页。

② 参见刘茂林:《宪法究竟是什么》,载《中国法学》2002 年第 6 期;刘茂林、仪喜峰:《宪法是组织共同体的规则》,载《法学评论》2007 年第 1 期。

③ 参见〔英〕马凌诺斯基:《文化论》,费孝通译,华夏出版社 2002 年版,第 19 页。

④ 但这些"利益"常常是一些不被正常社会共同体规则所接受、认可或保护的"非法"或"不合理"利益;或者是一些虽被正常社会共同体规则接受、认可,但现有正常共同体并未提供有效机制保障其切实实现的利益。

会共同体在现实上必然“不自足性”[①]的一种外在表现。

（一）黑社会（组织）的内涵界定

关于“黑社会”的含义，众说纷纭，有学者归纳出了八种较具代表性的观点：一是指地下社会，以区别于秘密社会；二是指操纵某种不受现有社会、政治和法律以及当地人民及政府所控制的社会；三是指其成员具有共同名称、象征和标记，为一个不正当的目的聚集在一起以对抗社会的社会；四是指以有组织犯罪活动为纽带而相互联系在一起的、进行犯罪活动和非法活动的一种秘密社会组织；五是指地方势力纠合组成的反社会的职业犯罪集团；六是指具有一定政治、文化历史渊源和较完整、严密组织结构体系，以经济利益的获取为主要目的而在较固定的地域、行业或场所从事多种违法犯罪活动的犯罪组织；七是指有组织结构、名称、帮主、帮规，在一定区域、行业、场所进行违法犯罪的团伙；八是指一种独立于正常社会、具有反社会的价值观念、文化心理、严密的组织形式的犯罪集团。[②] 以上观点分别从不同角度对黑社会进行了界定，但总体来看，黑社会通常具有以下特征：第一，组织性，它是一定范围内社会成员组成的共同体；第二，秘密性，其存在与活动具有不同程度的隐秘性；第三，与正常社会对立或对抗性，其活动或宗旨表现出与现有社会共同体相对立或对抗，具有非法性甚至反动性。“黑社会（组织）”与“秘密社会（组织）”、“地下社会（组织）”、“黑社会性质组织”、“恶势力（组织）”等概念相关，它们在内涵和外延上既有交叉也有区别。但我国学者一般认为，黑社会组织与黑社会性质组织主要是在发展水平和程度上有所区别，黑社会性质组织是黑社会组织的低级形态，或者说不成熟形态。[③] 本文中“黑社会（组织）”是在与“正常社会（共同体）”相对的意义上使用，即存在于正常社会共同体之中，但在行为方式或功能

---

① 此处“不自足性”这一范畴来自于刘茂林教授对于共同体“自足性”和“互助性”两个基本属性的论述，其指出，共同体的“自足性”即共同体能凭借其自身力量解决共同体所面临的所有问题与困难，共同体的这种自足性只是一种逻辑上的可能性，即只是逻辑上的自足，在现实上又表现出必然的不自足性。

② 参见秦宝琦、谭松林：《中国秘密社会》（第七卷），福建人民出版社 2002 年版，第 168 页。

③ 参见何秉志：《黑社会组织（有组织犯罪集团）的概念与特征》，载《中国社会科学》2001 年第 4 期；陈兴良：《关于黑社会性质犯罪的理性思考》，载《法学》2002 年第 8 期；于冲：《黑社会性质组织与“恶势力”团伙的刑法界分》，载《中国刑事法杂志》2013 年第 7 期，等等。

宗旨上又呈现出与现有正常社会共同体一定程度对立或对抗的组织。

(二)黑社会(组织)的存在发展是共同体现实不自足性的表现

黑社会(组织)是一定范围内社会成员价值观念或需求利益的结合;是一定范围内社会成员的一种利益共同体,是一种相对于正常社会共同体的非常规共同体;它一方面表达着部分社会成员对现有正常社会共同体体制之外的一种利益保护诉求,另一方面也表征着现有正常共同体在现实上的一种必然的不自足性。

1. 黑社会(组织)与社会成员的非法牟利或非常"维权"

在一个由传统"警察国"向"已成立的法律获得普遍的服从,而大家所服从的法律又应该本是制订得良好的法律"[①]并以"充分保障个人合法权益和自由为目的"的"法治国"[②]转型的社会中,现有法治力量的有限性,必然决定了其成员时常会寻求、借助法律之外的力量(比如政治力量、道德力量或宗教力量)保护某些利益和需求,解决某些矛盾和纠纷。人类社会的发展进程告诉我们,任何国家或组织内,当其内部成员的许多利益与需求在现有体制内长期得不到有效保护与满足,其内部成员间诸多矛盾与纠纷在现有机制内长期得不到有效解决与调整,这部分成员必然会寻求现有机制之外的一种非常规或者说非法的方式,去谋求其利益,解决其纠纷。2008 年至 2009 年间重庆"打黑运动"中的黑老大之一黎强在庭审中为自己辩解道,民营企业之间经常因越线经营产生矛盾,企业到政府运管部门投诉,但"运管部门说,政府没有那么多执法力量,你们自己管好自己的人"。[③] 因而,此种情形下,由于现有政府部门管理资源的有限,监管责任的缺失,在某种程度上也导致了某些企业个体只能铤而走险运用"自己的方式"(非常规或非法的方式)去保护自身的利益,解决相互之间的纠纷。

2. 黑社会(组织)与社会共同体公权力的寻租腐败

黑社会(组织)作为一种"社会(组织)",是一种"非常规共同体",具备着与现有正常共同体竞争、对抗甚至对现有正常共同体进行腐蚀、

---

① 〔古希腊〕亚里士多德:《政治学》,吴寿彭译,商务印书馆 1965 年版,第 202—203 页。

② 参见龚祥瑞:《比较宪法与行政法》,法律出版社 2003 年版,第 71—75 页。

③《黎强身后的公交黑白法则》,http://www.nbweekly.com/news/observe/200911/10862.aspx,2013 年 9 月 17 日访问。

同化的能力，比如大多数黑社会势力背后时常隐匿着国家公权力的“腐败魅影”。“黑白共处”或“红黑共处”，即黑社会组织与现有社会共同体公权力组织互相合作，通过非法手段谋利、寻租形成的“互惠互利”状态，在某种意义上就充分地暴露了现有共同体内对公权力监督、制约机制的不健全，反映着我们现有社会共同体在现实上的不自足性。另一方面，某种意义上，黑社会（组织）的存在本身也是对现有社会共同体公权力滥用的一种非常规制衡因素。当一个社会共同体还未达到法治社会的成熟形态，对其自身权力的划分与监督机制还不够完善，共同体成员（人民）对公权力的制约和监督又经常缺失之时，黑社会（组织）这一非常规共同体就对现有社会共同体公权力的取得、运行有着一种非常规的监督、制约意义。因此，黑社会（组织）是生成于现有正常共同体之内但试图或已经脱离现有正常共同体，具备着与现有正常共同体竞争、对抗或者对现有正常共同体进行腐蚀、同化的能力的非常规共同体，它是现有正常共同体本身在现实上必然不自足性的一种外在表现。

二、共同体基本理论的宪法学考量

如前文所述，既然黑社会（组织）的存在与发展是对“共同体在现实上必然不自足”这一命题的证成，那么黑社会这一问题的存在与发展是否可以被看作是共同体在矛盾（纠纷）解决机制和利益（需求）保护机制等制度层面的不自足而引起的呢？然后，推而论及众多邪教组织的存在与发展是否可以归结为共同体在精神上的不自足或者说共同体内部的次级范畴——“精神共同体”[①]不自足的表现？那么进一步观

---

① 此处“精神共同体”，系指社会共同体成员在价值观念、精神意识层面上呈现的一种集体形态。较早使用“精神共同体”这一范畴的是德国现代社会学奠基人之一的斐迪南·滕尼斯，在其成名作《共同体与社会》中，其认为，精神共同体可以被理解为心灵的生活的相互关系。参见〔德〕斐迪南·滕尼斯：《共同体与社会》，林荣远译，北京大学出版社2010年版，第53页。近年也有学者从政治哲学和社会哲学的视角对“精神共同体”的理论内涵进行了梳理：精神共同体就是人们对理想社会的一种思考与设计，包含着共同体成员的共同理想、道德传统和政治信仰等因素，西方精神共同体思想大致经历了亚里士多德的“至高至善的社会团体”、滕尼斯“真正的人的和最高形式的共同体”、社群主义的“文化的、心理的、信仰的共同体”三个发展阶段。参见韩洪涛：《简论西方社会的精神共同体思想》，载《郑州大学学报（哲学社会科学版）》2010年第4期；〔古希腊〕亚里士多德：《政治学》，吴寿彭译，商务印书馆1965年版，第3页；俞可平：《从权利政治学到公益政治学》，载刘军宁、王焱编：《自由与社群》，三联书店1998年版，第66—91页。

察世界范围内特别是非洲和东南亚一些不发达国家内长期存在的"反政府武装"是否也可以看作是共同体在政治或经济上现实不自足或者同样表述为共同体内部的次级范畴——"政治共同体"和"经济共同体"的不自足？再进一步反思许多方面与现代文明格格不入的"恐怖主义势力"是否也可以看作是共同体在精神、政治和经济全方面的现实不自足或者同样表述为共同体的内部次级范畴——"精神、政治和经济共同体"的多方面不自足？通过以上问题的思考，笔者认为当前有必要在宪法学上对共同体这一概念的内涵如何确定，在外延上具体包括哪一些，具体分类的标准有哪几种，基本属性又有哪些这一系列共同体的基本理论问题进行解答和界定。通过查阅发现，目前比较多的是社会学和政治学学者对以上共同体的诸多基本理论问题进行过讨论分析，我国宪法学界还缺乏对这一问题的深入研究和探讨。

（一）共同体的概念及其理论梳理

严格来说，"共同体"（community）一词，主要是在政治学和社会学中被使用，它常常与"社会"（society）、"社团"、"社群"、"共同体主义"（communitarianism）①、"社会主义"（socialism）等概念相关。较早探讨共同体及其相关概念的是亚里士多德，他在《政治学》一书中使用"社会团体"一词来统称"二人以上群众所组成的'团体'"，包括由不平等的人组成的团体，也包括由平等的人组成的团体，如由买卖而构成的"经济团体"、夫妇构成的"家庭"、"村坊"以及凭共同目的，作共同体活动而构成的政治团体"城邦"。② 德国现代社会学奠基人之一费迪南·滕尼斯则较早对"共同体"与"社会"两个概念进行了全面系统的论述，在其成名作《共同体与社会》中，其指出"共同体"（gemeinschaft）是自然形成的群体，是现实的和有机的生命，主要建立在人的"本质意志（本能的中意、习惯、共同记忆）"的基础之上，包括血缘共同体、地缘共同体、精神（宗教）共同体；"社会"（gesellschaft）则是人的一种有目

① 在国内学界，也有人将"communitarianism"译为"社群主义"或"社区主义"，还有人将其译为"社团主义"或"合作主义"。参见俞可平：《社群主义》，中国社会科学出版社 1998 年版，第 2 页。

② 参见〔古希腊〕亚里士多德：《政治学》，吴寿彭译，商务印书馆 1965 年版，第 3—7 页。

的的联合，是思想的和机械的形态，主要建立在人的“选择意志（深思熟虑、决定、概念）”的基础之上，社会的类型晚于共同体的类型。[①]“共同体主义（社群主义）”是20世纪80年代后产生的最有影响的西方政治思潮之一，它基本上继承了亚里士多德关于共同体的基本思想，把共同体看做是一个拥有某种共同的价值、规范和目标的实体，其中每个成员都把共同的目标当做自己的目标，即为了达到最大和最高的善而组成的人类团体或关系。[②] 欧阳景根教授对英国当代著名思想家齐格蒙特·鲍曼《共同体》一书进行翻译时，对鲍曼所理解的共同体进行过梳理：共同体，社会学家往往把它理解为“社群”、“社区”。但在这里所指较广泛，指“社会中存在的、给予主观上或客观上的共同特征（这些共同特征包括种族、观念、地位、遭遇、任务、身份等等）（或相似特征）而组成的各种层次的团体、组织，既包括小规模的社区自发组织，也可指更高层次上的政治组织，而且还可指国家或民族这一最高层次的总体，即民族共同体或国家共同体。既可指有形的共同体，也可指无形的共同体”。[③]

（二）共同体及其自足性的宪法学界分

在我国宪法学界，对共同体的探讨集中在“法律职业共同体”或“法治（法律）共同体”及相关概念的研究，专门针对共同体的基本理论而进行研究的则不多。已有研究中较具代表性的是刘茂林教授，他在《宪法是组织共同体的规则》一文中对共同体的基本属性进行了系统的探讨，认为共同体具有“组建的必然性、范畴的多元性、关系的互助性、功能的自足性、生活的整体性、价值的终极性、规则的最高性”七个方面属性，并在论述“共同体范畴的多元性”时，对共同体的内涵与外

---

① 其进一步指出：“血缘共同体作为行为的统一体发展为和分离为地缘共同体，地缘共同体直接表现为居住在一起，而地缘共同体又发展为精神共同体，作为在相同的方向上和意向上的纯粹的相互作用和支配”，三种共同体作为共同体的基本形式，不仅是它们各个部分加起来的总和，而且是有机地浑然生长在一起的整体。参见〔德〕斐迪南·滕尼斯：《共同体与社会》，林荣远译，北京大学出版社2010年版，译者前言第2—4页、第43页、第47页、第53页、第77页。

② 参见俞可平：《社群主义》，中国社会科学出版社1998年版，第55—65页。

③ 〔英〕齐格蒙特·鲍曼：《共同体》，欧阳景根译，江苏人民出版社2003年版，《序曲，或是捉摸不透的共同体》，第1页。

延也进行了初步探讨,其指出:"共同体是既高度集中又充分自由的超越界限、超越分歧、多元一体的网络式的政治体制、经济体制和文化体制,它不是自上而下的金字塔式的等级结构,也不是流水线式的机械结构,而是密如蛛网、形如棋盘、互动互联的复合体。从层次上看,它包括从家庭、社区、国家、超国家组织等不同层次的共同体,呈现出形态多元化;从内容上看,共同体囊括了政治、经济、文化等社会诸领域,呈现出内容多元化;从观念上看,在追求至善和幸福的前提下,共同体的观念由自然法、宗教和道德三部分组成;从地域来看,人类的社会共同体总是因地域不同而在共时性层面展现出不同的、极富民族特征的政治结构。"①综观以上关于共同体的各种理论,可以看到,共同体的内涵始终至少应包括以下三个基本要素:人,生存与发展,组织。因此,笔者认为:共同体即指人类为了自身的生存与发展,自然(无意识)地或人为(有意识)地联结成的某种组织;从地域上看,它包括家庭、村落、国家和超国家共同体;从内容上看,它包括政治、经济、精神和生态共同体;从联结纽带上看,它包括宗教、道德和法律共同体;从宗旨性质上看,它包括正常共同体和非常规(病态)共同体。那么,继而我们又可思考"共同体的自足性"具体可分为哪些方面的自足呢?是否可以参照以上对共同体外延的划分上来确定"共同体的自足性"的内在结构?比如把"共同体的自足性"从内容上划分为共同体政治上、经济上、精神上和生态上的自足,从地域上又划分为超国家共同体的、国家(民族)共同体的、村落共同体的和家庭共同体的自足;或者从宪法秩序理论出发,把"共同体的自足性"划分为价值观念上的、现实生活上的和文本制度体系上的自足,而现实生活上的自足又可尝试具体界定为包括"宪法体制及其下位的政治体制、经济体制、文化体制、社会体制和生态体制"②的自足。当然,这些设想只是一种理论预设,其逻辑和现实上的合理性都还有待检验与深入研究。

---

① 刘茂林、仪喜峰:《宪法是组织共同体的规则》,载《法学评论》2007 年第 1 期。

② 此处引入的"宪法体制"概念是由刘茂林教授提出并作出论证的,其理解为:是由宪法对国家权力进行配置而形成的人民同国家、国家权力机关之间以及其他组织同国家权力关系的制度体系。同时,依据宪法所调整的领域(物质文明、精神文明、政治文明、社会文明、生态文明)不同区分为政治体制、经济体制、文化体制、社会体制、生态体制。

三、共同体现实不自足性的理论回应
——基于宪法秩序的视角

每一共同体在逻辑上都具备一种应然的自足性,即都拥有凭借自身力量解决其面临的所有问题与困难的能力,但在现实中,又常常表现出一种必然的不自足性,并且这种现实上的必然不自足性也不是该共同体本身之意志能左右。那么当共同体面临"现实上的不自足"时,作为组织共同体之规则的宪法与这种"现实上的不自足"有何关系呢?

(一)共同体现实不自足性的两种理论预设

深入推敲之后,又可引出另一急需解答的命题:共同体的这种在逻辑上的应然自足而在现实上的必然不自足是由共同体本身内部某一方面(如精神、政治、经济或生态)的不自足而引发,还是由宪法这一"组织共同体之规则"以及相关法律的不自足(不完善性和不适应性)而导致的宪法体制及相关体制的不完善所造成的呢?针对上述问题,我们至少可以提出两种理论假设:第一种情况,如果是由前者引发的,那么通过何种方式能弥补共同体这种"自身内部的不自足"呢?是否可以通过大力发展"准政府组织"、"非政府组织"(NGO)等"第三部门"(the third sector)①的力量来维护特定群体之利益或解决现有法律体系解决不了的纠纷矛盾,从而解决共同体这种"自身内部的不自足"?第

① 近些年来,"第三部门"(the third sector)这个术语在各学科研究者和各国决策者中流行起来,它是对一些组织的松散归类,这些组织在不同文化和背景下,被冠以"自愿的"、"非政府的"或"非营利的"等不同定语。过去三十年,全球第三部门组织的飞速发展,被莱斯特·萨拉蒙称为"全球性社团革命"。第三部门兴起"是伴随着现代社会企图沟通国家与公民间的巨大鸿沟、抚平权力与权利的长久对立,是伴随着现代社会领域的结构转型、社会治理主体的多元分化而逐步兴起的",第三部门被认为可以在共同体动员和自助、福利工作、提供服务以及发起运动等活动中发挥重要作用。参见刘茂林等:《中国宪法权利体系的完善——以国际人权公约为参照》,北京大学出版社2013年版,第263页;〔美〕戴维·刘易斯:《揭示、扩展和深化?人类学方法对"第三部门"研究现有的和潜在的贡献评述》,杨雪冬译,载何增科编:《公民社会与第三部门》,社科文献出版社2000年版,第384—385页。此处"第三部门"主要也是指政府与企业之外的社会组织。

二种情况，如果是由后者所造成的，那么是否可以通过对现有宪法及相关法律的完善（制定、修改、解释宪法及相关法律），以对共同体内部的宪法体制及相关体制的完善来解决这种共同体现实上的必然不自足呢？

笔者较倾向认同的是后一种假设，即共同体这种在逻辑上的应然自足而在现实上的必然不自足是由宪法以及相关法律的不完善和不适应性而导致宪法体制及相关体制的不完善性所造成的。前几年较为轰动的"孙志刚案"和最近的"成都唐福珍自焚案"所展现的都是对这一假设具有典型证成意义的逻辑演进路径，都是由于相关法律的不完善、不适应导致相关社会体制（收容遣送制度、房屋拆迁制度）的不完善，然后又导致了共同体在现实上表现出不自足（暴力收容、暴力拆迁），针对这些社会矛盾（共同体现实上不自足的表现），国家通过对相关成文法律进行完善（颁布新法或修改旧法）来克服相关社会体制的不完善、不适应性，从而解决共同体在现实上表现出的不自足。

（二）宪法秩序视野下共同体的现实不自足性

以上对共同体现实不自足性进行解决的逻辑演进路径及动态循环过程，最终在宏观上又自然而然地回归到共同体宪法秩序形成过程中观念、成文、现实三种宪法互动耦合的运作过程之中。宪法秩序是一种社会秩序，它是基于人们对一定社会规律的认识，通过制宪对该社会所需要的"一致性、连续性和确定性"进行确认，形成一种宪法上的（应然）秩序，再通过宪法的各种调节手段，而将宪法上的（应然）秩序所变成的实际（实然）社会秩序。宪法秩序从形式上表现为成文宪法、观念宪法和现实宪法三种形式宪法的协调与和谐，表现为三种形式宪法形成一个具有耦合关系的统一体。[①] 宪法秩序的实现又包括"宪法体制的有效运作"和"成文宪法规定的公民基本权利的切实实现"两个维度。在解决上述"共同体现实上不自足"的问题时，通过对成文宪法及相关法律的完善去调节评价现实宪法（宪法体制），调整和弥补现实宪法之不完善性、不合理性的这一动态过程正是对共同体政治、经济、文化、社会和生态体制的有效运作进行着促进和维护，从而进一步对成文

① 刘茂林：《中国宪法导论》，北京大学出版社 2005 年版，第 50—51 页。

宪法上规定的公民基本权利的切实实现提供保障。因而,对共同体现实不自足性进行解决的努力过程正是形成和保障一定共同体之宪法秩序的动态过程。另外,宪法秩序的实现(宪法实现)又包括成文宪法适应、反映现实宪法的过程和成文宪法规范和调节现实宪法的过程两个环节。① 因此,通过颁布新法或修改旧法来克服相关体制的不完善、不适应,从而解决共同体在现实上的不自足也正是宪法秩序实现的第二个环节,即成文宪法规范和调节现实宪法的活动过程,而其最终的价值归属也是形成和保障一定共同体的宪法秩序。

宪法作为组织共同体的规则,其在组织共同体的同时也规范着共同体内部的政治、经济、精神等形态。当一个自足共同体的"自足"只能在逻辑上实现,而在现实中永远不可避免地面临着这种或那种的"不自足"时,这就表明该共同体在某些方面不断地需求着某种新的"一致性、连续性和确定性"。此时,我们必须尝试着通过发现、吸收该共同体内带有全社会倾向性的一致性、连续性和确定性("宪法要求"),并经过一定的法定程序(制宪、修宪或解释宪法)把共同体这种新的"一致性、连续性和确定性"的宪法要求上升为宪法上的应然秩序(成文宪法),然后经过成文宪法的作用使全社会形成一种统一的宪法价值观(观念宪法),尔后再通过观念宪法的评价作用以及宪法监督机制等各种宪法调节手段,将这种宪法上的应然秩序转变成一定的实然社会秩序,最终达成对共同体逻辑上自足而现实上必然不自足这一矛盾的解决。

结　语

共同体在现实表现的诸多不自足是共同体进行自足的逻辑前提和动力,而共同体的这种自足(包括政治、经济、文化、社会、生态体制的有效运作和成文宪法规定的公民基本权利的切实实现)又是我们在面对共同体现实上不自足时的终极价值追求,二者是一个互动的矛盾统一体。就如鲍曼在论述获得共同体确定性的"安全感"与公民"个体自由"之牺牲的矛盾关系时所说的一样,虽然我们不能同时拥有它们,但

① 刘茂林:《中国宪法导论》,北京大学出版社 2005 年版,第 54 页。

这并不是停止努力的一个理由(无论如何我们不会停止尝试,即使它就是如此),更好的东西可能是好的东西的敌人,但非常确定的是,"完美的"东西必定同时是二者的致命的敌人。①

(责任编辑:陈明辉)

① 参见〔英〕齐格蒙特·鲍曼:《共同体》,欧阳景根译,江苏人民出版社 2003 年版,《序曲,或是捉摸不透的共同体》,第 7—8 页。

法律人参与公共讨论的理智和不智

岑小川*

内容摘要 如果把法律人参与公共讨论比作舞台上的一场演出，那么法律人有必要以冷静而审慎的态度反思自己的表现。在法律人参与公共讨论的过程中，既有理智的一面，也有不智的地方。能较为自觉地运用法律人思维思考，在社会一片狂热的舆论中谨慎地对待情感因素，坚持缜密的逻辑和法治立场，为法律人的理智之处。但在公共讨论中，法律人的理论视野过于狭窄，对权利话语、宏大的法治原则过分的尊崇与迷恋压榨了基于社会现实条件进行细致研究的空间，这导致法律人在公共讨论中对社会的智识贡献极为有限，同时，亦不利于回应转型中国社会出现的重大现实问题。

关键词 法律人 公共讨论 法律思维 权利话语

一、问题的提出

随着公共领域的不断拓宽，社会上不同阶层、不同职业领域的人对公共问题的讨论逐渐呈现出积极参与、多元互动的态势，法律人也不例外。如果说法律人应以自身的学术理性和正义追求对社会各时期出现的问题作出回应，那么参与公共问题的讨论便是建立这种回应的第一步。公共讨论因其公开性而较为完整地展现在公众面前，公众对法律人的这种参与也常常情绪各异：如在李某涉嫌强奸一案中，清华大学法学院某教授发表微博："即使是强奸，强奸陪酒女也比强奸良家妇女危害性要小。"①这句话霎时引来了海啸般的愤怒声讨，人们评论法学专

* 中南财经政法大学法学院2012级本科生。

① 《清华教授：强奸陪酒女比强奸良家妇女危害性小》，http://news.qq.com/a/20130716/016854.htm，2014年10月25日访问。

家水平拙劣,甚至有人认为当前中国的法律人已经沦落到连基本的人权和平等都不识的地步,公然践踏道德与正义。而在香港"占领中环"事件中,香港大律师公会结合判例就法治及公民抗命发表的声明①受到公众赞许,人们评论这是法律人以理性和正义挺身而出的时刻。

如果把法律人参与公共讨论比作舞台上的一场演出,我们便可或多或少地从台下观众的反应推断出演出的质量。公众对法律人发声的情绪越是复杂各异,态度越是极端鲜明,就越意味着这场演出的质量是有争议的,既不能草率地评价为好,也不能鲁莽地一概否定,而这似乎与法律人追求良好社会反响的预期不符——法律人追求的不是在书斋中的自娱自乐,而是与社会现象和公众认知进行良好的互动与回应。虽然公众并非任何时候都是明智的裁判者,但其复杂各异的反应却是一个极有帮助的信号,这信号指示我们去正视一个隐蔽的问题——在法律人参与公共讨论的"演出"中,法律人的表现到底如何?如何客观地去评价?对于这些问题,每个人都有发言权,但最重要的思考是来自表演者自身的思考,更进一步地说,是离开了喧闹的舞台后,法律人群体冷静、理性而审慎的思考。

法律人的表现到底如何?具体而言,法律人在参与公共讨论中有无理智的地方?又有哪些不智?其对社会的影响是什么以及应当如何尝试改变?本文将围绕这几个问题,结合现实中发生的典型案例,试图提供一种较为可行的分析。在进入具体的问题分析之前,有以下几点需要说明:

第一,"法律人参与公共讨论的理智和不智"是一个包容性很强的话题,区域不同的法律人、时期不同的法律人参与公共讨论的表现也不尽相同,而本文是在中国现实的语境下展开讨论的。

第二,对理智和不智的评价与分析,并非是将法律人和其他学科或职业群体进行比较得出的。由于每个群体的知识结构、思维方式不尽相同,在缺少标准的情况下难以比较;并且,这样的比较也无实际意义,因为正如前所述,这是法律人自身的反思。

第三,从广义上看,"法律人"这个称呼按照不同的分类标准可以

① 《香港大律师公会就法治及公民抗命发表的声明》,http://www.hkba.org/whatsnew/misc/20141008Statement_of_Hong_Kong_Bar_Association_on_the_Rule_of_Law_and_Civil_Disobedience_(Chi)_(clean%20version)(3).pdf,2014 年 10 月 25 日访问。

细化为不同的群体，如立法者、执法者、司法者；法官、律师、学者等等。但岗位分工与职责的差别并不影响他们共同分享同一的思维方式、法律知识背景和信仰。因此，本文所称的法律人是指法律职业共同体，而并非特指其中一类。

第四，本文所指的法律人参与公共讨论是对公共领域内发生的事进行讨论。“公共领域最好被描述为一个关于内容、观点也就是意见的交往网络；在那里，交往之流被以一种特定方式加以过滤和综合，从而成为根据特定议题集束而成的公共意见或舆论。”①按照哈贝马斯的定义，本文关注的“公共领域内的特定议题”有两类：一类是公共法律案件。“公共法律案件并不是指一般个案，而是在社会与国家共同参与下形成判决。指司法案件由司法领域进入公共领域，引起公众的广泛关注并在其参与下所形成的判决。公共法律案件的生产地是在公共领域中，体现了法律与社会在司法层面上的紧张和互动关系。”②如李天一案、药家鑫案。另一类虽然不涉及具体的案件和判决，但与法律、政治关系紧密，如香港“占中”事件。

二、法律人思维影响下的理智所在

“法律人参与公共讨论的理智”是一个抽象的命题，当“理智”作为一个高度概括的名词（在更多场合中作为一个形容词）出现时，我们很难从中获得具体的内容，即理智的具体表现。因此，跳出“理智”这个词语去考察或许能得到更多的启发。法律人在参与公共讨论时表现出的理智在很大程度上是法律人思维过程的推进和思维特征的展现。而所谓的法律人思维，笔者认同孙笑侠教授归纳的如下几个特征：一是运用术语进行观察、思考和判断；二是通过程序进行思考，遵循向过去看的习惯；三是注重缜密的逻辑，谨慎地对待情感因素。③ 这几个特征是如何体现在法律人对公共事件的发声之中，下文将以香港“占中”事件

① 〔德〕哈贝马斯：《在事实与规范之间——关于法律和民主法治国的商谈理论》，童世骏译，三联书店2003年版，第446页。

② 邓珊珊：《“公共法律案件”的法理学研究》，武汉大学2012年博士学位论文。

③ 孙笑侠：《法律人思维的规律》，载葛洪义主编：《法律方法与法律思维》（第1辑），法律出版社2002年版，第82页。

中法律人的表现为例展开分析。

(一)理智之一:全面理解权利话语,用术语观察思考

每一个学科都有自己的专业术语,术语的功能主要有:交流、转化和阻隔。交流是指使用同一领域术语的人以此陈述事实、表达观点,提高沟通效率并增进理解。转化是指运用术语可以将普通的社会问题转化为专业领域内的问题进行分析。而所谓的阻隔,是指是否真正理解术语内涵并娴熟运用是判断专业和非专业的标准之一。法律术语同样如此,法律语言可以阻隔非专业的思考,排斥法律外因素的干扰。[①] 托克维尔曾断言,美国几乎所有的政治问题迟早要变成法律问题。所有的党派在它的日常活动中都要借助于法律语言。[②] 崇尚法治的社会,法律语言会成为广受推崇的语言,进而演变成普通语言。虽然我国正在建设法治社会,民众的法制意识和权利意识也大大增强,但从权利话语共识到法律术语认识,还有一个较长的过程。目前,普通民众初步具备了争取、捍卫权利的意识,但对权利的具体内容、权利行使的限制等,仍认识甚少。而这恰恰是接受过法律教育的专业人士所擅长的。

2014 年夏,香港"占中"的浪潮声势浩大,非法集会活动严重影响了市民的正常生活并且导致香港社会巨大的经济损失。对此,香港大律师公会在 10 月 8 日就法治及公民抗命发表了重要声明。参与"占中"活动的市民大多以"公民抗命"为理由,认定自己的行为合理。在声明中,香港大律师公会结合文献和历史判例尝试明晰"公民抗命"的内涵以及分析其社会影响。"公民抗命,简单来说,参与者故意犯法,目的在于引起别人关注,同时亦是抗议某些法律或政府行为的不公义。参与占领者必须尊重其他未必与其见解相同的人士的权利和自由,也不应对社会造成过度的损害或不便,并须随时准备对自己的行为负上刑责。"[③]

---

① 孙笑侠:《法律人思维的规律》,载葛洪义主编:《法律方法与法律思维》(第 1 辑),法律出版社 2002 年版,第 85 页。

② 参见〔法〕托克维尔:《论美国的民主》(上卷),董果良译,商务印书馆 1997 年版,第 310 页。

③ 《香港大律师公会就法治及公民抗命发表的声明》,http://www.hkba.org/whatsnew/misc/20141008Statement_of_Hong_Kong_Bar_Association_on_the_Rule_of_Law_and_Civil_Disobedience_(Chi)_(clean%20version)(3).pdf,2014 年 10 月 25 日访问。

参与活动的市民虽以“公民抗命”为理由，但他们并不完全理解公民抗命的内涵与特点，而仅仅认为这是一个足够崇高的动机，这一理由可以构成有力的抗辩和庇护，因此能够为所欲为。事实上，正是由于这种模糊与虚构的认识，造成了不少问题：第一，参与占领者中有一部分群众不知道为何参与占领，对自己的行为缺乏清醒的认识。他们只知道这是为了香港的民主进步（“公民抗命”的最浅层的含义），但对这种影响社会正常秩序和法治秩序的手段，缺少明辨是非的能力。当一个人的行为不能被自己清晰的思想解释或支配时，便会感觉麻木。香港学民思潮 17 岁发言人周庭辞职，并表示对于“占领中环”行动感觉身心疲累①，这一情况与上述分析不无关联。第二，参与占领者只知应以此种方式表达自己的政治观点和意见，不知“公民抗命”并不能构成法律上的答辩理由，当对社会造成过度的损害或不便时，仍应负相应的法律责任。在占中活动，警方出于职能和维护社会秩序的需要对游行者使用催泪弹、强行清除路障时，“占中”群众评论这是香港政府以暴力手段碾压他们正当的政治表达。殊不知，这也是他们所尊崇的“公民抗命”的其中一部分内容——关于法律责任的内容。

对于“公民抗命”，大众的理解与法律人的理解就显示了较为明显的区别。普通民众的认识只停留在“我有权利”、“我要主张权利”的层面上，当社会浸泡在某种热烈或激进的时期性氛围中时，这种认识容易演变成无理性的疯狂行动。而法律人对术语的内涵则有更全面、清晰的了解，知道权利的行使与限制，因而能更理性地看待问题。“大众话语带有情绪化、泛道德化和大众化的倾向，而职业话语式的法律解释则显露了理性化、形式化、职业化的倾向。”②正是法律人的这种思维倾向，使得他们能够在大众看似一致的步伐中发现破绽和问题，进而进行缝合或提醒。

（二）理智之二：通过程序进行思考，遵循向过去看的习惯

诉求，是人人都有的东西；而在合理的程序和条件之下主张诉求，

---

① 《香港学民思潮 17 岁发言人辞职，称因“占中”身心疲惫》，http://n.cztv.com/society/406656.html，2014 年 10 月 25 日访问。

② 孙笑侠：《法律人思维的规律》，载葛洪义主编：《法律方法与法律思维》（第 1 辑），法律出版社 2002 年版，第 85 页。

却还未成型为一个稳妥的共识。法律程序的自治，要求我们只在程序内进行思考和判断。[①] 通过合法的程序追求权利，不仅是实现“看得见的正义”的要求，也有利于培养谦抑、慎重的品质。法律人大律师公会声明指出：“任何人不论对二十四年前基本法起草委员会所指定的宪制模式有何意见，有关选举制度前路的讨论，仍必须在基本法框架下进行，这是不容争议的原则。”[②]有关政改的讨论应当在基本法的框架下按照现有法律规定的程序进行，这是法律人只在程序内进行思考和判断的体现；此外，由于香港地区属于英美法系，声明中引用了 Everywoman's Health Center Society (1988) v. Bridges 和 R v Jones Margaret 两个判例来论证“公民抗命”原则，这是“遵循向过去看的习惯”的体现。遵循先例，参考历史经验，有利于增强对社会当前问题的感知和判断，也有利于法律的稳定。虽然大陆法系国家没有英美法系传统的遵循先例原则，但却同样分享着这个原则背后的思维和内在品质。向过去看，在以往的历史经验中寻求参考，这种思维的状态是不求激进的，甚至是相对保守和谦抑的，而这恰恰可能与社会公共事件形成和讨论时的激烈狂热构成中和，以使社会在激进和保守的微妙抗衡中发展。

（三）理智之三：注重缜密的逻辑，谨慎地对待情感因素

法律人在处理社会问题时，十分注重逻辑的缜密，不管是坚持程序的“兼听则明”，还是坚持三段论的论证方法，这些都是法律人在长期的法律教育下形成的严谨的思维特点。法律人和普通民众的情感需求无太大差别，但二者对待情感因素的态度却常常不同，特别是对于“法律上可接受，但情感上有所违背”的事情。在香港“占中”事件中，大律师公会声明一再强调，社会应在《香港特别行政区基本法》框架内理性讨论政改。10 月 21 日香港政府与学联代表对话也多次提到能够理解同学对政制发展的执着和对香港更加民主进步的未来的期望，但应该

---

① 参见孙笑侠：《法律人思维的规律》，载葛洪义主编：《法律方法与法律思维》（第 1 辑），法律出版社 2002 年版，第 86 页。

② 《香港大律师公会就法治及公民抗命发表的声明》，http://www.hkba.org/whatsnew/misc/20141008Statement_of_Hong_Kong_Bar_Association_on_the_Rule_of_Law_and_Civil_Disobedience_(Chi)_(clean%20version)(3).pdf，2014 年 10 月 25 日访问。

合法合理合情地去争取。[①] 法律人对于情感因素的控制是谨慎的，当社会某种情感需求喷发至不可调和时，法律人的缜密逻辑与谨慎态度便显示出类似于“优势”一般的理智。

如前所述，当我们谈法律人在公共讨论中表现出的理智时，法律人思维的主要特点与此有相当的关联性，并且，这种理智在一定程度上反映出普通民众、媒体与法律人在公共讨论领域中的角色定位。上文对“占中”游行和香港大律师公会声明的分析主要反映的是普通民众与法律人的区别：普通民众的发言是较为游散的、表面的，冲动而坦诚的，有时甚至是学者邱震海所讲的“纯粹围观式”。[②] 在公共讨论中，人群的思考能力、逻辑推理能力和分析能力是直线下降的，反而是那些激情的演讲、精巧的暗示、耸人听闻的留言、强有力但是缺乏逻辑分析的语言能够占据上风。[③] 法律人的发言则倾向表现为综合的、审慎的、带有特定思维套路的。但对于媒体和法律人这两者，他们的区别或许较难发现，毕竟新闻工作者和法律人都是在特定领域中拥有专业知识的职业群体。笔者认为，二者在公共讨论中角色定位的区别首先体现在各自的使命和任务上。对媒体人来说，他们的使命是将某一公共事件进行客观的陈述，建立起社会公共讨论的基础，即在发言者发言之前首先要知道当前的问题和状况是如何的。其次，媒体人在报道事实之外，还发表自己对事件的看法，参与社会公共讨论。但这种讨论的程度是有限制的，特别是在公共法律事件中。“传媒大多在指向某个归责主体应该对案情负责之后就完成了媒体制造的价值。而案件的法律归责需要的是规则导向的责任追求，即如何建立和完善一系列规则、配置相应的制度保障、有效监督和补救的措施和方法。在这个问题上，传媒已经止步。”[④]如在邱兴华一案中，尽管媒体也大力主张社会正义，认为应对杀人犯严厉惩处，或者有少部分主张应对邱兴华进行精神病司法鉴定，

---

① 《香港特区政府与学联对话 希望学生带头呼吁占领者撤离》，http://news.xinhuanet.com/gangao/2014—10/21/c_1112918626.htm，2014 年 10 月 25 日访问。

② 邱震海：《今日中国有公共空间 无公共讨论》，http://news.ifeng.com/opinion/phjd/sh/detail_2012_02/03/12272493_1.shtml，2014 年 10 月 25 日访问。

③ 参见〔法〕勒庞：《乌合之众：大众心理研究》，冯克利译，广西师范大学出版社 2007 年版，第 53 页。

④ 栗峥：《传媒与司法的偏差——以 2009 年十大影响性诉讼案例为例》，载《政法论坛》2010 年第 5 期。

但他们对社会正义具体内涵的认知和实现过程的认知是模糊的。法律人在此时表现出的理智便是能超越感官主义的思考与分析,如启动精神病司法鉴定程序的利与弊,精神病司法鉴定结果对案件裁判的实质性影响等等。当然,这一层理智的"超越"与法律人的知识结构、思维能力和专业素养是分不开的。

三、打破权利话语的局限

(一)权利话语的形成

我们身处一个迈向"权利本位"的时代。一方面,自然权利的共识深入人心;另一方面,随着社会发展的日新月异,人们对各种新型权利的呐喊亦愈发强烈。在普及权利意识的"社会运动"中,法律人担任着"领导者"和"排头兵"的角色,而权利话语也逐渐内化成法律人共同的思维特征——习惯于从权利的角度思考和解决社会问题。法律人思维中权利话语传统的形成,主要得益于以下几个方面的原因:首先,权利话语植根于西方经典法律思想与人文传统,共同分享着人类的最高价值观与正义公平理念。天赋人权、人权至上、人人平等,这些都是人性觉醒和理性沉淀的精华,其合理内核应予以继承、发扬。法律人所接受的教育,无论是教学课程的设置,还是课外研修的安排,都倾向于灌输西方经典的权利理论,这些因素为权利话语的形成奠定了基础。其次,在我国的历史传统中,虽出现过权利观念的雏形,但真正的权利概念的形成却发生在19世纪西学东渐之后。"由于以罪与罚为核心的封建法律文化根深蒂固,特别是由于中国缺乏权利观念发育的社会条件,旧中国的法学研究并未把权利和义务作为法的基本内容和法学的基本范畴。"[①]20世纪70年代发生的"文化大革命"等政治活动将法律条文连同法律与权利的意识一并践踏摧毁。正是因为权利话语的"先天不足"和后天的坎坷发展,法律人对于权利意识的"失而复得"才倍加珍惜,对权利话语的保护和弘扬也达到了前所未有的程度。

---

① 张文显、姚建宗:《权利时代的理论景象》,载《法制与社会发展》2005年第5期。

（二）权利话语的局限

法律人坚守权利话语是正当的，但不能仅仅停留在权利话语笼罩的视野之下。当前，社会发展正处于激烈的转型阶段，出现了各式各样的、地方性的、现实的问题，单纯地用权利话语回应这些问题是否具有强大的解释力，是否有助于问题的解决，这些都应该引起法律人的深思。法律毕竟不是束之高阁的学科，不能解决现实问题的法律不能使人信服，其权威也会有所损耗。对权利话语过分的尊崇与迷恋会压榨基于社会现实条件对问题进行细致研究的空间，导致法律人在公共讨论中只顾及“理想中的权利是什么”而忽略“现实中的权利应如何实现”。

在公共讨论中，法律人的发言往往是气势磅礴和正义伟岸的。对于社会上发生的各式各样的问题，好像都能归纳为特定的评论语词，诸如司法独立、程序正义、天赋人权。然而，社会上发生的一切问题都可以归结为司法独立、程序正义的问题吗？这里有两点值得思考：第一，类似司法独立、程序正义的语词在特定的社会条件下其基本内涵和价值是什么？第二，在充分考量了现实细节的前提下，这些语词是否能正确反映、解释或评价某个公共事件？事实上，社会生活复杂多变，无解的事情并非是不存在的。但倘若由于法律人自身的惰性和随意性而不加思考地给某个公共事件搪塞一个粗糙的解释或评价，这对公共讨论是无益的。下文将以“钓鱼执法—上海黑车案”为例进行分析。

为了治理社会黑车乱象，上海市闵行区、宝山区等市郊的城市交通执法大队采用“钓鱼执法”的执法方式，而两例“错钓案”的发生使得这种行为迅速放大为轰动一时的公共事件。2009 年 9 月 8 日，上海闵行区白领张军好心搭载一名声称肚子疼的白衣男子，当车停在转弯处时，该名男子忽然伸出手抢并拔出车钥匙，随后，车外出现七八个穿制服的人，把张军从车上拖下来，车辆也被扣押，张军被执法交警处罚。① 同样的事情也发生在 2009 年 10 月 14 日晚，司机孙某某在好心搭载一名男子后，自己的车便被包围，并被指认涉嫌黑车经营。孙某某在激愤和

---

① 《上海车主遭遇钓鱼执法续：起诉执法大队获立案》，http://news.sohu.com/20091010/n267242255.shtml，2014 年 10 月 25 日访问。

无奈中,用菜刀切断左手小指以示清白。

在对这场公共事件的讨论中,法律人的质疑主要针对"程序非正义"和"打黑幕后利益链"。中国政法大学马怀德教授认为这是违背正当程序、公权敲诈行为[①];为了提高查处黑车的效率,刻意设置陷阱,指派执法人员伪装成普通乘客搭乘目标车辆,然后当场抓获车主。这是不符合依法行政、程序正当原则的做法[②],正义的实现不仅只有实体正义,还有程序正义。面对"上海钓鱼执法黑车案",法律人发声背后的思维是传统的、权利性的、应然的。然而,在得出稳妥的结论之前,无论是评价整个事件还是评价法律人对这起事件"不符合程序正义"、"非法利诱取证"的表态,以下几个问题都值得思考:第一,"钓鱼执法"这种方式在当时出现的社会背景和现实细节是什么?第二,程序正义的基本内涵是什么?在一定的社会条件下,最贴切的解读是什么?

根据上海市政协组织的"黑车治理研究"专题调研报告,保守估计,上海市各种非法运营车辆的年平均总量超过10万辆,而正规的出租车总量仅为4.8万辆,不足"黑车"总量的一半。[③] 市场上黑车泛滥带来的后果是多重的,黑车的非法运营严重威胁上海公共交通安全,出事后乘客的权利难以得到有效而全面的保障,黑车的非法运营还给国家税收带来巨大的损失,仅"黑四轮车"的所得税一项,国家税收损失就达到2.38亿元。[④] 面临如此严峻的黑车问题,上海市交警大队加大了执法力度,但事实上,由于取证难等诸多现实困境,执法过程并未如预期的顺利,执法效果不甚良好。黑车运营的隐蔽性较强,除了交易中的议价和付款行为,几乎与普通私家车搭载乘客无异。由于黑车能满足上下班高峰时市民出门打车方便的"眼前之利",因此,即便是"议价和付款"这唯一区别黑车和普通私家车的行为,也会因市民和黑车司机的"互利合作"而变得形式灵活,交警搜获黑车运营证据的难度大大提高。而事实上,"钓鱼执法"的对象并非是毫无选择的,依据生活经

---

① 《专家解读"钓鱼执法":缺少正当性的执法是"公权敲诈"》,http://society.people.com.cn/GB/10278183.html,2014年10月25日访问。

② 《"钓鱼执法"合法性遭质疑》,http://www.infzm.com/content/35173,2014年10月25日访问。

③ 《越打越多 不打更多,上海"黑车"有多黑?》,http://news.xinhuanet.com/focus/2009-11/17/content_12398374.htm,2014年10月25日访问。

④ 同上。

验,识别黑车司机并不困难。虽然也会有“错钓”的可能,但综合考虑最小化错判损失和取证成本,这种执法方式在种种现实因素的影响下,仍不失为一个合理的选择。关键在于,以敲诈为目的的“钓鱼执法”要坚决杜绝,这是需要细致考虑的。

关于程序正义的理解,除了普通意义上的“追求司法过程的正义、看得见的正义”之外,还有另外一层含义。“‘平衡论’最能够贴切描述法律实施层面上的程序正义。它的核心观念是,设计法律程序需要平衡程序执行的成本和收益。一味降低法律决策的误差损失,抑或单纯减少程序执行的交易费用,均有违程序正义的基本内涵。”①这种思考角度或许是更加实际和贴切的,它打破了我们对于“程序正义”的传统想象,这种想象常常因为忽视现实因素的考量而变得虚无。

分析至此,我们一开始要讨论的问题似乎已经有了解答的方向。法律人在参与公共事件的讨论过程中,缺少的不是对古老法律原则和宏伟法律教义的感知,而是对社会背景和现实细节的敏锐观察以及在这个基础之上作出的学术性的、非姿态性的思维推理。“他们的发言只能援引抽象的道德资源,将复杂的事情简单化,将具体的问题普适化。这些貌似专业的发言缺乏对制度运作机制常识的理解,无力回应今天复杂的社会现实。”②贺雪峰教授的这段话虽然并非直接针对法律人,但它对法律人当前的思维倾向和表现,同样有着重要的警醒作用。然而,要作出学术性的而非姿态性的思考不是一件容易的事情,因为前者的研究成本和学习成本比后者的“修辞包装”成本要高昂得多。但也正因如此,法律人和普通民众的区别才得以彰显,在这种区别中,渗透出的是专家之所以为专家的自信资本以及专家对社会发展所提供的智识贡献。相反,倘若法律人总是用简单的“大词”解释社会上出现的一切现象而无法提出更深层次、多角度的思考,公众便会想当然地认为自己的判断和专家其实无异,专家说来说去的无非就是那些。“如果专家贡献出的知识不能超越公众和媒体的尝试,公众和媒体就容易把

① 桑本谦:《网络群体性事件的个案研究:“钓鱼执法”与“后钓鱼时代”的执法困境》,载《中外法学》2011 年第 1 期。

② 贺雪峰:《新乡土中国》,北京大学出版社 2013 年版,第 159 页。

一个专业性问题降格为常识来对待。”[①]在这种情况下，专家的权威容易遭到质疑和打击。

四、结　语

行文至此，法律人参与公共讨论的理智和不智已经呈现出基本的轮廓：法律人参与公共讨论的理智是由法律人的思维和对基本法律原则、立场的信仰支撑起来的，常有的表现如在公共事件中主张权利观念、呼吁应通过正当的程序解决问题、尊重法律与正义等。法律人参与公共讨论的不智则是在这个基础上延伸开去的，如法律人的理论视野过于狭窄、对权利话语过分的尊崇与迷恋而忽视基于社会现实条件进行细致研究。虽然从文章结构上看，对“理智”与“不智”的分析各占半壁江山，但从价值上看，二者的地位应当予以区分，毕竟多多反思问题才能让人更快长进。文章的最后，有必要再一次回应文章开头提出的关于新的思维进路的探讨——“反对以抽象的所谓永恒价值作为对法律制度和规则的评判标准，而是注重特定社会中人的生物性禀赋以及生产力发展水平的现实，把法律制度和规则都视为在某些相对稳定的制约条件下对于常规的社会问题的一种比较经济化的回应。”[②]法律人身处的社会是瞬息万变的，只有在充分体恤、考察这个瞬息万变的社会后的发言，才会是有意义的。

（责任编辑：陈明辉）

---

① 桑本谦：《草率的言论和粗暴的批评：从“7.16 微博事件”看法学研究的教条化》，载《法学评论》2014 年第 1 期。

② 苏力：《也许正在发生：转型中国的法学》，法律出版社 2004 年版，第 235 页。

数学文化中法理逻辑的构造

刘　赫*

内容摘要　数学文化在法理逻辑构造的过程中具有十分重要的意义。一方面,数学文化对法律文化有着巨大的影响,本文从原因和内容两个视角分别展开论述。另一方面,许多法律原则,尤其是在西方法律文化中,都能够发现其中蕴含的数学理念,如公理性精神、确实性和简单性。公理法是数学文化与法律文化相结合的产物。在法理逻辑抽象化构造的过程中,本文以数学文化为基准语境,以数学文化对法理逻辑的影响为基本视角进行规范化探究。

关键词　数学文化　法理逻辑　公理化方法　规范化

数学作为一门自然科学,发展历史悠久,原理深奥,内涵颇丰。从某种意义上讲,数学是形而上的,它乃学科规范化探究之根本,从法律的视角进行解读,我们会发现其中蕴含的数理逻辑,原来法律的理性化在一定程度上来源于理性的数学化。①

一、数学文化对法律文化的影响

(一)数学文化何以对法律文化产生影响

1. 从数学的特点进行解释

(1) 抽象性

数学是一门具有高度抽象性的学科,英国哲学家怀特海说过:“数学是人类头脑所能达到的最完善的抽象境界。”②它所研究的对象都是

---

* 中南财经政法大学法学院 2013 级本科生。

① 何柏生:《理性的数学化与法律的理性化》,载《中外法学》2005 年第 4 期。

② 转引自何柏生:《数学对法律文化的影响》,载《法律科学》2000 年第 6 期。

从生活中抽象提取出来的数,因此数学具有一种宏观的指导性,它不屑于直接处理生活中的小问题,它所追求的是高度的理性;而法学虽然要处理生活中细小的问题,但是任何一部法典其本质上都是一个逻辑体系,我们不能把一部法典或是法律看成仅仅是一些法律条文机械地组成的,实际上,它们都是有生命的,在法律条文的背后是存在一个法理逻辑的,正是这个法理逻辑使得整个法律体系得以完善,它与数学一样具有一种高屋建瓴的宏观指导性。

(2)确定性

数学是抽象的,但它的运行不是没有逻辑的,它的这种逻辑性、确定性,源自于它的基本原则——演绎推理。演绎推理,简而言之,就是三段论模式,这种模式要求的是过程的严密性与结果的可解释性,它不因语言的障碍而受到阻碍,它运算的每一步都是有一定根据的,从已知推到未知,往往并不是一帆风顺的过程,而是要经历一番波折,给出的前提往往也不是结论的直接来源,结论的得出需要通过一步一步有逻辑的运算来实现,换句话说,数理逻辑是需要通过自己的发现不断创造条件的,自己为自己铺路,从而到达真理的彼岸,这就是数理逻辑的演化思路。[①] 与此相对应,法理逻辑何尝不是如此呢?在司法运作的过程中,处处充满逻辑,处处充满推论,尤其在证据法中表现得更为明显,司法运行遵循严格的程序,体现了数理逻辑的魅力。同样,司法是追求结果的确定与公正的,所以必须保证程序的严密与公开。如果司法程序不公正,那么司法裁判结果就无法保持公正,至少有相当大的难度。[②] 所以基于数学的确定性,笔者认为,司法程序正义是司法裁判公正的必要条件和逻辑起点,司法裁判公正是司法程序正义的终极理想与价值追求。

(3)精确性、严密性

数学是一门严密的科学,是一门精确的科学,数学眼中是容不得沙子的,它追求一种极致的美,是理性之美经过严密的论证和精确的审核之后达到的美的崇高。“数学运用的是演绎推理,是概念性的东西,必须是精确的,而经验性的东西是不完善的,谈不上精确。所有理论都要

---

① 参见何柏生:《法律与作为西方理性精神核心的数学理性》,载《法制与社会发展》2003 年第 4 期。

② 参见《司法为什么要坚守程序正义》,http://news.ifeng.com/exclusive/lecture/special/chenweidong/#pageTop,2014 年 10 月 5 日访问。

求精确的概念，而在实践中，精确性就消失了。”[①]在数学的世界，“1”就是“1”，“2”就是“2”，无论何时都不会出现“2 + 2 = 5”的情况。可是在法学领域却并非如此，或者说在人文领域，都不是如此一番景象，那么我们是不是可以说只有数理逻辑是追求精确、追求严密的，而法理逻辑就致力于结论的混杂呢？当然不是，虽然有时经过司法程序之后并不一定得出一致的结论，但是那种追求理性的精神还是能够看得到的，尤其是在那些极具智慧与良知的大法官的身上体现得十分明显。其实这涉及法律解释的问题，因为法律是从具体的现实生活中抽象出来的规则，为了保证规则的适用，法律就必须具有稳定性，而不可朝令夕改，这虽然在一定程度上保证了法律的权威性、增强了法律的适用性，但是现实生活是如此的多变，法律总是滞后于社会生活的变化，这并不是法律应该受到谴责的原因，而是我们应该进行解释的理由。所以，为了使法律更好地适应社会生活的变化、更好地解决现实中复杂的问题，我们有必要在一定程度上对法律作出合理性解释，但这种解释其实并不违反数理逻辑的严密性和精确性的规则，而是迫不得已地从另一个更高的层面对法律进行精确性、严密性的阐述，这是从法律的本质上来谈的，如果紧随法条办案，不作任何解释，那么将重新回到实行法定证据制度的封建社会时代，必定放纵许多犯罪，因为每当一个没有新的法律规定的行为出现，虽僭越法律，但是由于法律没有相关规定，所以便无法对其进行处罚，这将形成无意义的死循环。美国有两百多年的历史，可是至今宪法并未作过多么大的修改，而是一直大体沿用建国初制定的宪法，原因就在于法律解释的运用。其实这个道理很简单，甚至在文学领域，我们早就有所了解并熟练地加以运用。譬如诗句：“鸟鸣山更幽”就是通过“有声”来反衬寂静，这种静的境界反而是直接描写所难以达到的，同样，法律解释这种对法理逻辑的严密性和精确性的实现更是严格遵循法律条文所无法企及的。

2. 从数学之独有的认识功能进行解释

（1）数学是一种重要的思维工具

数学的思维方法是独特的，具体体现在这门学科的特点上（上文

① 〔英〕怀特海：《数学与善》，载邓东皋等：《数学与文化》，北京大学出版社 1999 年版，第 2 页。

已有所论述),这种逻辑严密性、高度的抽象性和概括性、丰富的直觉、想象及幻想等特征[①],是司法运行所必不可少的条件,准确地说,是公正的司法运行所必不可少的条件。这些特点抽象出来就是“公理化方法”[②],在何柏生教授看来,早在自然法盛行时期,这种公理性方法就已经蕴含于法学领域了。

(2) 数学是一种重要的科学语言

“数学是一种重要的符号语言,数是人类知识的基本功能之一,是伟大的客观化过程中的一个必要步骤。在数的领域,形成的是由一种内在的逻辑原则而形成的限制。”[③]法学同样如此,也是一个系统化、规范化的逻辑体系,从某种程度上法理逻辑是汲取了数理逻辑的精髓的,毕竟原始的法律并没有一个公正的逻辑存在,法律作为一门社会科学是随着社会经济、政治的不断变化而变化的,而社会的变化很大程度上又取决于自然科学的推动,进一步,每一门自然科学几乎都难以摆脱数学的影子,追根溯源,我们会发现,法理逻辑的形成在很大程度上是数理逻辑的贡献。

(3) 数学是一种重要的思想方法

数学是一种重要的思想方法,怀特海曾经表达过这样的意思——数学思维将是人类不断进步的推动器,而且是贯穿始终的。[④] 司法过程中是一定要“数学”地理解问题的,“数学”地理解问题其实就是采用推理的方法,在推理的过程中不断地建造模型,使法律不断规范化、完善化。

(二) 从数学对法律文化影响的内容层面进行解释

纵观历史长河,数学在三个时期影响较大,分别是古希腊时期、文艺复兴至19世纪初,还有20世纪。[⑤] 在古希腊时期,以毕达哥拉斯为

---

① 何柏生:《数学对法律文化的影响》,载《法律科学》2000年第6期。

② 参见何柏生:《公理法:构筑法学理论体系的重要方法》,载《现代法学》2008年第3期。

③ 何柏生:《数学对法律文化的影响》,载《法律科学》2000年第6期。

④ 参见孙小礼:《数学与人类文化》,载邓东皋等:《数学与文化》,北京大学出版社1999年版,第209—210页。

⑤ 参见何柏生:《数学对法律文化的影响》,载《法律科学》2000年第6期。

代表的智者学派认为:"自然是以数学的方式设计的"。[1] 阿尔基塔、柏拉图以及欧几里得也纷纷发现数学的奥秘,这些先贤们在伟大的不可抗拒的自然面前通过数学这一工具不断认识自然、不断揭下大自然的神秘面纱。欧几里得在他的名著《几何原本》中说道:"数的关系构成绝对和谐的各种不同的和音。"还有,公道被认为是一个"平方"数,数字"5"代表着公正,是因为它是平分"1"到"9"的,这种数学模型在人们的头脑中也就有所建立,包括在后世,数学思想仍有深刻影响,比如,数字"5"所代表公正这个含义就对美国政治生活产生了深远的影响,美国国旗上的五角星代表着各州,美国国防部办公大楼建成"五角大楼"。

早在中国先秦时期,老子就提出了极具数理化思维的观点——"道生一,一生二,二生三,三生万物"。在文艺复兴到19世纪初这段时间,大多数科学家都认为是上帝依照数学设计了宇宙,在他们眼中,数学方法是极其神圣的,这种数学推理方法是从界说、公设和公理推出结论的方法[2],因此上帝创世理论不仅在神学层面获得支持,而且从科学角度得到合理化阐释,更为人们所信服。18世纪的思想是数学性的;19世纪欧洲大陆法典的编纂也集中体现了以数理逻辑为基础的理性主义思想,并且这种理性主义也同时深深地体现了自然法理论,所以19世纪初在一定程度上也可以说得上是数学性的[3];到了19世纪中叶,马克思主义哲学产生,成为划时代的标志,它的基础分别是能量转化、守恒定律、细胞学说和生物进化论,虽然不是直接源自数学,但不可否认的是,在这些学科中,数学都是最基本的研究工具,所以19世纪也并不脱离数学而独自存在。到了20世纪,系统科学产生,在司法层面,法官们逐渐学会用"博弈理论"来分析法律问题,而"博弈理论"又是源自于数理思维之基础上的,所以,20世纪同样是数学的世界。综上,我们会惊奇地发现,数理思维贯穿于历史发展的始终,它在一定程度上象征着文明。从司法层面考察,正是数学的不断发展与完善,使得法学的数学化不断增强,从而使法学更加的科学化。无论从哪个角度看,数学

① 参见李闯:《设计一个大致可信的、自然的知识生长过程》,载《湖南教育(数学教师)》2008年第8期。

② 〔荷〕斯宾诺莎:《笛卡尔哲学原理》,王荫庭等译,商务印书馆1980年版,第35页。

③ 参见何柏生:《数学对法律文化的影响》,载《法律科学》2000年第6期。

文化与法律文化之间的这种良性互动都注定是长期的，理性的数学化对法律理性化的作用都是十分巨大的。①

二、西方法律文化所反映的数学理念

（一）公理法精神

1．何为公理法精神

在数学中，公理是不需要被证明的，它是定理、推论产生的基础，它的存在是不需要任何理由的，它的意义是每个人都清楚明白的。相对而言，公理法具有和数学中的公理相同的内涵，何柏生教授将公理法划分为两个部分，一个是公理化方法，一个是公理体系。公理化方法是从初始概念和初始命题出发，按照一定的逻辑规则，推导出其他有关命题的一种演绎推理方法；而公理体系则是由初始概念、公理、定义、推理规则和定理等构成的演绎体系。从某种程度上来说，公理方法是公理体系的基础，但同时公理方法应占公理法精神的第一位素。②

2．公理法的历史沿革

公理法是在古希腊时期初步形成的，在柏拉图时代公理法的思想就已经开始得以运用，到了亚里士多德时代，公理法可以说是得到了更好的运用，依据在于亚里士多德创立的三段论逻辑。三段论——演绎推理的新形式较好地推动了公理法的应用和传播，但是要问是谁最大程度地促进了公理法的发展，不得不说是欧几里得，他《几何原本》中的公理选择十分有水平，基本概念的提炼也是恰到好处。正是在诸位名人的努力下，公理法研究方法逐步发展壮大并渐渐从数学领域蔓延到其他各个学科领域。

3．公理法的优点及其适用

孟德斯鸠在《论法的精神》中说："从最广泛的意义上来说，法是由事物的性质而产生出来的必然关系。"③开宗明义，法是一种最本质的

① 参见何柏生：《理性的数学化与法律的理性化》，载《中外法学》2005年第4期。

② 参见何柏生：《公理法：构筑法学理论体系的重要方法》，载《现代法学》2008年第3期。

③ 〔法〕孟德斯鸠：《论法的精神》（上卷），许明龙译，商务印书馆2012年版，第9页。

社会关系,万物皆有法,万物皆有度[①]。进而言之,公理法体系以上帝的名义在最原始的状态下即建立了法规范,存于这个世界中的万事万物,都要遵循上帝的意旨,也就是遵从法规范。霍布斯是著名的法学家,在他的传世名著《利维坦》中同样也采用了公理法。霍布斯认为:"政治基于心理,心理基于物理,物理基于几何。"[②]几何学对霍布斯法哲学的影响是难以估量的,在霍布斯看来,"自然科学必须采取几何证明的形式,必须有清晰的定义,公理必须明确地规定出来,然后从中得出结论,只有这样,科学才是合乎逻辑的和必然的。"[③]综上,笔者将公理法的优点归纳如下:(1)公理法具有整合的功效,可以将纷繁复杂的法律的细枝末节化为统一,形成一个理论体系;(2)公理法具有相当程度上的宏观性,它可以适当弥补对法律现象观察的不足;(3)公理法能加快法学理论知识的发展速度;(4)公理法能提高法学理论的抽象化程度;(5)公理法能促进法律体系的完善,增强法律权威。[④]

(二)数学的确实性在罪刑法定主义中的体现

"数学知识是确定无疑的,它给人们在沼泽地上提供了一个稳妥的立足点。"[⑤]那么,数学的确实性与罪刑法定主义又有什么关系呢?罪刑法定原则的基本含义是,"法无明文规定不为罪,法无明文规定不处罚"[⑥]。近代以来,许多学者的论述都包含了罪刑法定主义的思想,比如洛克,他在《政府论》中说道:"处在政府之下的人们的自由,应有长期有效的规则作为生活的准绳,这种规则为社会一切成员所共同遵守,并为社会所建立的立法机关所制定。"[⑦]类似地,孟德斯鸠也说:"在

① 参见常新萍:《万物皆有度——读伍铁平先生的"模糊语言学"》,载《汕头大学学报》2000年第4期。

② 黄仁宇:《资本主义与二十一世纪》,生活·读书·新知三联书店1997年版,第214页。

③ 〔美〕A. P. 马蒂尼奇:《霍布斯传》,陈玉明译,上海世纪出版集团、上海人民出版社2007年版,第99　100页。

④ 参见何柏生:《公理法:构筑法学理论体系的重要方法》,载《现代法学》2008年第3期。

⑤ 〔美〕克莱因:《古今数学思想》(第一册),张理京等译,上海科学技术出版社1979年版,第251页。

⑥ 张明楷:《刑法学》(第四版),法律出版社2011年版,第50页。

⑦ 〔英〕洛克:《政府论》(下篇),叶启芳、瞿菊农译,商务印书馆1964年版,第6页。

共和国里,政体的性质要求法官一丝不苟地依照法律的字面含义判案。事关一个公民的财产、荣誉和生命时,谁也不能对法律作不利于他的解释。”①

一般认为,从法律规定上看,罪刑法定原则的最先来源是 1215 年英王约翰签署的《大宪章》第 39 条的规定,即“对于任何自由人,不依同一身份的适当的裁判或国家的法律,不得逮捕、监禁、剥夺领地、剥夺法的保护或放逐出境,不得采取任何方法使之破产,不得施加暴力,不得使其入狱”②。这一规定奠定了“适当的法律程序”的思想基础。这是从制度史的角度看。从法律思想史的视角来看,一般认为,提出罪刑法定原则的鼻祖是贝卡利亚,他在《论犯罪与刑罚》中明确指出:“只有法律才能为犯罪规定刑罚……超越法律限度的刑罚就不再是一种正义的刑罚,因此,任何一个司法官员都不得以热忱或者公共福利为借口,增加对犯罪公民的既定刑罚。”③刑法学家通常认为罪刑法定的思想基础是三权分立思想与心理强制说④,笔者对此并不否认,但是在笔者看来,更深层次的原因应该是数理思维中的确实性。我们可以从《论犯罪与刑罚》的引言中看到,贝卡利亚的这部巨著是深深浸泡在数学观念的海洋中的,贝卡利亚明确告诉我们:“应当用几何学的精确度来解释这些问题,因为这种精确度足以战胜迷人的诡辩、诱人的雄辩和怯懦的怀疑。”⑤任何一个制度、一种理念都不可能是凭空产生的,在其背后必然存在思想渊源,当时的西方,受到数学思维、逻辑推理的影响已相当大,在形式逻辑方面西方社会已经有一定的较为坚实的基础,正是在这样的背景之下,人们努力运用数理思维思考现实问题,这种思考方式贯穿于社会的方方面面,自然包括隶属于社会科学的法学,我们看到的非常直观的变化是习惯法向成文法的演变。⑥ 相对于习惯法来讲,成

---

① 〔法〕孟德斯鸠:《论法的精神》(上卷),许明龙译,商务印书馆 2012 年版,第 93 页。

② 张明楷:《刑法学》(第四版),法律出版社 2011 年版,第 50 页。

③ 〔意〕贝卡利亚:《论犯罪与刑罚》,黄风译,中国大百科全书出版社 1993 年版,第 11 页。

④ 参见张明楷:《刑法学》(第四版),法律出版社 2011 年版,第 51 页。

⑤ 〔意〕贝卡利亚:《论犯罪与刑罚》,黄风译,中国大百科全书出版社 1993 年版,第 7 页。

⑥ 参见何柏生:《法律与作为西方理性精神核心的数学理性》,载《法制与社会发展》2003 年第 4 期。

文法更为确定和具体,它较习惯法而言更为公正,不管其制定得公正与否,至少贵族不能再像以前一样随意解释习惯法,这的确是数学中的确实性为法学界作出的一份贡献。其实,原理类似,罪刑法定原则将犯罪与刑罚紧密地联系在一起,犯什么样的罪处以何种刑罚均已确定,不再存在那种模棱两可而可以随意解释的状态,具体地,就是指绝对不确定的法定刑的剔除,取而代之的是绝对确定的法定刑和相对确定的法定刑。现如今罪刑法定原则已成为刑法三大基本原则之一,毫无疑问,罪刑法定原则的设立有助于更好地保护法益。由此看来,罪刑法定主义原则的根基在于数学的确实性。

(三)数学的简单性与法律的谦抑性

数学思维,一直以来注重简洁明了,它的魅力不在于冗长的叙述,而在于简洁的、精妙的、宏观的、逻辑严密的推理论证。这些特定要素对数学的简单性程度提出了较高的要求,作为数学原理来讲,如果不够简单,那自然不必谈到应用以及指导效用,就连其自身存在的价值都无从确定。法律的谦抑性原则通常体现在刑法领域,具体地,对于某种危害社会的行为,国家能用民事、行政手段解决的,就不诉诸刑法,只有刑罚具有不可避免性时才可适用刑法。[①] 那么法律的谦抑性原则从何而来呢?刚刚已经提到数学的简单性原则在古代西方所占地位之重,自然而然地这种传统会影响到社会的方方面面,其中也定会影响到社会科学领域。笔者很难确定数学的简单性决定了法律的谦抑性,但不可否认数学的简单性对法律的谦抑性的确有着十分深远的影响。

三、小　　结

数学文化对法律文化有着极其深刻的影响,法律文化又在许多方面体现了数学思维的理念,这就是数学文化中法理逻辑构造的二维展现。笔者所言数学文化中法理逻辑的构造具体表现在以下方面:第一,数学为法律文化的变革提供着不断更新的理论和方法,促进了法律知

① 参见何柏生:《法律与作为西方理性精神核心的数学理性》,载《法制与社会发展》2003 年第 4 期。

识的增长和法律文化的进步。第二,数学为法律开辟了新的研究领域,产生了一批边缘学科和交叉学科。第三,数学为法学提供了一套科学的知识体系,有力地推动了法学的科学化进程,使许多法律问题研究建立在更加可靠的基础上。[①] 第四,法律的许多基本原则中都有数学文化的影子,其中蕴含着丰富的数学理念的合理内核。

(责任编辑:陈明辉)

① 参见何柏生:《数学对法律文化的影响》,载《法律科学》2000 年第 6 期。

反思与变革:共同治理模式下的行政主体理论

梅 扬*

内容摘要 随着公共行政改革的不断推进,尤其是一些非政府组织在社会治理舞台上的活跃,现行"行政主体理论"在其概念表述、类型划分以及价值定位三个层面皆显现出不足之处。鉴于共同治理过程中诸多私法因素的渗入,让行政主体理论摆脱权力因素之束缚,并附带创设社会行政主体,进而确立"谁主体,谁责任"之模式,或更契合于中国实际。

关键词 行政主体 共同治理 行政机关 社会行政主体

在我国,行政主体概念是一个舶来品,于20世纪80年代引自于法国、日本、德国等国。自1989年始,"行政主体"赫然成为国内各类行政法学教材的重要概念,以此为基础所形成的行政主体理论亦迅速成为我国行政法学研究之主流,对关联领域如行政行为、行政复议、行政诉讼等产生不可忽视的影响。然而,自20世纪90年代以来,随着我国行政法治实践的发展与变革,特别是合作治理模式的日渐凸显,行政主体理论已相形见绌,难以满足法治实践与理论研究的双重需求。为此,急需对行政主体理论进行适当反思与变革。

一、行政主体理论的反思

诚然,"行政主体"的引入,避免了以"行政机关"或"行政组织"来指称行政管理活动主体所造成的外延范围狭窄以及法律地位不明确的弊病,顺应了我国行政诉讼实践发展的需要。然而,我国行政主体理论明显带有功利性与工具性色彩,忽视了该理论在域外所赖以建构的实

---

* 武汉大学法学院2013级宪法学与行政法学硕士研究生。

证基础。正如学者所言:“不知是由于对国外行政主体理论的误解还是为了适应我国的国情,学者们在借鉴国外行政主体理论时,只是用其名,而抛弃了其特定的内涵。”[①]

(一)行政主体之概念:内涵模糊与外延不确定

在我国,行政主体是指依法取得行政职权,能以自己名义独立进行行政管理活动,作出影响相对人权利、义务的行政行为,并承担由此产生的法律后果的社会组织。[②] 由此可以看出,我国行政主体概念明显存在着界定模糊的问题,表现有二:

其一,内涵模糊。关于行政主体的具体内涵,我国行政法学者虽表述不一,但实质上大同小异,主要体现在对行政主体资格的确定上——行政职权、独立人格、独立责任。[③] 问题在于,对于如何准确界定和把握这些具体资格要件,则尚存争议,难以形成一致意见。譬如:就如何判断一个组织是否享有行政职权,行政法学界并没有给出一个明确且令人信服的客观标准,这就决定了行政主体概念本身的模糊性。[④] 另外,对于“独立责任”的识别,也存在一定的模糊性。比如,学者们大都主张,行政主体必须能够独立承担行政责任,即对自己的行为负责。但是,实践中却并非如此,在行政赔偿案件中,行政机关往往只是赔偿义务机关,而国家才是最终的赔偿责任主体。另外,在公安部 2014 年发布的《公安机关办理国家赔偿案件程序规定》中规定:“公安派出所,具有独立执法主体资格的公安机关内设机构及其工作人员有前款规定情形的,所属公安机关为赔偿义务机关。”

其二,外延不确定。从行政主体概念来看,我国行政主体门槛设置

---

① 薛刚凌:《我国行政主体理论之检讨》,载《政法论坛》1988 年第 6 期。

② 叶必丰:《行政法学》,武汉大学出版社 2003 版,第 12 页。

③ 例如,罗豪才教授将行政主体界定为“能以自己的名义实施国家行政权,并对行为效果承担责任的组织”(罗豪才主编:《行政法学》,中国政法大学出版社 1996 年版);应松年教授将行政主体界定为“依法享有国家行政职权,代表国家独立进行管理并独立参加行政诉讼的组织”(应松年主编:《行政法学新论》,中国方正出版社 1998 年版);叶必丰教授认为“行政主体意指依法取得行政职权,能以自己名义独立进行行政管理活动,作出影响相对人权利、义务的行政行为,并承担由此产生的法律后果的社会组织”(叶必丰:《行政法学》,武汉大学出版社 2003 年版)。

④ 薛刚凌:《行政主体的理论与实践——以公共行政改革为视角》,中国方正出版社 2009 年版,第 8 页。

较低,不仅包括机关类行政主体,还包括授权类行政主体,行政主体多且杂。暂且不说法律、法规授权组织本身外延极不确定,仅就最高人民法院2000年发布的《关于执行〈中华人民共和国行政诉讼法〉若干问题的解释》第20条“法律、法规或者规章授权行使行政职权的行政机关内设机构、派出机构或者其他组织,超出法定授权范围实施行政行为,当事人不服提起诉讼的,应当以实施该行为的机构或组织为被告”这一规定而言,它将“规章授权主体”也纳入行政诉讼被告,就明显与“诉讼主体模式”的行政主体理论相悖。行政主体外延的不确定,给我国司法实践造成极大阻碍,相对人在寻求救济时,不得不于泛滥的行政主体中确定适格被告,其难度无异于大海捞针。究竟何为行政主体?识别标准何在?外延如何?这些问题都是我国行政主体理论所面临的直接挑战。①

(二)行政主体之类型:行政法治实践与理论相脱节

行政主体类型在各国有所不同,在我国则仅限于两类,即机关类行政主体(行政机关)和授权类行政主体(法律、法规授权组织),即便是授权类行政主体,也大都依附于政府,具有强烈的行政色彩②,换言之,其仍可归属于广义上的机关类主体范畴。伴随着行政法治理念从“管理”向“治理”的迈进,行政法治实践发生诸多变革,“中国政府的权力已经开始从单中心的政府走向多中心的自主治理”。③ 各种非政府组织、企业开始活跃在社会治理的舞台上,这势必会突破行政主体的预设类型,对我国的行政主体理论产生冲击。主要有二:

其一,公私合作治理模式的显现。所谓合作治理,主要是指在公共事务治理的过程中,引入私人参与机制,行政机关和私人相互分工、密切配合而共同完成任务的一种新型治理模式——以行政目标为导向,

---

① 章志远:《当代中国行政主体理论的生成与变迁》,载《贵州警官职业学报》2007第1期。

② 就理论意义上而言,一个国家的社会组织应当实行事后监管,其职权也大都来自于组织成员或自治章程的授予;就实践意义上而言,我国的社会组织往往实行“双重监管体制”,即登记部门的事前审核和业务主管部门的事后监管,再加上,其唯有在法律、法规的授权范围内,才可取得行政主体资格,这无疑极大地加强了社会组织的行政化色彩。

③ 〔美〕埃莉诺·奥斯特罗姆:《公共事务的治理之道》,余逊达译,上海三联书店2000年版,第3页。

以公私合作为内容,以责任性及正当性为依归。此种模式,在西方,尤其是美国早已运行多年。如协商制定规则、杰出领袖工程、非政府组织设定标准,等等。[①] 而在中国,其仍不失为一种新的现象,只是在最近这些年才有所显现,进而引起社会的关注。传统上,中国公共行政和行政法建立在严格的公私分立、公私对立的理念基础之上,政府所代表的是公共利益,行政相对人追求的则是私人利益。故此,公共职权通常只为政府所保有,私人绝不能染指,即使是邮政、水电、通信等公用事业,其在行使职权时亦不得与私人进行单方接触,更不得讨价还价,私相交易。然而,近年来,随着行政事务的日渐增多且日趋专业化,加上人民民主意识的提升,此种现状明显有所改观,私人参与行政,私人与政府机关合作治理的现象正逐渐成为政治生活之常态。这其中,最典型的形式莫过于行政任务外包了,其频繁地被行政机关在诸多领域予以采用。行政任务外包是指行政主体通过签订合同的方式将某项行政任务转让给相关私主体行使,并给予一定费用的行为。在行政任务外包中,行政主体通过行政合同所转移的往往只是行政任务的"使用权",而不是"所有权";改变的也仅是行政任务的行使方式,而非行政任务的属性;政府也并非完全从事务中脱身,只是工作重心由事中转向事后,由台前转向幕后,其仍要承担相应的监管责任和担保责任。[②] 在行政任务外包中,"行政机关及其工作人员未履行其法定监管职责或违反法定监管职责,公民可以以行政机关怠于履行公共职能而申请国家赔偿"。[③] 当然,此种合作治理模式的例证还有很多,如行政助手、行政咨询,等等。

其二,私人单独治理模式的凸显。私人单独治理是指在一些公共事务治理的过程中,由符合特定条件的非政府组织、企业或个人予以单独进行,而排除行政机关的插手与干预。其实现路径主要有如下两种:一则民营化。民营化是一个比较泛化的概念,具有多重内涵,这里所意指的仅是一种较为狭隘的阐释,即公有企业或国有企业释股于民间。

① 〔美〕朱迪·弗里曼:《合作治理与新行政法》,毕洪海、陈标冲译,商务印书馆2010年版,第49—81页。

② 参见江玉桥、梅扬:《行政任务外包的正当性及相关纠纷解决》,载《中州学刊》2014年第4期。

③ 林卉:《怠于履行公共职能的国家赔偿责任》,载《法学研究》2010年第3期。

一般说来,民营化源于1979年英国撒切尔政府推行的一系列激进的非国有化运动,这场改革波及英国的电信、石油、民航等多个服务领域。在美国,自里根政府上台后,历届政府都野心勃勃地推行民营化战略,其涉及的范围更加广泛,不仅包括服务行政领域,亦涵盖传统的秩序行政领域,如监狱、戒毒所,等等。[①] 我国的民营化则肇始于改革开放中期,采取的主要方式就是国有或集体企业释股于民间。尽管这项举措不断遭受部分国人的怀疑甚至责难,但它依旧在中国体制转轨的征途中艰难行进。[②] 传统上,我国一些关乎国计民生的公用事业由政府所垄断,民间资本鲜有涉足,这不仅造成了公用事业经营效率之低下,亦严重挫伤了民间资本经营公用事业的潜能和活力。民营化后,面貌则焕然一新,私人性质的组织或企业成为了经营一些公用事业的主体,市场活力被极大地予以激活。二则社会组织的发展。社会组织的发展往往是与政府放权相伴而行的,缺乏政府放权的支撑,社会组织也就难以为继。在传统上,我国主要是一元经济,全国只有国家利益,这就易造成政府集权。随着社会主义市场经济的飞速发展,我国经济形式日益多元化,利益主体也随之增多,在国家利益之外,又产生了社会利益以及个人利益。伴随着经济上独立而逐渐衍生出政治上的需求,为维护各自利益,他们需要分享相应的行政资源,进而倒逼政府向社会放权。可见,在未来中国,随着改革的不断深入,非政府社会组织行使行政权力、履行公共行政职能将成为十分普遍的现象(如图1)。"从某种程度而言,推进政府向社会分权,让社会的回归于社会,正是我国改革开放的主旋律。就其现实意义上说,三十年来中国改革的一个重要成就即在于打破了这种国家集中型权力秩序模式,将应当属于社会的自治权归还给社会。"[③]一言以蔽之,伴随着政府放权步伐的逐渐加快,社会组织所承接的政府职能会越来越多,私人单独治理模式在公共事务治理中的地位也必将得到显著提升。

---

① 参见〔英〕卡罗尔·哈洛、理查德·罗林斯:《法律与行政》,杨伟东、李凌波等译,商务印书馆2004版,第56—65页。

② 参见章志远:《行政法学视野中的民营化》,载《江苏社会科学》2005年第4期。

③ 江国华、张倩:《权力的分解、位移与下沉——写在1982年〈宪法〉实施三十周年之际》,载《法学杂志》2012年第2期。

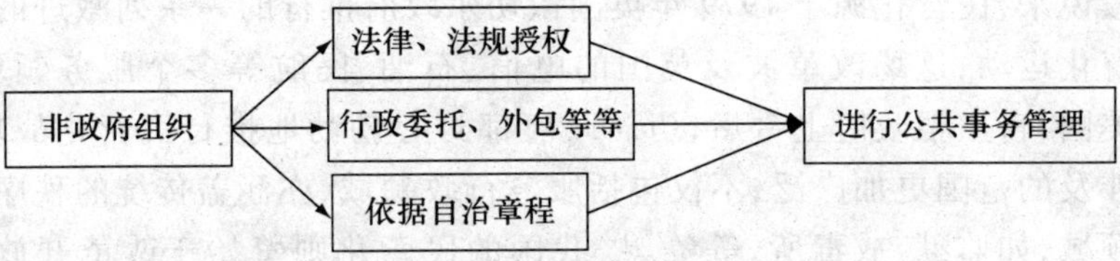

图 1　非政府组织参与履行公共行政职能的路径

注:这里所谈及的私人单独治理模式中的"私人"主要是指那些依据自治章程而取得公共事务治理权的非政府组织。

(三)行政主体之价值:行政诉讼面临诘难

在我国,行政主体是确认行政诉讼适格被告的基本标准,即"谁主体,谁被告"模式,这正是行政主体诉讼价值之所在。囿于行政诉讼法学研究框架,当下行政主体理论无论在法理或是实务上,都可在逻辑上获得较为圆满的自洽。然而,行政主体理论应当是贯通行政实体法、行政程序法和行政诉讼法三大领域的基本理论,显然,我国行政主体理论并没有这样的功能。① 现代行政理念变革,使行政主体理论的诉讼价值面临诘难。

其一,行政诉讼被告范围的局限。行政主体与行政诉讼被告属于两个不同领域的范畴:行政主体主要归属于行政实体领域,其核心目的在于行政组织的管理和责任主体的确立;行政诉讼被告则隶属于行政诉讼领域,其主要目的是为了便于诉权的行使和司法审查。行政主体并不一定是行政诉讼被告,而行政诉讼被告亦非一定是行政责任的最终承担者。我国这种将行政主体与行政诉讼被告相等同的方式,必定极大限制行政诉讼被告的范围。如前所述,随着公共行政改革的不断推进,社会组织,如律协、足协、高校等主体提供公共服务和管理公共事务逐渐成为常态。行政诉讼实践中"谁主体,谁被告"的模式,必将造成这些组织的公务管理活动游离于行政诉讼之外,难以对社会公权力实现有效监督与制约。

其二,相对人诉权实现的限制。就常理而言,民事诉讼中"谁行

① 参见章剑生:《反思与超越:中国行政主体理论的批判》,载《北方法学》2008 年第 6 期。

为,谁被告”模式更符合人们的一贯思维,也便于准确识别和定位被告。而我国在行政主体理论之上确定行政诉讼中“谁主体,谁被告”模式,即行为者不一定是被告,非行为者却可能成为被告。如此一来,相对人在起诉时,须首先判断“who(谁)”是法律上的适格被告,而非行为者“How(如何)”履行公共职能。对于这项极具专业性和技巧性的活动,法律工作者都不一定能够准确把握和胜任,勿论普通百姓。因此,可以获知,现行行政主体理论所构筑的行政诉讼模式存在逻辑弊病,较大程度上限制了相对人诉权的行使与实现,显然有失偏颇。

二、行政主体理论的变革

自薛刚凌教授于1998年开始反思我国行政主体理论之后,行政法学界众多学者都对此有所提及。然而,反思之后,如何改进?这才是问题之殇。纵观学者所论,可归纳为“修补说”与“变革说”,前者只从形式上作出修补,以暂时解决行政诉讼被告不周延的问题,例如通过司法解释将规章授权组织纳入其中;后者则将行政主体作为推进地方分权与行政分权的符号与工具,期望由此引发实质性变革。[①] 为适应国家行政理念的变迁,满足行政法治实践的需求,行政主体理论理应采取“变革说”。

(一)行政主体概念之重构:摈弃职权要件,突出责任要件

探索其渊源,我国行政主体理论“三要素说”直接取自王名扬先生《法国行政法》——依法享有行政职权;以自己的名义从事行政活动;能够独立承担法律责任。[②] 简而言之,“三要素说”可直接归结为一个标准——依法享有行政职权,后面两个要素则是行政职权运行的过程和结果。如前所述,这也正是行政主体内涵模糊的原因之所在。为此,行政主体概念的重构应摒弃这一职权要素而回归于责任要素之本质,可将其界定为:依法履行公共职能,并独立承担因履行该职能而产生的权利义务关系及法律责任的组织体。内涵有二:

---

① 参见余凌云:《行政主体理论之变革》,载《法学杂志》2010年第8期。

② 参见王名扬:《法国行政法》,北京大学出版社2007年版,第31—39页。

其一,摈弃职权要件,拓展行政主体外延。在新行政主体概念的视域下,“依法享有行政职权”不再是判断行政主体资格的唯一要件,相应地,是否实质上“履行公共职能”将成为判断行政主体的核心标准。公共职能的来源具有多元性,其不仅可源自于法律的明确授予,亦可依自治章程而形成,换言之,达成行政目标不再仅仅是“政府的事情”,而是“政府和社会共同的事业”。如此,既可避免“一个组织是否享有行政职权”判断上的模糊性,又可将虽法律上不享有行政职权,却事实上履行公共职能的社会组织纳入其中,从而满足行政法治实践变革之需求和矫正行政法学理论研究之目的。

其二,突出责任要件,推进行政法治建设。新的行政主体概念在原有基础上突出责任要件,以此强调行政主体乃责任之最终承担者。行政主体理论的核心内容之一“谁主体,谁被告”即随之演变为“谁主体,谁责任”,而行政诉讼被告的确定标准亦转化成为“谁行为,谁被告”。责任是公共治理的生命,公法如果只有授权而疏于规制与监督,那么再完美的“善治”也难逃权力“阴影”,而最终导致“善而不治”或“治而不善”。可见,此种将行政主体与责任要件紧密相连的概念界定,有利于突出行政主体的责任色彩,方便相对人合法权利的救济,亦有利于行政法治的实现。

(二)行政主体类型之调整:取消部门行政主体,创设社会行政主体

在现行行政主体理论视域下,行政主体类型较为单一,仅限于两种,即机关类行政主体(行政机关)和授权类行政主体(法律、法规授权组织)。此种狭隘界定严重限制了行政法学的研究范围,亦难跟上行政法治实践变革之步伐,造成理论与实践脱节。故此,需在行政主体概念重新界定的基础上,对行政主体类型进行适当调整,确立中央行政主体、地方行政主体以及社会行政主体三分体制。其内涵有二:

其一,取消部门行政主体。如上所述,新的行政主体概念突出了行政主体的责任要素,而判断其责任要件,是否为独立的利益主体则为首要参考指标。众所周知,自新中国成立以来,我国建立了中央集权型政治经济体制。政治上,奉行中央政府统一领导之理念;财权上,亦实行中央统一税收之体制,直至 1994 年的分税制改革,中央在财权上仍具有支配性地位。因而,理论上,全国有且仅有一个行政主体,亦即中央

人民政府,地方各级政府只是中央人民政府的利益代表者,其自身并无独立的利益需求。1994年分税制改革后,地方具有了独立财政收入来源,宪法、组织法等法律授予地方政府规章制定权,如此,成就了地方政府的独立主体地位。"虽然行政机关不能自行设立也不具有独立地位,但地方政府都有自身利益,基于利益争夺而产生的地方保护和'跑部钱进'现象比比皆是。"①至于各级政府职能部门,其只是一级政府的组成部分,人、财、物等各方面都受制于所属政府,因而缺乏独立的利益诉求,也就难以成为独立的行政利益主体。故此,原则上唯有中央人民政府和地方各级人民政府才具有行政主体资格,即中央行政主体与地方行政主体,而各级政府职能部门,由于并不是独立的利益主体,也就不具备行政主体资格。

其二,创设社会行政主体。一方面,伴随着社会经济发展,社会分工越来越细,社会生活和社会关系也日趋复杂,原有"全能政府"体制显然已在诸多方面无法适应社会发展和行政活动之需要。因此,完成特定目标和承担特定功能的社会组织大发展就成为现代行政法治建设之必然趋势。据民政部《2009年民政事业发展统计报告》统计显示,截至2009年底,全国共有社会组织43.1万个,业务范围涉及科技、教育、文化、卫生、劳动、民政、体育、环保、法律服务、中介服务等各个领域,吸纳就业544.7万人。社会组织的蓬勃发展,逐渐形成与政府相抗衡的社会力量;而另一方面,随着服务型政府建设和公共治理理念的确立,一些社会组织进入公务领域成为普遍,但并无相关法律、法规授权,从而形成有实无名之态,不利于法律责任之追究和公民权利之保障。②故此,可借鉴国外经验,引进"公务法人"概念,在我国则可称之为"社会行政主体",把它作为与中央行政主体、地方行政主体相并列的第三类行政主体,以缓当前行政法治实践和行政法学研究之急。就其概念而言,可界定为:以实现组织系统内部的自我管理和自我服务为目的,依法从事特定群体或行业的公共事务管理,并能以自己的名义对外独

① 参见蔡英辉、刘晶:《后现代语境的行政主体间性》,载《学习与实践》2008年第12期。

② 参见马怀德:《行政法学》,中国政法大学出版社2009年版,第71—75页。

立承担责任的非营利、非政府的社会自治组织，其范围主要涵盖如下两类[①]：一则经法律、法规授权而履行公共职能的社会组织，二则依据自治章程而履行公共职能的社会组织。至于那些通过行政委托、行政外包等方式而取得公共职能履行权的社会组织、企业或个人，由于其职权并非直接源自于人民通过法律或自治章程的授予，所以其在实质上并没有取得该"公共职能"的所有权，相反，其取得的仅是一种使用权。故此，不应当将它们纳入行政主体之范畴。对于它们的行为，则可依据市场准入、合同条款、政府监督以及媒体披露等多元监管路径予以规制。[②]

（三）行政主体价值之转变：废"谁主体，谁被告"模式，立"谁主体，谁责任"模式

现行行政主体理论的诉讼价值，主要在于实现行政主体和行政诉讼被告之捆绑，亦即确立"谁主体，谁被告"诉讼模式，而这一模式也随着行政法治实践的发展与变革而相形见绌。就司法实践而言，行政诉讼被告与行政主体之间并不必然等同，也没有必然联系。故此，可依据较为通行的司法理念来确定行政诉讼被告，即"谁行为，谁被告"诉讼模式，而行政主体价值则随之转变为"谁主体，谁责任"。其内涵有二：

其一，废除"谁主体，谁被告"模式。基于现行行政主体理论，"谁主体，谁被告"诉讼模式在行政诉讼实践中居于主导地位，是否具有行政主体资格即成为确定被告的决定性因素。而我国行政主体泛滥，且无规律可循，法律工作者尚且无法一一辨别，普通民众更是望而却步，此举显然不利于公民诉权的行使和行政诉讼实践的发展。相反，唯有以"谁行为，谁被告"诉讼模式代之，方可解燃眉之急。如此一来，行为主体即取代行政主体成为确定被告的决定性因素，非行政主体亦可因

---

① 对于那些依靠行政委托、行政外包、公用事业特许经营等方式而取得公共职能履行权的社会组织、企业或个人，由于其职权并非直接源自于人民通过法律或自治章程的授予，所以，其在实质上并没有取得该"公共职能"的所有权，相反，其取得的仅是"公共职能"的使用权。故此，不应当将其纳入行政主体之范畴。对于它们的行为，则可依照合同条款、政府监督、媒体披露等多元监管体制予以规制。

② 湖北省十堰市是全国第一个公交事业全盘民营化的城市。然而，这次改革并不顺利，最终以失败而告终。至于其原因，章志远教授认为主要是由于政府完全退出，没有承担相应的监管与担保责任。据此，其认为，在以后的行政任务外包中，政府应当依次解决如下五个环节的规制问题：一则市场准入规制，二则经营合同规制，三则价格规制，四则质量规制，五则市场退出机制。可参见章志远：《个案变迁中的行政法》，法律出版社 2011 年版，第 115—126 页。

其行政违法而成为适格被告。易言之,其优点有二:一则事实性因素(行为主体)取代法律性因素(主体资格)成为行政诉讼被告确定的核心指标,有利于行政诉讼被告范围的扩充;二则较之于行政主体资格的法律认定,行为主体的事实判断显然更通俗易懂,趋于"平民化",便于相对人诉权的行使,对其合法权益的维护亦大有裨益。

其二,确立"谁主体,谁责任"模式。新行政主体理论的价值之一,即在于确定行政诉讼领域"主体与被告的分离"。其基本意味有二:一则谁行为,谁被告;二则谁主体,谁责任。换言之,行政主体并非一定为被告,被告亦非一定为最终责任之承担者,而最终责任的承担者则必为行政主体。比如,在民事诉讼中,未成年人可以充当被告,法律责任则由其监护人承担。同样,在行政诉讼领域,各级政府的职能部门可以充当被告,但由于其并非独立的利益主体,最终法律责任则转移给其所属一级政府。当然,该职能部门仍需承担相应的行政内部责任,并按照有关内部程序予以处理。可见,新的行政主体理论将行政主体与行政诉讼被告分别归位于原属领域,发挥其应有的职能,行政诉讼实践之逻辑亦逐渐趋于清晰。

三、行政主体理论变革的影响

面对现实的变迁,制度安排永远无法臻于完美,而理论探讨则往往具有前瞻性。与其他社会科学一样,行政法学理论应当是行政法治实践在法学理论上的反映、结晶和升华。它必须始终植根于行政实践又超脱于行政实践,以指导解决存在的各种现实性问题。[①] 基于行政法治改革的不断进行,我国行政主体理论必须作出相应的回应,亦即创设新行政主体理论。相反,此种理论变革,也必然会给中国行政法学研究和行政法治实践带来可能影响。简而言之,主要有二:

其一,行政主体理论作为行政法学研究的一方重地,对于行政法学体系的构建具有重要作用,其变革当然会给中国行政法学研究带来诸多影响与变化。具体有三:(1) 行政组织领域。随着行政主体概念的重构以及范围的调整,一些社会组织逐渐进入行政法学研究的视野。如何处理这些社会组织与政府的关系以及如何将这些社会组织的活动

① 参见包万超:《面向社会科学的行政法》,载《中国法学》2010年第6期。

纳入法治轨道,都是中国行政法学研究所面临的新课题。(2)行政活动领域。较之于政府,社会组织往往与民众互动较为频繁,更显亲和力;作为行政主体,社会组织却不具有法律所赋予的行政权力。如此,在进行公共事务管理时,其往往更易倾向于采取一些柔性行为方式,如行政协商、行政指导、行政合同,等等。① 行政活动内容即得到有力的丰富与拓展。(3)行政救济领域。行政主体价值从"谁主体,谁被告"向"谁主体,谁责任"的转变,必将对行政诉讼被告的确定标准以及法律责任的追究方式产生重大影响。另外,伴随着社会组织进入公共行政领域的增加,涉及行政机关、相对人以及社会组织三方主体的多重法律关系逐渐涌现,纠纷类型趋于复杂化,这对传统纠纷解决路径的合理性与实效性也是一种考量。

其二,中国行政主体理论的变革对中国行政法治实践也必然产生连锁效应。具体有三:(1)社会组织主体化。新行政主体理论将一些社会组织也纳入行政主体的外延之中,赋予其法律资格。这意味着社会组织法律地位的提升,其各种权利也必将得到法律更为有力的保护,中国社会组织的蓬勃发展为大势所趋。(2)内部监督公开化。新的行政主体理论取消了政府职能部门原有的行政主体资格,其只能因其行为充当被告,却不用承担相应的法律责任。这就需要各级政府加强对其职能部门的内部监督,特别是在行政内部责任的追究上要加大力度。也唯有此,才能确保相关职能部门及其工作人员公正执法,严格守法。(3)社会行政法治化。行政主体理论的变革,不仅需要在制度方面予以调整与创新,还需要在法律层面上有所作为。现如今,我国仅有《国务院组织法》和《地方各级人民代表大会和地方各级人民政府组织法》,而作为社会行政主体的非政府组织却缺乏相应的法律予以调整与规制,这显然与行政法治理念不符。从这个角度而言,在未来的行政法学研究中,可以期待中国行政法学界会对社会组织法的研究投入更多的人力、物力,以期拿出更高水准的研究成果说服立法者,进而推动《社会组织法》的起草与出台。

(责任编辑:陈明辉)

① 参见江国华:《中国行政法(总论)》,武汉大学出版社 2012 年版,第 170—182 页。

行政诚信:伦理与法治的联结

廖　原*

内容摘要　在社会转型及建设市场经济的大背景之下,我国宪法确立了建设社会主义法治国家的战略目标,党的十八大确立了我国法治政府的实施规划。法治政府构建的价值取向是服务于公众,其所强调的是制度的搭建,制度成功建立及有效实施取决于理念的树立与指导。行政伦理是行政法治建设的价值理念内核。现代行政的伦理精神要求行政活动应秉承公平、公正、公开及责任等价值内涵,这些内涵需要与行政法制度相对应,才能真正体现出法治行政与服务行政的现代精神。行政诚信的价值内核正是当下中国法治建设所需,因此,在行政法治的建设中,对于诚信内涵的阐释,分析诚信行政与法治行政的契合点,探讨诚信伦理内涵与行政法治连接的制度是非常必要和迫切的。

关键词　行政诚信　行政伦理　行政法治　行政责任

伦理是人与人以及人与自然的关系和处理这些关系的要求和准则。当下中国,在社会转型加剧、社会经济快速发展的同时,社会关系也产生了极大的变化,伦理成为了当下人们在处理社会关系时的一大需求。我国经济体制与政治体制改革正欲求步入正轨,国家、社会、公民对民主、法治的需求也日益迫切。然而,在我国社会主义法制体系日益完善的当下,我们却发现愈来愈多的市场交易与政府行政失信情况泛滥于世。尤其是事关民生的失信案件层出不穷,食品安全事件屡屡爆发,产品质量问题层出不穷。这些事件也折射出监管部门的监管失信。政府权力是基于人民的委托而存在,对于危及人民生命、财产安全

* 苏州大学王健法学院博士后,广西政法管理干部学院法律系副教授,法学博士。本文系第51批中国博士后科学基金面上资助项目“服务型政府的法治实现机制”(项目编号:2012M511312)、2013年度广西高等学校人文社会科学研究一般项目“国家权力法治化视野中的行政许可监督研究”(项目编号:SK13YB143)的阶段性研究成果。

的违法行为不作为本身就是对于人民信赖的一种破坏。另外,政府透明度不高和腐败滋生等问题正在成为影响我国经济和社会发展、社会稳定、国家整体实力递增以及国家法治建设的桎梏。因此,在国家与社会层面确立起诚信伦理理念,尤其是在行政领域通过建构相应制度,将行政法治铸就成能装起权力的"笼子",打造信用行政、诚信政府,是我国法治建设的迫切需求和必然要求。种种事实告诉我们,行政法治必须要融入行政伦理的精神内核才能真正形成。

一、行政诚信与行政法治的伦理内涵

(一) 诚信与法治的伦理渊源

要讨论诚信的理念及制度,首先必须对什么是诚信有所了解。"在古希腊,哲人言诚信必是与法律、公正联系在一起的。"①其实,诚信在我国作为道德伦理上的要求和品格上的追求渊源已久。中国古代的思想家就十分注重诚信。立信与法制之间的关联源远流长,如流传千古的"商鞅立木建信"的故事。战国时期,秦国秦孝公主政期间,商鞅主持变法,为了让法令获得威信,能更好地贯彻落实而取信于民,商鞅于城南门树立了一根木头,宣告只要有人将此木搬至北门,则奖十金。开始并无人回应,后将赏金增加至五十金,终于有人在丰厚的赏金诱惑下将木头搬至北门。商鞅按照公告之约定如数将五十金奖给搬木者。秦国的民众得知此事,都认为商鞅变法,令必行,禁必止,所以无论贵贱老幼,皆听令于法,秦国人心安定,人人遵守之。商鞅作为春秋战国法家之代表提出要推行法治,治理好国家,须具三个必要条件,即"法"、"信"、"权",这三者之间的关系最终统一于"权"之中。尽管体现出较强的工具理性,但是其思想观点无论是在当时还是在现今均有较大的借鉴意义,并且法治离不开权力的运作,只是看权力是否能按照法定的目标及标准运作而已。商鞅指出"君臣要共立'信',即要求在执法、司法上做到'信赏必罚',从而取信于民,收到'民信其赏,则事功成;信其刑,则奸无端'的效果。'信赏必罚',还含有'去私'的内容,即不论

① 赵俊、柳之茂:《中西古代诚信伦理比较及其现代意义》,载《兰州大学学报(社会科学版)》2010年第1期。

亲疏远近，不别贵族平民，有功则赏，有罪则罚”。[①]

（二）诚信的伦理内涵

《论语·为政》中记载了孔子所言“人而无信，不知其可也”，孔子还将“言必信，信必果”，作为其弟子言行举止的基本规范。孟子也曾强调：“诚者，天之道也。思诚者，人之道也。”那么何谓诚信呢？东汉文字学家许慎在其著作《说文解字》中解释了信的含义：“信，诚也，从人言。”由此可见古人将诚与信二字作为同义词，互通解释。人言，直白来说，就是人所对外说的话，所承诺的事就应当兑现。

“信”是人类社会得以发展的根基，是人与人之间交往的基础，作为群体生活的物种，只有互相的信任和友善才可能有凝聚力，否则人类社会将会因互相猜疑而分崩离析。“诚”是将言语转化为具体的行为，是对信的保障。中国延绵恒久的所谓人情社会，所依赖的其实也是诚信，否则，这种社会结构早就土崩瓦解了。但是基于人性中存在着自利的固有缺陷，人与人之间，以及由人所集成的组织之间的社会交往也并不总能以诚相见。这就使原本作为人类共同生存基础的品德及观念，却会屡屡缺失。正如辩证唯物主义理论所分析的事物总有两面性一样，对于诚信的确认史与其缺失史一样历经久远。

（三）法治行政的诚信伦理定位

从商鞅立木建信到普通人之间的交往，在民商、经贸往来以及国家的政治活动中，诚信已不应仅停留在一种道德及观念层面上，在人类发展史中诚信早已蕴含于法治的价值内涵当中。尽管，“中华文化有悠久的诚信理论和实践传统，但作为法律原则的诚信却是舶来物，本土的诚信与外来的诚信有许多共同点，例如，共同主张舍利取义、言而有信、不欺，但两种诚信也有差异，要言之，本土的诚信主要适用于熟人关系，而舶来的诚信起源于并主要适用于生人关系”[②]。诚信在人类的生存与发展中的重要性是不言而喻的。它作为维系人类共同体发展的最根本原则而存在，因此无论任何人、任何组织都应遵循诚信的要求，确立

① 萧伯符：《商鞅法治理论及其现代借鉴》，载《中国法学》2002年第2期。

② 徐国栋：《诚信原则理论之反思》，载《清华法学》2012年第4期。

起诚信的伦理观，并建立起弘扬诚信的奖励机制和对不诚信行为的惩罚追责制度。

行政法治在一国的法治体系中占据着极其重要的地位，这种重要性是基于社会公行政在国家与社会中所起的广泛而重要的作用决定的。以政府为代表的公共行政组织是面向公共领域提供公共服务及产品的主体，如发生不诚信行为，其造成的损害会远远大于普通个人和一般组织，因此对于行政法治来说其诚信的定位应立足于以下三个方面：

其一，应当将公共行政行为的标准通过定规立制，形成法制规范，以法规范的形式来体现出对于整个国家及社会的立信活动，将行政诚信的伦理要求以法制化固定。

其二，应在执法中严定标准，把握好公正执法之尺度，拿捏好行政自由裁量的空间，去私情而存公义，实行统一的执法规范，避免行政执法中出现相同情况不同处理和不同情况相同处理的不公正行政。

其三，要在公共行政组织以及公务人员中普遍树立诚信用权的价值观。我国宪法确立了人民主权原则，因此任何公共组织的管理权力均来自于人民的授权，行政公务人员原本便是一个普通的公民。因而，行政公务人员除了应具备一般公民的道德基准以诚信为本之外，还必须依据公共服务的特性来规范自身在公共行政活动中必须坚持的纪律与道德的标准。

二、诚信与法治行政的内在逻辑连结

市场经济的发展让更多的公民与社会组织有了独立的市场主体地位，尽管市场经济要求政府对于市场管理从原来的直接控制和参与转向减少行政审批和强化事后监管，但由于我国公民社会仍处于初步发展期，市场经济也还处于转型期，社会及市场对国家权力的依赖性还很强，由此将公共行政管理部门的诚信问题凸显出来。

（一）诚信是法治行政的合法性根基

受儒家思想的影响，中国历代王朝的统治者均强调应取信于民。诚信也是于我国本土源远流长的重要道德资源。在进行法治国家建设时，应当继承及发扬这一宝贵资源。西方历史悠久的商品经济传统，让诚信原则及相关的法律制度较早地发端于其民商法体系之中。商品经济是建立在平等、自由基础之上的经济发展模式。民事契约也是建立于平等主体之间协商一致,在达成合意的基础上形成的,这种平等的对话协商机制,可以让交易各方都从中获取更大的利益。同时契约不仅仅起着交易功能,基于契约的交易,必须事先约定好交易双方的权利义务,真正要让契约能够切实履行,最为基本的前提就是各方都遵守约定。所以,实际上遵守了约定就是讲了诚信,没有得到切实履行的契约,就等于一纸具文。由此可见,诚信就不仅仅体现于道德的约束,其还是一种法律上的基本义务要求。

可以说,基于以上商业化的发展及市场经济的较早确立,诚信在西方历史上得以通过法治的方式融入到具体的法律制度中。当然,尽管法制可以规范人们的行为,但诚信观念如不能在社会中普遍树立,法的功效将是极其有限的。因此必须将行政伦理建设与法治建设结合起来。诚信是行政伦理中的重要内容,行政法中也应蕴涵着行政伦理的精神。行政伦理与行政法治的结合,不仅具有历史发展的内在必然性,而且更为重要的是其所具有的现实基础。如美国通过颁布《美国政府行为道德法》对政府及其工作人员的行为进行规范,将政府雇员的道德标准转化为具体的法律条文。

公共行政组织在本质上具有促进和实现公共利益的义务和责任,其应当将公共利益作为自己行为的标准和行动的出发点,公务员更应当是公共利益的信托者,而不能成为以权谋私者。作为行政伦理,其所蕴含的一个核心议题便是如何保证政府及其管理者能够代表并回应公共的利益,否则,政府的公共管理便没有任何存在的合法性依据。公共行政的核心价值在于体现公平、正义和民主,要维系并发展民主法治社会的基本价值理念和公共行政的基本价值理念。在现代行政法治理念中,公共行政绝非是单纯的国家意志、手段和工具,而是更为深层地关涉国家存在所应蕴含的内在理性价值。从价值理性来看,公共行政的重要使命就在于要扮演执行法律与捍卫民主宪治的角色,就是说它要致力于发展及弘扬公共治理过程中的合法性与公正性。当民主、人权、法治、自由、公共利益、社会公正、正当程序等写入了宪法,构成民主法治社会的基石后,公共行政便有了义不容辞的责任去维护并发展这些人类从历久的文明中探索出的基本价值。

行政法治的构建关键在于树立行政法在国家行政与社会公行政中的至上权威,以及社会公众对法律的充分遵从,而这些状态的达成,更仰赖于政府诚实信用地行使其所掌握的权力,正所谓“其身正,不令则行;其身不正,令则不行”。政府诚信守法是法治社会的重点,也是社会对政府治理可接受性的基点,这对于中国这样一个实行由政府自上而下推进法治的国家来说尤其重要。

“公民对政府的信任是政府合法性的真正来源,也是经济发展和社会繁荣的社会资本。”①另外,以政府为代表的公共行政组织须恪守诚信原则。按照社会契约论的观点,国家的宪法、法律是政府和民众达成的协议,行政诚信则是对协议的遵守,是契约精神的基本要求。诚信原则在私法中地位甚高,甚至于被称为“帝王条款”,同样地,诚信原则在公法中的重要性也越来越被人们所认识。德国就曾经通过一个行政法判例在行政法中确立起行政信赖保护原则。法官在案件中把公民对政府信赖所取得的利益和政府对自身行为的纠错之间进行了利益裁量,最后认为政府的信赖利益为重。美国法哲学家博登海默说:“在法律国家中,政府的行政活动乃是在规则或标准范围内展开的,而且行政官员在作一项政策决定或个别裁决之前,必须严肃考虑他的行动是否超越了法律所赋予他的自由裁量权的范围。”②因此,在推行行政法治的过程中,有必要把诚信精神进一步融入法之中,使其法律化、制度化,以更好地促进政府守法,实现法治和宪治。政府诚信是社会诚信的基础和导向,一旦政府失守承诺,其负面效果难以估算。政府诚信就是要求政府在行为上要履行诺言从而取得信任和信誉,“政府信用,作为由政府行为所产生的一种信誉,它在整个社会的信用体系中,处于十分重要的地位。从某种意义说,没有值得社会公众信任和依赖的政府存在,也就没有整个社会的有序和公正。因此,加强政府的信用建设,历来是一个国家、一个民族政治文明建设的重要内容”。③

---

① 李建华:《行政伦理导论》,中南大学出版社 2005 年版,第 58 页。

② 〔美〕博登海默:《法理学:法律哲学与法律方法》,邓正来译,中国政法大学出版社 1999 年版,第 367 页。

③ 陈炳水:《推行电子政务与社会主义政治文明建设》,载《云南社会科学》2004 年第 4 期。

(二)诚信是行政伦理的内在要求

公共行政本身具有公开透明的特点,利于民众对政府行为的了解,从而使政府的指导性和规划性行为能很快地让社会知晓,可以极快地影响人们的行为。因此对于诚信行政的内在要求有:

1. 诚信行政应当是责任行政。政府的行为由于各种原因不免会有偏失,法治无法控制政府行为的一贯正确性,因为法治不代表着不犯错,法只能要求行为符合特定的规范和标准。但如果由于政府的错误侵害或者误导了公众,因此造成了合法权益的损害,政府就必须要对自身行为负责,对因自身的过失所造成的损害予以赔偿。责任行政同时要求政府应当是诚实守信的。目前对于政府行政而言,诚信的缺失成为一个相当严重的问题。随着政府不诚信行为发生频率的上升,人们对政府的信任急速滑坡。政府诚信问题的实质就是权力应用上存在的问题,责任体现为职权的行使上,如权力行使上过于放任,没有按照法定的要求去作为或者不作为;或是在进行重大行政决策时,政府不听取公众意见而主观肆意妄为,如此等等。无诚信精神的政府显然是不负责任的政府,政府一旦不负责任,将导致社会的无序,更会造成政府的管理失灵,甚至于产生暴力抗法的事件,因为没有人会愿意服从一个不讲信誉、不负责任的政府。行政内部监督是挽回政府信誉的一种手段,如果行政内部监督仍然是不讲诚信的行为,政府的合法性将会就此荡然无存。因此,必须以法律手段来防范政府官员的失信行为,对失信行为设定责任,予以惩戒。监督制度设立本身是建立在对被监督者怀疑的预设之上,西方法治国家监督制度的成效基于在制度设计时即预设了对政府不信任的观念。民众对政府摆脱了以往的盲信和盲从之后,要求政府对社会、对民众承担责任的呼声将会加强,由此形成外部的压力来迫使政府采取有效的措施重拾责任,回归政府本位,由领导者回归为服务者,从管制者归位于合作者。

2. 政府行政行为必须公正。人民之所以需要政府是因为需要其提供其他社会组织或公民个人无法完成的公共服务,公共服务的效率性与公正性应当是和谐统一的。政府不是谋利机构,不应以谋取利益作为行为的动机。网络上对“拼爹”的评论及嘲讽,辐射出人们对于以权力来干预执法的忧虑。权力寻租的肆虐,凸显了行政不公的现象在现阶段的盛行,也从一定层面反映出我国法治建设的艰难与曲折。而选择性执法更是让行政公正的要求在实践中消解。越来越多的电子执法技术在实践中的应用,也产生了技术不公的问题,如在交通管理中大量采用的"电子警察"由于技术和设备存在的缺陷可能出现这样的情况:"根据测速设备的工作原理,完成一次取证要经过测速与拍摄两个过程。由于两个过程的完成时间上不同步,就可能造成拍摄错误。由于在测速过程发现车辆超速与触发拍照过程之间存在时间差,通常状况下该时间差可以忽略不计,但在某种极端状态下,如同时有一辆超速车辆与一辆正常行驶车辆在极短的时间内先后通过该雷达测速路段时,就可能造成先通过的超速车辆触发雷达,而摄像机却拍下了后方正常速度行驶车辆照片的情况。"[①]可见目前这种应用于交通管理领域的电子执法不仅存在程序合法性问题,更有执法不公正之嫌疑。而执法机关出于趋利性动机影响,放纵自身行为,不仅是对民主法治的践踏,更是对公众权利的漠视。一次不公正的执法行为其后果甚于十次甚至百次的违法。

3. 诚信行政应是回应型的行政。在我国以《行政许可法》为代表的行政行为法规范中强调了行政主体在进行行政行为时的回应义务,如在行政许可受理时工作人员的一次性告知义务,审查后同意或不同意时的书面告知义务等。《行政许可法》还提倡推广电子政务模式进行许可的申报和审批,实践中很多行政事项也都实现了网上申报、网上办理。众多事项也可以电子邮件、网上留言的方式向有关行政组织提出,这些都要求有关行政组织及时地予以回复。法律中设定的行政主体的回应义务其实质就是政府对公众的一种庄严承诺,表明政府有义务及时地办理申请事项和回复相关投诉或建议。如行政主体在行政程序过程中不能及时回复或者干脆不回复,无疑就是一种不作为行为,即是不守信誉的行为,也是违反法定程序的行为。

4. 诚信行政应当是信息公开的阳光行政。信息社会中,信息就是资源和生产力的体现,而行政信息是政府行政工作中行政公务人员之间、行政公务人员与公众之间传递的,反映行政活动和行为对象的状态及其特征的消息、情报、数据、语言、符号等信号序列的总称。在行政管

① 赵历:《对高速公路"电子警察"执法模式的探讨》,载《中国司法》2012年第6期。

理活动中形成的报表、簿册、文件、档案等就是行政信息的外化表现形式。作为合法、规范的行政行为，在其行为过程中就已经被要求严格按规则来履行程序，其行为信息自然是连贯、完整的。违法者当然不会希望其行为被发现，因此总是会有意消除相关行为信息，对信息进行隐蔽或屏蔽以逃避监督。一些政府部门对于政务信息总是遮遮掩掩，所谓的传言中的信息最后又可能被证实是真实的。网络技术的普及让这种"躲猫猫"游戏有了进一步的舞台。网络的另一个作用目前也正在不断浮现，让许多公民可以从现实生活中将收集捕捉到的违法或不当的行政行为信息公诸网络，这样一来会导致公众对政府的不满情绪的升级。信息在网络时代已经成为应用于监督公共管理者的一种有效工具，不仅可以通过发布信息来对被监督者进行教育、批评，将被监督者的言行公之于众，使得公众对其降低评价，从而达到一种警示教育的效果。而且从实际上看，诸多政府官员的腐败行为是通过网络揪出的，如"日记局长"、"微笑局长"、"房姐"之流。然而令人遗憾的是，这些信息开始均不是由监督部门主动公开的，而是在网民的揭露下现形的。只有勇于公布自身不良行为的政府，才能提升自身的形象，昭显政府为公众服务的诚信姿态。

5. 诚信行政应是法治行政。法治行政，首先应是遵守良法，遵守正义、公正之法。由于众多行政机关享有行政立法权，客观上造成其自身可以利用立法权制定出为其谋利的法则，其实作为政府来说守法本身就是一种诚信的表现。这就要求政府在其所有的业务领域都应符合法治的标准。在行政的各种行为中，尤其是在抽象行政行为实施中，如行政立法领域，目前普遍存在着部门立法的做法，行政部门制定以维护自身利益为主的行政规章，这其实是对于人民的最大的不诚信。

诚信伦理价值在行政法治中的树立，也是行政法治现代化的要求。"中国法治现代化的实现，不仅取决于价值理性与工具理性在文化整体意义上的关联性建构，而且取决于个人自由与政府权力之间的张力对社会空间的互动性拓展。"[①] 因此加强民众的法治观念，通过行政程序中的公众参与性和业务公开性特点，发挥公众监督的最大效力，防止政府失信、毁信的出现，使政府的行为更加符合法律的要求和人民的意

① 任强：《法度与理念》，法律出版社2006年版，第80页。

志,是行政法治观念和政府诚信建设对政府行为的现实要求。建立行政诚信体系,由独立的社会组织对行政组织的行为予以评分,设立诚信排行榜,并建构起对不诚信行政行为的公示和警示机制,以此推进诚信行政与法治行政建设。

三、行政伦理与行政法治的融合

诚信的伦理价值虽然较早地体现于民法之中,但其不仅体现在民法上,它已然成为国家、地区之间建立良好关系的根基所在。行政法中的诚信原则的精神也在整个法律体系中起着重要的作用,以行政法治的推行为视角,行政诚信的伦理要求与行政法治的结合,应有如下几个方面的体现:

(一)行政立法、执法与行政诚信的结合

1. 行政立法与行政诚信的结合

行政立法目前比较突出的问题是社会的发展与法律保障的相对滞后带来的矛盾,尤其是对行政事务的规范的制度建设的滞后,使我国法治行政的建设的进一步推进受到了制约。因此,目前首先应加强行政监督领域的立法,强化对行政行为的规制来提高民众对于法治建设的信心。其次,积极构建并完善我国行政法律体系,基本思路就是加快制定与社会管理服务相关的行政法规范,加强行政的整体立法。其三,立法进程的基本趋势是中央立法与地方立法相互配合。从依法立法的要求来说,其诚信的制度转化应当在立法中坚持法律保留原则和法律优位原则。要求有行政立法权的行政主体必须在法治的框架内行使立法权力。从行政法体系的构成而言,目前大量的行政性立法主要集中于地方,先试点于地方,待成熟后再由中央立法所吸收。立法中同样要注意尺度的把握,我国的行政立法主体众多,现实中会出现在一个地方的行为为违法而在另一个地方为合法的情况出现。这就需要在立法之前沟通民意,立法之后通过设立引导。

2. 行政执法与行政诚信的结合

行政执法应按照法的规范和法的原则要求进行。忠实地执行法律,按法的要求来进行行政管理和服务。法是经过民意机关制定和认

可的，是人们对未来行为的一种预期，因此依法立法、依法执法是人民对国家、对政府、对公共行政主体的正当期望。所以行政的依法实施是政府依法行政的一个重要内容，也是诚信原则在行政执法中的客观要求。行政执法虽然应当以法为标准，然而基于法规范中语言的概括性和执法方式、手段的可选择性，让行政裁量成为了行政执法的主流。现在的问题已经不是是否允许自由裁量权的存在，而是如何去控制行政执法中自由裁量权的滥用。行政执法中同样有着遵循先例的必要，这既是行政合理原则的需要，也是行政执法中诚信原则的贯穿。自由裁量并不意味着可以随意地利用法规则中的空隙来执法，必须要秉承着一定的标准，这个标准就是相同情况相同处理，不同情况根据执法的比例原则进行处置。由此可见，在合法行政之下，合理行政更需要体现出行政诚信的伦理性，以行政先例作为行政执法立信的标准。

（二）推行以契约为主要方式的现代行政

行政活动应以维护社会之公益和保障相对人之正当权益为其目的。维护公益为行政权行使之起点，但行政权的运行，不能忽视个体的正当权益。公益虽不是个人利益，但公益之中必然包含有个人利益在其中，从一定意义上说公益是由众多个人利益集合而成的，因而保证公益与私益的协调与均衡也是现代行政法治实施要体现的功效，这可以看作是政府实现自身功能的承诺，也是维护政府诚信原则的基本要求。

从国外的经验来看，行政契约在行政管理与服务中得到了广泛适用。政府与企业之间有广泛的合作，有的国家政府将相应的公共服务项目外包给企业。因此这些领域，也必须要引进某些市场化运转机制。政务活动中，政府部门也不可避免地会与相关的企业合作。因而政府和企业之间的关系更多要依靠相关的合约来予以协调。政府作为一方当事人要严格按照相关契约的约定履行相关义务，保证诚实信用、公平正义。

结　语

“制度是社会基本权利—义务安排，规范人们行为，体现人类社会交往。整个制度体系，实际上就是一个伦理道德的价值体系，制度与伦理这种唇齿相依的密切关系,也决定其从制订到实施,无不伴随相应的道德风险,产生复杂伦理问题。”[①]通过对东、西方法治脉络的观察与思考,尤其是我国的古代直至近现代法制进路的特点,可以得出,伦理的生成与树立,对于一个国家法治建成起着极为关键的作用,因为在法治的结构中,不可以欠缺价值理念,行政伦理是行政法治生成的重要组成部分。尤其是现今中国仍处于人治向法治之过渡期,人的非制度性影响力还是很大的,因此,以行政伦理为先导,在政府及其工作人员中树立起良好的诚信的伦理品格,这将是我国法治政府建设的重大的基础性工程,尤其是通过将行政伦理与行政法治结合,既能发挥伦理对人的行为的影响作用,又能强化制度对人的行为的规范作用,充分体现“信”与“法”之融合,伦理与法治之连结。

（责任编辑:陈明辉）

① 周奕:《制度伦理视域下的食品安全监管》,载《伦理学研究》2012 年第 6 期。

公法制度研究

论我国立法机关对法规审查机制的完善

伏创宇*

内容摘要 立法机关对法规的审查是指立法机关(议会或者人民代表大会)对行政立法所进行的监督和控制。基于域外经验的考察,立法机关对法规的审查与一国的宪法体制紧密相关,没有统一的模式可供遵循。我国立法机关对法规审查的标准不成体系,审查方式过于僵化,审查程序缺乏公开和公民参与,审查动力机制和功效不佳。我国应当建立起违宪审查标准、违法审查标准以及适当性审查标准的多重审查标准体系。法规审查的方式应当依据法规及其授权母法的内容、层次、对权利的影响程度予以类型化。同时,设立法规审查的公开、参与、反馈和异议的机制。

关键词 立法机关 法规审查 标准 方式 程序

行政立法是一把双刃剑,在适应现代行政发展、保障行政职能实现的同时,亦可能成为“脱缰的野马”,脱离立法者的控制,“行政机关根据国会之授权所订之命令有无违反母法,不可避免成为中外不少国会议员之‘佛兰肯斯坦梦魇’。”①立法机关的审查、行政机关的审查和司法机关的审查则构成了克服甚至消除这种梦魇的审查体系。在这三种不同的法规查方式中②,立法机关对法规的审查是一种既全面又有效的审查方式。

* 中国青年政治学院法学院讲师,法学博士。

① 许宗力:《论国会对行政命令之监督》,载许宗力:《法与国家权力》,台湾月旦出版社1993年版,第271页。

② 在本文中,基于统一用语和便利表达的需要,对行政立法的审查简称为对法规的审查。

一、立法机关对法规进行审查的特征

立法机关对法规的审查指的是立法机关（议会或者人民代表大会）对行政立法所进行的监督和控制。行政立法来自于立法机关的授权，自然也得接受立法机关的监督。立法机关对法规的审查是民主的要求，相较于行政机关和司法机关的监督，其审查范围更全面、审查效果更佳，能更好地保障公民的权利免受行政立法的侵害。

（一）审查的主体

审查的主体为立法机关（议会或者人民代表大会），但是在具体的实施机构方面却迥然不同。美国立法否决权的行使具有四种基本模式：(1) 两院都行使否决权；(2) 只由一院行使否决权；(3) 由一个单独的委员会行使否决权（罕见）；(4) 仅由一个单独的委员会主席行使否决权（非常罕见）。[①] 英国议会对法规的审查权由法定条规联合审查委员会和委任立法审查委员会行使。我国台湾地区则先由立法院各委员会对法规进行审查，再提报议会议决。我国立法机关对法规进行审查的实施主体有法制工作委员会、专门委员会、法规备案审查室、法制办等机关或机构。具体而言，立法机关又可以分为中央立法机关和地方立法机关，如美国联邦和各州的议会都各自行使对法规的审查权。我国立法机关对法规的审查则分别由全国人民代表大会及其常务委员会以及地方人民代表大会及其常务委员会进行。

（二）审查的方式

西方国家议会对法规的审查方式没有统一模式，一般在各自的授权母法中予以规定。个别的，如德国没有统一的规范来规定议会对法规命令的监督方式，而是任由立法者自行于个别授权母法中依个案需要设计不同的监督方式。议会对法规命令的监督模式大致有四种，依控制效力之强弱次序分别为："同意权之保留"、"废弃请求权之保留"、

① 〔美〕肯尼思·F.沃伦：《政治体制中的行政法》（第3版），王丛虎等译，中国人民大学出版社2005年版，第169页。

“国会听证权之保留”以及“课予单纯送置义务”。英国议会对呈报的委任立法的审查模式则是由授权法中有关委任立法规定的性质来决定的,主要的审查方式包括批准程序和搁置程序。在我国,立法机关对法规的审查则采用了统一的立法模式,可以分为依职权审查和依申请审查。依职权审查是立法机关对报送备案的规范性文件直接进行审查,考察是否有与宪法、法律、法规相抵触等不适当的情形存在,是对报送备案的规范性文件的一种静态审查。依申请审查是立法机关根据有关主体提出的法规审查要求或建议而进行的审查,是对规范性文件的一种动态审查,这种审查方式目的性、针对性强,便于从实践中通过多种渠道发现并解决问题。

(三)审查的优势

立法机关对法规的审查相较于行政机关对法规的审查、司法机关对法规的审查而言,具有自身的优势。后两种审查手段成本较高,且分别具有审查效果不佳、审查范围受限等自身难以克服的弱点。立法机关对法规的审查往往受到了忽视,其功能和作用没有得到应有的重视。

首先,行政审查的效果不佳。在法规抵触上位法之情况下,行政机关自己纠正自己错误的可能性比较小。因为行政机关的审查属于自我纠正的方式,“自己做自己的法官”不可避免地具有局限性。

其次,司法审查的范围受限。司法机关的审查不管是在理论上还是在实践中都是备受关注的焦点,特别是司法审查的边界总是成为绕不开的话题。所谓的“谢弗林尊重”抑或“司法谦抑”,都体现了司法对法规的审查具有天然的界限。司法机关对法规只能进行有限的事后审查,且司法权之发动具有被动性,基于不告不理的原则,不能依职权对法规是否违法进行审查。此外,受制于权力分立的原则,司法机关对法规审查的范围、标准和程度都受到压缩。

最后,行政审查和司法审查不但成本高,而且救济的时效性不足。“尽管行政审查和司法审查过程是公平性和可问责性的基本保障,进而成为监管实施质量的基本保障,但我们必须认识到,从总体上来看,它们都是成本高昂和耗时的补偿手段。"[1]立法机关的审查往往是在行政立法生效前或者刚生效不久,这种较早对行政立法的监督,能尽可能地避免违宪、违法和不适当的行政立法生效后持续对公民权利的侵害。

二、立法机关对法规进行审查的域外考察

(一)美国立法机关对法规的审查

在美国,国会对规章行使监督权的方式包括:它可以通过授权法限制规章调整的范围、制定的程序和保留对规章的审查权;它可以通过制定新的法律实际废除规章;有时甚至可以直接通过决议废除规章。不过这种直接废除法很少使用,因为直接废除规章被认为是实际行使一种立法权,而国会行使立法权必须受总统的制约,不受总统制约直接立法是违宪的。在州一级,议会对规章的监督存在着备案和批准两种方式。有的州还规定议会或议会中的任何一院可以通过决议废除行政规章。[2]

美国宪法及其后的修正案或其他联邦法律,并没有直接规定国会如何监督行政机关所发布的命令。美国国会最初采用"立法否决"方式来监督行政命令。所谓立法否决是指行政机关根据国会的授权而制定的行政命令,必须在一定期限内没有被国会的任何一院或两院否决,该行政命令才具有效力。这就是说,国会在授权行政机关制定命令的同时,保留了批准或否决行政机关行使授权行为的权力。在美国,由议会通过决议撤销行政机关所制定的法规是否符合宪法这一问题存在着争议。但美国国会认为立法否决程序简单,使用方便,除采取消极的否决程序外,国会不用采取其他积极措施,也无须对行政机关指示任何替代方案,因此,这也是一种美国国会乐于采用的控制手段。[3] 尽管立法否决起步较晚而且发展缓慢,但是作为一种控制手段,它却不断地被运用。在1932年至1975年间,立法否决被运用了295次。

---

① 经济合作与发展组织编:《OECD国家的监管政策:从干预主义到监管治理》,陈伟译,法律出版社2006年版,第90页。

② 参见姜明安主编:《外国行政法教程》,法律出版社1993年版,第260页。

③ 参见王名扬:《美国行政法》,中国法制出版社1995年版,第910页。

立法否决是否可以被看作一种传统的立法监督方式，引发了激烈争论。“实际上，所有的总统都指责立法否决权，这是因为他们主张立法否决代表了立法对行政分支领域的入侵，是违反宪法的。”①在第一个立法否决条款生效后的第五十年，最高法院在查得哈案中就立法否决的宪法地位最终作出裁决。最高法院裁决1952年《移民与国籍法》第244条中的一院制立法否决条款违宪，因为其主要违反了权力分立原则。法院声称，制宪者认为立法机关可能形成专制，遂详细论证立法分支的立法否决权是对行政分支的违宪侵犯，因其实质上允许国会在宪法规定的范围之外制定法律。最高法院认为：“国会对查得哈的驱逐决定——不亚于国会授权司法部长作该决定的初始选择——涉及政策的确立，对此国会只有一条实施途径：两院一致通过并呈交给总统。”②现在美国国会主要是利用直接调查权，以明确行政命令是否侵犯立法权。③

大多数州遵循联邦先例，判决立法否决违宪，但少数州的法院根据对州宪的独立解释，认为立法否决只是立法授权的一种先决条件，并未超越立法权限。一般来说，各州仍然保留了广泛的立法审查机制，以控制行政机构的规制过程。有些州还包括专门的立法委员会，详细审查所有的行政规章，不时公诸议会或公众。俄勒冈立法规定，如果任何人认为行政规章违法或违宪，都可以要求该州的立法评议委员会进行审查。《各州行政程序法范本》对如何审查行政规则提供了立法的模板。其第3章第203条规定：“立法机构应设立‘行政规则审查委员会’。该委员会必须由两党组成，包括3位由参议院议长任命的参议员和3位由众议院议长任命的众议员。”第204条规定：“行政规则委员会应有选择地审查可能的、被提议或被采纳的规则，并为此规定适当的委员会程序。”该范本的立法监督机制并不包括立法否决，而是行政规则审查委员会“反对”行政决定。行政机构可以对反对意见作出书面回应。如果行政机构坚持决定的有效性与合理性，那么立法审查委员会的反

① 〔美〕肯尼思·F. 沃伦：《政治体制中的行政法》（第3版），王丛虎等译，中国人民大学出版社2005年版，第168页。

② See Immigration and Naturalization Service V. Chadha. 462 U.S. 919(1983).

③ 参见陈保中、蔡爱平、郭艳：《提高行政立法质量：目标与路径》，上海大学出版社2009年版，第127页。

对无效。但它的意见可能影响法院对决定合法性的判决。

（二）英国立法机关对法规的审查

英国议会对委任立法的审查程序呈现多样化，每个法定条规的通过所须遵循的程序取决于其母法的条款。主要程序如下[①]：(a) 向议会呈交文件草案，在该文件可以被"制定"之前，必须获取赞同性决议。(b) 提交制定后的法律文件，只有得到赞同性决议的支持后才可生效。(c) 提交可以立即生效的法律文件，但须在一定时间内通过决议赞成该文件继续生效。(d) 提交可以立即生效的法律文件，但两院中的任一院通过决议废除，则该文件无效。(e) 提交草案，议会可作出"不得采取下一步行动"的决议，其效力相当于命令大臣不得"制定"该法律文件。(f) 提交议会，没有进一步控制的规定。"我们也应该注意到，在有些情形中，议会可能创设一个'超级肯定'程序，以处理特殊的委任立法；而且，有些法定条规则根本无须提交议会。"[②]

1946 年的《法定条规法》对委任立法的印刷、公布和呈报议会审查等问题作出了许多规定。议会对呈报的委任立法的审查方式，是由授权法中有关委任立法规定的性质决定的。有两种主要的审查方式，而在这两种程序下议会对委任立法的审查期限均为 40 天。一种方式是"批准程序"。之所以称"批准"，是因为需由议会两院作出决议，委任立法方能生效（也有例外，如财政事务委任立法只需下议院单独批准即可）。自 1995 年以来，这些委任立法都需提交一个常设委员会。议会在决议前，很少进行辩论。另一种方式称为"搁置程序"（最为常用），指在 40 天审查期间内，除非议会采取"无效决定"的形式提出异议，委任立法即自动生效（这也存在一定的缺陷，因为任何委任立法只能整个而不能部分无效或部分通过）。

在议会中，具体承担对委任立法审查任务的是法定条规联合审查委员会（Joint Committee on Statutory Instruments）（为议会中的专门委员会，成员来自议会上下两院，每院各有 7 名成员）。该委员会成立于 1973 年。法定条规联合审查委员会可根据各种理由对委任立法进行

① 〔英〕A. W. 布拉德利、K. D. 尤因：《宪法与行政法》（下册），刘刚等译，商务印书馆 2008 年版，第 582—583 页。

② 同上书，第 583 页。

审查，如是否有收费规定、是否试图排除法院对委任立法的审查及运用、是否有溯及力、是否存在推迟告知或公布的情形、内容规定是否存在缺陷或不确定、是否怀疑委任立法可能超越职权、所提出的建议形式是否需要进一步澄清。[①] 具体而言，该委员会必须决定是否要以以下理由将所审查的法规提请议会注意：(1) 该法规增加了国库的负担，或者就任何许可证的发放、同意的给予以及任何公共机构所提供的服务收取费用；(2) 该法规系根据一项允许诉诸法院的立法所制定；(3) 该法规未经法定授权、旨在规定溯及既往的效力；(4) 该法规的出版或者送交议会有不合理拖延的情况；(5) 根据 1946 年《立法文件法》应予公告的条规，因不合理拖延而未能及时告知利害关系人；(6) 对法规是否越权持有怀疑，或者该法规"不正常或者意外地"行使所授权力的；(7) 因某种特定理由，需要对该法规的形式和内容予以说明的；(8) 该法规的起草过程看来有缺陷的。[②]

在英国，每年有超过 1500 部法定条规要接受委员会的审查。但是，相对而言，只有少数条规须向两院作报告。在作这样的报告之前，相关的政府部门须向委员会就其立场提交一个解释。[③] 联合委员会行使委任立法监督权的最重要的成果，并不在于它可以将法规提交给议会辩论(尽管这方面有一些著名的例子)，而在于它给政府部门一个生动的提醒：议会挑剔的眼光在监督着他们。受到审查的法规当中，大约有不超过 2% 的法规被联合委员会以报告提交给议会，这是联合委员会在确定报告的标准方面的成功措施的一个组成部分。联合委员会作为一个常设机构，不是定期进行调查的特别委员会，这又是它有价值的例证。韦德教授高度地评价联合委员会在委任立法审查中所发挥的重大作用："在广泛的和技术性的领域免却了重复劳动，提供了效率。委员会对每一项法规所作的报告都限于其内容这个范围之内，哪怕报告只是说明对该项法规无可评论。在动议否决政府法规方面，该委员会的工作成果难以计数，而在促进政府改善行政活动方面，它则是一只尽

---

① 参见〔英〕莱兰、安东尼：《英国行政法教科书》(第 5 版)，杨伟东译，北京大学出版社 2007 年版，第 138 页。

② 参见〔英〕威廉・韦德：《行政法》，徐炳等译，中国大百科全书出版社 1997 年版，第 612 页。

③ 参见〔英〕A. W. 布拉德利、K. D. 尤因：《宪法与行政法》(下册)，刘刚等译，商务印书馆 2008 年版，第 583 页。

职的啄木鸟。在这方面,该委员会的工作可以与议会行政监察专员——对行政活动进行非政治性的审查的另一个有价值的例子——的活动媲美。联合委员会报告的公正性意味着其不必承受议会中多数派的高压。”①

1992年,上议院成立了新的专门委员会——委任立法审查委员会(Delegated Powers Scrutiny Committee),负责对委任立法进行审查(其后其职权范围扩大到放松规制问题),并延续至今。其目的在于,使委任立法审查委员会特别关注所谓的“亨利八世条款”和提纲式立法(skeleton legislation)(即事实上授权各大臣通过委任立法方式对政策作出规定)。例如,委任立法审查委员会建议1999年《污染防治和控制议案》作出修改。作为欧共体的一个成员国,自1972年《欧洲共同体法》赋予共同体立法以法律效力以后,在英国,就产生了如何对据其制定的条例进行议会监督这样一个新问题。大多数共同体立法是由枢密院根据欧共体委员会的提案制定的。议会两院分别设立了一个特别委员会审查这些提案。上议院的委员会被称为“欧共体特别委员会”,其下设6个小组,分别负责处理不同的政策问题;下议院的特别委员会则被叫做“欧共体立法特别委员会”。尽管议会并无直接的权力,但其可以要求部长以枢密院成员的身份对其所为予以说明。这两个特别委员会的宗旨是在共同体法进入枢密院讨论之前,对政府施加压力;同时,政府也可以负责就此目的进行辩论。两个特别委员会均须向其所属议院提出例行报告。②

在英国,人们普遍认为,当前议会对委任立法的审查制度总体上是有用的,这当然也包括法定条规联合审查委员会所承担的监督职权在内。然而,议会的审查仍然存在许多的局限性,也有许多批评的声音。根据《程序专门委员会1977—1978年度报告》,有学者认为该报告提出的批评在现在看来仍然相当中肯,包括③:(1)建议法定条规在呈报议会之前,应先由法定条规联合审查委员会进行审查;(2)对最基本权

① 〔英〕威廉·韦德:《行政法》,徐炳等译,中国大百科全书出版社1997年版,第615页。

② 参见同上书,第615—616页。

③ 参见〔英〕莱兰、安东尼:《英国行政法教科书》(第5版),杨伟东译,北京大学出版社2007年版,第138—139页。

力的委任没有任何宪法上的限制;(3) 法定条规联合审查委员会可能不具备对这些条例进行充分审查必要的专业知识;(4) 议会只享有要求相关部门重新起草委任立法的权力,而没有修改委任立法的权力,并且按照搁置程序制定的法定条规,有许多下议院根本没有进行辩论就通过了;(5) 一些委任立法规定如改变间接税率的规定,未经公布即直接生效了;(6) 虽然对法定条规进行辩论的目的应当以对委任立法实施法律控制为中心,但这些辩论时常会带上对委任立法是非曲直的判断,从而产生按照政治观点评价的倾向,通常会牺牲对委任立法进行充分的法律控制;(7) 在关键时刻,为赢得一般性立法的通过,政府几乎会不遗余力地加以争取;(8) 防患于未然必定胜于亡羊补牢,即正确起草、小心审查远好于其后冗长的司法审查程序进行的监督。这其中所提到的立法审查的专业性和事前性的加强、法律控制目标的实现以及辩论程序的植入,对我国立法审查具有重要的借鉴价值。

(三) 德国立法机关对法规的审查

在德国,法规命令的合法要件由不同法律予以规定。由于涉及授权立法,首先适用的是宪法。《基本法》第 80 条第 1 款为联邦领域确立了决定性的规则,即"联邦政府、联邦阁员或邦政府,得根据法律发布命令 (Rechtsverordnungen)。此项授权之内容、目的及范围,应以法律规定之。所发命令,应引证法律根据。如法律规定授权得再移转,授权之移转需要以命令为之"。各州宪法也为各州的领域确立了相应的、基本相同的规则。法规命令的违法性表现在如下方面:在具体案件中,应当(根据联邦法,或者相应的州法)审查法规命令是否:(1) 具有充分的、符合《基本法》第 80 条第 1 款规定的授权根据;(2) 形式上符合规定;(3) 内容上符合授权根据;(4) 与其他上位阶的法律一致;(5) 如果存在裁量,其发布无裁量瑕疵。[1] 具体而言,这些审查标准包含了以下要求:(1) 授权根据。法规命令需要充分的法律授权根据,因此只有某个法律根据是不够的。也就是说,授权根据必须符合《基本法》第 80 条第 1 款规定,否则,授权根据违反宪法而无效,不能成为法

① 参见〔德〕哈特穆特·毛雷尔:《行政法学总论》,高家伟译,法律出版社 2000 年版,第 340 页。

规命令的根据。(2) 形式合法性要件。这包括管辖权、程序、形式与公布等要求。管辖权指有权发布法规命令的机关由授权法律确定;程序包括其他国家机关的参与权特别是批准权,在发布法规命令之前听取非国家团体、独立专家或者“参与人”的意见(如《联邦公害防治法》第51条)等。但听取意见原则上不构成程序参与权,不能成为法规命令的参与要求,而是“准备”法规命令的前奏。因此,不听取意见不影响法规命令的法律效力,但并不排除这些团体享有听取意见请求权,并且通过法院予以实现。程序瑕疵不显著通常不影响规范的法律效力。形式上要求法规命令必须采取书面的形式并且说明法律根据,这种引用义务使审查成为可能。公布要求法规命令必须采取书面形式。(3) 实体合法要件。法规命令所作的处置必须在授权根据的范围之内,遵守授权根据的要求,并且符合其他法律和宪法的规定。因此,不仅需要从宪法的角度审查法规命令是否具有充分的授权根据,以及授权根据是否符合《基本法》第 80 条第 1 款,而且需要审查法规命令是否符合《基本法》的其他规定,特别是基本权利。法治国的一般“规范等级制度”和依法行政原则,已经产生了进行规范审查的理由。也就是说,法院进行规范审查所依据的标准,应当是所有可以考虑的联邦和州法律,同时也包括直接有效的欧洲法和宪法规范。(4) 无裁量瑕疵。法令制定机关原则上有权裁量是否行使法律授权。只有在法律规定或者所有关联点产生这种需要时(如没有法规命令补充,法律就不能适用)才是这样。

德国《基本法》第 80 条第 2 款规定:“除联邦法律另有规定外,联邦政府或部长关于利用联邦邮政与电讯设施之原则与费用、利用联邦铁路设施之费用之征收原则及关于铁路之建设与经营等,所发布之命令,以及根据联邦法律所发布之命令,而该法律需经联邦参议院之同意,或该法律为各邦受联邦之委托而执行,或其执行属各邦本身之职务者,应经联邦参议院之同意。”这表明联邦政府制定《基本法》第 80 条第 2 款规定的法规命令需要参议院批准。联邦众议院经常在授权法律中保留法规命令的批准权。其程序分为三个步骤:联邦参议院授权、联邦政府制定法规命令和联邦众议院批准。毛雷尔教授认为:“虽然宪法没有明确规定这种批准要求,但一般性地从这一点来看,批准是适法的。制定需要批准法令的授权只是无限制授权的‘一个限制’而已。”①

除此以外，德国没有统一的规范来规定议会对法规命令的监督方式，而是任由立法者自行于个别授权母法中依个案需要设计不同的监督方式。议会对法规命令的监督模式大致有四种，依控制效力之强弱次序分别为，“同意权之保留”、“废弃请求权之保留”、“国会听证权之保留”以及“课予单纯送置义务”。②

第一，同意权之保留模式。此种模式对行政立法的控制效力最强，指立法者于授权母法中规定行政机关依本授权法之授权所订定之行政命令应先送国会，待国会同意后始得公布或生效。其目的主要在于延迟命令之生效，使国会之事前同意成为命令生效之前提要件，确保国会对命令内容之控制。

第二，废弃请求权之保留模式。废弃请求权之保留是指立法者于授权母法中规定，行政机关有义务将依本授权法之授权所订定之行政命令，于公布后送置国会审查，国会保留嗣后请求行政机关废弃命令之权。国会通常于授权母法中规定期限，若期限届满，国会仍未作出废弃命令的决议，则此废弃请求权消灭。

第三，国会听证权之保留。国会听证权之保留，指立法者于授权母法中规定，行政机关依本授权法之授权所订定之行政命令，非先经国会听证程序不得公布。此种监督模式有两种目的，一是延迟命令之生效使国会能事先对命令草案加以审查并表示意见，二是行政机关可具有事先知悉、适应并配合国会意思的机会，从而减少命令因违反母法而嗣后遭废弃之后果发生。国会听证权之保留是授权母法为命令之生效所预设之先决程序要件，因此命令若未符合该程序要件会导致自始无效的法律后果。

第四，课予单纯送置义务。课予单纯送置义务系所有监督模式中控制效力最弱者，意指立法者于授权母法中规定，行政机关有义务将本授权法授权所订定之行政命令送置国会审查，至于先公布后送置，或以送置为命令之生效要件，听任立法者之决定。

① 〔德〕哈特穆特·毛雷尔：《行政法学总论》，高家伟译，法律出版社 2000 年版，第 338 页。

② 参见许宗力：《论国会对行政命令之监督》，载许宗力：《法与国家权力》，台湾月旦出版社 1993 年版，第 275 页。

（四）我国台湾地区立法机关对法规的审查

依据台湾地区“中央法规标准法”第7条之规定，各机关所订定之命令，应视其性质分别下达或发布，亦即送“立法院”，“立法院”应提报“立法院”会议。各委员会审查行政命令，应于院会交付审查后3个月内完成之；逾期未完成者，视为已经审查。但有特殊情形者，得经院会同意后展延；展延以一次为限。如认为无违反、变更或抵触法律者，或应以法律规定事项而以命令规定之情形，即准予备查。一般系由委员会审查后，经由程序委员会编列院会议程报告事项予以备查。再依2008年5月9日新修订的“立法院职权行使法”第60条规定，各机关订定之命令应提报“立法院”会议：“各机关依其法定职权或基于法律授权订定之命令送达立法院后，应提报立法院会议。出席委员对于前项命令，认为有违反、变更或抵触法律者，或应以法律规定事项而以命令定之者，如有15人以上连署或附议，即交付有关委员会审查。”第61条规定了行政命令审查之期限：“各委员会审查行政命令，应于院会交付审查后3个月内完成之；逾期未完成者，视为已经审查。但有特殊情形者，得经院会同意后展延；展延以一次为限。前项期间，应扣除休会期日。”第62条规定了行政命令违法之救济程序：“行政命令经审查后，发现有违反、变更或抵触法律者，或应以法律规定事项而以命令定之者，应提报院会，经议决后，通知原订颁之机关更正或废止之。前条第一项视为已经审查或经审查无前项情形之行政命令，由委员会报请院会存查。第一项经通知更正或废止之命令，原订颁机关应于2个月内更正或废止；逾期未为更正或废止者，该命令失效。”第63条则规定了对行政命令审查的范围可以援引其他法律案：“各委员会审查行政命令，本章未规定者，得准用法律案之审查规定。”

对于法规审查的标准，台湾地区“行政程序法”（2006年修订）第158条规定：“法规命令，有下列情形之一者，无效：一、抵触‘宪法’、法律或上级机关之命令者；二、无法律之授权而剥夺或限制人民之自由、权利者；三、其订定依法应经其他机关核准，而未经核准者；法规命令之一部分无效者，其他部分仍为有效。但除去该无效部分，法规命令显失规范目的者，全部无效。”

（五）域外比较之结论

上述域外立法机关审查模式的介绍主要着眼于立法机关对法规审查的制度，并没有对影响立法机关审查模式的权力结构、社会基础等进行分析。通过对域外立法机关对法规审查的梳理，我们可以从中管窥到域外模式的以下特点：

首先，立法机关对法规的审查与一国（地区）的宪法体制紧密相关。美国有关立法否决的争论，反映美国三权分立与制衡的宪政体制下立法权与行政权的关系问题。对立法否决权的质疑正是认为其主要违反了权力分立原则，立法分支的立法否决权是对行政分支的违宪侵犯。英国议会在法规审查中也不具有修改委任立法的权力，而且不时受到政治团体与行政权力的影响。德国立法机关对法规控制强弱不同的四种审查模式也反映了立法权在法规审查中与行政权不同的势力对比。“事实上，国会对行政命令的监督，可以说是立法权与行政权互动的缩影，在实际的政治运作中，所采取的方法与所进行的互动，受到政治传统、利益结构及社会需求的影响颇深，在各国的情形也不尽相同，必须有更进一步的观察与体认，方能获得全貌。”①

其次，立法机关对法规的审查模式一般没有统一的模板。西方国家议会对法规的审查方式没有统一的模式，一般在授权母法中予以规定。如德国没有统一的规范来规定议会对法规命令的监督方式，而是任由立法者自行于个别授权母法中依个案需要设计不同的监督方式。美国立法机关对法规的审查不仅在联邦层面上没有统一的模式，而且在州层面上各有自己的特色。我国台湾地区的“立法院职权行使法”则规定了对行政命令的审查，可以在该法没有规定的情况下援用其他法律案。

最后，尽管立法机关在法规的审查中发挥着重要的作用，但也存在一些局限性。“国会监督的主要困难，同样来自于国会专业能力及时间的有限性。由于此种内在结构上的限制，要求国会对行政命令做全面性、实质的监督，可能只是传送带模型理念下的理想典型。而且，来

① 叶俊荣：《行政命令》，载翁岳生编：《行政法》（上册），中国法制出版社2002年版，第575页。

自国会的参与与监督,也可能带来其他诸如利益团体强力干预,及延缓行政命令效能的负面影响。”[①]即立法机关对法规的监督会受到相关利益团体的干预、延缓行政立法效能、具有专业性知识的不足以及受到立法机关在宪法体制及其实践中的地位等各种因素的影响等等。

三、我国立法机关对法规审查的现状

具体到我国,作为国家最高权力机关常设机构的全国人大常委会,可以通过行使立法审查权撤销行政立法。1982 年《宪法》第 67 条第 7 项、第 8 项,《立法法》第 86 条、第 88 条第 2 项等相关条款为我国的权力机关监督提供了规范基础。行政法规是否与法律相抵触,由全国人民代表大会常务委员会来审查和裁定。《地方各级人民代表大会和地方各级人民政府组织法》(以下简称《地方组织法》)第 8 条、第 88 条第 5 项授权县级以上的地方各级人民代表大会有权撤销本级人民政府的不适当的决定和命令。

《中华人民共和国各级人民代表大会常务委员会监督法》(以下简称《监督法》)第 29 条授权各个地方制定相应的法规审查办法,目前全国共有 17[②] 个省、省会城市或者较大市的人民代表大会常务委员会制定了规范性文件审查备案的规定。这些办法,有的称为“关于政府规章备案审查的规定”,有的称为“规范性文件备案审查规定”,名称不一而足。有的地方仅对省人大常委会的备案审查进行了规定,如湖北省《规范性文件备案审查工作规程》,有的则对地方各级人大常委会的规范性文件备案审查进行了规定,如《甘肃省各级人民代表大会常务委员会规范性文件备案审查规定》。一般来说,报送省人大常委会备案的行政规范性文件包括省人民政府、省人民政府所在地的市人民政府制定的规章、省人民政府发布的决定、命令、规定、办法、细则等。也有的地方备案规定将规章的修改决定、修改后的规章或者废止决定也纳入备案的范围,如《陕西省地方人民政府规章备案规定》第 3 条。

---

① 叶俊荣:《行政命令》,载翁岳生编:《行政法》(上册),中国法制出版社 2002 年版,第 575 页。

② 这 17 个地方包括长春市、银川市、青岛市、云南省、福建省、四川省、安徽省、河北省、广东省、江苏省、浙江省、湖南省、青海省、山东省、广西壮族自治区、甘肃省和湖北省。

法规审查逐渐走上法制化的轨道，令人欣喜。有关法规审查的标准、方式和程序仍值得进一步检视，只有这样，才能保障法规审查的功效。

（一）我国人大对法规审查的标准

对于审查标准，我国宪法及相关法律明确地或者潜在地提供了一些原则和具体的规则，但这些标准在规范的表达上不尽一致，目前有不抵触标准、适当性标准等。不抵触标准是我国违宪、违法审查的根本标准。从《宪法》第5条第2款“一切法律、行政法规和地方性法规都不得同宪法相抵触”，到第67条“撤销国务院制定的同宪法、法律相抵触的行政法规、决定和命令”，即可归纳出“不抵触”标准。《立法法》第87条规定了对法规审查的具体标准。法律、行政法规、地方性法规、自治条例和单行条例、规章有下列情形之一的，由有关机关依照权限予以改变或者撤销：(1) 超越权限的；(2) 下位法违反上位法规定的；(3) 规章之间对同一事项的规定不一致，经裁决应当改变或者撤销一方的规定的；(4) 规章的规定被认为不适当，应当予以改变或者撤销的；(5) 违背法定程序的。《监督法》第30条规定，地方人大常委会对本级人民政府发布的决定、命令，经审查，认为有下列三种不适当情形之一的，有权予以撤销：一是超越法定权限，限制或者剥夺公民、法人和其他组织的合法权利，或者增加公民、法人和其他组织的义务的；二是同法律、法规规定相抵触的；三是有其他不适当的情形，应当予以撤销的。尽管数量众多、层级齐全的法律都规定了对行政法规、行政规章和行政规范性文件的具体审查标准，但大都处于“不适当”、“相抵触”、“违反”与“不一致”这样高度概括的层面，并未对审查标准的含义加以具体的界定，也未予以体系化。

从现行地方各级人大常委会的规范性文件审查规定来看，规定的审查标准从三项到六项[①]不等，大致包括以下标准：第一，超越权限的；

① 《浙江省各级人民代表大会常务委员会规范性文件备案审查规定》(2007年11月23日浙江省第十届人民代表大会常务委员会第三十五次会议通过)则规定了六种审查标准，最为全面：(一) 超越法定权限限制或者剥夺公民、法人和其他组织合法权利，或者增加公民、法人和其他组织义务的；(二) 超越法定权限制定规范性文件的；(三) 违反法定程序制定规范性文件的；(四) 同上位法相抵触的；(五) 同本级或者上级人民代表大会及其常务委员会的决议、决定相抵触的；(六) 有其他不适当的情形，应当予以撤销的。

第二，同上位法相抵触或同宪法、法律、行政法规和本省、市地方性法规相抵触的；第三，违背法定程序的；第四，规定被认为不适当。《湖北省规范性文件备案审查工作规程》(2009 年 5 月 31 日颁布)第 4 条还加上了“超越权限，限制或者剥夺公民、法人和其他组织的合法权利，或者增加公民、法人和其他组织的义务的”和“有其他不适当的情形的”的兜底条款。《长春市人民代表大会常务委员会关于规章备案审查程序的规定》第 4 条指出对备案规章的合法性和适当性进行审查，还加上了“规章之间对同一事项的规定不一致，应当改变或者撤销一方的规定的”也属于应当予以改变或撤销的情形。《济南市各级人民代表大会常务委员会规范性文件备案审查工作规则》(2009 年 4 月 8 日济南市第十四届人民代表大会常务委员会第十二次会议通过)、《甘肃省各级人民代表大会常务委员会规范性文件备案审查规定》等将“同上级或者本级人大及其常委会的有关决议、决定相抵触”也作为审查的标准。《南昌市规章备案规定》(2002 年 7 月 26 日南昌市第十二届人民代表大会常务委员会第八次会议通过)还将“是否符合立法技术要求”作为一项独立的审查标准。透过这些标准规定文字的背后，我们可以发现现行法规审查标准的一些显著不足之处：

首先，法规审查标准缺乏体系化。无论是中央层面，还是地方层面，法规审查的标准五花八门，缺乏体系化。违法性审查标准是法规审查的主要内容，但也有一些审查规范采纳了其他标准，如适当性标准、立法协调性标准。

其次，法规审查标准的认定程序匮乏。备案审查规定有必要设定适当性审查的兜底条款，这是因为：其一，对审查标准的列举无法穷尽所有不适当的情形，文字含义的有限性不能应对各种各样的不良行政立法；其二，人大常委会作为民意机关的常设机关，具有民意代表性，对行政立法的审查范围相对更广，审查程度更深入；其三，行政立法不仅仅应当在宪法、法律以及其他上位法的框架内制定，而且应当符合适当性的标准，符合良法的内涵。当然这种设定方式也有两种局限性，一是适当性的含义难以明确，二是人大常委会作为立法机关相对缺乏行政机关的专业性，人大常委会无孔不入的审查也会侵犯立法权、行政权分工的基本框架。标准具有抽象性、不完整性，多元主体的审查难免对审查标准的解释产生不一致，这些显然不能阐释纷繁复杂的行政立法现象,审查标准的适用过程中必然会出现标准如何解释的问题。因此,适当性审查标准的认定还需要辅之以其他的程序制度配套。

(二)我国人大对法规审查的方式

人大审查规范性文件的方式分为依职权审查方式和依申请审查方式。依职权审查是立法机关对报送备案的规范性文件直接进行审查,考察是否有与宪法、法律、法规和上级人民代表大会及其常务委员会决议相抵触等不适当的情形存在。它是对报送备案的规范性文件的一种静态审查。根据《宪法》和《地方组织法》的规定,地方各级人大常委会有撤销本级人民政府不适当的决定和命令的职权,地方人大常委会主动对规范性文件进行审查是宪法和法律赋予的一项神圣职责,不依职权进行审查就是滥用权力。虽然《立法法》没有明确规定依职权审查程序,但是不能因此就错误地理解为全国人大常委会只能对法规进行依申请审查,更不能据此得出地方人大常委会不能对规范性文件依职权审查的结论。因为《立法法》并没有排除依职权审查模式,而且,依职权审查基于其主动性而具有自身的优点,可以事先发现并及时解决规范性文件与宪法、法律、法规和上级人民代表大会及其常委会决议相抵触等不适当的问题,减少和避免对公民权利的侵害。

依职权审查在地方备案审查中予以明确的典型例子,是《安徽省各级人民代表大会常务委员会实行规范性文件备案审查的规定》。该规定第 11 条规定对下列规范性文件,可以进行主动审查:(1) 涉及改革发展稳定大局和人民群众切身利益、社会普遍关注的重大问题的;(2) 涉及限制或者剥夺公民、法人和其他组织合法权利,或者增加公民、法人和其他组织义务的;(3) 涉及行政许可、行政强制、行政处罚的;(4) 其他认为需要进行审查的。《山东省各级人民代表大会常务委员会规范性文件备案审查规定》(2008 年 9 月 25 日山东省第十一届人民代表大会常务委员会第六次会议通过)第 11 条在备案审查方式、受理建议审查方式等依申请审查方式外也规定了依职权审查方式,即"人大有关专门委员会或者常委会有关工作机构可以对备案的规范性文件进行主动审查,认为规范性文件有本规定第 7 条所列情形之一的,依照本规定的有关程序处理"。

依申请审查是立法机关根据有关主体的审查要求或建议进行的审

查。提起审查建议包括两种情况:一种是相关主体提起审查建议后,有审查权的人大常委会必须启动审查程序;另一种是相关主体提起审查建议后,有审查权的人大常委会是否启动审查程序,有待由常务委员会法制工作委员会进行研究。在第一种情况下,能够提起审查建议的主体一般包括同级人民法院、同级人民检察院、同级人民政府和下一级的人民代表大会常务委员会。《长春市人民代表大会常务委员会关于规章备案审查程序的规定》还包括了长春军分区,《甘肃省各级人民代表大会常务委员会规范性文件备案审查规定》(2008 年 11 月 28 日省十一届人大常委会第六次会议通过)第 9 条还包括了各级人民代表大会及县级以上人民代表大会常务委员会、各级人民代表大会的代表。《河南省人民代表大会常务委员会规范性文件备案办法》第 9 条则包括省人民政府、省高级人民法院、省人民检察院、各省辖市人大常委会、省人大专门委员会、省人大常委会各工作机构、办事机构。依申请审查是对规范性文件的一种动态审查,这种审查方式目的性、针对性强,便于从实践中多渠道发现问题、解决问题。它基于这样一种理念:利益相关者才能真正体会利益受侵害的切肤之痛,利益必须由利益相关者自己主张。

两种审查模式各有优缺点。依职权审查能在法规实施前进行监督,对公民的权利保护更有效。但事实上,由于报人大常委会备案的规范性文件数量较多,如果要对每一件规范性文件都逐字逐句地全面审查,以人大常委会现有的人力和资源来看,既无可行性,也不符合经济效率原则。而且,法律科学具有很强的实践性,规范性文件的一些缺陷或不足,往往只有在具体实施过程中才会显现出来,事前对规范性文件进行字面上的、抽象的、逻辑的审查,不可能全面和准确。依申请审查也存在不足:一是不能及时发现问题,而是要在法规实施过程中才能发现问题;二是提出审查要求的主体内部程序复杂,公文办理时间长,造成启动审查程序时间过长;三是提出审查建议的主体往往不了解规范性文件备案审查程序,难以启动审查程序。

(三)我国人大对法规审查的程序

2005 年修订的《行政法规、地方性法规、自治条例和单行条例、经济特区法规备案审查工作程序》对行政法规审查的工作程序进行了详细的规定。地方各级人大常委会对法规的审查程序并不统一,一般包括听取意见程序、联合审查程序、专家论证程序、协商沟通程序以及反馈和公开程序。

第一,听取意见程序。专门委员会或者工作机构在法规审查过程中,可以通知该规范性文件制定机关派员说明情况,并根据情况,向文件制定机关提出书面审查意见。

第二,联合审查程序。报送的规范性文件涉及两个或者两个以上专门委员会和工作机构,需要联合审查的,或者专门委员会和工作机构认为有必要与法制委员会联合审查的,可以联合进行审查。

第三,专家论证程序。专门委员会或者工作机构对规范性文件进行审查时,可以征求人大常委会立法顾问组成员、有关专家、组织的意见。

第四,协商沟通程序。全国人大常委会专门委员会、法制工作委员会根据规定对法规进行审查、研究,可以请制定机关说明有关情况。经法律委员会研究认为法规同宪法或者法律相抵触的,可以与制定机关进行沟通协商,提出意见。就地方立法机关的法规审查而言,规范性文件制定机关自收到省人大常委会有关书面审查意见之日起30日内,应当向相关专门委员会或者工作机构书面反馈是否修改的意见并说明理由。专门委员会或者工作机构认为规范性文件制定机关不予以修改的意见不当的,应当及时向常委会分管副主任报告,并进一步与该文件制定机关沟通;仍不能形成一致意见的,应当自收到反馈意见之日起15日内向主任会议提出处理意见或者依法提出建议撤销该规范性文件的议案,由主任会议决定提请常委会会议审议。

第五,反馈和公开程序。部分地方备案审查规定对反馈与公开程序予以了明确,相较中央层级的法规审查规定更为开明,有利于增强法规审查的实效。《广西壮族自治区各级人民代表大会常务委员会规范性文件备案审查条例》第11条规定:"不属于本级人民代表大会常务委员会审查范围的规范性文件,应当自收到审查要求或者建议之日起一个月内,告知提出审查要求或者建议的国家机关、社会团体、企业事业组织或者公民,向有权审查的机关提出。"同时还规定了对提起审查建议的反馈机制:"承担具体审查工作的机构认为要求或者建议审查的规范性文件不存在本条例第7条所列情形的,应当自收到审查要求或者建议之日起两个月内，告知提出审查要求或者建议的国家机关、社会团体、企业事业组织或者公民。”第16条规定了规范性文件审查情况的公布机制：“县级以上人民代表大会常务委员会会议对撤销不适当的规范性文件的议案进行审议的，审议结果应当通报同级人民代表大会代表和向社会公布。”《山东省各级人民代表大会常务委员会规范性文件备案审查规定》第18条也规定了审查结果的反馈和公开机制，“规范性文件审查工作结束后15日内，备案审查工作机构应当将审查结果书面告知提出审查要求或者审查建议的国家机关或者社会团体、企业事业单位和其他组织以及公民”。《湖北省规范性文件备案审查工作规程》第15条还规定：“规范性文件备案审查工作情况纳入常委会工作报告，向省人民代表大会报告。”

目前，全国人大从未启动过对法规的违宪审查或违法审查程序，也从未公布过对法规的违宪审查或违法审查的处理情况及处理结论。地方立法机关的法规审查实践亦不成熟。随着公民法律意识的提高，自从2000年以来来自公民对行政法规审查的呼声此起彼伏，《国内航空运输旅客身体损害赔偿暂行规定》、《城市流浪乞讨人员收容遣送办法》和《国务院关于劳动教养问题的决定》等诸多法规的合宪性、合法性或者适当性相继受到质疑。相应的处理程序和结果远不及公众的期盼，已为实践所证明，对法规的立法审查制度完善迫在眉睫。

四、我国人大法规审查制度的完善构想

通过对中央和地方人大对法规审查的规范分析，我国立法机关对法规的审查制度还存在着以下不足：第一，立法机关对法规审查的标准的含义有待厘清，审查标准体系的完整性和协调性有待加强，审查标准的适用机制有待完善；第二，审查方式过于僵化，对于何种情况下应当适用何种不同的审查方式，缺乏类型化的划分，对不同审查方式的地位和角色的规定不清晰；第三，审查程序缺乏透明度，缺乏审查过程及结果的公开机制，也缺乏公民的参与及意见的表达，专家论证程序也存在空白；第四，立法机关对法规审查的动力和实效不充分。我国法治实践中涌现了各种各样的案例，有些法规有违宪嫌疑，有些法规有违法嫌疑，有些法规有不适当的嫌疑，却仍然在实践中发挥效力，这或许是中

国法规审查制度面临的最大问题。

（一）我国人大对法规审查标准的完善

法规审查标准问题既是一个极其重要的问题，也是一个非常复杂的问题。说它重要，是因为审查标准作为人大及其常委会审查法规是否适当的标准或尺度，直接影响着法规审查的合法性、公正性、权威性；说它复杂，是因为法规的形态多种多样，决定了难以给法规审查设定一个固定的、具体的、详尽的标准。但是，审查标准的复杂性并不能阻止我们确定规范性审查标准的努力。我国应当建立起违宪审查标准、违法审查标准以及适当性审查标准的多重审查标准体系。

第一，违宪审查标准的完善。在我国，违宪审查权只能由全国人大及其常委会行使。德国联邦宪法法院的审判实践中，在判断一宪法自由权利是否受到侵害时，通常依据如下方法：按照正当程序标准即政府是否有正当理由限制或剥夺某一自由权利，此一标准的实质就是根据比例原则对不同事物性质的个案进行利益衡量，其具体操作是使某一立法（或政府措施）依次接受比例原则的三个子原则，即适合性、必要性和狭义比例性的检验。在美国最高法院的违宪审查和宪法解释中，通过普通法的判例制度，在宪法权利限制的具体案件的审查中，已累积出更精细的类型化多元标准。它们依据受限制的实体权利的位阶、立法（或政府措施）的利益重要性以及宪法权利受侵害的程度等因素的综合衡量，通常采取宽严不一的三重审查标准，即合理性审查、中度审查（日本称为严格的合理审查）和严格审查。西方国家的违宪审查体制与我国大相径庭，虽不能东施效颦，但其合理内核却值得我国借鉴，应根据对宪法权利的不同影响和侵害程度，采取宽严程度不同的审查标准。考虑到法规形态的多样性，我国的违宪审查体系可区分精神自由与经济权利事项，采取类型化的审查标准。全国人大对涉及精神自由的法规应当采取较为严格的审查标准，而对涉及经济权利的法规则采取较为宽松的审查标准。同时，宪法解释相对于法律解释具有更大的政策空间，在处理一般法律规范与宪法的冲突时，鉴于宪法的特殊地位和效力，在法规的违宪审查中应当坚持合宪性推定原则，即只有当违宪的解释是唯一可能的解释时，才能认定为该规定违宪，只要存在一种合宪解释的可能就应认定该规定合宪。

第二,违法审查标准的完善。关于“抵触”的含义,有学者根据我国立法权限的划分和其他实际情况从四个方面作了界定:(1) 超越权限范围的;(2) 对同一事项的规定与上位法的规定相反的;(3) 与上位法的立法目的和立法精神相违背的;(4) 上位法对某一事项的处罚种类和限度作了规定,下位法就同一事项增加规定更重的处罚的。[①] 这种标准忽视了程序上的审查,以及同级别的规范性文件对同一事项的规范是否一致。法规制定程序是法规实体正义的重要保障,而对同级别的规范性文件对同一事项的规范是否一致的审查是法制统一的重要内容之一。笔者认为,合法性审查的具体标准应包括:一是制定规范性文件的主体是否合法;二是是否超越法定权限,限制或者剥夺公民、法人和其他组织的合法权利,或者增加公民、法人和其他组织的义务;三是规范性文件的内容是否与宪法、法律、法规和上级人民代表大会及其常务委员会决议相抵触;四是制定程序是否合法;五是同级别的规范性文件对同一事项的规范是否一致。再者,各个地方人大常委会对法规的审查标准可否呈现出差异性?笔者对此持否定态度。地方法律规范的差异性主要源于地方自治的需要,以地方实际的差异为前提,法规审查标准与地方自治并不存在多少直接的联系,因而,差异化并无必要。

第三,适当审查标准的完善。关于“不适当”的含义,有学者提出“可以考虑作如下界定:(1) 下位法规定的要求公民、法人和其他社会组织执行的标准或者措施明显脱离实际的;(2) 下位法规定的要求公民、法人和其他社会组织履行的义务与其所享有的权利明显不平衡的;(3) 下位法规定的国家机关的权力与其所承担的责任明显不平衡的;(4) 下位法规定的处罚与该行为所承担的责任明显不平衡的”[②]。合理性标准侧重审查规范性文件内容是否客观、适度、符合公平正义等法律理性,是否符合本行政区域的具体情况和实际需要,体现了对实质正义的追求。实际上,这种解释仍然是苍白乏力的,“脱离实际”、“明显不平衡”等概念显然无助于对适当性审查标准的细化和操作。笔者认为,对于适当审查标准,人大通过立法进行解释或在个案中进行解释只是厘清该标准的途径之一,适当审查标准的抽象性需要我们更多地转

① 陈斯喜:《我国立法控制机制的现状与完善》,载《行政法学研究》1996 年第 3 期。
② 同上。

向程序方面的控制，以下三条途径将会增强适当性审查标准的操作性。首先，完善法规审查结果的公开及说明理由制度加强。其次，可借鉴德国听证权之保留的法规审查模式。围绕着对行政立法裁量权的控制问题，行政法应提供一个政治过程，从而确保在行政程序中广大受影响的利益得到公平代表，将适当性的审查转向政治过程和程序正义的实现。最后，建立法规审查的案例指导制度。法规审查的案例制度在于从纷繁复杂的法规审查实践中抽象出一般的、普遍的规律，从而相同或者相类似的法规审查情形可以参照适用，形成相对统一的法规审查标准。

（二）我国人大对法规审查方式的完善

目前审查方式过于僵化，何种情况下应当适用何种审查方式，缺乏类型化的划分，不同审查方式的地位和角色不清晰。因此，笔者倡导建立类型化的法规审查方式。

第一，法规审查的模式应当考虑到法规以及其授权母法的内容、层次、对权利的影响程度等等，除了在中央一级设定较为统一的模式外，也可以在相应的授权母法中规定个性化的审查方式，从而避免审查方式的僵化。西方国家议会对法规审查的方式没有统一的模式，一般在授权母法中予以规定。德国没有统一的规范来规定议会对法规、命令的监督方式，而是任由立法者自行于个别授权母法中，依个案需要设计不同的监督方式。美国立法机关对法规的审查不仅在联邦层面上没有统一的模式，而且在州层面上各有自己的特色。我国台湾地区“立法院职权行使法”则规定了对行政命令的审查，可以在该法没有规定的情况下援用其他法律案。

第二，仿照德国、英国等域外法规审查的类型化模式，将我国法规审查方式分为备案审查类型、依申请审查类型、依职权审查类型、人大听证类型、向人大报告类型等，建立多元化审查机制。这些审查方式相互之间不一定排斥，可结合采用。

备案审查型适用于法规公布生效前，若以法律明定关涉人民权利义务的行政立法，必须以送立法机关备案为生效要件，可从源头上防止法规侵害公民的权益。这种审查方式应排除对紧急情况下行政立法的运用，避免影响行政效率，侵害公共利益。

依申请审查类型能最大限度地发扬相关利益主体的积极性，并且减轻法规审查的成本。考虑到法的安定性,即法规生效后对公民可能已经产生了信赖利益,因而其审查标准的适用,也要考虑对公民信赖利益的保护和法安定性的维护。

依职权审查类型在我国一些地方的文本中得到采用。法规实施后,立法机关应保留审查的权力。特别是法规涉及人民群众切身利益、社会普遍关注的重大问题的,涉及限制或者剥夺公民、法人和其他组织合法权利,或者增加公民、法人和其他组织义务的,立法机关应当运用调查权,进行立法评估,对法规的合法性、适当性、协调性等进行审查。

人大听证类型是实现专家参与和公民参与的重要途径,可以弥补人大在审查专业知识上的不足,也有利于公民利益的表达和吸收,主要针对专业性较强的法规或者与公民利益密切相关的法规。

向人大报告类型主要针对已经实施的但制度很不成熟的法规。这类法规公布实施后,其制度还有待实践检验,行政机关向人大报告法规实施的状况,建构行政机关与立法机关的沟通桥梁,立法机关的意见可为行政立法的完善形成积极的促进。

(三)我国人大对法规审查程序的完善

目前我国人大对法规审查的程序存在以下不足:审查程序缺乏透明度,缺乏审查过程及结果的公开机制,也缺乏公民的参与及意见的表达,专家论证程序也存在空白。笔者认为,我国人大对法规审查的程序可从三个方面进行完善:

首先,建立和完善各级人大常委会对法规审查的信息公开以及反馈机制。“新规定对制度的设计很粗糙,最重要的反馈机制并没有建立起来。”[①]目前一些地方人大常委会已经建立起相应的反馈审查机制,但这种机制在全国的制度化以及进一步的完善还有较大空间。告知和说明理由都是现代法治国家程序正义的体现。反馈机制不仅仅只是向相关主体公开法规审查的结果,还需要说明法规审查的理由。同时,反馈程序的实施应当有时间上的限制。全国人大常委会尚未建立相应的反馈机制和法规审查的信息公开机制,可在每年全国人大会议

① 左林:《包头空难索赔——公民能否启动首例法规审查》,载《中国新闻周刊》2006年1月16日,第35页。

上的常委会工作报告中,汇报上一年度的审查结果,包括受理了多少建议和要求,如何进行处理,撤销了多少违宪、违法的法规等内容。

其次,设立法规审查委员会制度。目前世界上许多国家都设有该制度。在我国,各级人大常委会行使对行政立法的审查监督权。基于各种原因,人大常委会在实践中行使这一权力的效果不尽如人意。因此,可考虑在立法机关内设立独立的法规审查委员会,对行政立法进行具体监督。委员会的成员应专职化,由立法机关通过选举产生,从立法主体、立法程序、立法权限、立法范围等各方面进行监督。同时,法规审查委员会应具有独立的调查权,可通过听证程序、提出意见程序、发布法规审查报告、向人大提出处理意见等方式来实现对法规的审查。

最后,完善法规审查的异议机制。法规审查的异议可能来自三个方面:一是法规的制定主体,二是法规审查建议的提起主体,三是对法规审查程序、结果以及人大所说明的理由提起异议的其他主体。对于法规制定主体的异议,协商沟通程序可在法规制定主体与审查主体之间架构起博弈的桥梁;对于法规审查的提起主体以及其他有异议的主体,笔者认为在我国目前的宪法体制下,可行的做法是通过司法救济程序来解决。法规作为行政机关的立法,接受司法审查不会有来自宪法体制上的质疑,但这只能局限于违法性的审查。对于违宪性审查,法院没有介入的权力;对于适当性审查,法院则应当保持权力分工上的克制。

五、结　　语

实践中,立法机关对法规审查权行使的动力和实效不尽如人意,这引出一个古老的法学问题——谁来监督监督者?答案是众多监督者。[①] 基于我国人民代表大会制度发展的渐进性和司法监督的疲软,最合适的监督主体应该来自公民。因此,笔者认为,当务之急,应当构建人大对法规审查的信息公开机制。其次,应当构建人大对法规审查的公民参与机制,让公民也参与到法规审查的程序中来,拓宽公民对法

① 参见〔美〕肯尼思·F. 沃伦:《政治体制中的行政法》(第3版),王丛虎等译,中国人民大学出版社2005年版,第163页。

规的民意表达渠道。最后,还应当建立专家在法规审查中的意见表达机制,以弥补人大在法规审查中专业知识的不足。

总之,我国权力机关在行使法规审查权时,应结合中国当前的法律制度、现实政治情况以及立法权与行政权互动状态的发展,对法规审查的标准、方式和程序等加以完善,以加强对行政立法的监督。最重要的问题在于将这一监督落到实处,在操作层面、监督机制上实现对现有困境的突破,以期适当弥补行政审查不力、司法审查存在瓶颈等制度方面的缺憾。

(责任编辑:唐冬平)

“刚果案”与中央—特区关系

朱国斌*

内容摘要 2011 年 6 月 8 日，香港特别行政区终审法院就“刚果民主共和国及其他诉 FG Hemisphere Associates LLC”一案以 3 比 2 多数作出临时性判决。终审法院多数意见认为，鉴于案件涉及对非自治范围的法律条款的理解，故决定根据《香港特别行政区基本法》第 158 条第 3 款提请全国人大常委会对该条款作出解释。刚果案判决具有里程碑的意义。它不仅澄清了《香港特别行政区基本法》相关法条的含义，更是厘清了中央政府与香港特区（包括特区法院）之间的宪法关系和中央政府之于关涉特区外交事务的权责。终审法院第一次主动地提出司法呈请从而正面验证了《香港特别行政区基本法》第 158 条的可操作性，树立了以判例法落实《基本法》的先例。本文在简介刚果案的发生背景、发展脉络之后，将展示案件提出待决的若干重大的关涉国际法、宪法与基本法的法律（和法理）问题及其复杂性。本文认为，刚果案提出的核心宪法问题是中央与香港特区的关系。文章将对直接关涉主题的法律问题展开讨论研究，这些问题包括：中央人民政府的外交事务权、特区法院对“国家行为”的司法管辖权、终审法院提请全国人大常委会释法及其机制、全国人大常委会释法对香港司法制度的影响等。

关键词 刚果案 基本法 非自治范围

2011 年 6 月 8 日，香港特别行政区终审法院（以下简称“终审法院”）就“刚果民主共和国及其他诉 FG Hemisphere Associates LLC”一案（“刚果案”）以 3 比 2 多数作出临时性质的判决。在判决书中，终审法院多数意见认定案件涉及的中心法律问题关涉到中央人民政府所管理的事务和中央与特区的关系，故根据《香港特别行政区基本法》（以

* 香港城市大学法律学院副教授、法学博士。

下简称"《香港基本法》"或"《基本法》")第158条第3款,开列四个问题提请全国人民代表大会常务委员会进行解释。2011年8月26日,全国人大常委会作出解释。2011年9月8日,终审法院再次开庭,依据全国人大常委会解释宣布临时判决为终局判决。

刚果案在香港法律制度发展史上无疑将是一件具有里程碑意义的案件。它不仅澄清了《香港基本法》相关法条的含义,更是厘清了中央政府与香港特区(包括特区法院)之间的宪法关系和中央政府之于关涉特区外交事务的权责。终审法院第一次主动对全国人大常委会提出司法呈请从而验证了《基本法》第158条的可行性和有效性,开创了以判例法落实立法解释制度的先例。香港学者认为"司法提请是、也必须被看作一个分水岭"[①];内地论者指出提请释法"具有重大的政治意义与法律意义"[②]。

本文在简介刚果案的发生背景、发展脉络之后,对其中主要的法律问题进行了梳理,并指出案件的核心宪法问题是中央与香港特区的关系。文章于是将重点放在对相关法律/法理问题的梳理、评论和探讨上,这些问题包括:中央人民政府的外交事务权、特区法院对"国家行为"的司法管辖权、终审法院提请全国人大常委会释法及其机制、全国人大常委会释法对香港司法制度的影响等。此外,判决书以较大篇幅讨论并澄清了国家豁免或主权豁免与中国的实践,以及回归前香港法院代表的普通法的态度;还在后面提出了应该如何对待处理"香港原有法律"。鉴于篇幅要求,文章对后两方面的问题不予特别讨论。

一、刚果案:发生背景、发展脉络以及问题的复杂性

本案上诉答辩人 FG Hemisphere Associates LLC ("FGH" 或"答辩人")是一家在美国特拉华州成立的公司,总部设于纽约,经营它所称为"不良资产"(distressed assets)的买卖。第一上诉人刚果和案件介入人(Intervener)香港特区律政司司长把 FGH 称为"秃鹰基金"(vulture

① P. Y. Lo, "The Gateway Opens Wide", (2011) HKLJ Vol 41 Part 2, at 391.

② 秦前红、黄明涛:《对香港终审法院就"刚果金案"提请人大释法的看法》,载《法学》2011年第8期。

fund)，并引述若干陈述以证明该等企业对减债造成的伤害。[①] 事实上，FGH 唯一的资产便是这宗于 2004 年交易完成的、涉及刚果的债权权益转让。原债权人为一家南斯拉夫公司，债务人为刚果民主共和国——Democratic Republic of the Congo，刚果(金)或“DRC”。[②] FGH 继而寻求任何可知的刚果(金)资产强制执行该等裁决。[③]

2001 年，中国与刚果(金)已就一项发展计划达成协议，中国将在多项庞大基建项目中提供资助并参与建设，以换取开采刚果(金)的若干矿产资源的权利。2007—2008 年间，刚果(金)与中国两家国企订立合作协议，一方为刚果(金)，而另一方为两家中国企业，即中国中铁股份有限公司(China Railway Group Limited，“中国中铁”)和中国水利水电建设集团公司(Sinohydro Corporation Limited，“中水集团”)。中国中铁是一家在香港联合交易所上市的中华人民共和国注册成立的股份有限公司，故 FGH 把它加入为本案第五被告。中国中铁为此还在香港注册成立了三家全资附属公司，即本案的第二、第三和第四被告。根据合作协议，中国各方在符合若干先决条件的情况下将支付若干“入门费”(Entry Fees)予刚果(金)。[④] FGH 指称，中铁等被告根据上述合约须分担支付的入门费是刚果(金)在香港的资产；FGH 于是启动针对刚果

---

① 秃鹰又称秃鹫或座山雕，是一类以食腐肉为生的大型猛禽。在西方国家，秃鹫的形象通常偏向负面，在商界，常将利用大笔资金炒作市场获利后迅速卷款撤出者称为秃鹰。参见维基百科“秃鹫/秃鹰”词条：http://zh. wikipedia. org/wiki/% E7% A6% BF% E9% B7% B2。秃鹰还往往被引申为乘人之危、贪婪和无情地掠夺别人的人。参见 Collins English Dictionary, HarperCollins Publishers, 1991, 1994, 1998, 2000, 2003, online at: http://www. thefreedictionary. com/vulture。在业界，秃鹫基金(Vulture Hedge Fund)指的就是“那些通过收购处于偿还危机中公司的违约债券，然后进行恶意诉讼，谋求高额利润的基金；有时也泛指那些买卖破产倒闭公司股权、债权、资产而获利的私募基金”。互动百科“秃鹰基金”词条，参见 http://www. hudong. com/wiki/% E7% A7% 83% E9% B9% AB% E5% 9F% BA% E9% 87% 91。有兴趣了解秃鹰基金运作及如何营利者，可参考顾冰：《不良资产：秃鹰基金的丰盛大餐》，载《东方企业家》2003 年 9 月，第 62—64 页。

② 详情参见“刚果民主共和国及其他诉 FG Hemisphere Associates LLC”判决书(以下脚注中将其简称为“判决书”)，第 427、188 段。本文引用的判决书中文译本为香港特区司法机关的官方译本：http://legalref. judiciary. gov. hk/doc/judg/word/vetted/other/ch/2010/FACV000005Y_2010. doc。值得指出，判决书中有些用法或译法可能有别于内地法学界的惯常做法，如 restrictive immunity 被译为“限制性豁免”，而内地国际法教科书的用法是“有限豁免”或“限制豁免”。本文不刻意统一用法，会交互使用。

③ 参见判决书，第 185—188、425—426 段。

④ 参见判决书，第 189—190、192—194 段。

(金)和第二至第五被告在香港司法辖区强制执行该等仲裁裁决的法律程序。[1]

刚果案发生于2008年5月,终结于2011年9月。当案件还在原讼法庭期间,刚果(金)先后发出传票,寻求声明原讼法庭对刚果(金)没有司法管辖权,并要求撤销当时仍然针对刚果(金)的各项命令。刚果(金)胜诉。后来,上诉法庭以2对1多数意见判决(司徒敬副庭长和袁家宁法官为多数意见方,杨振权法官持异议)原告上诉得直,并裁定刚果(金)享有限制豁免权而非绝对豁免权。刚果(金)等将案件上诉到终审法院,请求终审法院考虑及判定:(1) 是否根据《基本法》第158条提请全国人大常委会对该法第8条、第13条、第19条作出解释,及(2) 按照《基本法》第19条,香港特区行政长官是否应根据上诉法庭判决书提述的两封中央政府信函发出证明文件。特别需要提示的是,在案件审理过程中,中华人民共和国外交部驻香港特别行政区特派员公署("外交部驻港公署")向香港特区政府政制及内地事务局前后发出三封信函,申述中央人民政府在国家豁免问题上的原则立场。

2011年6月8日,终审法院作出临时判决,以多数判决(常任法官包致金及非常任法官马天敏持异议)临时裁定刚果(金)享有绝对豁免。[2] 终审法院以该多数裁定提请全国人大常委会解释《基本法》第13条第1款及第19条所涉及的四个问题。6月30日,终审法院正式提请全国人大常委会释法。8月26日,全国人大常委会颁布解释。9月8日,终审法院作出终局判决,宣布临时判决为终局判决。9月16日,全国人大常委会的解释在宪报刊登,编号2011年第136号法律公告。

刚果案涉及的法律问题面向多维,跨越法域和法律部门,其复杂性具体表现如下:(1) 该案的当事一方为主权国家——刚果(金),该方声称在香港法院应该获得绝对豁免,包括管辖豁免和执行豁免。

---

① 参见判决书,第194段。

② 持异议的法官包致金和马天敏各自出具自己的少数意见反对裁定刚果享有绝对豁免。该临时判决书中文版长达206页,计105,327字,终局判决书共6页,计1,438字;二者合计106,765字。

高等法院原讼法庭前后作出过两次判决,时间分别为2008年10月22日和2008年12月12日,判决书(无中文版)共计43页。上诉法院也前后作过三次判决,时间分别为2010年2月10日、2010年3月19日和2010年5月5日,判决书共计132页。

(2) 中国政府在国家豁免问题上的“一贯原则立场”[①]并不像英国和美国一样以国内立法的形式出现,从而更谈不上根据《基本法》第 18 条及附件三将之实施于香港。而“有关国防、外交和其他按本法规定不属于香港特别行政区自治范围的法律”本应列入附件三。(3) 回归前,根据国际习惯法和普通法,限制性豁免适用于香港特区。回归后,香港法院是否可以管辖这类案件尚无先例可循。简言之,回归前的普通法是否继续适用于香港。(4) 由于中国政府参与制定了《联合国国家及其财产管辖豁免公约》,并在 2005 年 9 月 14 日签署了该《公约》,而外交部驻港公署表达的立场有别于《公约》,这就造成了中国相关立场摇摆不定、模糊不清的印象。故在判决前,香港法院确有必要澄清中国政府关于国家豁免的态度和立场到底是什么。(5) 确认国家豁免是否属于中央人民政府负责管理的“外交事务”首先涉及对《基本法》第 13 条第 1 款的理解,更涉及中央人民政府是否有权决定在香港特区适用的外交规则或政策(在本案中指国家豁免)。这个问题关涉中央权力和权威的确立以及中央与特区之关系。(6) 香港法院对中央人民政府决定国家豁免规则或政策的行为有无司法管辖权涉及对《基本法》第 19 条的理解,理解本身是否需要得到中央政府的认同?鉴于香港继续采用普通法,国家豁免是法律问题,为什么就不可以由法院直接处理解决?还有,法院和(中央)行政机关是否应该“口径一致”以及如何保证“口径一致”?(7) 最后,香港法院有无必要提请全国人大常委会解释《基本法》相关条文;如果有,应该根据什么原则、程序进行,以及应该通过哪些测试(tests)。

通观判决书,多数意见和少数意见持有人心目中的中心法律问题不同,因而各自采取的解决途径不尽相同。例如,对包致金法官来说,“本案的核心法律问题,是关于在香港的法院中可得到的国家被豁免起诉和执行的限度。那是绝对豁免还是限制性豁免(即并不引申适用于商业交易的豁免)?…… 而豁免是绝对还是限制性这一问题可以这个方式提出来:主权豁免是局限于主权行为,还是可引申适用于商业行为?”[②]包致金法官得出的结论是:“主权移交前,可在香港法院处理的

① 参见“外交部驻港公署第一函”。

② 判决书,第 2 段。

国家豁免为限制性豁免,以致豁免不延伸适用于商业交易。至今仍维持如此。"[①]对他来说,只要法院能够自行回答解决这个问题,就没有必要提出其他问题来,包括如何理解《基本法》第 13 条和第 19 条,自然就谈不上提请全国人大常委会释法了。

马天敏法官的异议意见关注面更为广泛。关于国家豁免限度的认定以及由谁来认定,他的结论与包致金法官殊途同归。他认为:1997 年之前有效的限制性豁免原则当继续行之有效。对他而言,绝对豁免或限制性豁免是必须由法院处理的法律问题。他这样写道:"国家豁免(和任何经变化的形式)在普通法中毫无疑问是由法院决定的法律问题,而并非一项国家行为或国家政策。"[②]他甚至还宣称:"除了在须确定一项关于国家行为的事实这种有限的情况下,法院不得援用国家政策或政府意见。法院并无酌情权、权利或权力采取其他做法。"[③]就整体意见而言,马天敏法官比包致金法官走得更远,得出的结论也更离奇。[④]

在多数法官眼里,刚果案应该关注的是首先确认哪些是主要法律问题,其后再解决这些问题。在提出了他们对于案件的原则性认识之后,多数法官指出[⑤]:

香港特别行政区的法治,建基于为落实"一国两制"原则订定体系架构的《基本法》。《基本法》中许多条款,均致力确立在特区内的政府行政、立法及司法各部,据以行使高度自治的独立制度,维护本地居民及其他人士的基本权利、自由和生活方式。《基本法》中其他条款,确立香港的身份地位为中国不可分离的部分,即"一国两制"原则中的"一国"基础。本案中,本院需考虑后一类的条款,特别是关于管理和进行外交事务的条款。此范畴涉及香港特别行政区自治范围以外,一直保留予中央人民政府的权力。也就是说,法院首先应该透过案件澄清香港特区在中华人民共和国之下的"身份地位",接着明确中央人民政府的保留权力,从而界定特区政府的自治权力范围。

① 判决书,第 138 段。
② 判决书,第 500 段。
③ 判决书,第 524 段。
④ 参见判决书,第 523 段。
⑤ 判决书,第 181 段。

在多数法官看来,本上诉案具体提出了三个主要问题,即:"(1)适用于香港特别行政区的国家豁免法律原则是什么?特别是,香港特区是否可以有效地依循与中华人民共和国所采纳的原则不一致的国家豁免原则?(2)在本案中,国家豁免是否无论如何都已被(刚果案)放弃?(3)分别按照《基本法》条款第13、19条第3款和158条第3款,本院应采取什么步骤,(如果有的话?)"①

然而,归根结底,上述这些具体但重大的问题可以归拢到这样一个重大宪法问题之下,即中央与香港特区的关系问题。即使如国家豁免或主权豁免的定义这种问题,以及中国政府关于国家豁免的原则立场与一贯做法(本文不专门讨论),也只有中央政府才有决定权,即它涉及中央权力与责任的界定。因而,中央与特区关系不仅是香港基本法规定的一项重要内容,也是香港特区法院必须正视的一个原则性问题。

二、终审法院与中央—香港特区关系

在本部分,本文将围绕中央—香港特区关系这一主题选择性地讨论三个子问题,即中央人民政府外交事务管理权,"国家行为"与特区法院司法管辖权,以及终审法院与人大释法权。本文亦将适时评述异议观点,以期达成进一步的学术共识。

1."口径一致"原则与中央政府外交事务管理权

(1)外交宪法:"外交事务"与"对外事务"

根据中国宪法学通说,中国作为单一制国家,国家最高权力机关是全国人大及其常委会,它们是主权行使者。中央政府(包括国家权力机关和行政机关)自然拥有全权处理国家的外交事务,包括外交政策和法律的制定以及作出各种外交行为,各地方单位包括两个特别行政区既不可以分享这种专属权力,又不能自行其是,从事任何与中央政府政策和法律不一致的活动。这一道理几乎是不证自明的。香港基本法起草委员会委员王叔文把这个问题上升到了国家统一的高度来认识。他指出:如果一个国家,在中央政府之外还有某个地方政府也能够行使这种权力(即国家主权),那么这个国家就谈不上是一个统一的国

① 判决书,第182段。

家。……所有地方政府,包括香港特别行政区政府在内,都不能行使属于主权范围的权力,如国防、外交、制定全国性法律等等。[①]

由于中国不实行分权制衡的政体,故中央人民政府的外交权力除了具有国家强制性、公共性、法定性等特征外[②],还具有凌驾性和垄断性。在现行宪法体制之下,国家司法机关不具备决定国家外交行为的权力能力和行为能力,这种安排也适用于和制约着特别行政区。

《香港基本法》遵循着这种宪法秩序,在"中央和香港特别行政区的关系"一章对中央人民政府和香港特区的各自职权进行了明确划分,即"中央人民政府负责管理与香港特别行政区有关的外交事务",并为此要求外交部在香港设立机构处理涉港外交事务;与此同时,"中央人民政府授权香港特别行政区依照本法自行处理有关的对外事务"。[③] 可见,《香港基本法》用"外交事务"和"对外事务"这两个概念来识别和划定中央人民政府和香港特区的各自权力范围。"外交事务"权体现的是国家主权,而"对外事务"权对应的则是特区的自治权。根据王叔文的理解,这种安排"就是既要体现国家对香港特区行政权的主权,也要体现香港特别行政区的高度自治"。[④]《香港基本法》用了整整一章(第七章)共 8 条的篇幅极为详尽地列举了香港特区可以行使的"对外事务"权力及相应条件。

由中央人民政府直接管理与香港特区有关或发生在香港特区的外交事务,这与香港特区的宪法地位和行政地位直接关联。"香港特别行政区是中华人民共和国不可分离的部分"[⑤]指明了香港特区是统一中国的一部分;"香港特别行政区是中华人民共和国的一个享有高度自治权的地方行政区域,直辖于中央人民政府"[⑥]清晰地界定了它在国家内的行政地位以及与中央人民政府的行政关系。由于《香港基本法》是关于国家制度的宪制性法律(constitutional law),且被香港社会

① 王叔文主编:《香港特别行政区基本法导论》(第 3 版),中国民主法制出版社、中共中央党校出版社 2006 年版,第 113 页。

② 参见韩大元主编:《宪法学》,高等教育出版社 2006 年版,第 347—348 页。

③ 我国《香港基本法》第 13 条。

④ 王叔文主编:《香港特别行政区基本法导论》(第 3 版),中国民主法制出版社、中共中央党校出版社 2006 年版,第 112 页。

⑤ 我国《香港基本法》第 1 条。

⑥ 我国《香港基本法》第 12 条。

和司法机构普遍认定它在香港特区具有"宪法"的地位,所以上述条文规定的是一种广义上的宪法关系。职是之故,作为中华人民共和国下的一个地方行政区域,"与它有关的外交事务和它的防务应由中央人民政府负责管理,这是不言而喻的"。①

(2)"口径一致"(one voice)原则:理解与应用

既然宪法上规定中央人民政府负责管理和处理与香港特区有关的外交事务,香港特区,包括特区司法机关(法院),也只能跟随中央人民政府的政策和法律,此外别无选择。这就是"口径一致"学说的本来之义,或者说应有之义。

在刚果案中,上诉人的代表律师提出,按普通法司法方针或惯例规则,就国家行为或外交事务而言,司法机关和行政机关应保持"口径一致"(speak with one voice),或可译为"同声同气"。"口径一致"原则可以追溯至副大法官 Shadwell 于 1828 年在 *Taylor v. Barclay* (1828)案中所说的那句名言:"王座法院应与皇室政府行事一致"(the Courts of the King should act in unison with the Government of the King)。② 包致金法官、马天敏法官和多数意见法官都处理过关于"口径一致"的陈词,但是他们却得出相互矛盾的结论。包致金法官在审核了上诉人提出的各种理据和案例之后,认为该原则"与本案无关宏旨。那与在香港法院所可得到的国家豁免是绝对还是限制性无关"。③ 马天敏法官也认为,上诉人引述的"此等判例与本案相去甚远",并且还说"从来没有英国法院在有关国家豁免法律的适用问题上接受行政机关的意见,更遑论是关于可适用的法律是绝对的抑或是限制性的。案例显示,绝对豁免和限制性豁免一直被视为法律问题,由法院定夺,而不是由行政机关的意见或政策定夺的事宜"。④

包致金法官还特别反驳了介入人(即特区政府律政司)提出的一个国家之内只可以有一种国家豁免制度的观点。在引述上诉答辩人的观点、相关学术著作和案例之后,他得出这种倾向性鲜明的结论:"一

① 王叔文主编:《香港特别行政区基本法导论》(第 3 版),中国民主法制出版社、中共中央党校出版社 2006 年版,第 113 页。

② 2 Sim. 213,第 221 页。

③ 判决书,第 95 段。

④ 判决书,第 484—485 段。

个国家,一种豁免"这词句,或许是一个便利的方法来辨识和概括大律师的陈词。但这词句本身是没有价值的。在没有"一国两制"的情况中,几乎没有必要使用这样的言词。而在"一国两制"的情况中,使用这样的言词不但使人分心而且危险。香港整个主权移交后的宪法秩序都是以这个"一国两制"方针为依据。……涉及"承认"那部分的国家豁免属"国家"的事宜,而涉及豁免是绝对还是限制性的部分,则属"制度"的事宜。根据香港的制度,在香港法院可得到的豁免是绝对还是限制性的问题,是由司法机构在无需咨询行政机关的情况下,独立地决定的。不能不说,从纯粹法律角度或律师辩论视野观之,将"承认"和"豁免"分开处理,认为前者是"国家的事宜"(即主权事宜或原则事宜)、后者是"制度的事宜"(即技术事宜),这还是很有力量的。(至于我们是否接受这种推理思辨方法则是另一回事。)问题是,如果我们真是接受了少数意见法官的论点,那么就会将《基本法》第13条排除在考虑之外了,也就是说,之后就根本没有讨论中央人民政府管理涉港外交事务的机会,最后也就更没有要求由终审法院提请全国人大常委会释法的必要。①

然而,多数关于"口径一致"的结论性意见占了上风。他们开宗明义,提出了对"口径一致"的原则性理解:"口径一致"的原则和接受关于事实状况的声明为作决定性声明的做法,都是根据法院的裁决发展出来的或有法例规定的,旨在防止不同的政府机关,就国家的外交政策作出不一致的界定。人们争论的问题往往围绕着:就外交政策作出具有权威性决定的责任应该分配予哪个政府部门(通常是行政部门或立法部门),而实施有关政策的责任则留给法院。从没有听说过一个中央集权制国家内的(不行使主权的)地区或自治市的法院,会就国家豁免宣布本身的独自政策,而该政策却是与国家在全国所实施的政策不同的。②

多数意见是在综合研究了《香港基本法》、驻港公署函件、全国人大常委会《关于根据〈香港特别行政区基本法〉第160条处理香港原有法律的决定》(1997年2月23日)以及《释义及通则条例》第2A条之

---

① 判决书,第123段。

② 判决书,第321段。

后得出的。可想而知,据此得出的结论必然会与 FGH 的论点大相径庭。

(3) 从"口径一致"到中央人民政府的责任与权力

基于"口径一致"原则(或学说),在涉港对外交往事务的处理上,所秉承的逻辑应该是这样的:由于《基本法》把处理特区的外交事务的责任分配给中央人民政府,以及规定香港特区的自治范围不包括管理和处理外交事务,故 FGH 的论点(由法院根据普通法决定国家豁免事宜)难以成立。由于中央人民政府全权负责涉港外交事务,只是根据《香港基本法》第 13 条第 3 款所规定的例外情况把处理"对外事务"的权力转授予香港特区(着重号为引者所加),因此,但凡与中华人民共和国这个主权国家的外交事务有关的事宜,香港特区的机构(包括法院)都必须尊重中央人民政府的决定并遵照其决定行事。"我们(多数意见)认为这是一项必须遵行的宪法规定(a constitutional imperative)。"①

多数意见书在处理香港特区高度自治和中央政府权力关系时,认为两大类条文对上诉的裁定至关重要。第一类条文确立香港特区在中华人民共和国中的(宪法和行政)地位(见第 1 条和第 12 条);第二类条文则把管理和处理外交事务的责任分配给行政部门(即中央人民政府),使外交事务不属于香港特区的自治范围(如第 13 条)。② 这种分类处理前后贯通,逻辑紧密。

《中英联合声明》是为法院所接纳的相关文书。中英政府从一开始已清楚表明香港特区所享有的高度自治权并不包括处理外交或国防事务。因此,双方在《联合声明》中同意:"除外交和国防事务属中央人民政府管理外,香港特别行政区享有高度自治权。"③文中"除…之外"是一种保留性条款,它是与《基本法》第 13 条第 3 款的"授权条款"相对应。第 13 条全文是:中央人民政府负责管理与香港特别行政区有关的外交事务。中华人民共和国外交部在香港设立机构处理外交事务。中央人民政府授权香港特别行政区依照本法自行处理有关的对外事务。多数意见法官在此作了两点显而易见、但有意义的说明:第一,香

① 判决书,第 324 段。根据上下文义,判决书中的"constitutional imperative"译为"宪法上必须履行的责任"、"宪法需要"或"宪法规则/准则"更为贴切。

② 参见判决书,第 318 段。

③ 《中英联合声明》,第 3 款第 2 段。

港特区政府只有在获得中央人民政府"转授权力"下才可处理"对外事务"[①];第二,在"中央人民政府负责管理"一句中,英文文本"Responsible for"在中文文本中译成负责管理(fuze guanli)应表示"负责管理或处理"的意思[②],这实际上扩大了中文文本的字面含义。多数意见书的以下结论无疑是对第13条的正确解读[③]:

《基本法》把处理外交事务的责任保留给中央人民政府,完全符合上文所阐述的观点,即关于国家豁免的决定是涉及国与国之间的关系,因而须由国家的中央机关处理,而不是由某些于国家内独自行事的地区或自治市处理。

多数意见书还引述《基本法》相关条文证实以上结论[④]:(1)《基本法》某些条文默认上述原则[⑤];(2) 有条文承认,如影响特区的国际交往在"以国家为单位"的情况下发生,则香港特区的代表便只能以中华人民共和国代表团的成员的身份参加[⑥];(3)《基本法》亦交由中央人民政府"根据香港特别行政区的情况和需要,在征询香港特别行政区政府的意见后"[⑦],去决定哪些国际协议应引申而适用于香港特区。

最后,多数意见书断定:"《基本法》把这项责任分配给中央人民政府而非香港特区当局,已解决了一项在其他司法管辖区所需要争辩的问题",即决定国家豁免政策的宪法责任应归于"国家的中央机关",具体来说是中央人民政府及其外交部门。

2. "国家行为"与特区法院司法管辖权

(1) 特区法院对国家行为有无司法管辖权?

如何解释《香港基本法》第19条是刚果案的核心问题之一,引起

① 参见判决书,第326段。在脚注(136)里,多数意见还特别提示:关于这种转授权力的《基本法》条文还有第48条第2款、第62条第3款、第96条和第133条,等等。

② 参见判决书,脚注(137)。

③ 判决书,第327段。

④ 参见判决书,第328—330段。

⑤ 如我国《香港基本法》第150条规定:香港特别行政区政府的代表,可作为中华人民共和国政府代表团的成员,参加由中央人民政府进行的同香港特别行政区直接有关的外交谈判。

⑥ 如我国《香港基本法》第152条规定:对以国家为单位参加的、同香港特别行政区有关的、适当领域的国际组织和国际会议,香港特别行政区政府可派遣代表作为中华人民共和国代表团的成员或以中央人民政府和上述有关国际组织或国际会议允许的身份参加,并以"中国香港"的名义发表意见。

⑦ 我国《香港基本法》第153条。

了上诉人及其答辩人针锋相对的辩论,多数意见法官和少数意见法官也是互不相让。第19条规定:香港特别行政区享有独立的司法权和终审权。香港特别行政区法院除继续保持香港原有法律制度和原则对法院审判权所作的限制外,对香港特别行政区所有的案件均有审判权。香港特别行政区法院对国防、外交等国家行为无管辖权。香港特别行政区法院在审理案件中遇有涉及国防、外交等国家行为的事实问题,应取得行政长官就该等问题发出的证明文件,上述文件对法院有约束力。行政长官在发出证明文件前,须取得中央人民政府的证明书。

双方争论的焦点在第19条第3款,即特区法院对"国防、外交等国家行为"的管辖权之上。第19条第2款明确规定香港法院保留主权移交前的管辖权,从而排除法院"对国防、外交等国家行为"的司法管辖权。少数意见代表和法官都并没有质疑特区法院对国家行为无管辖权这一"原有法律制度和原则"。如马天敏法官同意这点:"香港法院没有管辖权处理外交事务,在主权移交之前,亦无这样的管辖权"。[①] 他再度明确指出:"香港法院对外交事务从来没有管辖权"。[②] 他还进一步补充道:"一如第19条第3款,同样的用语见于香港法例第484章《香港终审法院条例》第4条第2款,同样排除本院在这方面的管辖权。本席的观点由此得以确定,这两项条款的目的和真义与普通法的'国家行为'原则一致。"[③]

综览判决书,可以说,法庭上各方就香港法院对外交事务没有管辖权这一事实达成了共识。关于对第19条的进一步认识,我们不如直接引用《香港基本法》起草委员会主任委员姬鹏飞在1990年3月28日于第七届全国人大第三次会议上提交的关于《香港基本法》草案的说明。姬鹏飞在说明中指出:草案规定特别行政区法院享有独立的司法权和终审权,作为一个地方行政区域的法院而享有终审权,这无疑是一种很特殊的例外,考虑到香港实行与内地不同的社会制度和法律体系,这样规定是必需的。香港现行的司法制度和原则一向对有关国防、外交等国家行为无管辖权,草案保留了这一原则,而且规定特别行政区法院在审理案件中遇到涉及国防、外交等国家行为的事实问题,应取得行政长

① 判决书,第446段。
② 判决书,第447段。
③ 判决书,第459段。

官就此发出的证明文件,上述文件对法院有约束力。行政长官在发出证明文件前,须取得中央人民政府的证明书。这就妥善解决了有关国家行为的司法管辖问题,也保证了特别行政区法院正常行使其职能。

上述说明陈述了《基本法》第19条的"立法原意",香港法院也接纳它为解释《基本法》的重要"辅助材料"(extrinsic materials)。它包括了这样几方面的重要意思:① 特区法院享有独立的司法权和终审权是一种很特殊的例外;② 在回归前的普通法制度之下,法院对有关国防、外交等国家行为无管辖权,这一原则应当保留;③ 法院在审理案件中遇到涉及国防、外交等国家行为的事实问题,应取得行政长官就此发出的关于国家行为的事实的证明文件;④ 如此立法的目的在于既要妥善解决有关国家行为的司法管辖问题,又要保证特区法院正常行使其职能。

(2) 国家豁免属于"国家行为"范畴

第19条中的"国家行为"概念的内涵和外延边界都很模糊。多数意见也同意"'国防、外交等国家行为'一词的意思并不清晰"。[①] Lord Wilberforce也曾认为,关于"国家行为"的原则在普通法中是"一项通常混淆不清的课题"。[②]

自我国《行政诉讼法》于1990年通过以来,权威部门(包括立法机关和法院)也没对"国家行为"作过官方的权威解释。在香港,刚果案是检测《基本法》第19条关于外交作为"国家行为"的第一权威案件,因而在该案判决书发布之前也不曾有权威的解读。佳日思(Yash Ghai)在他的《Hong Kong's New Constitutional Order》一书中曾讨论过这一引起关注的问题的性质,最后他认为,"从多方面看,中国的(国家行为)概念与普通法上的概念类似(similar)",即"国家行为是一种例外,指中央政府以国家的名义在外交事务方面行使权力和在内政方面行使主权的行为"。[③] 刚果案多数意见法官"倾向同意佳日思教授的意见……(《基本法》中的国家行为)可被理解为符合普通法的国家行为

① 判决书,第345段。

② Buttes Gas v. Hammer [1982] AC 888,第930页。

③ Yash Ghai, Hong Kong's New Constitutional Order: the Resumption of Chinese Sovereignty and the Basic Law, 2nd ed., HKU Press, 1999, pp. 318—319 in general, and 320 in particular.

原则",并以此为基础继续讨论。[①]

国家豁免、国家行为以及法院司法管辖权密切相关。一旦将国家豁免排除在国家行为之外,法院将可以对之行使管辖权。于是,御用大律师 Lord Pannick 提出了这样一个观点。他认为,第 19 条第 3 款是唯一明确地剥夺法院的司法管辖权的条文。然而,他指出这项条文只是排除了法院"对国防、外交等国家行为"的司法管辖权,而国家豁免并不涉及一项"国家行为",从而不属于上述字词所指的意思(state immunity does not involve an "act of state" and so falls outside those words)。[②] 他的推导逻辑直截了当,即:特区法院对国家行为无管辖权,而国家豁免不属于国家行为的范畴,故特区法院有权对其行使管辖权。

鉴于理论界关于基本法下的国家豁免与国家行为的理论讨论都十分原则性,我们不妨求助于普通法。Lord Millett 在 Holland v. Lampen-Wolfe 案中便指出了国家豁免与国家行为的内在关系,他说国家豁免原则"……源自国家的审判权力的主权性质,以及所有国家均是平等这项国际法基本原则"。他又进一步指出,豁免"……的实施使一个国家的官方或政府行为免于在另一国家的法院的法律程序中被质疑"。[③] 这类性质的国家豁免无疑是"(国家)行政机关与另一国家交往时发生的政策性行为……"(… an act of the executive as a matter of *policy* performed in the course of its relations with another …)(斜体为原引者所加。本文没有采用判决书中文版的译本)。[④]

这个问题不复杂,因而论证过程直接明了。多数意见书表达得果断干脆,字面意思也无歧义,特引述如下[⑤]:我们认为,中央人民政府决定适用于香港特区的法院的有关国家豁免规则,可被正确地视为属第 19 条第 3 款所指的"……外交等国家行为"。因此,FGH 的陈词指这种规则应由香港特区的法院而非中央人民政府决定,不能接纳。香港特区的法院在这方面并无司法管辖权。

基于上述结论,多数意见书也迅速处理了与此相关的关于国家行

① 参见判决书,第 345 段。

② 参见判决书,第 341 段。

③ [2001] 1 WLR 1573,第 1583 页。

④ British Yearbook of International Law (1934) Vol XV, 第 103 页。参见判决书,第 354 段。

⑤ 判决书,第 355 段。

为事实的"证明书"问题。法官认为,鉴于"中央人民政府决定适用于香港特区的有关国家豁免规则的行为,属第19条第3款所指的'国防、外交等国家行为'","我们认为在本案的情况中,本院无须取得该份证明文件"。[①] 第19条中的"在审理案件中遇有……的事实问题"这半句话,法官认为"应根据其目的被理解为'在审理案件中如对这些问题有争议或怀疑而须予以解决'。如果有关事实已获具权威性的证明及并无争议,我们不认为应劳烦行政长官"。[②] 这一推论和结论十分符合逻辑。

值得关注的是,法官对如何理解第19条第3款提供了明晰的指引,有助于未来的司法审判活动。这就是:"在援用第19条第3款之前,本院须首先确定有哪些涉及有关国家行为的事实问题(如有的话);其次,本院须考虑所出现的问题,是否必须在审裁过程中,借着取得证明文件的程序来解决。"[③]把这一指引落实到刚果案,法官首先确定了如下两个事实:第一,中华人民共和国所采取的是绝对豁免原则;第二,如果特区法院采取不同的立场会使中国的主权受到损害,以及使中国在处理外交事务时会如外交部驻港公署第三函所述般受到妨碍。[④]

就第二点指引而言,外交部驻港公署是"在香港……机构"(第19条第2款),是专责涉港外交事务的法定机构。该公署出具的三封函件"已权威性地证明中华人民共和国在国家豁免问题上的外交政策是什么,以及香港特区的法院如背离国家的立场可能会导致些什么损害"。[⑤] "那些函件应被视为具有'事实状况的声明'的地位,和被香港特区的法院(即使在没有第19条第3款所指的证明文件的情况下)接纳为具权威性的事实的陈述,并属于主管国家外交政策的政府行政机关独有的认知范围。法院有责任根据那些事实裁定有关行为是否构成国家行为;以及如裁定是国家行为的话,则须决定其性质和程度;并且在情况合适和只有在合适的情况下,规定有关行为不属法院的审理范

① 判决书,第357段。
② 判决书,第362段。
③ 判决书,第360段。
④ 参见判决书,第361段。
⑤ 判决书,第363段。

围和这样裁定的法律后果。"应该说,在理论上质疑这种认识很困难。

3. 终审法院之释法提请与基本法释法制度之整合

(1) 全国人大常委会释法制度是一项宪法制度

全国人大常委会解释基本法是一项宪法制度,具有合宪性基础和正当性。[①] 全国人大常委会的权力来源于《宪法》第67条,该条第4项规定全国人大常委会有权"解释法律"。《香港基本法》是一项宪制性法律,经常被认作是香港的"宪法"。例如终审法院在"吴嘉玲"案中就说《香港基本法》"于中国对香港恢复行使主权、香港回归之日就成为香港特别行政区的宪法了"。[②] "《基本法》既是一件全国性法律,又是特区的宪法"。[③] 在刚果案中,上诉法庭和终审法院都是把《香港基本法》当作香港"宪法"对待的。全国人大常委会解释基本法的具体设计安排见于《基本法》第158条,该条规定如下:

"本法的解释权属于全国人民代表大会常务委员会。

全国人民代表大会常务委员会授权香港特别行政区法院在审理案件时对本法关于香港特别行政区自治范围内的条款自行解释。

香港特别行政区法院在审理案件时对本法的其他条款也可解释。但如香港特别行政区法院在审理案件时需要对本法关于中央人民政府管理的事务或中央和香港特别行政区关系的条款进行解释,而该条款的解释又影响到案件的判决,在对该案件作出不可上诉的终局判决前,应由香港特别行政区终审法院请全国人民代表大会常务委员会对有关条款作出解释。如全国人民代表大会常务委员会作出解释,香港特别行政区法院在引用该条款时,应以全国人民代表大会常务委员会的解释为准。但在此以前作出的判决不受影响。"

从条文结构上讲,该条逐步推进,前面的规定为后来的安排设定条件。从立法原意上看,它反映了在"一国两制"宪法原则之下中央机关与特区分权及授权安排。比如,第1款宣示法律解释权是中央即全国人大常委会的保留权力,第2款和第3款属于授权条款,开始向特区法院逐步授权:授权香港法院"在审理案件时"从解释自治范围内的条款

---

① 笔者曾经撰文分析全国人大常委会释法的法律与宪法基础。参见朱国斌:《香港基本法第158条与立法解释》,载《法学研究》2008年第2期。

② [1999]1 HKC 291,第310页。

③ [1999]1 HKC 291,第323页。

到解释全部条款。[①] 显而易见,法院得到的授权受制于全国人大常委会的保留权力和相关条件;并且,在既定条件("在审理案件时需要对本法……,在对该案件作出不可上诉的终局判决前")下,终审法院有宪法义务提请全国人大常委会释法。

如前所述,全国人大常委会释法制度是一项宪法制度。根据《宪法》,2000 年通过的《立法法》再次明确了全国人大常委会的法律解释权。[②] 人大释法从解释主体上看属于"立法解释",区别于现行法制之下的司法解释和行政解释。[③] 从效力上看,全国人大常委会的解释等同于法律[④],相当于新的立法活动。但是,人们还是对全国人大常委会解释《基本法》的性质认识不同,如内地学者一般认为这是"法律解释"[⑤],香港学者和法院则认为是"宪法解释"[⑥]。

(2) 全国人大常委会释法制度仍然存在某些制度性缺失

在香港回归 15 年的历史中,全国人大常委会一共对《基本法》进行过四次解释,分别发生在 1999 年、2004 年、2005 年和 2011 年。从这四次释法中,我们并不能总结发展出一种普遍适用的制度,因为每次释法的时间、提请人、问题的性质甚至后续影响都不相同。这至少可从一个方面说明第 158 条条文的不规范性和实践的随意性。

这种不规范性或随意性表现为两方面:① 全国人大常委会释法原则、程序与技术的不规范性,或说非制度化、具体化。迄今为止,尽管全国人大常委会已经作了四次释法,但是我们仍然没见到有关的中央国家机构就释法制度制定颁布任何规范性文件。② 终审法院没有成文

① 笔者对这种分权和授权安排进行了详细解析。参见朱国斌:《香港基本法第 158 条与立法解释》,载《法学研究》2008 年第 2 期。

② 我国《立法法》第 42 条规定:法律解释权属于全国人民代表大会常务委员会。法律有以下情况之一的,由全国人民代表大会常务委员会解释:(一) 法律的规定需要进一步明确具体含义的;(二) 法律制定后出现新的情况,需要明确适用法律依据的。

③ 参见全国人民代表大会常务委员会《关于加强法律解释工作的决议》(1981 年 6 月 10 日)。

④ 我国《立法法》第 47 条规定:全国人民代表大会常务委员会的法律解释同法律具有同等效力。

⑤ 仅举一例:参见肖蔚云主编:《一国两制与香港特别行政区基本法》,香港文化教育出版社有限公司 1990 年版,第 21—22 页。

⑥ 在著名的"吴嘉玲"案(1999)、"庄丰源"案(2001)、"梁国雄"案(2005)以及 Vallejos Evangeline Banao (2011) 中,法官都将对基本法的解释理解为宪法解释,并适用关于宪法解释的一般原则与技术。

的、明确的提请程序可循。理论界也还不能系统抽象地提出关于释法的原则、程序和技术。

就第②点而言,根据第 158 条第 3 款,终审法院在适当的时候、满足适当的条件下应当提请全国人大常委会释法。律政司提交给特区立法会讨论的文件就指出了这一问题:"至于终审法院向全国人大常委会呈交提请释法函件时应遵循的程序,《基本法》或其他文件均无订明规定。有鉴于此,虽然终审法院认为就刚果(金)案来说适宜以上述方式把提请释法函件转呈全国人大常委会,终审法院在日后案件仍可采用法院认为适合的不同程序,呈交函件。"[①]也就是说,终审法院提请程序在未来仍然存在着极大的不确定性。

就刚果案而言,多数意见指出:"关于根据第 158 条第 3 款作出提请的程序的问题,本院曾于 Chong Fung Yuen 案(即'庄丰源'案)中论及,但没得出任何定论。"在收到各上诉人和介入人提交的应该被解释的问题的草拟本后,终审法院最后决定它有责任根据《基本法》提请人大常委会就《基本法》第 13 条第 1 款和第 19 条进行解释。具体而言,多数意见认为,"须由律政司司长透过外交部驻香港特别行政区特派员公署,提请常务委员会就上述问题作出解答"。当然,该提请必须附上相关法庭文件。[②] 问题是,如若再出现需要全国人大常委会释法的情况,我们都将依赖律政司和外交部驻港公署的介入和运作吗?这恐怕不行。例如,如果释法内容涉及国防事务或中央与特区关系,驻港公署的介入肯定是不适当的,因为这没有合法性基础。在此,本文提出,在未来终审法院提请全国人大常委会释法可以遵循以下路径:终审法院(根据前述《基本法》第 158 条第 3 款)→律政司(根据刚果案,作为介入人参加)→行政长官(根据《基本法》第 43 条[③]和第 48 条[④])→中

---

① 香港特别行政区立法会 CB(2)1150/11-12(01)号文件,同前注,第 13 段。

② 参见判决书,第 407、408 段。

③ 我国《香港基本法》第 43 条规定:香港特别行政区行政长官是香港特别行政区的首长,代表香港特别行政区。香港特别行政区行政长官依照本法的规定对中央人民政府和香港特别行政区负责。

④ 我国《香港基本法》第 48 条(二)规定:香港特别行政区行政长官行使下列职权:……(二)负责执行本法和依照本法适用于香港特别行政区的其他法律。

央人民政府(根据《基本法》第 13 条[①]和第 14 条[②])→全国人大常委会(根据《基本法》第 158 条第 1 款)。

(3) 终审法院作出司法提请的考虑因素和要通过的测试

在 2011 年 6 月 8 日宣布的临时性判决书中,终审法院阐述了在作出司法提请时应该考虑的因素。[③] 终审法院参照了过往曾就《基本法》第 158 条第 3 款所涉问题作出审议的案件。在引人注目的吴嘉玲案(1999)[④]中,终审法院裁定,如案件符合以下两项条件,终审法院有责任根据第 158 条第 3 款向全国人大常委会作出提请:①“类别条件”(the classification condition):如有关的《基本法》条文(i) 涉及属于中央人民政府所负责的事务;或(ii) 涉及中央与特区之间的关系((i)和(ii)条款称为“除外条款”—the excluded provisions)。②“必要性条件”(the necessity condition):如终审法院在审理案件时须对除外条款进行解释,而有关解释会影响案件的判决。[⑤]

关于类别条件,终审法院进一步采用以下测试准则:在审理案件时须进行解释的条款实质上哪一条是主要的?(“主要条款测试准则”—the predominant test)终审法院在“吴嘉玲”案中裁定,只要案件同时符合类别条件和必要性条件,而有关理据又是“可争辩的”而非“明显的拙劣”,法院便有责任作出释法的提请。

上述两个条件无疑是检验终审法院提请释法的必要性、且操作性很强的测试机制。然而在司法实践中,在同等条件下,由于对“主要条款测试准则”的认定差异,法官可能得出不同的结论。以“吴嘉玲”案为例。该案直接涉及对《基本法》第 24 条(居港权属特区自治范围的条款)和第 22 条(中央管理的事务)的理解及其适用。终审法院当时所持的论据是,尽管第 24 条受第 22 条第 4 款这项除外条款所限制,但是法院还是裁定并无责任作出提请,因为第 24 条才是“主要条款”,是诉讼人在法律程序中要求强制执行的权利的来源。

---

① 我国《香港基本法》第 13 条第 1 款规定:中央人民政府负责管理与香港特别行政区有关的外交事务。

② 我国《香港基本法》第 14 条第 1 款规定:中央人民政府负责管理香港特别行政区的防务。

③ 参见判决书,第 394—408 段。

④ 2 HKCFAR 4 和[1999]1 HKC 291。

⑤ 2 HKCFAR 4,第 30—31 页。

在刚果案中,终审法院认为有关论据主要涉及的两项《基本法》条文均属除外条款:第13条关涉中央人民政府负责的事务,第19条很明显关涉中央和特区的关系。因此,刚果案无须援用主要条款测试准则。① 此后,终审法院裁定,在刚果案中并无理由重新检讨"可争辩性"这个用以决定是否提请的门槛(the "arguability" threshold),因为法院认为关于第13条和第19条的问题明显地是可争辩的(clearly arguable)。考虑到下级法院的意见并不一致(特别是上诉法庭的意见尤其分歧),便知在可争辩性这一点上不可能有其他结论。再者,终审法院法官的意见也不一致。② 终审法院多数意见因而裁定,刚果案不是重新检讨类别条件和必要性条件的合适案件。诉讼各方在类别条件问题上并无争议,唯一争议是本案是否符合必要性条件。最终,终审法院多数意见裁定,必须就影响《基本法》第13条和第19条意思(尤其是"国防、外交等国家行为"这些字眼的意思)的解释问题上作出澄清决定,才可解决该案的争议。为此,终审法院裁定该案符合必要性条件,从而需要提请全国人大常委会释法。③

结果,经考虑各上诉人和介入人所提交的应该解释的问题的草拟本后,终审法院最后决定法院有责任根据《基本法》第158条第3款,提请全国人大常委会就《基本法》第13条第1款和第19条进行解释。终审法院提请的问题如下:

① 根据第13条第1款的真正解释,中央人民政府是否有权力决定中华人民共和国的国家豁免规则或政策;

② 如有此权力的话,根据第13条第1款和第19条的真正解释,香港特区(包括香港特区的法院)是否:(a)有责任援用或实施中央人民政府根据第13条第1款所决定的国家豁免规则或政策;或(b)反之,可随意偏离中央人民政府根据第13条第1款所决定的国家豁免规则或政策,并采取一项不同的规则;

③ 中央人民政府决定国家豁免规则或政策是否属于《基本法》第19条第3款第一句中所说的"国防、外交等国家行为";

④ 香港特区成立后,第13条第1款、第19条和香港作为中华人

① 参见判决书,第403段。

② 参见判决书,第404段。

③ 参见判决书,第405—406段。

民共和国的特别行政区的地位,对香港原有(即1997年7月1日之前)的有关国家豁免的普通法(如果这些法律与中央人民政府根据第13条第1款所决定的国家豁免规则或政策有抵触)所带来的影响,是否要求这些普通法法律,须按照《基本法》第8条和第160条及于1997年2月23日根据第160条作出的《全国人民大会常务委员会的决定》的规定,在适用时作出必要的变更、适应、限制或例外,以确保关于这方面的普通法符合中央人民政府所决定的国家豁免规则或政策。

2011年8月26日,第十一届全国人大常委会第二十二次会议审议了委员长会议关于提请审议《全国人民代表大会常务委员会关于〈中华人民共和国香港特别行政区基本法〉第13条第1款和第19条的解释(草案)》的议案。根据《宪法》第67条第4项和《香港基本法》第158条的规定,并在征询全国人大常委会香港特区基本法委员会的意见后,常委会就特区终审法院的提请问题作出了解释("《解释》")。①

全国人大常委会的《解释》按顺序直接回答了终审法院提出的四个问题。兹简述内容如下:(1) 国务院即中央人民政府行使管理国家对外事务的职权,国家豁免规则或政策属于国家对外事务中的外交事务范畴,中央人民政府有权决定中华人民共和国的国家豁免规则或政策,在中华人民共和国领域内统一实施。中央人民政府有权决定在香港特区适用的国家豁免规则或政策。(2) 中央人民政府有权决定在香港特区适用的国家豁免规则或政策;香港特区法院对中央人民政府决定国家豁免规则或政策的行为无管辖权。香港特区,包括特区法院,有责任适用或实施中央人民政府决定采取的国家豁免规则或政策,不得偏离上述规则或政策,也不得采取与上述规则或政策不同的规则。(3) 决定国家豁免规则或政策是一种涉及外交的国家行为。《香港基本法》第19条第3款规定的"国防、外交等国家行为"包括中央人民政府决定国家豁免规则或政策的行为。(4) 依照全国人大常委会《关于根据〈中华人民共和国香港特别行政区基本法〉第160条处理香港原有法律的决定》采用为香港特区法律的香港原有法律中有关国家豁免的规则,从1997年7月1日起,在适用时须作出必要的变更、适应、限

① 全国人民代表大会常务委员会《关于〈中华人民共和国香港特别行政区基本法〉第十三条第一款和第十九条的解释》(2011年8月26日)。政府官方网站均有刊登,如:http://news.xinhuanet.com/politics/2011-08/26/c_121918104.htm。

制或例外，以符合中央人民政府决定采取的国家豁免规则或政策。

三、对刚果案的初步评估

在评论全国人大常委会释法对香港司法制度和法院的影响时，我们必须看到，这是1997年7月1日中国对香港恢复行使主权以来，终审法院首次根据《基本法》第158条第3款提请全国人大常委会解释《基本法》的相关条文。它不同于曾经引起过轩然大波的全国人大常委会1999年释法，因为那是在终审法院终审判决之后作出的解释。那次解释在时机、程序和内容方面都是可圈可点的。2004年释法（有关行政长官和立法会2007年后选举产生办法）和2005年释法（补选行政长官的任期）涉及对《基本法》中政治制度相关条文的理解，并且是在没有案件的情况下作出的，其影响面和牵扯关节较第一次释法小且少。

通观全案及其终审意见，刚果案的积极正面意义是多方面和多维度的。陈弘毅总结性地指出，刚果案在如下三方面具有特别意义（particularly significant）：“第一，本案中的多数法官不仅将《基本法》有关条文提请全国人大常委会解释，而且还就一些相关的实质性的问题表达了自己的看法，并作出了有利于上诉人的决定；第二，就‘口径一致’学说（即法院和行政机关就外交问题发出同样的声音）和‘国家行为’这些问题，多数意见超越了现行的英国普通法，而且对它们进行修正或适应以使之符合香港特别行政区作为中华人民共和国之一部分这一情形和背景；第三，多数意见事实上认定，就外国主权豁免而言，《基本法》规定的司法实践更接近于美国制定1976年《外国主权豁免法》之前的制度，而不是英国颁布1978年《国家豁免法令》之前的普通法制度。”①

从正面考察2011年释法，我们可以断定，刚果案业已证明，在“一国两制”的前提下，《基本法》第158条作为这两种不同法律制度之间的联系和桥梁得到了检测和认可，并且是可行的和有效的。终审法院确认，如符合有关必要性条件，该院即有宪法义务提请全国人大常委会

① Albert HY Chen, “Introduction [to the *Congo* Case]”, (2011) HKLJ Vol 41 Part 2, at 369—370.

作出解释。“吴嘉玲”案订定的测试机制和原则也在该案中得以落实。根据普通法原则,终审法院在未来必须跟随刚果案这一先例。立法会文件也显示,“终审法院就刚果(金)案所作的判决符合《基本法》框架内的宪制秩序;对深化香港特区宪法的法学发展,使其更趋成熟,也有重大作用”。①

香港社会对判决持肯定意见的居多。香港政府人士形容,今次释法发生在终审法院判决前,对香港司法冲击较小,效果比判决后由政府提请(全国人大常委会)释法好。基本法委员会委员陈弘毅认为,今次由终审法院向全国人大常委会提请释法,比由特区政府提出更符合《基本法》的本来设计。他认为,全国人大常委会处理终审法院提出的释法请求会较严谨,今次释法亦为终审法院与全国人大之间的互动模式确立先例,意义重大。②

较之于“吴嘉玲”案,香港社会的批评意见较为谨慎,且主要来自法律界。身为资深大律师的公民党立法会议员梁家杰表示,今次终审法院主动要求全国人大常委会释法,从程序看来,由于是司法机关自行提出,没有损害本港的司法独立和自主,与前行政长官董建华在居港权案上,由行政机关提请全国人大常委会释法影响司法自主,不能同日而语。而另一位资深大律师汤家骅亦表示理解,认为今次的争拗点是国家的基本法与香港的普通法在国家主权豁免的定义上不一致,如果不释法,会令香港同国家在外交事务及国际法的执行出现不一致。③ 民主党前主席、律师何俊仁表示尊重终审法院的决定,但他也表达了某种担心,认为全国人大常委会释法时必须慎重处理,以免一些有国家资本的公司利用今次案例来逃避法律责任,影响本港作为国际金融中心的地位。④

来自学术界的观察和批评意见有助于理解终审法院提请释法的初衷和动机,特别值得关注。戴耀廷体会到,“终审法院实际上在一个十

① 香港特区立法会 CB(2)1150/11-12(01)号文件,第 31 段。

② 参见《人大第 4 次释法 终院提请立首例》,载《明报》2011 年 8 月 27 日。

③ 参见《司法机关自行提释法无碍独立性》,载《星岛日报》2011 年 6 月 8 日,http://news. sina. com. hk/news/1376/3/1/2350601/1. html。

④ 参见《何俊仁吁人大慎重处理释法》,载《星岛日报》2011 年 6 月 8 日,http://news. sina. com. hk/news/1376/3/1/2350662/1. html。

分困难的政治环境下运作",提请释法"是一个明智但是痛苦的决定"。[①] 在"门户大开"一文中,罗沛然(P. Y. Lo)认为,终审法院的"司法提请是、也必须被看作一个分水岭",因为"从此,香港特区的司法制度和中国大陆的法律制度衔接起来了"。"香港特区法院不再是外在于中华人民共和国的法院,而是中华人民共和国的法院了。"[②]而 Po Jen Yap 则认为,"国家豁免不在普通法的国家行为学说范围之内",终审法院其实不需要提请全国人大常委会解释《基本法》第 13 条和第 19 条;尽管如此,他还是认为,司法机关(法院)应该和国家行政机关"口径一致"(同声同气)。[③] 然而,著名的国际法学者 Tony Carty 则认为,经此一役,香港法官和国际法保持距离了。[④] 直接的批评意见来自学者兼律师张达明,他认为,多数意见及提请释法的决定无疑会"损害我们的司法独立和自治"。[⑤] 最后,Simon N. M. Young 对在香港适用国家主权绝对豁免可能会引起侵犯人权问题表示严重关切,因为像皮诺切特(General Augusto Pinochet,智利前国家元首)这种独裁者可能会利用香港作为税务天堂避税,从而侵犯该国人民的人权。[⑥]

四、结　　语

刚果案落幕了。终审判决不仅解决了特区法院直接面临的法律冲突和法律适用问题因而具有现实意义,还将具有深远的政治和法律影响。从法学学术角度观之,刚果案对香港基本法和中国国际法的学术理论发展应该起到某种推动作用。

---

① Benny Y. T. Tai, "The Constitutional Game of Article 158 (3) of the Basic Law", (2011) HKLJ Vol 41 Part 2, at 383.

② P. Y. Lo, "The Gateway Opens Wide", (2011) HKLJ Vol 41 Part 2, at 391.

③ *See* Po Jen Yap, "*Democratic Republic of the Congo v FG Hemisphere*: Why Absolute Immunity Should Apply but a Reference was Unnecessary?", (2011) HKLJ Vol 41 Part 2, at 393—400, particularly 396.

④ *See* Tony Carty, "Why are Hong Kong Judges Keeping a Distance from International Law, and with What Consequences? Reflections on the CFA Decision in DRC v FG Hemisphere", (2011) HKLJ Vol 41 Part 2, at 401—410.

⑤ *See* Eric T. M. Cheung, "Undermining our Judicial independence and Autonomy", (2011) HKLJ Vol 41 Part 2, at 411—419.

⑥ *See* Simon N. M. Young, "Immunity in Hong Kong for Kleptocrats and Human Rights Violations", (2011) HKLJ Vol 41 Part 2, at 421—429.

终审法院提请全国人大常委会释法尽管见之于《香港基本法》文本，但是此次释法提请才使之成为定制。终审法院提请全国人大常委会释法终于将关于基本法解释的大陆法制和香港司法制度连接整合起来了，它使得纸面上的法律变成了实在的法律。这也是该案最积极的意义。当然，我们认为，提请释法制度不应、也不会因此破坏香港的司法独立和法律自治。

制度一经确立，后来的法院应当追随之。这既是法治和普通法的应有之义，更是为落实《香港基本法》特别是第 158 条、巩固中央政府与香港特区宪制关系所必需。唯如此，《香港基本法》才会忠实地得以实施，“一国两制”才会有效地得以落实。

（责任编辑：唐冬平）

我国土地督察制度法律问题探析

杨勇萍[*]　景振华[**]

内容摘要　对政府土地利用和管理行为的监督，传统的监督方式主要包括行政监察、土地监督检查等行政机关内部监督，在这种监督方式之下，土地违法行为仍然相当严重。为了加强监督，特别是对省级政府土地利用和管理行为的监督，遏制土地违法行政行为，土地督察制度便应运而生。土地督察制度自建立以来，实践中取得了一定的效果，但是土地督察制度的法律依据、土地督察权力的配置、土地督察制度的程序等方面也存在着一些问题，有必要对这些问题进行研究探讨，以使该制度更加完善。

关键词　行政监督　土地督察　督察权力

一、土地督察制度概述

（一）土地督察的界定

土地督察，即对土地进行的监督查看。对“土地督察”的这种直观理解，可以很好地揭示“土地督察”概念的内涵，而对于“土地督察”概念的外延，笔者认为可以从广义和狭义两个方面来进行界定。

1. 广义的“土地督察”

从行政法的角度来看，对土地进行的监督查看，包括两个方面：(1) 政府及其土地主管部门对行政相对人在土地上实施的行为进行的监督查看，这主要表现为政府及其土地主管部门所实施的土地管理职能。(2) 对政府所实施的土地行政行为进行的监督查看。从我国现行

* 中南财经政法大学法学院副教授，硕士生导师。

** 中南财经政法大学宪法学与行政法学专业硕士研究生。

规定来看,对政府所实施的土地行政行为进行的监督查看,主要是行政机关内部的监督查看。传统的行政机关内部监督方式主要是行政监察部门通过行使土地监察职能来对政府的土地行政行为进行监督,土地主管部门行使土地监督检查职能对政府的土地行政行为进行的监督。另外,我国特别设置了土地督察部门对省级政府土地利用和管理行为进行监督查看。

2. 狭义的"土地督察"

从狭义上来说,土地督察是我国专门设立的一种针对省级政府及计划单列市政府土地利用和管理行为的监督查看。无论官方还是学者,多是从狭义上来使用"土地督察"这一概念的。[①] 对于"土地督察"的看法,官方和学者的观点也较为统一,都认为土地督察属于行政机关内部监督,其实质是为了限制地方政府的土地管理权,监督地方政府的土地利用和管理行为。本文所要探讨的土地督察是针对省级政府以及计划单列市政府土地利用和管理行为的监督查看,所以也是从狭义上来使用土地督察概念的。

(二)土地督察制度建立的必要性

对地方政府的土地利用和管理行为的监督,主体非常广泛。在行政机关内部的监督中也已有行政监察、土地监督检查等监督方式,为何从行政监察和土地监督检查职能中分离出土地督察制度呢?笔者认为其建立的必要性主要表现在以下几个方面。

1. 弥补行政监察监督存在的弊端

从我国相关法律来看,行政监察机关所采取的是双重领导体制[②],即受本级政府和上级监察部门的双重领导。行政监察部门在对地方政府的土地行政行为进行监督时,行政监察部门作为监督者,而地方政府是作为被监督者的,但是在管理上,行政监察部门的财政权及人事管理权都是掌握在地方政府部门手中的。倘若监督人员的命运由被监督者掌握,或者可能置于被监督者的报复之下,那么这种监督的有效性就很

① 参见国务院办公厅《关于建立国家土地督察制度有关问题的通知》及胡平仁、鞠成伟:《论土地督察制度与土地管理模式改革》,载《行政法学研究》2007年第2期。

② 参见《中华人民共和国行政监察法实施条例》。

值得怀疑。[①] 所以,从长远来看,笔者建议对行政监察部门进行改革,使其垂直领导,从而脱离地方政府部门从财政权和人事管理权等方面的控制,这样就可以有效地发挥监督作用。但在现有的行政监察体制下,把行政监察机关对地方政府土地行政行为的部分监督职能分离出来,就可以摆脱地方政府的控制,从而发挥对地方政府土地利用和管理的监督。土地督察职能正是行政监察部门对地方政府的土地行政行为监督职能的分离和转化,土地督察制度的建立有其必要性。

2. 弥补国土资源管理体制改革的不彻底性

2004 年以前,我国的土地管理实行的是属地制,即各级地方政府在法定的范围内享有独立的管理权,国土资源管理部门受同级政府的管辖。在这种管理体制下,土地行政主管部门的监管职能相对来说却比较薄弱。所以,为了减少地方政府对土地行政主管部门的制约,加强对地方政府土地行为的监督,2004 年 4 月,我国进行国土资源管理体制改革,建立了省级以下垂直管理的体制,将土地行政主管部门从地方行政体系中分离了出来。

但是这次国土资源管理体制改革,只是省级以下土地主管部门实行垂直领导。我国现行体制中省级土地管理部门仍是一种双重领导,既受国土资源部的业务领导,又受省级人民政府对领导干部的任免的领导。[②] 这种双重领导很可能发生难以协调的冲突,一方面当省级人民政府和国土资源部作出有冲突的决定时,省级政府土地主管部门很难选择执行谁的决定;另一方面,当省级政府的土地行政行为违法时,土地主管部门由于受省级政府的领导,其土地监管职能很难有效地发挥作用。因此,对省级政府土地行政行为的监督仍然处于缺位状态。而土地督察制度的建立,可以弥补对于省级政府土地行政行为监督的缺失,在现有省级土地主管部门双重领导体制下,充分发挥其对省级政府的土地行政行为的监督。

3. 弥补地方政府土地职能的不清晰

一方面,地方政府土地所有者职能和管理者职能不分容易造成地方政府土地行政行为的滥用。我国宪法和有关法律规定,土地属于国

① 参见蔡定剑:《国家监督制度》,中国法制出版社 1991 年版,第 29 页。
② 参见李元、吕萍主编:《土地行政学》,中国人民大学出版社 2006 年版,第 204 页。

家和集体所有。而《土地管理法》又规定,国家所有的土地的所有权由国务院代表国家行使。但是在实践层面,国务院不可能亲自行使这一权利,真正代表国家行使土地所有权的是地方各级人民政府。[①] 所以在现行土地制度下地方政府在承担土地资源公共管理职能的同时,也承担着城镇国有土地所有者的职能。地方政府的这种双重角色,在土地管理中,很容易发生混乱,甚至用这种双重角色来谋利,从而发生土地行政行为的滥用。另一方面,地方政府对土地的监督管理目标和所有权管理目标在很多时候是相互冲突的,致使政府在履行这两个职权时发生土地监督不到位或者土地监管的缺失。地方政府在基于土地所有权管理职能,行使国有土地的处分权时,其目标是土地的保值增值;而基于监督管理职能,行使对土地的监督管理权时,其目标往往是为了土地资源的保护。在现实生活中,当两者发生冲突时,地方政府更倾向于选择土地的保值增值,从而增加地方的财政收入,却忽视了土地资源的保护,使得土地监督处于缺位状态。

针对地方政府的土地管理者职能和所有者职能不分易造成土地行政行为的滥用和土地监管的缺失问题,笔者认为,从长远来看,要进行彻底的土地改革。一方面,在法律上明确地方政府为土地所有权代表主体的资格,享有代表国家行使国家土地所有权的权力;另一方面,要明确中央政府享有对国有土地的监督权,可以使得国有土地所有者的处分行为得到监督,最大程度地保证土地资源的合理使用。这样就使得土地的所有权主体和监督管理者主体得以明确,不会发生角色的混乱。我国土地督察制度的建立,可以说是在现有制度下,对于中央政府土地监管职能缺失的一种弥补。因此,地方政府土地职能的不清晰也使得土地督察制度的建立有其必要性。

二、我国土地督察制度实施中存在的问题

土地督察制度自2006年7月13日在我国建立以来,派驻各地的土地督察局围绕耕地保护、预防地方政府土地利用和管理行为违法问题,开展了大量工作,在实践中逐渐探索出专项督察、例行督察、审核督

① 参见董礼洁:《地方政府土地管理权》,法律出版社2009年版,第77页。

察为核心的多种督察业务形式,使得政府违法土地行政行为得到一定程度的遏制。但是作为一项新的制度,在实施的过程中仍然存在一些问题需要完善。

(一)土地督察制度的法律依据问题

按照依法行政的要求,国家土地督察制度应有法律授权,这样才有利于明确国家土地督察机构、被督察对象的责任、义务和权利,有利于建立国家土地督察的长效机制。[①] 而我们国家的土地督察法律却不完善,这在一定程度上影响了土地督察制度的落实。首先,我们国家土地督察制度的主要法律依据是国务院办公厅《关于建立国家土地督察制度有关问题的通知》(国发[2006]50号)等一些规范性文件或内部工作制度。"国发28号"文件规定了建立国家土地督察制度;"国发31号"文件对加强督察提出了新的要求;"国发50号"文件才确定了国家土地督察的机构设置、工作职责及权力行使。另外,也有地方政府为了配合土地督察制度的实施制定了相关规范性文件。而2008年7月向社会征求意见的《国家土地督察条例(征求意见稿)》作为唯一的一个配套法规,至今仍处于征求意见阶段。其次,在土地的整个行政监督法律体系中,行政监察的法律依据有《行政监察法》,土地主管部门的土地监督检查职能也在《土地管理法》中有相应的规定。而土地督察制度却没有法律法规方面的规定,作为法律依据的"国发50号"仅属于规范性文件,法律位阶较低,这使得土地督察在国家土地监督体系中仅处于次要的地位,督察机构行使监督的效能受到影响,难以达到当初设立土地督察制度的预期效果。[②] 再次,有关土地督察制度的规范性文件在对土地督察的机构设置、职权、工作程序等内容作出规定时,过于原则和空洞,致使土地督察机构在行使职权时或无法可依或随意性过大,这在一定程度上影响了土地督察制度的严肃性和权威性。

---

① 参见张荣臣、谢英芬:《党员干部发展观、政绩观、人才观、群众观》,北京日报出版社2004年版,第11页。

② 参见张志宏:《科学的行政政绩评估指标体系与构建原则探析》,中国经济出版社2004年版,第35页。

（二）土地督察权力的配置问题

土地督察权力的配置是土地督察法律制度的核心内容，土地督察权力的大小不仅关系到土地督察的目标能否实现的问题，而且关系到中央和地方权力的划分。有学者认为：当前土地管理中存在的问题主要是执行问题，是地方政府不依法行政。土地督察制度设立不是要创设新的制裁权力，而是要解决土地行政主体依法行政的问题，解决法律执行难的问题，土地督察主体不应当享有强制性的查处权。[①] 但是土地督察主体不享有制裁权力的权力配置方式，存在着以下问题。

第一，从督察权力本身来看。一项完整的督察权力应该包括三项实体内容：监督信息，监督建议，监督制裁。监督权力需要从信息的收集入手，监督的核心在于提出监督建议，并以监督制裁作为监督权力实现的保障。[②] 我们国家的土地督察权力包括调查权、审核权、纠正权及建议权四项权力。从四项权力的配置来看，土地督察注重加强事前的监督环节，这有利于将政府土地违法行为遏制在萌芽阶段。在事后监督过程中发挥作用的，也只是对省级政府土地违法行为的纠正权和建议权，而纠正权和建议权仅具有间接的强制性，并不是直接的强制性的制裁措施。所以现行的土地督察权力配置仅重视监督和发现土地利用和管理过程中的违法行为，针对违法行为没有赋予土地督察机构相应的制裁性的权力，这使得土地督察机构所拥有的权力与其所应担负的职责不相对称。

第二，从土地督察的对象来看。土地督察的对象针对的是省级政府的土地利用和管理行为。土地督察设立的原则是不改变、不取代地方政府及主管部门的行政行为。所以土地督察机构在行使权力时，很多时候需要督察对象即政府的配合，才能使土地督察权力发挥效力。但是，由于政府拥有较强的反监督能力，土地督察机构的建议在很多情况下会遭到被监督者的排斥，如果不赋予土地督察机构足够的权力，依法对被监督者进行具有强制性的处理或制裁，那么，弱监、虚监则不可

---

① 参见胡平仁、鞠成伟：《论土地督察制度与土地管理模式改革》，载《行政法学研究》2007 年第 2 期。

② 参见杜立夫：《权力监督与制约》，吉林人民出版社 2004 年版，第 203 页。

避免。[1] 另外，当前我国政府的土地利用和管理方面的行政权力膨胀，滥用土地的行政行为复杂多样。土地督察部门在行使督察职权时，现有的四项督察权力不能够覆盖督察对象的所有土地利用和管理行为，不能及时高效地处理政府的违法土地行政行为。土地督察权无法与政府的土地管理权相对抗，在强势的土地管理权面前显得非常薄弱，无法对被督察者起到应有的威慑作用，使得土地督察制度的作用大打折扣。

第三，从土地行政监督法律体系来看。一个有效的监督，必然要求督察主体享有以国家强制力为后盾的处理权和制裁权。[2] 在现有的土地行政监督法律体系中，行政监察享有行政处分权；在土地监督检查时，对行政相对人的违法行为，享有行政处罚权、采取行政强制措施的权力；对下级人民政府的违法批地行为享有直接宣告无效、注销土地使用证等权力。这些强制性的权力在一定程度上保障了土地监督作用得以发挥。但是与这些土地行政监督相比，土地督察没有相应的制裁性权力，这在一定程度上限制了土地督察制度作用的发挥。

（三）土地督察中的法律程序问题

土地督察程序制度对于保障我国土地督察制度的实施发挥了重要作用。但是我国的土地督察程序也存在着很多的问题。土地督察程序制度仅建立了基本的框架，有些制度处于立法空白，使得土地督察机构在行使督察职权时无法定程序可依；有些制度虽有规定但是过于原则，没有详细的实施步骤和方法，这使得土地督察在实际工作过程中缺乏可操作性。例如：对于土地督察审核程序的规定过于宽泛而没有细化；审核事项的内容、材料上报的流程以及审核的期限等缺乏可操作性规定；对于土地督察纠正机制的程序规定中缺少土地督察机构与地方政府的沟通协调机制；对于土地督察信息反馈机制的程序以及保证反馈信息的真实性方面未作出具体规定。这造成了两个方面的后果，一方面，使得土地督察程序具有随意性，土地督察的权威性受到损害。在土地督察执行的过程中，或因土地督察机构提出的关于土地行为违法的问题受到政府的反驳或因整改方案得不到认同而导致整改搁置，土地

① 参见沈亚平：《关于行政监督的理论分析》，载《天津社会科学》1998 年第 2 期。

② 参见杜立夫：《权力监督与制约》，吉林人民出版社 2004 年版，第 201—202 页。

督察受阻。另一方面,增加了土地督察权力滥用的可能性。土地督察权力作为权力的一种,在执行的过程中,如果缺乏方式、方法、步骤等方面的约束,土地督察主体可以任意行使这一权力,那么出现权力寻租、滥用权力的可能性就会增大。

三、我国土地督察制度的完善

针对土地督察制度中存在的问题,笔者认为可以从以下几个方面进行完善:

(一) 制定和完善相关的土地督察法律

首先,制定相关法律,提高土地督察法律的位阶。《国家土地督察条例(征求意见稿)》于 2008 年 7 月向社会征求意见,距今近七年多的时间了,在这段时间里土地督察的理论和实践都有了新的进展,国家土地督察制度已趋于成熟,应该在征求意见稿的基础上修改并颁布实施。另外,可以在现有的法律中增添土地督察制度,例如在《土地管理法》的修改中单列一章加入土地督察工作的相关内容。或者可以在“国发 50 号文件”等规范性文件的基础上,总结我国土地督察的实践并借鉴国外土地督察的经验,制定《土地督察法》。这样不仅使得土地督察的法律依据由规范性文件上升到法律法规的高度,提高了土地督察法律的位阶,而且使得土地督察在整个行政监督体系中具有和行政监察、土地监督检查相同的地位,增加土地督察的效力和权威性。其次,完善土地督察制度的相关内容。不仅要制定出土地督察法律法规,提高土地督察法律的位阶,而且对于这些土地督察法律所规定的内容进行细化。这样土地督察主体在实施土地监督时便有法可循,增强土地督察的力度和效果,同时可以减少土地督察主体行使土地督察权力的自由裁量权,避免土地督察权力的滥用。所以在制定土地督察的法律法规时,要详细规定土地督察的主体、内容、权力、程序等方面的内容。

(二) 合理配置土地督察权力

赋予土地督察机构以适当的权力在学者之间已经达成了共识,但是是否赋予土地督察主体一定的强制性的权力却产生了分歧。[①] 笔者认为对于督察权力的配置，一方面，督察权力的强度应该能与被督察的行政权力相对抗。另一方面，督察权力应该覆盖被督察者土地行政行为作用的所有领域。所以在原有权力的基础上，应赋予土地督察机构以下几个方面的督察权力。

第一，赋予土地违法确认权。政府的土地行政行为是否违法，必须由有关机关作出法律上的评价之后才能产生效力。一方面，我们国家的纠正权、建议权是在政府违法行政行为的情况下作出的，在没有明确政府土地行政行为违法的情形下，作出纠正、建议的时候便缺乏一定的法律基础。另一方面，行政行为具有公定力、确定力、拘束力、执行力的特点[②]。地方政府一旦作出土地行政行为就发生法律效力，行政相对人就必须按照行政行为的决定实施。如果土地行政行为违法，就会损害相对人的合法权益。若土地督察机构拥有土地违法确认权，在作出确认政府土地行政行为违法的法律评价后，便使行政行为丧失其合法性，可以阻止违法行政行为的发生，从而保护行政相对人的合法权益。

第二，赋予弹劾权和否决权。针对地方政府的违法土地行政行为，可以借鉴国土资源经济院经济政策法规研究室在其《谈如何落实国家土地督察制度》[③]报告中提出的弹劾权和否决权，赋予土地督察主体对相关人员进行弹劾或否决的权力。其权力具体表现为：其一，土地督察机构拥有对地方政府主要负责人在土地利用和管理方面的违法、违纪

① 有学者以及官方观点不主张赋予土地督察主体以强制性的权力，如：胡平仁、鞠成伟：《论土地督察制度与土地管理模式改革》，载《行政法学研究》2007 年第 2 期。有学者认为土地督察主体应享有强制性的权力，如：国土资源经济研究院经济政策法规研究室所做的《谈如何落实国家土地督察制度》报告；沈亚平：《关于行政监督的理论分析》，载《天津社会科学》1998 年第 2 期；杜立夫：《权力监督与制约》，吉林人民出版社 2004 年版，第 201—202 页。

② 参见方世荣、石佑启主编：《行政法与行政诉讼法》，北京大学出版社 2005 年版，第 213 页。

③ 国土资源经济研究室经济政策法规研究室所做的《谈如何落实国家土地督察制度》报告认为应赋予国家土地督察机构强有力的督察权，主张国家土地督察机构至少应享有对土地行政行为的调查权、调动权、督办权、弹劾权和否决权五项权力。这里的调动权，是指土地督察机构享有调动各级土地执法监察机构的权力；督办权，是指发现重大土地违法情形，土地督察机构有责令地方政府立即进行调查和处理的权力；弹劾权，土地督察机构享有对地方政府主要领导在土地管理和利用方面的违法、失职行为，向选举单位或任免单位进行弹劾的权力；否决权，是指对地方各级政府涉及征用地行为、土地管理部门的干部任免，土地督察机构对表决事项拥有否决权。

或失职行为，向当地人大或上级组织进行弹劾的权力；其二，赋予土地督察机构对土地管理部门的相关人员的人事任免和奖励方面的一票否决权。当其领导或负责人不按照职责行事或有失职行为的，公众完全有理由通过行使弹劾权对其罢免或对其任免和奖励进行否决，这能在政治上给予政府领导或负责人一定的压力，以督促其依法作出土地行政行为。

第三，赋予强制执行力。土地督察主体作出的决定只有具有强制作出执行力才可以发挥土地督察的效力，对于土地督察机构的强制执行手段可以从两个方面来强化：首先，对于在国有土地利用和管理中有重大经济嫌疑的主要负责人，国家土地督察机构可以直接责令其申报所有财产、说明财产来源，如无法说明，有权提请人民法院依法没收；其次，土地督察机构的问责建议权属于间接行政处分权，在向行政监察机构发送《国家土地督察移送通知书》的处分建议以后，行政监察机构除非有相反证据证明地方政府土地行为合法，否则应当按照建议书的内容对当事人给予行政处分，并将处理结果反馈给土地督察机构。

（三）土地督察法律程序的完善

一方面应该对土地督察程序制度进一步细化，使得土地督察可以按照法定程序进行，避免土地督察权力的滥用，例如：土地督察审核体系要更细化明确，纠正程序中加入与地方政府的沟通协调程序，完善土地督察信息反馈程序以保证信息反馈的真实等；另一方面应该填补土地督察程序制度的立法空白。笔者重点对听证程序引入土地督察程序的理由和具体操作进行探讨如下：

1. 听证程序引入土地督察的理由分析

我国法律对于听证程序作出了规定，涉及听证的行政行为包括：行政处罚行为、行政许可行为、行政立法行为、行政指导行为等[①]。对于监督听证，我国地方人大在监督政府执法方面进行了尝试和探索。[②]

① 参见《中华人民共和国行政处罚法》第 42 条、《中华人民共和国行政许可法》第 46 条、《中华人民共和国立法法》第 58 条、《中华人民共和国价格法》第 23 条、《中华人民共和国环境影响评价法》第 11 条的规定。

② 2003 年 12 月 10 日，全国首个监督听证会在广州市人大常委会举行。参见 http://www.southcn.com/NEWS/dishi/guangzhou/shizheng/200312110153.html。

笔者认为在土地督察中引入听证制度很有必要。

（1）有助于加强土地督察机构依法行政。土地督察权力也存在滥用的可能性，也要对其加以监督制约。听证程序的引入可以使地方人民政府和土地行政相对人通过听证程序参与到土地督察活动中来，就土地督察事项充分讨论，为土地督察部门建言献策。一方面这是行政民主原则的重要体现，另一方面客观上可以对土地督察起到外部监督的作用，防止土地督察部门出于私利，放松对地方人民政府土地利用和管理的监督或放纵土地行政相对人的土地违法行为，避免出现权力寻租的现象。

（2）有助于保障利益相关者权益。土地督察机构在行使土地督察职权的时候也可能会损害地方人民政府和土地行政相对人的合法权益。土地督察机构作出督察决定前，要听取利益相关者的意见。听证程序的引入，可以使利益相关者在土地督察部门的决策过程中发表意见，为保证自身的权益申辩，这有利于防止土地督察部门在单方面决策过程中，由于自身原因及信息的不对称性等因素使利益相关者应有的权益受到损害。

（3）有助于提高土地督察的效率。土地督察的决策的执行是靠被督察者即地方政府来实施的，其决策的执行力取决于地方政府是否接受。听证程序的引入，使得地方政府参与了土地督察决策过程，了解土地督察的决策情况，而且在这一过程中，充分地表达了自我权益，这在一定程度上可以消除地方政府的抵触情绪，提高土地督察决策的执行效率。另外，对于土地行政相对人来说，要想在听证程序中获得对自己有利的决策情况，必然积极收集相关事实证据，提供有关材料，这有效地节省了土地督察机构的信息获取成本。[①] 而且由于土地行政相对人参与了决策的过程，其配合决策执行的积极性也会得以提高。

2. 引入听证程序制度的具体建议

（1）明确土地督察听证的主体。首先，由土地督察机构有关负责人或指定的人员作为听证程序的主持人，主持人应选定未参与土地督察并且与土地督察事项无利害关系的人员担任，以体现听证程序的公

① 参见曾靳：《听证程序引入土地督察制度的必要性》，载《广东土地科学》2010 年第 4 期。

正性。其次,土地督察听证的参与人主要包括土地督察机构指派人员、地方政府以及受政府行政行为影响的土地行政相对人或其他的利害关系人。由于地方政府的土地行政行为作用的对象范围非常广泛,所以只要是认为自己权益受到地方政府土地行政行为影响的土地行政相对人或利害关系人都应允许参加听证程序。

(2) 明确土地督察听证的方式。我国土地督察听证应该建立以非正式听证为主、正式听证为辅的听证方式。一方面,我国某些地区已经有了非正式听证方式的实践和探索[①],有一定的经验。而且,通过座谈会、谈论会、论证会等非正式听证方式能够让听证双方充分交换意见,足以确定被督察事项的事实,了解被督察的信息,可以达到听证的目的。另一方面,正式听证程序一般比较繁杂,而且要耗费大量人力、物力和财力,不利于土地督察效率的提高。

(3) 明确土地督察听证的程序。在听证主持人的主持下,首先,由土地督察机构指派人员提出听证事项的事实、理由、依据以及有关材料和意见。其次,相关当事人对听证事项进行质辩、申辩,提出维护其合法权益的事实、理由和依据。再次,土地督察机构应当当场作出相应的回应,对于重大复杂问题,土地督察机构可以在充分听取被督察者的意见之后,事后以书面方式说明。最后,由利益相关者做最后的陈述。

(4) 明确土地督察听证的效力。由于正式的听证必须基于笔录作出决定,而非正式的听证只须给予当事人口头或书面陈述意见的机会,以供行政机关参考,无需基于笔录作出决定。[②] 所以在土地督察非正式听证中,以座谈会、讨论会、论证会等方式获得的笔录,以及与会相关利益者的意见,应作为土地督察决定的重要参考依据。而对于以正式听证方式所获得的笔录,如土地督察机构在农用地转用和土地征收的事项采取听证会方式所获得的听证笔录,应在法律上明确听证笔录作为土地督察机构作出土地督察最终决策时的依据,否则其决定不具有法律效力。

① 如:上海建立了与政府部门进行联系的座谈会形式。

② 参见应松年主编:《行政程序法立法研究》,中国法制出版社 2001 年版,第 518—519 页。

四、结　　语

我国土地督察制度是具有中国特色的监督机制，它属于国家土地行政管理和监督执法体系的重要组成部分，土地督察主体在推进地方政府依法行政，保护土地资源，落实国家宏观政策方面发挥了重要的作用。但是目前我国土地督察制度还有很多不足，这使得土地督察制度发挥作用的时候也受到一定的限制，笔者认为很有必要进行具体的研究，逐步构建一个更加完善的土地督察法律制度。但是需要说明的是，土地督察是一个非常系统、复杂的制度，笔者仅就土地督察法律制度中的几个点进行了重点研究，很多问题有待在以后进一步的学习和研究过程中加以完善。

（责任编辑：唐冬平）

铁路行业公私合作模式新探：对合资铁路委托运营现状的反思

汤　磊*

内容摘要　合资铁路是铁路行业在市场化改革、吸引民间资本道路上所进行的重要尝试，然而由于铁路行业自然垄断的特点和行业自身市场化改革滞后，诸多合资铁路在运营过程中都面临着自身管理困境和委托关系困境。在铁路政企分离的大环境下，以上问题的解决仍然需要从巩固公司股东地位、完善公司治理模式、合理分配委托方和受托方权利义务、完善激励惩罚机制等方面对合资铁路委托运营模式进行改革、完善。同时，结合公路交通、城市轨道运输等相关领域的经验，铁路行业在公私合作背景之下，亦可引入特许经营、公私合作等创新模式，以丰富铁路公私合作方式，真正实现促进铁路行业市场竞争的改革目标。

关键词　合资铁路　公私合作　委托运营　特许经营

一、引　　言

铁路行业，由于基础设施的建设成本相对固定以及全国化的路网建设和开行列车调度需要，具有典型的自然垄断行业特点。[①] 2013 年中共十八届三中全会通过的《关于全面深化改革若干重大问题的决定》明确指出在自然垄断行业推行以政企分开、政资分开、特许经营、

---

* 中国政法大学博士研究生。

① 自然垄断行业应当具备两个特点：第一，由一个单一主体提供所有服务或商品的成本要低于由多个主体提供这些服务或商品；第二，一个主体所提供的服务或商品越多，其平均成本则越低。参见 Katrin Luger: Chinese Railways, Physica-Verlag Heidelberg(2008):93—94。

政府监管为主要内容的改革，并推进公共资源配置市场化。以此为契机，第十二届全国人民代表大会第一次会议《关于国务院机构改革和职能转变方案的决定》明确指出“实行铁路政企分开”：组建中国铁路总公司承担原铁道部的企业职责；组建国家铁路局，承担原铁道部的其他行政职责。这一机构改革，打破了以往铁道部政企不分的僵局，在职权划分和机构设置上实现了形式上的分离，为进一步深化铁路行业市场化改革奠定了组织基础。然而，正如民营化大师萨瓦斯所讲的，“问题的实质不在于公营还是私营，而在于垄断还是竞争”①，市场化改革的根本目的在于引入竞争机制，放在中国铁路行业的语境下，则是吸引除政府以外的其他投资者的进入。合资铁路的产生，是原铁道部在多元化铁路市场主体、吸引民间资本方面所做的重要创新尝试，然而，合资铁路吸收民间资本的过程，并没有伴随着铁路行业整体市场化的改革，因此便形成了一种“主体和规则之间”以及“主体和环境之间”的错位，就好像高档跑车行使在泥泞的土路上一样。不难想象这种错位所造成的诸多问题与不和谐，例如合资铁路的运营管理问题、公司构建问题、股东权益保护问题等。

本文从合资铁路委托运营模式入手，通过对两个合资铁路典型案例的分析，整理、归纳目前作为合资铁路主要运营模式的委托运营模式所存在的自身管理问题和委托关系问题，提出在现行框架下完善合资铁路委托运营管理模式的建议。同时由于合资铁路带有很强的政府垄断背景，仅在现有框架下对其予以完善亦难以增进行业竞争，真正实现铁路行业的市场化改革，因此本文结合公路交通、城市轨道运输等相关领域的经验，对我国铁路行业未来公私合作方式予以展望，进一步丰富铁路行业公私合作方式，以期为铁路行业进一步市场化改革提供有益借鉴。

① 〔美〕萨瓦斯：《民营化与公私部门的伙伴关系》，周志忍等译，中国人民大学出版社2002年版，第161页。

二、合资铁路及其运营方式

(一)合资铁路的概况

根据《2013 年铁道统计公报》的数据显示:至 2013 年,合资铁路营业里程达到 3.2 万公里,占全国铁路营业里程 10.3 万公里的 31.1%。[①] 可见合资铁路目前在我国铁路运营行业所占的比重之大,已经成为我国铁路基础建设的重要组成部分。然而,1990 年出台的《铁路法》中所罗列的国家铁路、地方铁路等四种铁路类型中却没有合资铁路这一项。合资铁路是在改革开放的新形势之下应运而生的,1996 年由原铁道部和原国家计划委员会联合发布的《合资铁路管理办法(试行)》(以下简称《试行办法》)中指明了合资铁路产生的背景和意义:“合资铁路是充分发挥中央和地方两个积极性,多方筹集资金,加快铁路发展,振兴地方经济的重要途径,同时也是深化铁路改革、建立现代企业制度的积极探索”。根据《试行办法》,合资铁路是指原铁道部与其他部委、地方政府、企业或其他投资者合资建设和经营的铁路,并且囿于当时的时代背景,《试行办法》的出台主要还是针对国家铁路和其他部委以及地方政府所合资建立的铁路,外部非政府投资者的情况还十分罕见。

随着铁路市场化改革的不断推进,以及高速铁路的飞速发展,合资铁路在我国铁路建设运输市场越来越普遍,已经成为铁路基础设施建设、运营引入外部资本的重要途径。[②] 同时,目前随着全国各个领域的商业化程度不断提高,铁路运输行业所面临的竞争和条件已经今非昔比,虽然铁路运输的客流量、货运量仍然十分巨大,但是来自航空运输、公路运输以及船运的竞争压力已经十分明显。因此,无论是为了吸引投资,还是为了引入市场化机制提高铁路行业核心竞争力,合资铁路的存在都为实现这些目标提供了一条出路。

然而,虽然改革开放近四十年中国的市场形势和市场机制已经逐

① 参见国家铁路局门户网站数据统计页面:http://www.nra.gov.cn/fwyd/zlzx/hytj/201404/t20140410_5830.htm,2014 年 8 月 19 日访问。

② 参见史立新、虞浩:《合资铁路发展回顾与思考》,载《铁道经济研究》2005 年第 4 期。

渐成熟,但中国铁路行业由于其自身天然垄断、需要统一调配等特点,始终处于相对封闭的发展环境。直到2013年中央决定成立中国铁路总公司,实现运营、监管相分离的模式之前,政企不分行业模式始终难以面向民间资本开放。从现有的诸多合营铁路尝试来看,虽然成绩斐然,但是问题也确实暴露了不少,例如京沪高铁在业绩良好的情况下股东要求退股的风波集中暴露了合资铁路在委托管理、运营过程中的不规范,投资者权益得不到有效保障等问题。

(二)合资铁路的运营模式概述

结合《试行办法》以及2014年新出台的《铁路运输企业设立、撤销、变更审批办法》(征求意见稿)中的相关规定和目前的合资铁路运营实践,合资企业可以选择的运营模式主要有:(1)独立运营;(2)与铁路局合作运营;(3)委托铁路局运营;(4)租赁。

第一,公司独立运营是指由合资铁路运输公司独立建设、运营铁路运输设施,自负盈亏。比较典型的自营合资铁路运输公司有广东三茂铁路股份有限公司、广梅汕铁路有限责任公司以及内蒙古集通铁路(集团)有限责任公司、内蒙古东乌铁路有限责任公司等。此类运营模式,由于其地位独立、核算清楚、自主经营管理、自负盈亏等特点,符合投资人设立合资铁路公司的目的和预期,出现的经营管理上的问题以及法律问题也比较少。但是由于铁路系统需要统一的调度指挥、运营行为的全国性以及合资铁路的地域性等特点,合资铁路自营的难度相当大,且不利于铁路进一步扩大运能、运量。只有在线路里程较长、运量集中并且与其他铁路交叉点少的情况下,才适合采用自主经营的模式。①

第二,联合经营的运营模式是指合资铁路公司由于其自身特点,选择与铁路局或分局联合经营,共担风险的运营模式。通常合作各方以合作协议的签订为基础,享受经营收益(或共担风险),承担经营义务。由于联合经营的管理成本和协调成本相对较高,比较适合短期项目或

① 参见孙琳:《合资铁路经营管理模式探究》,载《铁道经济研究》2009年第3期;李玉旦、彭辉、王爱云:《基于AHP的合资铁路运营管理模式选择》,载《长安大学学报(社会科学版)》2014年第1期。例如广梅汕铁路全长672.8千米,全程均不在中国铁路干线网上,便采取了自主经营模式。

特殊线路,如网线末端线路等。[1] 就联合经营的形式来看,通常表现为:“网运分离,运输联合”,即形成固定资产的静态设备和全线的行车组织、调度指挥、运力分配均由合资公司负责管理,只有货场管理、装卸车组织、线内机车牵引等业务性工作由联合运输方分段负责。[2] 目前,朔黄铁路是比较典型的合营铁路。[3] 在联合经营的运营模式中,需要注意以下问题:(1) 合作各方的权利义务应当在合同中予以明确,如线路养护义务的分配、日常运营安排等;(2) 合资企业作为投资方和铁路基础设施所有权人应当享有一定自主权,在经营收益分成中,应当考虑各方实际投入成本;(3) 法律责任应当明确,在联合经营的过程中,一旦对外产生了债务,无论是合同之债还是侵权之债,联合主体很可能因其合作关系共同对外承担连带责任,但是在联合主体内部应当做到责任明确,按照职责分配、责任比例等方式对内部相互之间的责任予以明确。

第三,委托经营是指合资铁路公司将线路委托给他人(通常是铁路局)经营,按照合同支付报酬、享有收益。其中比较常见的委托经营有两种:第一种为委托运输经营模式,即资产经营与生产经营相分离的一种模式;第二种为委托运输管理模式,即合资公司将属于业务管理范畴的客货运组织、调度指挥、设备设施维护与维修等工作全部或部分委托当地铁路局管理,属于经营范畴的生产任务指标、财务计划、盈亏计划等经营性指标仍由合资公司控制、下达并组织实施的一种模式。[4] 其中,在委托运输经营模式中,合资公司的法人地位独立,拥有股东会和董事会,并且制定经营目标,负责资产经营、资产监管等工作,而通过委托协议,将合资铁路的运输专业管理、生产经营管理全部委托给受托铁路局,实行经营目标责任制。两种委托管理模式的主要区别在于是否将经营范畴和业务范畴的工作全部委托给受托铁路局承担,委托运输管理模式中的铁路局仅仅是一个预算执行单位和专业管理单位,不

① 参见孙琳:《合资铁路经营管理模式探究》,载《铁道经济研究》2009 年第 3 期。

② 参见李玉旦、彭辉、王爱云:《基于 AHP 的合资铁路运营管理模式选择》,载《长安大学学报(社会科学版)》2014 年第 1 期。

③ 参见神华集团:《朔黄铁路发展有限责任公司介绍》:http://www.shenhuagroup.com.cn/cs/sh/1382694956629/sh_contentDetailed/PL.html,2014 年 8 月 20 日访问。

④ 参见李玉旦、彭辉、王爱云:《基于 AHP 的合资铁路运营管理模式选择》,载《长安大学学报(社会科学版)》2014 年第 1 期。

承担生产经营职责。

第四,租赁模式是一种典型的“网运分离”(或称上下分离)运营模式,是指由合资铁路公司建设完成路线基础设施,并通过收取线路使用费获利。如此一来,投资人的回报预期较自主经营或委托经营的回报预期相对固定,投资风险比较小。同时承租方独立核算、自负盈亏,无论亏损还是盈利,都要足额支付线路使用费。这种运营模式在我国并不常见,而英国的铁路产业私有化改革采用了类似的运营模式:英国铁路的全部固定资产划归铁路路网公司由其独家垄断经营,并由其负责铁路线路和其他基础设施的管理,铁路路网公司收入的主要来源是铁路营运公司向路网公司支付的线路、车站和信号等路网使用费。①

三、委托管理模式及相关法律问题

在以上运营模式当中,委托经营是我国目前比较常见的一种合资铁路的运营模式,包括京津城际、京沪高铁、龙岩铁路公司、泉州铁路、武夷山铁路、邯济铁路和呼准铁路等。之所以委托经营模式较为普遍,原因主要有两点:(1) 市场化原因。合资铁路公司的投资方并非都来自铁路行业,对铁路运营等具体专业事务并不熟悉,通过委托经营,将合资铁路的部分或全部经营、业务范畴的工作委托给专业的铁路局,可以有效降低管理和运营成本。同时,将合资铁路委托给地方局也能更好地与国家铁路、地方铁路协调接轨,适应全国统一调配的网络安排。(2) 政府原因。为了加快铁路改革,探索合资铁路公司运营新模式,有些地方会通过政府所持股份比例促成合资铁路的委托经营,例如2007年,南昌铁路局与福建省发展和改革委员会签订了《关于加强福建省既有合资铁路管理的会谈纪要》。按照会谈纪要精神,自2007年开始,对武夷山、泉州、龙岩等三家合资铁路公司进行管理方式创新,实现资产所有权与生产经营权分离,并将生产经营权委托南昌铁路局管理。同时纪要提出了“五个有利于”的委托管理方针原则,比较好地反映了对委托管理改革的期望:有利于运输资源配置、有利于调度统一指挥、有利于强化专业管理、有利于运输安全有序可控、有利于效率效益全面

① 参见孙玉升:《中国铁路产业激励性改革研究》,辽宁大学2011年博士学位论文。

提高的原则。然而,在实践运作中,委托管理模式的运营方式却暴露出了不少的问题,因此委托经营模式中出现的问题是本文讨论的重点。

首先来看两个案例:

1. 京沪高铁股东的退股风波。京沪高铁股份公司 2007 年成立,是铁道部第一次尝试在高铁中引入市场化的机构投资者。中铁投代表铁道部投资,股权占比 56%,七家地方政府投资公司总计占约 20%,以平安资产管理公司为发起人的四家保险系投资团投资 160 亿元,占比 13.9%,为单一第二大股东;社保基金出资 100 亿元占 8.7%。然而,两家投资机构于 2012 年下半年分别提出希望大股东中国铁路建设投资公司代表铁道部回购股份。而此时,据《新世纪》报道,京沪高铁不但运营状况良好,业绩还超过了预期。[①] 机构投资者选择此时退股,其原因值得深入探究。

2. 武夷山公司委托经营遇到的管理困境。2007 年,根据南昌铁路局与福建省发改委《关于加强福建省既有合资铁路管理的会谈纪要》,包括武夷山公司在内的三家合资铁路公司实行"运输资产经营与运输生产经营分离"的管理模式并委托南昌铁路局实行专业化经营(仅包括运输生产经营部分,不包括多元化经营管理)。然而,从 2007 年到 2009 年的委托经营情况来看,公司运营状况并没有达到协议确定的经营指标。同时相比 2007 年以前自主经营的阶段,公司状况由盈利转向严重亏损,经营形势"趋向恶化"。[②]

以上两个案例主要暴露了两个不同方面的问题:京沪高铁暴露了目前融资铁路,尤其是对外招商引资之后的自身管理以及股东权益保护的问题;而武夷山公司案例则暴露了在委托管理过程中委托方与受托方关系不清的问题。下面分别进行分析:

(一) 合资铁路公司自身管理问题

合资铁路公司通常是依据我国《公司法》设立的有限责任公司或股份有限公司,是以营利为目的的一种商业化工具,也就是说股东投资设立公司的目的在于营利。投资者在进行投资之前比较看重的无非是

① 参见于宁、吴静、王晨:《投资者提议退出京沪高铁》,载《新世纪》2013 年第 5 期。

② 参见陈茂莹:《关于合资铁路委托管理问题的思考》,载《铁道经济研究》2011 年第 5 期。

市场前景和风险控制,然而,从京沪高铁股东要求退股的事例中却可以看出京沪高铁股份公司自身不利于投资者的问题。从媒体报道中看,股东要求退股的原因主要有四个方面:(1) 投资规模超出预期;(2) 实际票价低于投资者预期;(3) 公司治理不规范,发车密度、车速、行车数量等调控权都不在公司手中,而是在铁道部手中,投资者对这些影响收益的决策没有任何话语权;(4) 铁路清算系统不透明,股东难以获知跨线收入是否完全并入。[①]

其实在任何公司之中大股东和小股东之间的矛盾以及股东与董事之间的矛盾都是不可避免,并且十分普遍的。[②] 股东权益保护,尤其是小股东权益保护的问题一直是《公司法》和各公司章程中的重要焦点内容。[③] 合资铁路公司相较其他公司也确实具有一定特殊性:第一,铁路行业具有一定的公共事业职能,具有很强的公益性。虽然目前公路交通、航空交通空前发达,但是铁路运输仍然是民众出行的重要的交通工具,民众对票价的稳定和低廉具有不小的期待[④]。第二,铁路实际运量和运次的调配实行全国统一调配,合资铁路公司自己很难决定。2013 年铁道部改革之前,铁道部一直承担着统一调配的职责,改革后的中国铁路总公司承担起了铁路运输调度集中统一指挥的职责。[⑤] 虽然客观上存在特殊性,但是既然依照《公司法》成立公司,就应当依法、规范治理公司。

京沪高铁股份公司的退股风波体现了公司治理中的不规范。首先,根据媒体报道,我们可以看到公司信息对股东的披露是严重不足的。信息是股东在投资决策过程的重要依据,然而,平安管理等机构投资者对公司调整票价、调整车次以及追加先期投资等事项均不能及时获知,更有甚者,公司的清算规则对这些机构投资者来说都是陌生的、不透明的。其次,股东的利益代表机制不规范,虽然平安资产管理等机构投资者所占股份比例无法与中铁投 56% 的股份相抗衡,但是对于公

① 参见丁宁、吴静、王晨:《投资者揭议退出京沪高铁》,载《新世纪》2013 年第 5 期。

② 参见李建伟:《公司法学》,中国人民大学出版社 2008 年版,第 425 页。

③ 参见同上书,第 359—388 页。

④ 参见徐扬、许晓青、马扬:《中国民众期待铁路改革保持公益性》,载 http://news.xinhuanet.com/politics/2013-03/12/c_114999825.htm,2013 年 3 月 12 日访问。

⑤ 参见第十二届全国人民代表大会第一次会议《关于国务院机构改革和职能转变方案的决定》(2013 年 3 月 14 日)。

司来说，这些机构投资者也绝不是无关痛痒的出资人，20%左右的股份在股东大会上的作用是不可忽视的，例如根据我国《公司法》的规定，10%以上的股东就可以召开临时股东会或者在公司僵局的情况下要求法院解散公司。因此，如果是规范地通过股东会或董事会作出重大决策，机构投资者的利益是会有一定体现的，然而从报道来看，他们的利益诉求完全被忽视了。

（二）合资铁路公司与受托铁路局之间关系的问题

第一，合资铁路公司在委托管理过程中丧失其应有的独立地位。合资铁路公司作为铁路网线的所有者，在很大程度上是享有经营自主权的，委托协议的签署并不能改变这一事实。合资铁路公司的经营自主权在委托管理关系中主要体现在：(1) 根据投资期望和与受托方协商，在委托协议中设定“经营目标”；(2) 由于经营风险主要由合资铁路公司承担，因此重大事项的决策权应当由其掌握；(3) 对受托铁路局管理事项的监督管理权，并享有必要的监督手段和救济手段。然而，从目前的委托经营案例来看，除了经营目标的设定以外，合资铁路公司无论是选择委托运输经营模式还是委托运输管理模式，在决策过程或是监督过程中均缺乏话语权。虽然受托铁路局在完成经营目标的框架之下应当拥有一定的自主权，根据其管理的专业性和事务的复杂性进行决策和行动，这也是委托经营模式的固有之意义。但是这项权利必须限制在其托管业务的范围之内并且应当与其承担的责任相一致。然而就目前情况看来，合资铁路公司营业环节上被边缘化，无论是运输方案的制订和实施还是成本控制等各个方面，合资铁路公司不仅没有决策权，就连监管也落实不到位。[①]

第二，合资铁路公司对委托经营的合作方没有选择权。目前选择委托管理运营模式的所有合资铁路公司均将运营业务委托给相关路段的铁路局，完全没有选择的余地。这种垄断的长期存在必然导致合资铁路公司在前期谈判、协议签订和履行的过程中的劣势地位，以及受托铁路局服务质量的下降。同时，受托铁路局由于其自身也拥有铁路和

---

① 张敏：《改进完善合资铁路公司委托运营的探讨》，载《理论学习与探索》2013年第6期。

相应的运营业务,与委托方实际上存在竞争关系。这便使合资铁路公司处境更为不利,受托方无需承担其受托业务的经营风险,势必在管理过程中偏袒其自主运营的线路,从而使委托线路的利益受损。在管理不规范和监管不力的当下,利益冲突的影响更甚。

第三,成本风险和商业风险的分摊不合理。委托管理协议的一项重大意义就在于分摊成本风险和商业风险。成本风险是指管理项目所承担的运营和维修成本费用的风险;商业风险指收入风险,包括票务收入及非票务收入。① 管理费用的约定集中体现了风险承担的分摊:(1) 如果选择"实际运营成本 + 约定服务费②"的方式,则风险均由合资铁路公司承担,受托铁路局相对安全。(2) 如果选择"测算成本 + 约定服务费",那么受托铁路局需要承担一定的成本风险而无需承担商业风险,如果维修维护或其他实际成本支出大于测算成本,则会影响其收入。由于受托铁路局拥有一定运用的自主权,且具有一定运营经验,因此由其承担部分成本风险较为合理。(3) 如果选择"预测的运营维护成本 + 实际票务收入比例(服务费)"作为费用计算方式,那么就意味着受托铁路局不仅要承担成本风险,还需要承担一定商业风险,因为如果实际收入过低,也会影响其最终的收入。由于受托铁路局和委托方存在的竞争关系,由其承担部分商业风险也是必要的。其实可供选择的委托管理费用的计算方法还有很多,此处只是举例说明管理费用计算方法和风险承担的关系。目前多数委托管理合同均采用第一种以实际成本计算服务费用的方式,受托铁路局几乎不承担任何风险,旱涝保收,这样的风险承担安排不合理也不公平。

四、委托管理模式的完善

委托管理模式所暴露出问题的本质,其实与合资铁路总体发展困境是一致的,面对天然垄断的铁路运输市场,合资铁路公司缺乏必要的谈判筹码和平等的市场地位。这一根本问题的改变,只能仰仗于铁路

① 参见陈志雄:《城市轨道交通委托运营管理模式合同方案研究》,载《城市轨道交通研究》2014 年第 7 期。虽然本文研究的是城市轨道交通中的委托运营管理模式,但其关于合同中风险安排的论述具有很强的借鉴意义。

② 约定服务费是指服务费与票务和非票务收入无关,即不承担商业风险。

行业市场化、商业化改革的不断推进,2013 年国务院机构改革则是向着这一方向迈出了有力的一步。当然,在市场化改革尚未完成之时,辅助措施的实施不仅可以促进市场化的深入改革,更可以在短时间内改善合资铁路公司的运营环境,吸引民间机构投资建设铁路市场。

(一) 规范公司治理,巩固小股东地位

严格规范公司治理并且依照《公司法》及相关规定通过股东会和董事会治理公司是一名理性投资者对合资铁路公司最基本的要求。然而目前绝大多数合资铁路公司的股权结构都存在国铁系统"一股独大"的现象,而且缺乏对小股东的必要保护。第一,国家铁路局以及其他铁路监管机构应当摆正自己位置,履行安全生产、设备质量安全等监管工作,而不得以任何形式干涉公司治理的事务。第二,中国铁路总公司及其铁路局只能作为股东,按照自己持股比例对公司进行治理,不可将自己作为公司的所有者或操控者。正如上文提到的,大股东和小股东的利益冲突在公司治理中十分常见,但是如果凭借自身一股独大就剥夺小股东的权利,则势必引发各种纠纷。第三,通过采取累计投票制度[①],切实保证小股东在董事会和监事会的利益代表席位。除少部分重大决策事项外,公司绝大多数事务是由董事会决定的,因此董事会的席位直接决定了股东的利益是否会在公司治理中得到考量。累计投票制的规则设计可以防止直接投票方式那种大股东压倒性的优势现象,使小股东也有机会选出自己的代言人进入董事会和监事会。[②]

对多数股东滥用权力的现象进行限制是必要的。在利益驱使下,多数股东通常不会满足于在《公司法》框架下行使权力、获取利益,而是会通过对公司的实际控制而谋求私利,损害公司和其他股东的利益。因此防止多数股东滥用其控制地位是必要的。首先,应当严格遵守《公司法》第 20 条规定的公司股东的诚信义务以及第 21 条规定的控股股东、实际控制人不得利用其关联关系损害公司利益的规定。[③] 其

① 我国《公司法》第 105 条将"累积投票制"定义为:股东大会选举董事或者监事时,每一股份拥有与应选董事或者监事人数相同的表决权,股东拥有的表决权可以集中使用。

② 参见李建伟:《公司法学》,中国人民大学出版社 2008 年版,第 374 页。

③ 我国《公司法》第 20 条规定:公司股东应当遵守法律、行政法规和公司章程,依法行使股东权利,不得滥用股东权利损害公司或者其他股东的利益;不得滥用公司法人独立地位和股东有限责任损害公司债权人的利益。这一条款被称为公司股东"诚信义务"的一般规定。

次，对于股东进行的关联交易或自我交易[①]，应当对该股东的投票权予以排除或限制。目前我国《公司法》仅在公司为“股东或实际控制人提供担保”的情况下，规定了关联股东不得参加投票表决的规定。[②] 然而根据《公司法》第 43 条的规定，公司可以在其章程中设置其他合法限制措施，如规定关联交易中的股东表决权排除等。在合资铁路公司委托管理合作过程中，关联交易的问题十分突出，通常原铁道部（现中国铁路总公司）作为公司的控股股东或多数股东，若实行资产或股权多数决的正常投票方式，可以完全无视小股东的存在。然而在委托管理过程中，由于托管方通常是控股股东旗下的全资铁路局，在没有表决限制的情况下，少数股东的权益难以得到应有的保护。因此有必要在公司章程中明确限制甚至排除关联股东在委托管理协议签订过程中的表决权，如确定委托管理服务费用和经营目标的设定等事项。

除了限制大股东，其他保护小股东的措施也应当重视。股东的知情权是股东了解公司经营状况、财务状况，参与公司治理的基础。应当切实落实股东的查阅权、质询权和信息接受权等相关权利。《公司法》第 34 条和第 97 条分别规定有限责任公司和股份有限公司股东的查阅、质询的权利，公司有义务为股东披露相关信息，如果公司拒绝履行披露义务，股东可以起诉申请强制查阅。

（二）由受托铁路局分担成本风险和商业风险

上文中提到，目前受托铁路局以实际成本和约定服务费用为其收入方式，基本不承担任何成本风险或商业风险，这种风险分担安排给投资者带来了极大的风险隐患和不确定因素，不利于吸引投资。同时，受托铁路局与合营铁路公司存在竞争关系，如果铁路局完全不承担任何风险，也不利于对合资铁路公司利益的保护。因此，建议采取恰当的委托管理费用计算方式，如“预测的运营维护成本 + 实际票务收入比例（服务费）”方式，将成本风险和商业风险的部分分摊给受托铁路局，以制约并激励受托铁路局履行其勤勉义务。由受托铁路局承担部分成本风险是合理的，因为受托铁路局长期从事自营或受托运营管理业务，对

---

① 股东自我交易属于公司关联交易的一种，指公司与其关联人之间发生的一切转移资源或者义务的法律行为。

② 参见我国《公司法》第 16 条。

成本预估较为准确。同时,由受托铁路承担部分商业风险,不仅可以敦促其履行勤勉义务,弥补竞争关系中的不平等地位,也可以与受托铁路局在委托事项管理中的自主权范围相适应,使其为自己的决策、行为的后果承担一定责任。

同时,合资铁路公司和受托铁路局所分别享有的决策权和行动权,应当与其所承担的风险和责任相适应。理性的商业决策者在作任何决定时,势必会站在自己利益的角度。在存在竞争关系的委托人与受托人之间,如果受托人决策的后果完全由委托人承担,是极为不公平的,反之亦然。因此最优选择是在委托人和受托人之间,依照其所承担的风险大小,合理分配决策权。例如在受托铁路局完全承担成本风险的情况下,有关铁路日常维护、技术人员培训等专业性和业务性较强的事项就应当由受托铁路局决定;但是由于在发生安全责任事故后,合资铁路公司势必会因为其所有者地位而对外承担责任,因此在生产安全、运营安全等相关事项上合资铁路公司应当具有一定决策权和充分的监督权。

(三)完善委托管理的激励和惩罚机制

除了上述风险分担外,激励和惩罚机制也可以促进受托铁路局履行勤勉义务,减轻因竞争关系而产生的不公平情况。首先,激励机制和惩罚机制在本质上的目的是相同的,都是要改变受托铁路局工作完成好坏结果都一样的局面,为其尽职履责提供动力。其次,在明确运营目标的基础上,在委托管理协议中可以约定按时或提前完成运营目标的奖励方式,比如提高服务费用等,对于亏损的铁路,也要确定明确的扭亏计划和相应的奖励方式,促使受托铁路局积极履职。同时,在委托协议中也可以约定无法按时完成运营目标或扭亏计划的惩罚措施,如约定违约金或按责赔偿等。最后,激励机制的鼓励标准可以十分多样灵活,不一定只能以运营目标的完成情况作为奖励标准,如装车卸车的速度和数量、运量提高、旅客票务收入提高等指标均可以根据需要设置激励措施。

五、铁路运输领域公私合作的其他方式

根据中共十八届三中全会的精神,未来铁路行业等自然垄断行业的改革发展方向是推进市场化改革,政府退居二线力主监管,而由市场化程度较高的企业承担生产经营工作。在这一过程中,政企分开的机构改革仅是第一步,合资铁路的委托管理运营也仅是诸多改革尝试中的一种。根据微观经济学理论,公共物品和服务的定义为:每个人都消费这种产品或服务并不会导致其他人对这种产品或服务消费的减少。公共品与非公共品的典型区别是消费中的非竞争性和受益时的非排他性。[①] 铁路因其具备一定的排他性和竞争性而处于公共品与非公共品之间的地带,被称为“准公共品”,兼具营利性和公益性双重特点。因此,应当充分利用公私合作方式的优势,借鉴类似领域的公私合作模式,实现铁路行业多元化融资模式。

(一)特许经营:BOT 融资模式

BOT 模式是“建造—经营—移交”的融资模式的简称,是政府将公共事业特许给民间投资者进行投资、建设、经营的一种常见方式。BOT 模式由于其融资能力强、专业化程度高和权利义务关系明确等优势在我国基础设施和公共事业建设领域得到广泛运用,例如京通快速由北京市政府通过 BOT 模式特许给由美国国际集团亚洲基础设施基金、北京市基础建设投资公司等机构投资者组成的投资联合体投资建设,于 1995 年底建成通车。虽然在我国铁路行业开展 BOT 融资模式的呼声也很高[②],但是还没有付诸实践。BOT 模式作为基础设施和公用事业特许经营方式的一种被纳入了国家发改委起草的《基础设施和公用事业特许经营法(征求意见稿)》(发改办法规[2014]1065 号)(以下简称《征求意见稿》)之中,铁路也被纳入了可以实施特许经营的基础设施

① 参见〔美〕斯蒂格利茨:《经济学》(第 2 版)(上册),中国人民大学出版社 2000 年版,第 140—141 页。

② 参见钱桂枫:《BOT 项目融资在铁路建设中的运用研究》,载《铁路运输与经济》2006 年第 9 期。另可参见梁颖林:《铁路建设 BOT 融资若干问题的思考——兼谈对广西铁路建设 BOT 的建议》,载《广西大学学报(哲学社会科学版)》2013 年第 1 期。

和公用事业范围。[①] 与BOT模式一起被纳入特许经营方式的还有“经营—移交”以及单纯提供公共服务(仅适用于基础设施建设的公共服务提供)。

目前我国特许经营事业仍然处在发展阶段,各项配套制度和经验尚不成熟。有学者认为我国特许经营目前面临来自政府和投资者的双重风险:首先,从政府角度来看,政府在特许经营中通常忽略自身保护公共利益的职责,并且存在短视、一味追求政绩、缺乏规制手段等风险;其次,从投资者的角度来看,政策的不确定性和政府信用不足是投资者的主要风险。[②] 由此,若要降低甚至规避以上风险,需要从明确政府作为特许经营的组织者的角色出发,不断完善特许经营的授予实施的程序和标准,并且在特许实施过程中把守好服务质量、安全生产、公共利益的关口,履行其作为监管者的职责。

(二) PPP公私合作模式:北京地铁4号线的尝试

PPP(Public-Private-Partnership)模式指私人参与到基础设施项目的建设与经营,与公共部门共同承担公共物品的生产或服务的提供。[③] PPP模式在一些语境之下泛指一切公私合作方式,涵盖合同外包、特许经营等,但是在本文中PPP模式特指公共部门与私人共同合伙承担公共项目建设和经营的安排,是广义公私合作的一种,但PPP项目中可能会包含BOT、TOT、BT等多种融资模式。

北京地铁4号线的建设运营便采取了PPP模式,其经验值得借鉴。北京地铁4号线项目被分为A、B两个部分,其中A部分包括征地拆迁和车站、洞体机轨道铺设等工程,总投资额107亿元;B部分包括车辆、自动售票系统、通信、电梯、控制设备、供电设施等设备的购置和安装,总投资额为46亿元。A部分因涉及征地和安全运营保障等公共利益,由北京地铁4号线投资有限公司代表北京市政府建设并拥有产权;而B部分属于软件建设,由特许经营公司(机构投资者)筹资建设。线路建成后,特许经营公司通过产权租赁的形式取得A部分资产的使用

① 参见《征求意见稿》第4、5条。

② 参见章志远:《公用事业特许经营及其政府规制——兼论公私合作背景下行政法学研究之转变》,载《法商研究》2007年第2期。

③ 参见应松年主编:《当代中国行政法》(上卷),中国方正出版社2005年版,第412页。

权,并负责4号线的运营管理和全部设施的维护更新工作。合同期满后,特许公司将B部分设施无偿移交给北京市政府,将A部分资产归还4号线投资公司。[①] 在这个项目中隐含着两种特许经营模式,其中A部分资产采取的是TOT(Transfer-Operate-Transfer)模式,而B部分资产采取的是BOT模式。

北京地铁4号线的建设运营模式具有很强的借鉴意义。首先,整个项目被分割为公共利益属性较强的A部分和公共利益属性较弱的B部分,采取完全不同的融资方式和产权模式,这样多元化的融资途径,既缓解了财政压力,又能保证A部分项目的建设质量和产权归属,有力地保障公共利益和公共安全。其次,该项目针对A、B部分分别采取两种不同的融资运用模式,将设施建成后的运营工作统一交给特许公司,并非根据产权划分由4号线投资有限公司和特许公司根据共同分工运营,这样不仅可以保证地铁运营管理的整体性、顺畅性,也可以有效地降低管理成本。最后,在线路投入运营以后,政府的有效监管也是保证线路运营良好的重要保证,监管手段主要包括对运营安全标准进行监督、紧急情况下政府的介入权以及在《特许经营协议》中约定的包括收回特许经营权在内的制裁措施。[②]

总体而言,引入市场化竞争机制对于特许经营等公私合作方式来讲,既是目的又是前提。特许经营模式的实践,除了融资目的以外,更在于打开市场,引入竞争,从而降低成本,提高服务质量。从另一方面来看,"问题的实质不在于公营还是私营,而在于垄断还是竞争"[③],只有真正实现了市场化的竞争机制,特许经营这一模式才能真正发挥其功效,也更能受到更多市场化投资者的青睐。

六、结　　语

从目前来看,合资铁路的产生和发展是目前铁路市场化改革的重

① 参见裴劲松、王丹:《PPP项目在中国的发展应用——以北京地铁4号线运营为例》,载《经济师》2010年第10期。

② 参见同上。

③ 〔美〕E. S. 萨瓦斯:《民营化与公私部门的伙伴关系》,周志忍等译,中国人民大学出版社2002年版,第161页。

要环节,也是铁路市场融资的主要渠道。合资铁路公司的规范化治理必然是吸引投资者的基础,以国家铁路局为代表的政府部门履行监管职能,不参与建设、运输和生产环节,给予合资铁路公司充分的自主经营空间和权利。从一方面看,在公司成立之初,应当充分尊重民间机构投资者的市场主体地位,作为平等主体参与到章程起草、股权结构安排和公司筹备的过程中。同时,应当充分考虑保护少数股东不受多数股东或实际控制人的滥权侵害,并提供必要的的权利救济措施保障。另一方面,在委托管理模式选定后,应当考虑委托方和受托方的竞争关系以及股东关联交易的利益冲突,通过委托管理费用的计算合理分配风险,并通过完善激励和制约机制强化受托方尽职履责的动力。

然而,进一步深化市场改革、逐步实现网运分离是解决合资铁路发展困境的根本之道,毕竟目前合资铁路投资者所承受的所有不公平条件,归根结底是因为谈判地位不平等以及市场化不足而导致的。回到铁路行业本身,作为准公共品,在保障铁路公益性的基础之上,铁路行业在改革过程中应当不断探索市场化多元融资和运营模式,实现公私合作的良性结合。

(责任编辑:唐冬平)

基本权利研究

当事人基本程序权利

——再论宪法意义上的诉权

牟爱华*

内容摘要 当事人基本程序权利是以人权为基础的，和当事人在法律上享有的基本实体权利一样，是公民享有的一项宪法上的基本权利，是一种“渊源权”。当事人基本程序权利源自罗马法上的“actio”，经后世的分立和发展，历经私法诉权、公法诉权、双重诉权和宪法诉权的发展变化，其内涵从一元向多元扩充，外延也从民事领域逐步扩大到刑事、行政和宪法诉讼领域，并呈现出宪法化和国际化趋势。

关键词 当事人 基本程序权利 宪法 诉权

民主和法治的最终共同价值目标在于强调法律对公民个人基本权利的尊重和保障。民主的目标在于实现对人的自由和基本权利的保障，宪法的最终目的也是如此。宪法除了保障和救济当事人的基本实体权利外，还保障当事人的基本程序权利。随着司法对人权保障的重视，当事人宪法上的基本程序权利也越来越受到人们的关注。在我国三大诉讼法修改中，诉权入宪的呼声也越来越高。对此，本文以“当事人基本程序权利”为统一概念，从诉权保障的发展变化入手，以重新认识宪法意义上诉权的属性和内涵。

---

* 五邑大学政法学院副教授，法学博士。本文为中国博士后科学基金面上资助项目“我国法官权力控制研究”(2013M541417)的阶段性成果。

一、当事人基本程序权利保障制度的演变

当事人基本程序权利是随着近现代民事诉讼领域诉权概念发展变化而提出来的，这一提法国内最早见于徐昕教授翻译的莫诺·卡佩莱蒂等著的《当事人基本程序保障权与未来的民事诉讼》一书的书名。考虑诉权概念的宪法化和国家化趋势，以及诉权概念被引入刑事诉讼、行政诉讼和宪法诉讼领域，所以笔者觉得有必要用“当事人基本程序权利”这一概念来统一不同部门法领域的“诉权”概念，以附和宪法上“公民基本权利”概念。在人类社会民主法治历史发展过程中，当事人基本程序权利制度的发展经历了当事人基本程序权利概念的起源、产生、独立、并逐步完善的过程。当事人基本程序权利曾在国家本位下被淹没，然后从无到有，从私法保障到公法保障，从一元保障到多元保障，这是当事人基本程序权利抗争的结果，也当事人基本程序权利内涵和外延的扩充。

（一）罗马法上“actio”范围的演变

一般认为，现代意义上的当事人基本程序权利起源于罗马法上的“actio”概念。古罗马早期，并没有实体法上的权利规范体系，也不存在一般意义上的民事诉讼，而只有诉讼上的“诉”的形式救济规则体系，而且“actio”也不是保护实体权利的手段，而是一种独立的获得司法救济的形式，类似于英国法上的诉讼形式（forms of action），只有开始诉讼的机能，并没有实质上赋予当事人以何种地位。由于罗马法时代，实体法与诉讼法处于尚未分化状态，“actio”不仅仅是裁判规范，还兼具社会规范的特性，具有现代实体法与诉讼法意义的混合特征和功能，在不同情形下表现为原告的行为、诉、辩论以及程序书等。① 且古罗马人认为“有诉才有救济（权利）”，罗马执政官（大法官）在诉讼中处于主导地位，并由其创造“诉”——诉讼方法，否则，权利人不能请求司法救济。所以，当时“诉”并不具有主观性，只不过是通过审判要求获得

① “Actio 一词，原意指某人诉诸官厅，不论他处于原告或被告的地位。随后又指诉诸官厅的权利即诉权，或指进行诉讼采用的程序而言。”参见〔罗马〕查士丁尼：《法学总论——法学阶梯》，张企泰译，商务印书馆 1989 年版，第 205 页。

自己应得之物的权利。从历史的角度来看,也是先有诉讼法,后来才有依据裁判案例整理编撰的实体法上的权利体系,也就是说,"并非'先有实体法',而是'先有诉讼法'",正是"诉讼法才是实体法发展的母体"①。需要注意的是,英美判例法的"先例"与罗马法之"诉"具有相当程度的趋同,只是今天英美"先例约束原则",还有"没有先例也有救济"之例外。当然,二者的主要区别在于罗马法从法律规范出发,而英美法从事实出发。

罗马诉讼法是以"actio"为中心构筑的,经历了法律诉讼、程式诉讼和非常诉讼时期,"诉"的主题、内涵和外延也随之发展变化。在罗马法律诉讼时期,法律司法程序分为在法务官面前进行的程序和在审判人面前进行的程序两个阶段,原告必须以法定之"actio"提起诉讼,否则不能请求司法救济,"诉"的范围很窄。在古罗马王政和共和国民主时代,公犯之诉仅限于违反"伤害法"、"公共法"和"神圣法"等少量直接针对城邦或亵渎神的公罪行为由"两人委员会"和"执法官"提起公诉,此外大多属于"私犯之诉",仍然保留着自力救济下的"同态复仇"残余,国家权力受到公民权利的较大限制,诉讼更多地表现为公民之间的"自治"活动,公诉也是一种社会行动,而非国家权力行为,司法民主得到了很好的贯彻和实现。有限的法定之"诉",由于其采用严格形式主义,无力应付社会变动。至罗马共和国中叶,采用程式书即承认更为自由的程式书诉讼程序开始与法定诉讼程序并驾齐驱。此时,法律诉讼程序原则上被废止,由程式书诉讼程序取而代之。尽管程式书诉讼程序不再受法律诉讼程序中形式上的法律约束,但实质上既存法律仍旧是该司法程序的出发点。到了罗马帝政时期,起初仅仅用于解决国家与个人之间纠纷的特别司法程序,随着国家权力高度集中,民众权利势微,非常诉讼程序适用范围逐渐扩大,最终演变为普通司法程序。非常诉讼程序是在元首制国家权力扩张的背景下成立的,但其还借助了程式诉讼时期的法务官告示的被沿袭后的法定化和永久化。这样,原本属于刑事诉讼领域的"公诉权"被扩展至民事诉讼领域,并进而产生了普通诉讼司法程序之诉。

---

① 〔日〕谷口安平:《程序的正义与诉讼》,王亚新、刘荣军译,中国政法大学出版社2002年版,第65页。

依上所述,在古罗马法律诉讼时期,诉讼是以《十二铜表法》和罗马市民法中有关"action"的规定为基准来进行的。在程式书诉讼程序中,为了适应社会需要,诉讼中采用类推、扩张的方式解释既存法律,并在较以往稍微宽泛的范围内承认"action"(程式书)。在非常诉讼程序中,主要根据具有制定法性质的永久告示所认可的 actio 为基准进行裁判[①]。在古罗马,实体私权是以"actio"来表示的。如债权法中的撤销权,就被称为"废罢诉权"(或保留斯诉权)。从而导致了古罗马早期的法律实质是程序法,实体权利只是"诉讼的投影"[②]。虽然古日耳曼法和当今英美法系没有大陆法系上的诉权概念,但他们一直奉行"程序优先于权利",英国普通法基本上是"在程序的隙缝中渗透出来的"。

(二)当事人基本程序权利的分离与独立

罗马法上诉制度正式分解的标志之一是 1804 年《法国民法典》,该法典是以自然法为背景,采用罗马法式编纂制定的。这部法典虽然保留了许多事实和法律评价合为一体的实体法和诉讼法未分化的条文,但其包含了大量的诉讼法以及诉权条款,实现了罗马法上实体法和诉讼法合体的诉的制度在一定程度的分化。德国普通法时期后半叶,诉的制度开始逐渐分化,与此相对应,诉讼法也开始了与实体法相分离的独立体系化过程。诉的制度达到完全分解的标志是 1900 年《德国民法典》。这部法典采用"学说汇纂式体例"(Pandekten system),实体法变成了完全抽象的法律规范,即法律规范与事实彻底分离。诉讼对象由实体请求权和诉讼法诉权合一的诉,演化为抽象的法律构成要件构成的法律关系。罗马法的诉的制度内容之诉讼法意义上的诉权在形式上已告独立,民事诉讼法开始了法典化。[③] 实体法与诉讼法分离后,当事人基本程序概念不同于私法概念上的请求权,它是在诉讼系属时发生的从属于请求权的权利。1877 年《德国民事诉讼法》中的"请求"是以实体法上的请求权为基础的,是指"可以进行诉的请求权"。到了近代,随着国家司法权的扩大和强化,诉讼制度实现了司法权由国家独占,诉

---

① 参见〔日〕中村宗雄、中村英郎:《诉讼法学方法论——中村民事诉讼理论精要》,陈刚、段文波译,中国法制出版社 2009 年版,第 179—184 页。

② 江伟、邵明、陈刚:《民事诉权研究》,法律出版社 2002 年版,第 87 页。

③ 参见同上书,第 4—5 页。

讼制度功能增大,当事人基本程序权利制度与实体请求权完全分离,不再从属于实体法上针对被告的请求权,成为公民针对国家审判机关——法院提起的诉讼上的权利和公法上的请求权,当事人基本程序权利具有了独立的品格,是一种公法上独立的程序性权利。此时,当事人基本程序权利的内容仅为请求法院为裁判,并非就具体内容请求判决,因此,即使起诉系不合法而受驳回的裁定,其诉权亦已获得满足,无法保护司法程序之外的权利的请求权。但实质上,当事人并不是为起诉而起诉,其目的最终是为了保护自己的实体权利或获取实体上的利益。随后,当事人基本程序权利制度经历从权利保护请求权到本案请求权、司法行为请求权和宪法诉权等内容上从一元到二元再到三元的发展变化。

(三)当事人基本程序权利的独立与发展

随着权利保障观念的树立,制度化权利的产生,人的主体性被以法律的形式确定下来,原有的"司法救济"或"诉"变成了人们在法定权利受到侵犯时的起诉资格,诉讼法意义上的当事人基本程序权利诞生,但这是在中世纪王权与贵族对抗演化出来的权利观。因此,早期的当事人基本程序权是一种资产阶级贵族对抗封建王权的权利,私法保障说占主导地位,当事人程序权利依附于实体权利,是实现实体权利的工具和手段,享有实体权利是行使程序权利的前提,原告必须享有实体权利才能起诉,法院在受理案件之前,必须首先查明原告有无实体权利。进入近代以后,诉讼法开始逐渐与实体法体系脱离,以致最终形成了与实体法相对应的、独立的法律体系,在诉讼法独立体系化过程中,当事人基本程序权利也获得其独立的地位,且其内容不断发展和完善。直到19世纪后半期,公法保障说在德国占据主导地位,当事人基本程序权利才发展成为诉讼法上一项独立的、不依赖于任何实体权利的纯粹性权利。随着诉讼法体系的独立,实体法开始向抽象化、体系化方向发展。这以1900年《德国民法典》的制定为代表,随后,德国、法国、日本等国家民事诉讼法相继从立法上确立了当事人基本程序权利的独立地位。在当事人基本程序权利发展过程中,公法性程序权利保障说内部经历了从抽象到具体,再到宪法化的过程,这一过程中,当事人基本程序权利在立法上经历了与实体权利完全分离到再次与实体权利结合,而后发展到当事人基本程序权利包括程序权利和实体权利的过程。

与之相适应，当事人基本程序权利保障呈现出“宪法化”趋势，宪法上设定裁判请求权是当事人基本程序权利宪法化的客观要求和反映，它是当事人在诉讼中对抗国家权力，参与到司法过程中实现其主体意志的基础和合法性依据，对保护公民诉权具有极其重要的意义。为了发挥私人在法的实现中的作用，必须在司法程序方面确保私人诉讼的便捷。随着司法民主的推进，当事人资格和角色的扩张，人权及当事人权利在司法程序中受到越来越多的重视，司法程序逐步由残酷和不合理变得更加趋向文明、理性和人道，当事人基本程序权利的范围和内容不断得到发展和扩充。在保障当事人基本程序性权利方面，迎来“接近正义”运动，不仅出现了“第一波”——当事人基本程序权利保障的国际化和宪法化趋势，而且出现了“第二波”——扩大了诉讼权益保障范围，使社会扩散和分散利益，尤其是保护弱势群体的利益得到程序性保障，承认作为团体成员代表提起诉讼的权利，行使法人或团体怠于行使的权利，如中小股东代表诉讼（这不同于代表股东个人利益的集团诉讼，而是代表法人或公司的利益，防止公司法人滥用权力，纠正董事或多数派不正当行为，规范公司治理的诉讼）、居民诉讼和民众诉讼；允许市民提起公的诉讼，如美国的允许私人作为相关人提起诉讼、市民提起职务履行令请求诉讼、纳税人提起禁止令请求诉讼等。

（四）诉权的宪法保障

在宪法领域，当事人基本程序权利被定义为裁判请求权。当事人基本程序权利的宪法保障隐含在英美法系国家的自由宪章和正当程序条款之中。英美法系国家宪法没有直接明确规定裁判请求权，但1215年英国《自由大宪章》第39条和第40条的规定隐含着自由民有裁判请求权；1355年爱德华三世公布的《伦敦自由律》第3条进一步隐含着任何人都有经正当程序审判的权利。从《美国宪法》第5条和第14条修正案中的正当程序和平等保护条款也可以总结出任何人有接受正当司法审判的权利[①]。

诉权宪法化成为一种高涨的潮流是第二次世界大战之后，由德、

---

① 参见〔美〕杰罗姆·巴伦、托马斯·迪恩斯：《美国宪法概论》，刘瑞祥等译，中国社会科学出版社1995年版，第178—182页。

意、日等战败国掀起的。为何当事人基本程序权利的宪法化或所谓“现代立宪主义”在曾经的法西斯独裁国家分外汹涌澎湃呢？主要是因为，二战后，欧洲的德国、意大利和奥地利以及亚洲的日本等国，在经历了战败的灾难以及政治组织和意识形态的压制之后，为了免受殖民打击，转向寻求权利的宪法保障，以作为避免风暴袭击的避风港。与其说是它们的战争反思，倒不如说是这些国家谋求人权保护的一种方式，当然也受到英美国家司法审查先例的影响。可以说，这些国家早期的当事人基本程序权利宪法化是战败后，逃避战争侵略清算打击的一种被迫手段，也是为了尽量避免英美战胜国对其进行管理和干预的结果，而重新谋求独立地位。因此，这些国家采用了英美正当程序的最低标准来保障本国人权，如当美国有关当局建议欧洲国家“通过封闭若干条接近法院道路”之时，这些国家就主张这些方法侵犯了公民宪法上的“接受裁判权”，即侵犯了人人皆享有的保护其合法权益，而将有关争议提交“法定的”、“公正的”“司法”机构即法院解决之权利①，而断然拒绝这种建议。但这种策略对欧洲大陆以及受欧美影响的日本民事基本程序权利的宪法保障产生了深远影响，如今裁判请求权已经成为一国国民享有的一项宪法性基本权利，并成为各国司法改革一种比较受欢迎的方向，甚至反向影响了英美法系国家应对 20 世纪司法危机的司法民主化改革。

无论怎样，第二次世界大战后，人们意识到宪法在司法过程中的重要作用，许多国家当事人基本程序权利保障出现高度宪法化的倾向，将“裁判请求权”明确规定为当事人享有的一项宪法性权利，作为确定司法权行使的范围和界限的基本原则。近代以来，各国基本上都从人权保障角度在宪法中对“裁判请求权”进行了规定，使之得到合法有力的保障，而且裁判请求权的标准和保障呈现出国际化趋势。除了上述英美国家正当程序理念得到进一步修正和完善之外，其他国家也在宪法中确立了正当程序理念，如日本 1946 年《宪法》第 32 条规定：“任何人皆享有不可剥夺的去法院接受裁判的权利。”意大利 1947 年《宪法》第 24 条规定：“每个人均可用司法程序来保护自己的权利和合法权益”，

① 参见〔意〕莫诺·卡佩莱蒂等：《当事人基本程序保障权与未来的民事诉讼》，徐昕译，法律出版社 2000 年版，第 124 页。

“全体公民有权向法院提起诉讼。”德国宪法也规定了公民的诉讼权。俄罗斯 1993 年《宪法》第 46 条和第 47 条也规定了公民“受司法保护的权利”和“诉诸法院的权利”。

在诉权宪法化的同时,宪法意义上的裁判请求权也成为人权国际标准的基本内容,诉权呈现出国际化趋势。《世界人权宣言》第 8 条和第 10 条规定:“人人有权享有国家管辖法庭之有效救济”,“人人有通过依据法律设置的且公平的法院,在合理期限内,接受公正、公开审理的权利”。联合国《公民权利及政治权利国际公约》第 14 条第 1 项也明确规定了“任何人有平等接受合格、独立和无私的法庭公正、公开审判的权利”。①

综上,无论是从各国当事人基本程序权利宪法化,还是从国际化来看,裁判请求权作为一项人权保护的国际化标准主要是当事人有接受公正、迅速、公开、公平裁判的权利。② 因此,宪法上的当事人基本程序权利乃指当事人诉诸法院,接受司法裁判之基本人权,其内容包括人民请求实体正义的裁判权和请求程序正义的裁判权。③

二、当事人基本程序权利的含义

我们知道,宪法的重要功能之一是保护个人权利,诉讼法是对宪法的具体实践,在现代社会有“小宪法”之称,在司法领域对宪法上个人权利保障的具体化则是当事人基本程序权利。从此意义上讲,当事人基本程序权利是公民权利体系中的一项基本权利。

(一)当事人基本程序权利的内涵

当事人基本程序权利是以人权为基础的,是根据人的主体性而享有的应有性、固有性的自然权利。其源于自然正义法则上的“正当程序”原理,它和当事人在法律上享有的基本实体权利一样,是公民享有

① 刘敏:《裁判请求权研究——民事诉讼的宪法理念》,中国人民大学出版社 2003 年版,第 21、22、26、29 页。

② 参见〔意〕莫诺·卡佩莱蒂编:《福利国家与接近正义》,刘俊祥等译,法律出版社 2000 年版,序言第 4 页。

③ 参见〔意〕莫诺·卡佩莱蒂等:《当事人基本程序保障权与未来的民事诉讼》,徐昕译,法律出版社 2000 年版,第 3 页。

的一项宪法上的基本权利,是一种“渊源权”。其被具体化或延伸为具体的程序权利主要在于古罗马法,即其最早产生于古罗马法上的“诉”,后被抽象为“诉权”并主要用于民事诉讼领域。今天诉权已经不再仅限于民事诉讼领域,已有人将它引入了刑事诉讼和行政诉讼领域,产生了相应的诉权学说。依此,当事人基本程序权利曾经被定位为人权、宪法上接受裁判权、程序请求权、实体权利救济请求权,同时诉权由民事诉讼领域向刑事诉讼、行政诉讼和宪法诉讼领域的扩张也意味着当事人基本程序权利外延的扩展。在当事人基本程序权利的保障方面,现代司法要求允许一切普通司法制度解决不了的法律问题都应当在审判制度中找到最终的法律救济途径。因此,今天广义的当事人基本程序权利被认为是请求法律救济的权利,包括民事诉权、行政诉权、刑事诉权和宪法诉权①。

(二)当事人基本程序权利的衍生

裁判请求权是当事人基本程序权利的宪法依据,其为构筑当事人民事诉权、刑事诉权和行政诉权奠定了根本性基础,即当事人基本程序权利在具体的普通司法程序中衍生出当事人的民事诉权、刑事诉权和行政诉权。

裁判请求权在具体司法领域的转化和实现后,我国台湾地区称其为“诉讼权”,指“人民司法上之受益权,即人们于其权利受损害时,依法享有向法院提起适时审判之请求权,且包含听审、公正程序、公开审判请求权及程序上之平等权”。② 祖国大陆有些学者将诉权仅限于民事诉讼领域,认为宪法上诉讼权有别于民事诉讼法上之诉权,但随着刑事诉权和行政诉权概念的兴起③,诉权具有了更加广泛的内涵。其实,

---

① 参见周永坤:《诉权法理研究论纲》,载《中国法学》2004 年第 5 期。

② 汤德宗:《宪法解释与诉讼权保障——公务员与惩戒为中心》,载《宪政时代》2005 年第 1 期。大陆关于诉讼权的研究,参见左卫民、朱桐辉:《公民诉讼权:宪法与司法保障研究》,载《法学》2001 年第 4 期;左卫民:《诉讼权研究》,法律出版社 2003 年版,第 3 页。

③ 有学者对行政诉权进行了深入和理性的研究,并将其确立为行政诉讼法学的基础问题。参见高家伟:《论行政诉讼权》,载《政法论坛》1998 年第 1 期;赵正群:《行政之诉与诉权》,载《法学研究》1995 年第 6 期。关于刑事诉权的研究,参见谢佑平:《论刑事诉权》,载《现代法学》1992 年第 1 期;汪建成、祁建建:《论诉权在刑事诉讼中的导入》,载《中国法学》2002 年第 6 期。

民事诉权并非只指当事人启动民事司法程序的权利，也包括受法院公平审判的权利。值得注意的是苏州大学黎晓武博士基于司法救济权的宪法学研究指出："司法救济权是指公民在认为自己的宪法权利和法律权利受到侵害或与他人发生争议时，或面临刑事指控时，享有的要求法院启动审判程序、予以公正审理、作出公正裁判的权利。包括诉诸法院的权利和获得公正审判的权利两大内容"。[①] 从此学理意义上来看，诉权入宪和诉权的宪法保障以及宪法诉权说的提出，与其说是诉权使用范围的延伸，倒不如说是诉权原本意义的回归。诉权宪法化架起了宪法与诉讼法的"桥梁"，使得宪法上抽象的裁判请求权在诉讼法中具体化和实在化，使得宪政民主法治的实现变得更加现实而有意义。

在民事司法领域，一般认为，诉权是解决国民"为何可以提起诉讼"而产生的概念，是启动司法程序的程序性权利，解决的是国民为何可以向国家机关提起诉讼的权利。除了诉权适用领域的扩张外，从今天诉权本身发展的多元性和内容的扩张来看，诉权作为整个诉讼过程中对当事人权利的抽象，而不仅仅是国民向国家请求救济的权利，还包含诉讼过程中不断演变和展开的公正程序请求权，如程序参与权、诉讼主张或抗辩权、陈述权和证明权、程序公开权。在刑事司法领域，主张保障犯罪嫌疑人或被告的刑事诉权，这包括辩诉交易权和上诉权，以及公诉中被害人的诉权，主张被害人应该成为公诉程序的刑事诉讼当事人[②]，甚至将诉权主体扩张解释到侦查机关、公诉机关[③]等。在行政司法领域，行政诉权主要是指行政法律关系当事人享有的请求司法保护的权利，包括起诉权、上诉权、请求得到公正审理及公正裁判权[④]。

① 黎晓武：《司法救济权研究》，苏州大学2005年博士论文。另参见莫纪宏：《论人权的司法救济》，载《法商研究》2000年第5期；李琦：《法律上的防卫权——人权角度的观察》，载《中国社会科学》2002年第1期；汪国华：《无诉讼即无宪政》，载《法律科学》2002年第1期。

② 参见韩流：《被害人当事人地位的根据与限度：公诉程序中被害人诉权问题研究》，北京大学出版社2010年版。

③ 参见陈少林、顾伟：《刑事诉权原论》，中国法制出版社2009年版；陶杨：《刑事诉权研究》，中国人民公安大学出版社2011年版。

④ 参见高家伟：《论行政诉权》，载《政法论坛》1998年第1期；李湘刚：《论完整意义上的公民行政诉权建构》，载《政治与法律》2011年第6期。

三、当事人基本程序权利的属性

从当事人基本程序权利的含义及其演化过程来看，当事人基本程序权利具有下列属性：

（一）当事人基本程序权利是一项基本权利

当事人基本程序权利与当事人享有的基本实体权利一样，其源于自然正义原则基础上的“正当法律程序”原理。正当程序理念源自于自然公正（natural justice）原则，正当程序包括程序性正当程序和实体性正当程序，其中实体的正当程序是指当政府剥夺公民的生命、自由或财产时，必须提供充分的理由以证明其行为的必要性[①]。因此，当事人基本程序权利是宪法上的基本权利，一般各国都规定了国民诉诸司法的权利或接受司法裁判权，且规定法院不得拒绝裁判，任何人也不得非法侵害、阻碍公民行使诉权。从现代宪政理念出发，当事人基本程序权利是宪法和法律所保护的其他性质的人权的保障性人权，是“当事人维护自身的独立人格和意志自由所必然拥有的权利[②]”，是人作为人自然应有的固有权利，不是来源于国家的赋予和恩赐，而是公民在特定社会发展过程和社会关系中所享有的基本人权。因此，当事人基本程序权利不仅仅是从诉讼法意义进行诉讼的权利，更是一种自然的基本权利。

（二）当事人基本程序权利是一种私人的权利

当事人基本程序权利是一种个人享有的、私的权利，其源于私法自治理念，包括当事人自由诉诸司法的权利、进行诉讼的权利能力（诉讼主体资格）、进行请求与防御的诉讼行为能力[③]。当事人基本程序权利的权利主体是个人，即法律上的自然人或组织，而非公权力机构，无论

① 参见王锡锌：《正当法律程序与“最低限度的公正”——从行政程序角度的考察》，载《法治和良知自由》，法律出版社 2002 年版，第 59—71 页。

② 姜建明：《论作为基本人权的公民诉讼权》，载《学海》2004 年第 2 期。

③ 参见徐昕：《程序自由主义及其局限——以民事诉讼为考察中心》，载《开放时代》2003 年第 3 期。

在哪一个司法领域,其都是法律上的权利。所以,无论是在权力与权利二元法权结构中,还是在权力、权利和社会权三元法权结构中,当事人的基本程序权利都具有私人属性。当然,其属于组织时带有一定的社会性,但其作为程序当事人所享有的权利仍然是一种私人属性的权利,而非代表社会来监督或辅助当事人的社会参与、具有社会属性的社会权。唯一存在混合解释的是,有人将检察机关的公诉权说成是代表社会,而非代表国家追诉。撇开国家追诉主义观点,在笔者看来,在公益诉讼领域国家机关或其他社会组织和个人代表社会提起诉讼,其享有的基本程序性权利,这些机关、组织或个人在(形式上)代表着社会和国家,但其享有的当事人基本程序权利却只是法律授予的一种代理或代表性权利。所以,在面对公益诉讼时,当事人主体资格和范围的扩大,与其说这些主体享有的当事人基本程序权利具有社会属性或公权属性,倒不如说法律拟制这些代表在司法程序中暂时具有私权性,让他们暂时从自己原本身份之内抽身出来。

(三)当事人基本程序权利是一种程序性权利

当事人基本程序权利在诉讼法上衍生为不同种类的诉权,诉权是当事人诉讼上权利的抽象和概括,具有程序性质,是当事人获得公力救济、接近和进入国家正式司法程序的权利。在司法程序中进行具体设置的目的在于引起审判机关对公民司法裁判请求的关注和接纳,使当事人基本程序权利在具体诉讼过程中具体化和制度化。在司法领域,当事人基本程序性权利是当事人享有的,按照程序公正、诉讼权利平等、程序公开等原则,通过司法程序设置用来实质性对抗对方当事人和制约国家权力的一种权利。司法民主的底限要求是保障当事人基本程序性权利——保障其在法官面前充分陈述自己的主张和理由并加以证明的权利。司法程序的设计和运作必须保障当事人能够富有影响地参与司法纠纷解决过程,其目的在于获得其诉讼上可期待的诉的利益——实体法上的实质性权益。因此,它是一种程序性权利。

(四)当事人基本程序权利是一项主客观相统一的权利

当事人基本程序权利的制度设置上表现为其在宪法和各诉讼法意义上的诉权设置。作为法律意义上的诉权,是一项主观和客观相统一的权利,是人的主体性地位在诉讼法上的表现。保障当事人参与权的观念基础是诉讼主体性理念,间接来源于国民主权观念。根据诉讼主体性理念,当事人不再被视为司法程序的客体,而是被视为积极参与到司法程序中、享有各种程序权利和义务的主体。诉权的主观性是指诉权是人作为人的自然权利,是人的法的主体性权利在程序法上的延伸。诉权的客观性是指主观权利的实现和保障方式和手段,是实现当事人基本权利的程序保障权,当事人诉权在司法领域的客观性源于客观存在的"诉"。诉是指一个客观存在的利益请求,具有客观真实性,也具有当事人主观上的期待性。所以,当事人基本程序权利是一个主客观相统一的权利。

四、当事人基本程序权利的内容

(一)当事人基本程序权利的基本内容

从宪法角度,当事人基本程序权利是一种裁判请求权。当事人基本程序权利的构成要件包括实体上的权利请求权和程序上对案件事实的判断请求权。前者是一种针对对方当事人的期待的实体性权益请求,是一种实体法上权利自我预见的请求。后者是针对法院的一种司法行为请求权,这是一种实在的需要保护的请求权。前者在构成后者的实质性内容的同时,当事人基本程序权利也是宪法上规定的当事人享有的接近裁判的权利。

当事人基本程序权利在司法领域的具体表现可以概括为诉讼当事人面对法官、对方当事人和第三人时的"基本"权利。这些权利包括:(1)当事人具有提起诉讼和确定诉讼标的的排他性权利(包括无人可禁止当事人作为原告和禁止法官超越当事人提出的诉愿裁判);(2)司法公正(当事人不得审判自己的案件);(3)辩护权(听取他方的陈述);(4)以及最大限度地保障司法独立,接受"自然的"或"法定的"法官审判权,以及保障程序公开审理权等。[1] 这些"基本的"权利不仅代表基本的、最低限度的权利,而且也是文明的司法裁判制度或司法

---

① 参见〔意〕莫诺·卡佩莱蒂等著:《当事人基本程序保障权与未来的民事诉讼》,徐昕译,法律出版社 2000 年版,第 11—12 页。

民主化的有机组成部分。裁判请求权的基本内容包括诉诸法院的权利和公正审判请求权,前者包括要求法院给予司法救济的权利和获得独立、合法法院审判的权利;后者包括程序公正请求权和结果公正请求权。[①] 即当事人基本程序权利包括程序参与权、程序选择权、公正程序请求权和获得及时裁判权等。

程序参与权包括受程序通知权和被听审权,前者是指在诉讼进行过程中,法官必须及时有效告知当事人司法程序进行情况,当事人享有获得有效的程序通知权;后者是指当事人在司法进程中有权提出申请、主张事实,并提出证据充分陈述和证明自己理由的权利,法官必须对当事人的请求、主张的事实和理由、提出的证据进行法定程序的调查、质证和辩论,未经当事人提出和法定程序质证辩论的任何证据材料不得作为裁判的依据。

程序选择权指当事人有选择司法程序与其他程序解决纠纷的权利;适用具体程序选择权,如选择简易程序还是普通程序,以及合意适用简易程序或其他更加简洁的诉讼;审理方式选择权,即选择间接书面审理还是直接言词审理;法庭审理形式选择权即选择公开审理还是不公开审理;诉讼契约权,包括当事人可以协议选择管辖、合意选择法官、诉讼和解、协议撤诉、不上诉和执行和解等;以及在程序中自由处分自己的诉讼权利,包括是否起诉、答辩、反诉、撤诉、上诉、申请证据或财产保全、再审、强制执行、先予执行等具体诉讼权利,还包括是否行使提供证据、进行辩论充分证明自己主张的证明权。

公正程序请求权是宪法赋予的当事人享有获得审判程序公正和实体公正的权利,具体内容和要求包括法官中立、当事人诉讼权利平等、程序参与保障、审判公开、事实认定真实和法律适用正确等。获得及时裁判权是指当事人有权要求法院在法定时限内完成审判,获得及时救济的权利。这是司法程序对诉讼效率价值的选择和考量,涉及当事人对司法资源的利用效率。诉讼当事人参与诉讼的活动,需要投入一定的诉讼成本[②],其中包括时间成本,因为对于当事人来说,“迟来的正义

① 参见刘敏:《裁判请求权研究——民事诉讼的宪法理念》,中国人民大学出版社 2003 年版,第 25—35 页。

② 参见姚莉:《反思与重构——中国法制现代化进程中的审判组织改革研究》,中国政法大学出版社 2005 年版,第 80 页。

非正义”，因此，当事人应该享有获得及时裁判的权利。

（二）当事人基本程序权利内容的具体体现

宪法意义上的诉权即为各种性质诉权的宪法化。邱联恭先生认为，关涉公民个人权利与义务的审判程序，应从实质上保障当事人参与该程序以影响裁判形成的程序上基本权；而且在裁判作出之前，应该保障当事人能适时、适式提出资料、陈述意见或进行辩论的机会；当事人在未被赋予这些机会情况下，法院不得以所收集之事实及证据径行判决①。为了进一步具体实现和保护当事人基本程序权利，各国都在诉讼法中对当事人基本程序权利进行了具体的规定和配置。这主要是通过对诉讼权利构成要件和内容的具体设定，和对法官的权力限制和义务的设定来完成的，前者包括起诉权、反诉权、撤诉权、处分权、辩论权、参与权和证明权等当事人在诉讼中的各种具体诉讼权利，以及其他诉讼权利保障制度等；后者包括法官中立原则、法定证据裁判原则、自由心证原则、合法合理及时审理原则或“以事实为依据，以法律为准绳”原则、公开原则、回避制度、合议制度、诉讼指挥和管理权限、审理时限制度等。

对于诉权具体内容的系统分析，相庆梅博士根据美国分析法学家W. N. 霍菲尔德法律权利逻辑形式构造论，提炼出诉权的逻辑构造包括：诉权“自由权”、诉权“要求权”、诉权“权力权”和诉权“豁免权”等四个诉权“法律关系的最低公分母”。其中诉讼自由权强调国家公权力对公民行使诉权的自由不得干涉和强制，要求法院“不告不理”，尊重权利主体权利意愿，这既是诉讼民主的反映，也是对封建“纠问式”审判的否定。诉权“要求权”是诉权的主要内容，主要体现为起诉权和反诉权，是个人要求国家采取积极措施对诉权予以保护的权利，这反映的是国家对公民的积极作为义务，法院不得拒绝审判，也是诉权对抗和制约司法权的司法民主实质内容的反映。诉权“权力权”是在诉讼中诉权主体的转让和放弃诉权的权利，主要表现为诉讼实施权转让、决定不起诉权和撤诉权。现代法律中诉权“权力权”范围十分有限，对公民

① 参见邱联恭：《程序制度机能论》，自印本1996年版，第207页；李祖军：《利益保障目的论解说——论民事诉讼制度的目的》，载《现代法学》2000年第2期。

就个人诉权的处置进行了较大幅度的限制，不允许个人随意处分自己的诉权，如不允许任意转让诉权和对撤诉的审查，因为从根本上违反了宪法规定国民诉权的目的。诉权"豁免权"主要是为了对抗国家对诉权的不正当限制，是权利人具有针对国家公权力对其诉权利益的不当处分之抗辩权，是对国家规制诉权滥用之权力的防范和对抗。[①]

综上，当事人基本程序权利具体包含两个方面：一是使市民社会中的个体——当事人能够容易地接近司法，为维护自身的私的权利寻求司法救济渠道，尊重、保障程序的主体性。二是司法活动能够为当事人提供足够的程序权利保障，保障司法公平与正义。

（责任编辑：唐冬平）

① 参见相庆梅：《民事诉权论》，中国政法大学2006年博士学位论文。

公民文化权利体系化研究

杨 凡*

内容摘要 经济社会发展的结果是公民文化诉求的不断增长，公民文化诉求的不断增长又将在更为深广的层次上推动社会经济的良性发展。所谓“良性”的含义需要一国文化制度不断成熟于不偏不倚的制度环境之中，需要兼顾国家、社会和公民的各种利益，需要平衡文化自由同文化秩序之间的冲突关系，还需要将文化制度的运转选择建立在最能兼顾和平衡各方文化诉求的制度工具之中，更需要找到治理现代国家、现代社会，以及保障现代公民基本文化利益的制度支点。由此，文化法治建设和公民文化权利的概念就必然进入现代文化制度的理论研究视野。如何使身处法律制度中的各类文化权利实现法律秩序下的自体秩序整合，对于兼顾和平衡以上主体之间的文化关系有着至关重要的制度实践意义。

关键词 公民文化权利 基本权利双重功能 公民文化权利体系化

一、公民文化权利的研究意义

尽管在国际人权文件中，文化权利与社会及经济权利相提并论，但在学术研究领域，诚如墨西哥学者斯塔温黑根（Rodolfo Stavenhagen）教授所言：在有关人权的理论著述中，并没有特别重视文化权利。① 而据

* 中央民族大学法学院博士后。本文是全国社会科学重点研究项目“加快文化立法，提高文化建设法制化水平研究——文化立法与文化法制研究”（项目编号：12AZD022）的部分研究成果。

① 〔挪威〕A. 艾德、〔芬兰〕C. 克罗斯、〔比利时〕A. 罗萨斯：《经济、社会和文化的权利》，黄列等译，中国社会科学出版社 2003 年版，第 96 页。

我国学者的梳理,在我国已经出版的法律类辞典和辞书中,也只有部分述及文化权利。如信春鹰主编,法律出版社 2003 年出版的《法律辞典》;刘志正、胡云腾主编,南京大学出版社 1990 年出版的《法学小百科》;肖蔚云、姜明安主编,北京大学出版社 1999 年出版的《北京大学法学百科全书(宪法学、行政法学)》;赵喜臣主编,山东大学出版社 1989 年出版的《宪法学词典》;姜士林主编,当代世界出版社 1997 年出版的《宪法学辞书》;薛波主编,法律出版社 2003 年出版的《元照英美法词典》;法学辞典编委会主编,上海辞书出版社 1989 年出版的《法学辞典》(第 3 版)。而其中,也只有《法律词典》一书收录有"文化权利"这一词条,其他辞典仅涉及文化权利当中的"学术自由"、"文化活动自由"、"文学艺术创作自由"等词条。[①]

究其原因,在该学者看来,"一方面是,'文化权利'本身概念的复杂性和语义上难以界定性决定了研究的困难。另一方面是因为过去人们普遍对文化权利的忽视。就中国来看,由于在我们现有国情下生存权被认为优先于发展权,所以在政治、经济、社会和文化权利中,对政治、经济、社会权利的关注往往多于被视为发展权的文化权利。也是由于这个原因,长期以来,人们从宪法学角度对文化权的理论研究还比较薄弱,无力为公民文化权的保护和实现提供可资凭借的理论资源"。[②]不过"令人欣喜的是,国际社会对公民权利议题开始给予愈来愈多的关注。如 2009 年联合国人权理事会设立了'文化权利领域独立专家'的特别程序"。[③]

而对于我们国家而言,重视并落实公民的文化权利则既具有历史意义又具有现实价值;既有利于国家的长治久安,更有利于人的全面发展。众所周知,已有文字记载的中国历史就有五千年,其发达的史文纪志传统更是为我们保留下来了完整而有序的历代文明成果。中华文明是世界上唯一没有中断的文明,中华文化也早已将中国型塑为一个文化国家。传承中华文明,保护传统文化应该成为每一位秉国执政者不

① 参见韩冬冬:《文化权利》,载郑贤君:《社会基本权理论》,中国政法大学出版社 2011 年版,第 278—279 页。

② 同上书,第 279 页。

③ 喻少如:《文化权利保障的国家义务》,载《中国宪法学研究会 2012 年年会论文集》(第 2 卷),第 426 页。

容推卸的历史责任。而更为重要的是,无论是文化的传承还是创新,最终都要落实到个人身上来。文化的起点是人,文化的目的也是人,一切文化的发展都是为了人的发展。无论是什么样式的一种文化都能在具体的人的身上找到终极的载体,也无论什么样一种个性的人也都能在一种具体的文化内涵中找到自己生命的归属。人文人文,人与文从来就是相伴相生的。就此而言,文化本身就是一种权利的诉求,是人之为人所必然主张的权利。这也是文化权利之所以为一重要人权的根本原因。而在物质财富得到极大丰富的今天,如何满足人民群众随之增长的精神文化需求?如何保证精神文明成果能够普惠最广大多数的人民群众?如何在努力促进社会公平的同时努力做到文化共享?这都是国家公权力所面临的难题。

不仅做到所谓的“普遍惠及”或“普遍提升”并非易事,更重要的是,当下开放的时代,各种思想潮流与文化形态争相吸引着人们的耳目。当下的中国实难像过去那样,在人的文化,甚至是思想精神领域也由国家一手安排。尊重人的选择、尊重人的意愿、尊重人的创意理应成为人格尊严的一部分。由此,对于公民个人而言,文化权利的满足不仅关系到其人格尊严的实现,更关系到他作为生命个体的健康发展;对于社会而言,文化权利的实现不仅关系到亿万中国人民文化生活的贫富,还关系到文化精神领域社会公平与正义的实现,进而关系到社会主义和谐社会的最终实现。对于国家和民族的未来而言,文化权利的实现则不仅关系到整个中华文明的保护与传承,还关系到民族与同胞的文化向心力,甚至关系到国家的统一与主权的稳定,关系到中华民族的长治久安。正是基于文化权利之于中国公民、中国社会与中国国家的诸多重要意义,作为国家根本大法的宪法就必须对其作出有效的回应,一方面实现整个社会的文化公平与正义离不开作为宪法权利的文化权利的保障,另一方面实现公民个人的全面发展更是离不开作为宪法权利的文化自由的最大满足。

二、公民文化权利的研究现状

(一)公民文化权利的概念解说

作为宪法权利,或者说是基本权利当中的文化权利,其含义已为一些宪法学者所概括或认定。如有学者通过对我国宪法文本的分析，认定“宪法上的文化权利可以抽象地概括为文化表现权、文化保障权、文化平等权、文化参与权等”①。有学者则牢牢把握权利的文化属性，认为尽管文化权利非常宽泛，但这些权利拥有一个共同的特点，那就是其设定都是为了满足公民个人的精神需要，是一种精神性的权利。② 而那些与人的精神活动息息相关的事项便顺理成章地成为了该学者关注的对象。但从其所例举的权利名称来看，该学者又似乎受到日本公法学的影响，而将人的精神或思想自由分为内在的精神自由与外在的表达自由。前者典型如宗教信仰，后者则如意见表达、文艺创作以及参与文化活动等。但作者所例举的诸如“追求美感的自由”、“充分发挥人格精神的自由”等则实难界定其中的法规范含义，因为所谓的“追求美感”和“发挥人格精神”的行为实在太过抽象，与法的确定性要求格格不入。

而另有学者认为，“文化权利包括科学研究（学术自由）、文学艺术创作和参加文化生活的权利”。并认为“人是自主的、自由的意味着任何不分享特定群体认同并遵循的价值的个人或群体，包括国家、团体与个人，都应当尊重特定群体的文化价值。故文化权利实质是保护个人发展和参与其所属群体和社会的文化生活的权利”。③ 而“个人、群体、民族、国家和人类都是文化权利的主体……个人文化权利包括开展科学、技术、文学艺术活动及其产生的精神和物质的利益并受到保护的权利；群体的文化权利包括少数民族、群体保留和发展其特有的艺术、历史、民俗、习惯、语言等各种文化形式的权利；集体文化权利是特定群体从事集体活动和分享、承载共同的价值观，与群体的其他成员共享的物质和精神活动及其成果。”④

还有的学者认为，“文化权利涉及一个共同体的‘生活方式’。至少对其成员来说，一个共同体的特定生活方式具有重要价值，对于有尊严的生活来说，参与‘文化’至关重要。……其他权利也被认为是一种文化权利，如言论、集会、出版和信仰等权利。”此外，“文化权利是一种

---

① 肖金明：《文化法的定位、原则与体系》，载《法学论坛》2012 年第 1 期。

② 参见莫纪宏：《论文化权利的宪法保护》，载《法学论坛》2012 年第 1 期。

③ 周伟：《宪法基本权利：原理 · 规范 · 应用》，法律出版社 2006 年版，第 364—365 页。

④ 同上书，第 365 页。

涉及身份认同的权利，指的是共同体成员，尤其是少数人共同体成员保存其特定文化的权利。与普通人权所不同的是，大多数人权涉及的是区别于共同体中的个人，是个人针对共同体而提出的要求。文化权利涉及的是作为共同体成员的个人。大多数其他人权涉及的共同体是政治共同体，尤其是体现为国家的政治共同体，文化权利涉及的是文化共同体。文化共同体在范围上小于国家，它存在于国家内部，是国家内部特定种群的权利要求。文化权利之所以重要，是因为它们在文化共同体中针对国家和多数人团体而保护个人。文化权利承载着保护那些文化共同体中以成员身份为基础的个人尊严的本质内容。"[1]

也有学者通过对各国宪法文本的考察，将宪法中的文化权利纳入社会权的范畴，并认为主要包括以下几项具体的权利内容：(1) 受教育权。(2) 自由的文化、艺术活动的权利。如《俄罗斯联邦宪法》第44条规定："保障每个人的文学、艺术、科学技术和其他类别的创作、教授自由。知识产权受国家保护。每个人都有参与文化生活和利用文化设施的权利，都有接触文化珍品的权利……"(3) 文化创造与开发的权利。[2] 特别是针对各种文化遗产的保护与开发而言，无论是物质文化遗产还是非物质文化遗产，均存在一个既传承保护又推陈出新的问题，谁有责任保护文化遗产？开发者之于文化遗产又有什么样的权利？这都是文化创造与开发权所要解决的问题。应该说，作为共同的文化财富，人人均有保护文化遗产的责任，这几乎是文化遗产保护入宪的国家所普遍接受的观点。而文化遗产毕竟不同于一般的私有财产，因此开发者之于文化遗产一般只具有有限的经济性权利。

而据中国社会科学院法学研究所编撰的《法律辞典》，文化权利是指公民个人依照法律的规定从事文化活动的权利。并具有广义和狭义上的区别。广义上的文化权利包括受教育权、从事体育运动的权利、从事科学技术活动的权利、宗教信仰自由等；狭义的文化权利则主要是指公民从事文学艺术创作、参加文化产品的生产和经营、开展自娱性文化活动等与精神生活相关的权利。另外，文化权利在很大程度上是以集体人权的形式出现的，它是一个国家发展文化事业、建设精神文明的重

① 郑贤君：《基本权利原理》，法律出版社2010年版，第143—144页。

② 参见秦奥蕾：《基本权利体系研究》，山东人民出版社2009年版，第96—98页。

要保证。[①] 也有学者在梳理了我国现行宪法当中"文化"的词条以后，认为"我国现行宪法已经在公民的基本权利和义务一章中对受教育和宗教信仰等单独规定，因此，我国的宪法文化权，其保障的范围不包括受教育、宗教信仰等在宪法文本中另有规定的精神性权利。这些另有规定的精神性权利，是一种与文化有关的权利，它们间接支持了文化权利的实践，例如，受教育权提升了个人在参与文化生活过程中的认识与学习能力，言论、宗教信仰自由得以保障个人不受干扰地进行特定认同行为、创造特定的价值观。"[②]实际上这是从文本分析的角度将我国宪法当中的"文化权利"作了广义和狭义上的区分。本文持这种观点。

还有学者认为，如同其他公民基本权利一样，"宪法上的文化权利强调公民权利和义务的相互依存性和不可分割性。一方面，国家承认公民所应当享有的科学研究、文学艺术创作和其他文化活动的自由，国家负有尊重和不干涉的义务，并且承担积极义务，强调发展自然科学和社会科学、文学艺术等各项文化事业，奖励科学研究和技术发明创造。另一方面，强调公民承担相应的义务，如我国宪法规定的不得损害国家的、社会的、集体的利益和其他公民的合法的自由和权利。强调自由的相对性，强调权利和义务关系的统一，是宪法权利的共同特点。"[③]另外，该学者还认为，"宪法上的文化权利还体现国家意识形态的判断与选择。国家通过宪法对文化权利的规定，对公民个体进行影响。在西方国家的宪法中，国家权力对于理想的生活持中立态度，即尊重个体基于理性的自由判断和选择，允许个人通过'试错'的路径达到自身的理想境界。中国宪法则是基于宪法应该而且可能基于科学的真理，构建基本制度，规划出通过大同世界的道路这一价值观念，引导公民以合理的形式实现权利。"[④]

---

① 参见中国社会科学院法学研究所法律词典编委会：《法律辞典》，法律出版社 2003 年版，第 1500 页。

② 沈跃东：《文化权在我国宪法中的保障》，载《中国宪法学研究会 2012 年年会论文集》(第 3 卷)，第 463 页。

③ 韩冬冬：《文化权利》，载郑贤君：《社会基本权理论》，中国政法大学出版社 2011 年版，第 282 页。

④ 同上。

（二）公民文化权利的主体界定

首先是作为“公民文化权利”基本主体的公民个人。“公民是基本权利的一般的、经常性的主体。各国宪法中规定的基本权利主要是通过公民的自主性活动而得到实现。公民的概念经过长时期的历史演变过程，最终确定为各国宪法普遍公认的法律概念，成为基本权利的主体之一。所谓公民是指只有一国国籍，根据该国宪法和法律享有权利、承担义务的人。”①而“从其性质上来看，公民具有自然属性和法律属性两个方面。公民的自然属性反映出公民首先是基于自然生理规律出生和存在的生命体。公民的法律属性是指公民作为一个法律概念，以一个国家的成员的身份，参与社会活动、享受权利和承担义务，应由国家法律加以规定。”②“公民个人”是为一国宪法权利之基本主体，亦为宪法中的文化权利基本主体。

其次是外国人。具有外国国籍的人和无国籍的人是否也可成为一国宪法所规定的基本权利的权利主体？主要有肯定说和否定说。“肯定说认为，除参政权与社会的基本权外，外国人作为人权主体应享有宪法规定的基本权利，具有权利的主体资格。否定说认为，基本权利是社会共同体的价值秩序，外国人不应成为这种价值秩序的组成部分，况且不少国家宪法中规定了‘公民的基本权利与义务’，实际上排斥了外国人的基本权利主体资格。”而“从基本权利的性质和宪法国际化的趋势看，在一定程度和范围内允许外国人行使基本权利是必要的，不能仅仅拘泥于宪法条文中规定的‘公民’范围。”③

一般来说，政治性质的基本权利，关系到一国公民之政治主体资格，关系到“主权在民原则”的落实，因此，该类基本权利只赋予本国国民享有，典型如选举权、罢免权、服公职的权利等参政权。另外，一国为维持社会秩序，而必须对外国人进行特别规范的，如对其迁徙自由、结社自由（特别是政治性结社，如组织政党等）、工作权加以限制的，也被认为必要而合法。而就宪法当中的文化权利而论，作为满足个体精神

---

① 胡锦光、韩大元：《中国宪法》，法律出版社2004年版，第177页。

② 韩冬冬：《文化权利》，载郑贤君：《社会基本权理论》，中国政法大学出版社2011年版，第285页。

③ 胡锦光、韩大元：《中国宪法》，法律出版社2004年版，第179页。

需求的基本权利，国家应当对其进行关照，而不论是否为本国公民。否则的话，便不能得到其与基本物质保障相匹配的精神支持，而使外国人的宪法保护流于空谈。“所以，国家应大幅度承认外国人之人权范围，以示国家之文明与开放。”①

再次是法人。法人相对个人而言。传统宪法学理论并未将法人纳入基本权利的主体范围。基本权利主要围绕国家与自然人之间的相互关系而展开，排除了法人作为基本权利主体的可能性。但随着社会的发展，法人已经逐渐成为人们法律生活中的一部分。甚至“宪法所保障的人权有些端视法人方能有效的达成，例如财产权保障，以今日工商业的社会形态，人民靠着法人性质的营利公司获取生活之资者占极大的比例。宪法保障新闻自由，也是以保障法人性质的报社为其目标。”②

宪法意义上的法人又可分为国内公法人与国内私法人。“私法人是否可以主张基本权利，应视个别基本权利内容而定。若基本权利之内容与自然人（亦即血肉之躯）有不可分离性，则此种基本权利不适用于私法人，例如人格尊严、男女平等、服兵役、家庭与婚姻之基本权利。反之，下列基本权利因为与自然人血肉之躯具有可分离性，因而私法人亦可享有，例如出版自由权、结社权、财产权、要求法院审理权。”③而“公法人是否享受基本权利，须视公法人是从事公权力行为或私法行为而定。……当公法人履行公法任务，属于行使公权力，为公权力之主体，原则上此时公法人不得主张基本权利。……但以下两种情形，可例外的承认公法人得享有基本权利：(1) 若某一公法人之存在，可被认为归属于‘受特定基本权利保护之生活领域’，则该法人亦得因此享有基本权利。例如……由于国立大学之存在乃是为了促进学术自由之落实，而可被认为归属于‘受特定基本权利保护之生活领域’，因此国立大学亦从而得享有学术自由之制度性基本权利。”④(2) 公法人在执行公务时，享有宪法当中有关诉讼基本权的规定，依此请求法院作出公正的判决。而如果公法人为私法行为时，此时的公法人则可为基本权利

---

① 陈新民：《宪法导论》（第6版），台湾新学林出版股份有限公司2008年版，第55页。

② 同上书，第56页。

③ 法治斌、董保城：《宪法新论》，台湾元照出版公司2005年版，第156页。

④ 同上书，第157—159页。

主体。

就宪法中的文化权利而言,无论作为文化成果创作机构的大学或研究机构,还是作为文化传播机构的公私媒体;无论作为确保文化成果得以共享的文化事业单位,还是推动保护文化遗产的文化团体,都有其各自享有的文化权利,而为文化权利主体之一。具体而言,如以上所说的大学及其他科研机构,又或如我国宪法当中所规定的"图书馆博物馆文化馆"(第22条第1款)等文化机构或组织。

最后是民族,尤其是那些保有鲜明文化习俗的少数民族群体。有学者认为,"文化权的主体有其集体维度,一个民族、一个国家,他们都是文化权利的主体。作为一个整体,他们有保存、享有和发展自己文化的权利,这些权利是不能因社会、经济及政治等条件的变化而可以被剥夺的。"[①]甚至乃将所谓的"少数人群体"单列为文化权利主体之一。所谓"少数人群体"中的"少数",不仅指的是人数少,同时更包含着这群人在各自文化习惯和风俗上的"少数派"。亦即在一些特定的人的社会构成要件上,某个群体成为了"少数派"。作为社会的人,其构成要件诸如过去的各种身份等,但今天则尤其指向那些特殊的文化标识,比如宗教仪式、方言方语甚至特殊癖好。这些特殊的文化标识往往难以被主流文化所理解,因此容易受到不宽容,甚至是歧视的待遇——尽管这些文化标识并未构成对他人的非法的直接的精神侵犯。如果长期得不到尊重,则伴随这些特殊文化风俗一同走向边缘化的必将是这些少数群体本身。因此宽容的宪政文化应该对这些文化上的"少数派"给予慷慨,以维护更利于每个个体健康成长的宽松的多元社会。

另外,对于民族或少数民族的文化权主体的地位,学界也有不同的认识。有人认为,"文化权的主体是拥有、认同该文化的少数民族全体。"[②]或又有论者认为,"文化权的权利主体,主要为族群而非族群成员个人,换言之,是以集体而非个人权利,如自治权并非个人所能拥有与行使,而是以族群为权利运作单元。"[③]这就意味着,"民族"或"少数

---

① 韩冬冬:《文化权利》,载郑贤君:《社会基本权理论》,中国政法大学出版社2011年版,第285页。

② 张钧:《文化权法律保护研究——少数民族地区旅游开发中的文化权保护》,载《思想战线》2005年第4期。

③ 陈士章:《全球化下台湾原住民族文化权利之研究》,台湾师范大学研究所硕士论文,第57页。

民族”是以集体而非其中的个人，作为文化权的主体。另一种观点认为，“少数民族基本文化权利既是集体文化权利，也是个人文化权利。”[①]按照这一观点，文化权的主体，既包括一个民族集体，也包括作为民族集体中的民族成员个人。还有学者认为，“在权利是一种可以自我主张的权利的意义上，‘民族’或‘少数民族’作为一个集体，不是我国宪法文化权的主体，其中的个体才是我国宪法文化权的主体。但这并不否认国家具有保护一个民族或少数族群的整体文化利益的义务。这样的理解，才符合文化权之规范目的，即‘保障每个来自不同文化背景的个人，得以自我决定、实现与发展’。”[②]笔者认为，作为基本权利的文化权利乃是以权利的最终实现为最终目标，因此不妨将个人看作是某些集体权利的最终主体，或间接主体，而将集体看作是这些权利的直接主体。此外，还有学者专门探讨了所谓“文化权的客体”，认为“文化权的客体是人们精神文化需求的总和。具体来说，文化权的客体包括了四个方面的内容，即享受文化成果、参加文化活动、开展文化创造以及享有进行文化艺术创造所产生的精神上和物质上的利益。”[③]

（三）公民文化权利的国家义务

基本权利的消极权利属性和积极权利属性对应着国家的消极义务与积极义务。所谓“消极的国家义务”即为防止国家公权力对基本权利的侵害，而课以国家尊重并不干涉公民基本权利行使的宪法义务。而所谓的“积极的国家义务”则要求国家公权力以积极的手段和有效的方式，协助或帮助公民基本权利的实现。或又从公民权利与国家义务的功能上讲，“防御权功能保障公民的基本权利不受国家侵犯，国家在此先负有不作为义务；而国家保护义务功能和国家给付义务功能却与之相反，它们首先要求国家积极作为，个体处于只有在国家采取某种积极措施，即从国家那里受益的情况下才能够实现其自由的状态，因此

---

① 田艳：《中国少数民族基本文化权利法律保障研究》，中央民族大学出版社 2008 年版，第 49 页。

② 沈跃东：《文化权在我国宪法中的保障》，载《中国宪法学研究会 2012 年年会论文集》（第 3 卷），第 464 页。

③ 韩冬冬：《文化权利》，载郑贤君：《社会基本权理论》，中国政法大学出版社 2011 年版，第 287 页。

两项功能可以通称为基本权利的受益权功能。"[①]

新近有学者以"公民参与文化生活的权利"为题,专门探讨了该项权利的权利内容与国家义务。就国家义务而言,该学者引用相关国际公约将其抽象如下:首先是所谓的"一般义务"。此处的"一般",该学者意为"全面",也暗含"基本"的含义,笔者将其理解为法原则层面,甚或是法精神层面的国家义务。其次是所谓的"核心义务"。所谓"核心",该学者将其理解为"必须"而"切近"的义务,主要是文化生活领域的歧视禁止。细分起来,"一般义务"种类如下:尊重、保护及落实。所谓"尊重的义务"则又包括两个方面,即"尊重主体对自己文化的享有"和"尊重个人选择文化的自由"[②];所谓的"保护的义务"则体现在"阻止不同文化群体之间的冲突"、"对传统习俗进行必要限制"以及"对于文化遗产的保护"[③];所谓"落实的义务"则又分为三种:(1) 便利的义务,包括"提供机构和设施的便利"、"提供资金上的便利"、"提供观念上的便利"和"提供制度上的便利"[④];(2) 促进的义务,包括"多渠道宣传文化"以及"多形式开展文化活动"[⑤];(3) 实现的义务又涵盖:首先,重在制度上的长效机制的建设,并给予权利主体以参与决策的权利,同时也要尝试建设权利追偿机制;其次是对文化遗产的保护,国家应该出台统一的保护措施;再次是应该更加重视教育,此处的教育还特指那些人文及社科类的文艺及历史教育;最后是应该重视公益性文化设施的建设,包括诸如图书馆、文化馆、美术馆、博物馆、剧院,尤其是要大力扶持民间文艺团体和民间文艺设施的软硬件建设。

还有学者将文化权利的国家保障义务分成四个层次,分别为"尊重义务"、"保护义务"、"给付义务"以及"提供组织和程序上的保障的义务"。如其论述道:"国家在文化权保障方面的首要的义务就是尊重义务,主要体现在两个方面:第一,充分尊重和保障公民文化享有权、文化发展权、文化选择权和文化参与权,也就是说,每个公民的文化主张

---

① 陈征:《第二次堕胎判决》,载《德国宪法案例选释》(第1辑),法律出版社2012年版,第178—179页。

② 参见蔡建芳:《论参加文化生活权利的权利内容与国家义务》,载《法制与社会发展》2011年第2期。

③ 参见同上。

④ 参见同上。

⑤ 同上。

和生活方式必须被尊重。第二,国家权力不得非法干涉文化活动,对文化活动的限制应注意合理的界限,……保护义务是文化权保障的第二层次国家义务。文化资源、文化资产的维护和文化发展的推动,可以从三方面确定:第一,事先预防,主要表现为立法的义务,即公共文化政策法规的制定。第二,事中排除,主要表现为执法的义务。第三,事后救济,主要表现为司法的义务。给付义务是文化权保障的第三层次国家义务。国家有责任提供足够的可接近的文化艺术资源和公共文化设施,满足各地公民共享文化的权利。在形式上体现为公共文化基础设施和公共文化服务产品的提供。"①另外,组织上及程序上的保障尤为重要,因为无论是文化权利的实现,还是文化事业的发展都是一个持续的工程,非有系统的工作程序和坚固的组织制度难以保证权利的最终实现与事业的长远发展。甚至还可以考虑司法程序上的文化权利保障,以确保一些特别重要或特别重大的文化权利能够最终得到落实。比如某些社会影响巨大的文化遗产纠纷,又或那些严重侵害人的精神、思想自由的事件,均有必要付诸司法程序来寻回公平与正义。特别提到的还有几类民间艺术团体。文化的生命在于民间社会,文化权利的全面实现亟需民间文化的带动。因此国家应该积极扶持民间文艺团体,首先应保证这些团体及其演职人员的各项经济和社会权利,促进民间艺术的蓬勃发展,推动民间文化的蓬勃复兴。

三、公民文化权利的体系化尝试

诚如有的学者所归纳的那样,"文化政策与文化权利两个方面形成了文化法治建设的宪法基石"②,并在此逻辑之下将我国宪法当中的"文化权利"概括为"文化表现权、文化保障权、文化平等权、文化参与权"③,即作为"文化表现权"的《宪法》第 47 条,作为"公民在管理文化事业中的参与权"的第 2 条,作为"文化平等权"的第 4 条、第 48 条、第 122 条,以及作为"文化保障权"的第 14 条、第 19 条和第 22 条。而我

① 喻少如:《文化权利保障的国家义务》,载《中国宪法学研究会 2012 年年会论文集》(第 2 卷),第 429 页。

② 肖金明:《文化法的定位、原则与体系》,载《法学论坛》2012 年第 1 期。

③ 同上。

国《宪法》当中的“文化政策”[①]则包括“序言”当中的相关规定[②]，第4条、第14条、第19条、第22条、第47条及第122条当中的国家保障义务条款，以及第99条、第107条、第116条和第119条中的相关规定。

应该肯定的是，以“文化政策”和“文化权利”为两条线索来勾勒我国宪法当中的“文化”条款，这在某种意义上符合我国社会的政法逻辑。但既然服膺现代立宪主义的精神内涵，既然全中国、全民族都在以实现人的全面发展为国家最终发展目标，既然以法治国而不是政治国来塑造共和的未来，则在宪法价值的取舍上理应以公民权利的伸张为侧重。由是更应以权利本身的精神诉求为宪法价值导向来展开文化权利研究。

笔者的基本思路如下：以《宪法》第47条文化成果创作的自由为核心，辐射作为实现“文化权利”基本前提条件的第46条“公民有受教育的权利和义务”。兼涉公民的言论、出版等表达自由及宗教信仰自由，并需要周延至有关民族文化保护的相关条款，这个多元的文化权利体系才能有望覆盖多元的文化权利主体；与此同时，以第24条“社会主义精神文明建设”为轴心，以包括“国家发展社会主义的教育事业，提高全国人民的科学文化水平”在内的第19条共4款、第20条“国家发展各类科学事业，普及科技知识，奖励科研成果及发明创造”、第22条、第23条“国家培养各种专业人才，为扩大知识分子的队伍创造条件”为辅助，来型构一个一体化的现代中国社会伦理。而前者又应当以第33条第3款“国家尊重和保障人权”为总结；后者则以序言第一段，即“各族人民对于文明古国的共同创立”为概括。当然，笔者更愿意将后者解读为与前者相对而称的广义的国家义务，这样便能在权利与义务的对应关系当中，寻得二者之所以能够统一于宪法文本的法理依据。

（一）基本权利双重功能论的引入

按照德国公法学有关基本权利双重功能的规定，基本权利可分为具有主观权利功能的“主观权利”，以及具有客观法秩序价值决定功能

① 肖金明：《文化法的定位、原则与体系》，载《法学论坛》2012年第1期。

② 《中华人民共和国宪法》“序言”第7段：……推动物质文明、政治文明和精神文明协调发展，把我国建设成为富强、民主、文明的社会主义国家。

的“客观价值决定权利”。基本权利的功能也就是基本权利的作用，就“主观权利”作用而言，传统的“消极权利”属性和“积极权利”属性都可以放到其中来予以探讨。所谓基本权利的积极作用集中体现在作为防御权功能的权利特征之上。就此权利特征而言，“基本权利通常是指赋予个人对抗国家公权力之非法侵害的权利，因而具有防御属性，就此亦有以‘防御权’称之”①。其作用在于要求政府不要过多干预公民的日常生活，给予一国公民更为宽泛的“私人空间”以自由地生活。在此空间内，公民能够独立自主地决定生活的目的、生活的方式以及生活的态度等。公民个人的问题自己便可设法解决，无需国家的介入和干涉。与此同时，公民社会的矛盾也无需国家过分地干预，社会自治主体可依共同的生活理念与习惯规则予以化解或调处。基本权利在具备了此种消极作用之后，公民的自由权也就随之应运而生。而就其“主观权利”的权利作用而言，还存在一种与“消极作用”相对而称的“积极作用”，突出表现在那一类被称为“请求给付权”的权利事项当中。基本权利的积极作用，与基本权利的消极作用不同。它非但不要求国家对公民的日常生活产生过度的干扰，而是要求国家能够以积极地向公民提供给付帮助的行为来为公民的自由生活提供必要的物质支持。其主要原因在于，社会中的某些公民非有赖于国家的扶助难以在现代竞争型社会获得自己生存与发展的基本条件。

不论是作为“消极权利”属性的“主观权利”作用，还是作为“积极权利”属性的“主观权利”作用，其根本立足点均在于作为权利主体的个人得以请求国家为或不为一定行为的自由。但作为具有宪法和宪政价值指引的基本权利，当其成为一种国家与社会共同体的基本价值原理之后，它所作用和影响的也就不再只是对于个人自主愿望的满足，而将推演至整个共同体对于基本权利核心价值的一体性尊重，推演至对于一体化法治国家基本法治秩序的遵守。基本权利作为生成和维护客观法价值秩序的作用就此产生。

这种客观法的价值作用在20世纪50年代的德国率先获得了司法实践上的肯定。在德国人看来，基本权对于国家整体法秩序的决定性方针具有拘束力，并且在立法、解释与适用法律规定时，必须作为被尊

① 法治斌、董保城：《宪法新论》，台湾元照出版公司2005年版，第130页。

重的客观价值决定。由此，基本权催生出了一个包含整体法秩序在内的价值秩序系统，呈现出基本权作为客观价值秩序的一面。基于基本权利的宪法性存在，这种秩序即是一种所谓的合宪的法秩序。实践当中的“客观价值决定”又往往体认基本权利的三重作用，并以国家义务的形式表现出来。

首先是所谓的“国家的保护义务”。随着时代的变迁，能够对基本权利构成危险者已不再局限于国家公权力。那些掌握着巨大社会资源的组织或集团往往不顾及公民个人的基本利益，肆意扩张自己的“霸权”。在这种情况之下，公民或个人得要求国家伸出援助之手，帮助公民排除来自此“第三人”的威胁，此即为“国家的保护义务”。

其次是“组织与程序的保障”。依照主权在民的原理，一切国家公权力组织的产生源于人民的合意，但当公权力组织独立运作之后，如何保障权力运作的公平与正义则又成为人们不得不关注的问题。人们能否公平使用这些组织，或者说，人们能否通过公正合理的程序来使用这些组织，实在是基本权利能否获得保障与实现的关键所在。最明显的例子如新闻广播电视事业，由于卫星频道归国家所独占，因此国家必须对这些卫星与频道的使用作出合理与平等的安排，以保证一国之内的广大人民群众都能够通过接收这些卫星频道来实现自己的知情权。又因为新闻广播电视事业直接关涉人们意见的表达，那么，如何保证不同人群的利益诉求都能够得以充分表达则又关涉到言论自由的实现，而这都是“组织与程序保障”所要解决的问题。

最后基于“客观价值决定”的原理，国家还应当承担起“制度性保障”的义务。“制度性保障”的最初含义是对于那些源远流长，涉及国家和社会共同体基本价值维护的制度，立法者不能通过立法程序将其随意更改或废止。此后演进为对那些关乎国计民生的根本制度，全体公权力机关都须高度尊重并不得擅自改动之。

（二）双重功能论下的公民文化权利体系化

再来反观我国现行宪法文本当中那些与文化及权利相关的条款，不难梳理出其中作为具有防御权作用属性的规范内涵，以及作为具有请求给付权属性的规范涵义。但首先需要确定的是统和了主观权利功用与客观价值决定功用的根本价值条款。在笔者看来，我国现行《宪法》中的第33条第2款便是价值统和的基石。该款不仅从文本位置上讲位列公民基本权利与义务部分的“顶层”，而且“国家尊重和保障人权”的表述，不仅一语道破了公民基本权利的根本来源，即来源于人之为人所应该具有的自由和权利，也内在地厘清了权利与义务的两造主体，分别为公民个体与代表公民行使主权的国家机关。与此同时，将尊重放在保障之前，又表达了权力行使和义务承担的位序，即以国家对于人权的尊重，亦即以公民对国家公权力的消极防御为根本，而以国家的积极保障义务为辅助。在明确了此条款为根本法价值条款之后，我们当着重留意以下条款的消极防御权利功能与请求给付权利功能。

首先是一般性的公民文化权利基本条款，典型如现行《宪法》第47条。该条第一句以列举加概论的形式明确赋予了我国公民所应当享有的基本文化权利。从其规定可以看出，进行科学研究与文学艺术创作为公民的基本文化权利。其主体及于中华人民共和国的所有公民。与此同时，还为公民预留了进行其他文化活动的自由空间。在笔者看来，只要是为着公民精神生活的丰富与智力智识水平提升的一切文化活动都应该被理解为“进行其他文化活动”。甚至于一切人的智力创作活动都应该被理解为“文化活动”。而该条第二句所言之内容，又可放入到对基本权利的客观价值决定功用上来解读。首先是国家对于创造性文化活动的鼓励和帮助。国家不仅应该从物质条件的供给上确保公民文化活动的自由开展，同时由于该条文将教育、科学、技术、文学、艺术等文化活动看作是一种“文化事业”，则推动该项事业所必须具备的组织与程序也应当获得良好的维护与建设。另外对于该句所言之“有利于人民的”定语，笔者愿意将此解读为是对中华人民共和国建国传统之于文化权利赋予上的反射。其与宪法当中那些建立在人民公式基础之上的根本政治制度、经济制度与社会制度有着内在价值上的关联性。也就是说，此处有关“人民”的定语正是作为一项根本的文化制度而为“制度性保障”的要求所不容随意更改的。亦即此处体现了基本权利作为客观价值决定功能当中的“制度性保障”功能。在此“制度性保障”功能之下，“人民的”文化制度不容国家公权力机关擅自或肆意更改。

其次是接下来的第48条“男女平等”条款，该条款明确规定了妇女有同男子在文化领域平等的权利。而这些存在于文化领域当中的自由和权利理应及于以上所论之一切文化创作与文化参与活动。另外从权利主体上看,为着实现男女之间的实质性平等,妇女为该条款之唯一权利主体当无疑义。又从权利内容上分析,所谓平等,诸如上文所论,自当包括对妇女这一文化活动参与主体的尊重,又使该权利主体自始获得了防御国家不当干扰并要求国家特为其提供物质帮助的自由与权利。与之相类似的还有我国的青少年儿童,尽管基于"受教育权利"乃为一项独立的宪法基本权利而无须本文再作赘述,但隶属于《宪法》第46条的第2款,因其明确规定国家在培养青少年儿童品德、智力等方面的国家义务,而理应为公民文化权利体系所涵涉。因为无论如何,个人的品德与智力乃是进行文化创作活动的基础。又受《宪法》第33条第1款,即权利平等保护条款的辐射,文化权利的主体自当及于除妇女及孩童以外的那些特殊权利主体,包括宪法当中所提到的老人、残疾人以及华侨、归侨与侨眷。

再次,我们还有必要跳出公民基本权利义务条款,从宪法文本的他处勾陈出隐含于国家制度设计之内的文化权利双重功能。作为一项基本的政治制度,民族区域自治制度不仅为我国宪法所明确规定,而其制度设计的最终目的也为宪法条文所明示。根据《宪法》第116条的规定,民族自治地区的立法当以尊重民族地区的文化特点为前提,这就明示了一种作为集体的民族文化尊严,而为集体民族文化权利所涵盖。又据《宪法》第119条的规定,民族自治机关自主管理本民族区域内的教育、科学、文化、卫生和体育事业,保护和整理民族文化遗产,发展和繁荣民族文化。这就从基本原则上排除了国家对于民族地区文化事业建设的不当干涉,而为权利的消极作用理论所包容。同时,根据《宪法》第120条的规定,在与少数民族成员的接触过程当中,国家机关必须使用当地所通用的语言文字,则在公务程序的保障方面明确了国家所应承担的责任和义务。基本权利的"组织与程序保障"功能在此得到了最好的解读。又根据《宪法》第121条第1款的规定,国家必须从财政、物质、技术等诸多方面帮助少数民族地区加快发展文化建设事业。该条款可视为基本权利的"请求给付权"功能在民族文化权利保障领域的展开。

复次,在以公民权利保障为价值制高点的视野之下,我们还可以运用基本权利的双重功用原理来解读所谓的基本国策条款。如根据《宪法》第2条第3款的规定,得要求国家必须为公民参与文化事业的管理提供各种途径与形式便是对于文化管理参与权利的程序与组织保障,可将其归于文化权利的“客观价值决定作用”范畴。又比如《宪法》第4条第2款的规定,国家须为少数民族地区的文化发展提供帮助,暗含着少数民族及少数民族成员对于文化“请求给付权”的行使;而其第4条的规定,则以“各民族”为文化权利的主体,得以排除国家干预以使用和发展自己的语言和文字,并持守或改革自身的风俗习惯。再比如《宪法》第14条第3款,明确了国家在改善人们文化生活上的给付义务。或又如第19条关于国家通过发展社会主义教育事业以逐步提高全体人民科学文化水平的规定,同样是从“制度性保障”的层面维护公民文化权利的“客观价值秩序决定功能”。类似含义亦及于该条第3款。最能体现文化权利客观价值秩序决定功能的还属《宪法》第22条,国家通过对于现代文化事业的建设,以及古代文化遗产的保护,以确保文化权利客观价值决定功能得以落实。另外,《宪法》第24条关于国家主流意识形态的规定,其目的在于对“最广大多数人民群众”这一文化制度的根本属性的确立。由此亦从“制度性保障”这一文化权利客观价值决定功能上确保了整个国家文化制度的确定与稳固。

最后,我们仍然无法忽视作为全中国的文化传统。事实上,我们也不能忽视这样一个文化共同体的存在,正如我们无法消除我们共同的文化传统,因为“如果没有一个历史的共同过去,那么一个共同体就失去了其存在的根本基础,更有什么理由去期盼一个共同的未来?拥有一个共同的历史基础,才会使每个公民意识到他不但有权利,而且有对共同体成员以及共同体本身的责任,只有这样才能建立一个不但人人有权利,而且人人有责任的真正的文明共同体。”[①]因此,我们还需将以上基于权利双重功能属性的各类文化权利收摄到对中华文明共同体的强调上来,那就是《宪法》开篇所昭示的:中国各族人民共同创造了光辉灿烂的文化。由此,笔者之所谓的基于“基本权利双重功能”论的“文化权利”体系得以完整展开如下:

---

① 甘阳:《大学之道与文明自觉》,载《通三统》,三联书店2007年版,第104—105页。

- 公民文化权利
  - 主观权利
    - 防御性文化自由：文化创作、文化参与等自由
    - 给付性文化权利：鼓励和帮助的国家义务
  - 客观价值秩序决定
    - 国家的文化保护义务：文化设施与文化遗产的保护
    - 组织与程序性保障：各类文化事业的组织与程序保障
    - 制度性保障：民族文化自治制度

（责任编辑：唐冬平）

宪法中的文化权利、文化传统与文化共同体

董　妍*

内容摘要　分析和理解我国宪法当中的文化权利，不能削足适履地生搬硬套西方学理。应该一方面立足于立宪原意以挖掘中华人民共和国立宪之真精神，另一方面则应直指当代中国社会协调发展的文化需要。而对当代的把握又离不开对历史的体察。这就要求我们既要把握中华人民共和国的宪法文化传统，从形式上和内容上均尊重宪法学的学术源流，还要深刻考虑中国自古以来就是一个有着深厚人文传统的国家，因此，最终理解中国宪法中的文化权利和其所依赖的宪法文化传统又必须首先认识这个源远流长的人文国家。

关键词　文化传统　传统文化　文化权利　文化共同体

“其实社会形态的更替当中，有的东西要和某种社会共存亡，有的东西却不一定。如果一点连续性都没有，历史也就不成其为历史了。如果每一个新社会都在空地上从头做起，历史也就不会从低级向高级发展。即使有进步，也将非常缓慢。”①所以黑格尔才会在《逻辑学》中说出这样一段话：“这种前进是这样规定自身的，即它从单纯的规定性开始，而后继的总是愈加丰富和愈加具体。因为结果包含它的开端，而开端的过程以新的规定性丰富了结果。普通的东西构成基础；因此不应当把进程看作是从一个他物到另一个他物的流动。绝对方法中的概念在它的他有中保持自身；普遍的东西在它的特殊化中，在判断和实有中保持自身；普遍的东西在以后规定的每一阶段，都提高了它以前的全部内容，它不仅没有因它的辩证的前进而失去什么，丢下什么，而且还带着一切收获和自己一起，使自身更丰富、更

---

* 天津科技大学法政学院讲师，法学博士。

① 李洪林：《四种主义在中国》，三联书店1989年版，第51页。

密实。”①

一、我国学者对“文化权利”的解说

遍查我国历部宪法文本，尽管没有“文化权利”这个词汇，可是细数自 1954 年《宪法》颁布以来的部分宪法学教科书和其他宪法学理论著作，对“文化权利”的论述却又不绝如缕。大体而言，我国学者对作为基本权利的“文化权利”解说可分为以下几种模式：

（一）法条注解模式

这种解说模式乃根据实定法中对于公民基本权利的具体规定与排序，以针对实定法当中公民基本权利进行分类的方式来建构公民基本权利理论。如有学者总结并考证道：“解释学意义上的分类，一般都是每个国家的宪法学者根据本国的宪法规范中所规定的基本权利所进行的分类。我国宪法学也是如此。依据我国现行《宪法》，也就是 1982 年《宪法》中所列举的基本权利，我国学者最早产生的最权威的学说是‘十大分类法’。这个分类法是现行《宪法》实施不久后我国老一辈著名宪法学家吴家麟教授主编的《宪法学》一书提出来的。这本书就将基本权利分为十大类，依次是：(1) 平等权；(2) 政治权利和自由；(3) 宗教信仰自由；(4) 人身自由；(5) 批评、建议、申诉、控告、检举权和取得赔偿权；(6) 社会经济权利；(7) 文化教育权利和自由；(8) 妇女的权利和自由；(9) 有关婚姻、家庭、老人、妇女和儿童的权利；(10) 华侨、归侨和侨眷的权利。后来，人们觉得十类太多了，因此就出现了更为概括性的分类，其中主要有‘四大分类法’和‘五大分类法’。四大分类法就是把基本权利分为参政权、人身自由和信仰自由、经济和文化教育权以及特定人的权利；五大分类法就是在此之外补上了平等权。”②

不过需要指出来的是，“十大分类法”未必就是我国最早的分类法。早在 1955 年 9 月出版的《中华人民共和国公民的基本权利和义务》一书中，作者中国人民大学杨化南教授就将 1954 年《宪法》当中的

---

① 〔德〕黑格尔：《逻辑学》（下卷），杨一之译，商务印书馆 1976 年版，第 551 页。

② 林来梵：《宪法学讲义》，法律出版社 2011 年版，第 226 页。

公民基本权利分成了八大类，即公民在法律上一律平等、公民的政治权利和自由、公民的人身自由、公民的宗教信仰自由、公民的社会经济权利、公民的文化教育权利、保护国外华侨的正当权利和利益、中华人民共和国的居留权。此后，在1955年12月出版的《中华人民共和国公民的基本权利和义务》一书当中，作者辛光就将我国公民的基本权利分为六大类，即(1) 平等权利；(2) 政治权利和自由；(3) 宗教信仰的自由；(4) 人身、住宅不可侵犯的自由，通信秘密、居住和迁徙的自由；(5) 社会经济权利；(6) 文化教育权利。再后来，1956年6月出版的《我国公民的基本权利和义务》一书，作者李光燦更是将1954年宪法当中的公民基本权利细分为十二类：(1)（我国公民）在法律上一律平等；(2) 选举权；(3) 言论、出版、集会、结社、游行、示威的自由；(4) 宗教信仰的自由；(5) 人身自由和住宅的不受侵犯、通信秘密受法律的保护，居住和迁徙的自由；(6) 劳动的权利；(7) 劳动者的休息权利；(8) 劳动者的获得物质帮助的权利；(9) 享受教育的权利；(10) 进行科学研究、文学艺术创作和其他文化活动的自由；(11) 妇女的平等权利；(12) 对于任何违法失职的国家机关工作人员的控告权利。

（二）结构解说模式

以上那种紧扣宪法文本来对公民基本权利进行分类，并以此为基础来建构公民基本权利学理的方式，自20世纪90年代晚期开始受到较为普遍的挑战。1999年10月由许崇德先生主编的《宪法》一书就将我国公民的基本权利分为六大类，即平等权；政治权利；精神、文化活动的自由；人身自由与人格尊严；社会经济权利以及获得权利救济的权利。在此六大类别之下，再对基本权利宪法条款分门别类。如将现行《宪法》第36条“宗教信仰自由”、第47条“文化活动的自由”，即过去所称的“文化权利”，以及第40条“通信的自由和秘密”一体纳入“精神、文化活动的自由”这一大类当中。

应该说，这样一种分类逻辑超脱了宪法条文序列的束缚，而对宪法文本中的基本权利作了更为自由且更具连带关系的学理性解说和概括。相比之于“法条注解模式”的机械性，结构解说模式更为自由、灵活的优点更能推动理论建设本身的与时俱进，也能为更多的法解释理论开放更大的空间。此外，被认为“更加合理，而且也能跟国际宪法理论接轨”的分类模式还有所谓的“八分法”,即“第一,人格权;第二,平等权;第三,人身自由权;第四,精神自由权;第五,经济自由权;第六,参政权;第七,社会权;第八,权利救济权”①。显然,文本当中的“公民有进行科学研究、文学艺术创作和其他文化活动的自由”已不再被名以“文化权利”,而代之以更能体现科研与创作主观能动性特点的“精神自由”概念来予以解说。

(三)其他模式

更有学者对基本权利分类方法本身作出彻底反省,认为时至今日,“基本权利的分类已经成为了缺乏共识的各说各话的问题,每位学者在自己的体系下都可以创造出新的分类来”。② 由此认为“基本权利的分类几乎只具备学理认识上的价值,而不具备规范建构层面的实用性了”③。并以基本权利的功能为标准来对基本权利的多重属性进行分层,“以单纯的基本权利的功能侧面而不是本身就具有复合性的基本权利作为研究的元素”④,使得消极自由与积极自由所分别对应的消极义务和积极义务更具确定性,从而稳定住了时代变迁下的权利义务对应关系。

但就该学者所引述的防御权功能、受益权功能以及客观价值秩序功能这三大基本权利功能而言,笔者更看重“客观价值秩序功能”,不仅因为“基本权利的性质在当代的宪法理论中经历了从‘主观权利’向‘客观的法’的转向”⑤,因此对于基本权利的理论研究而言不得不予以重点关注,更因为“客观价值秩序功能”,特别是“客观的法”这样一个概念及其理论内涵,对于保有或是型塑一种笔者称之为“多元一体”的法治秩序的影响。尤其是笔者在下文中所强调的文化上的“一体”,应该直接为我国宪法所关照,而成为宪法上的文化共同体。

---

① 林来梵:《宪法学讲义》,法律出版社 2011 年版,第 227 页。

② 张翔:《基本权利的规范建构》,高等教育出版社 2008 年版,第 38 页。

③ 同上书,第 39 页。

④ 同上书,第 44 页。

⑤ 同上书,第 45 页。

二、文化传统的普适价值及其国别遭遇

“一体”的思考源于笔者对我国台湾地区学者许育典有关“多元文化国作为国家目标”的补充。而对本文更具启发意义的是该作者对台湾地区宪法学理论继受源流的尊重。作者谈到,对台湾地区“宪法”基本“国策”上文化规范的理解,实有其宪法史上的推论,因为其“宪法”基本“国策”的规定,大多继受德国魏玛宪法而来。[①] 并引注另外两位台湾学者林纪东和陈新民的著作用以证明台湾地区多数学者皆认为台湾地区“宪法”有关基本“国策”的规定,是受德国魏玛宪法的影响。[②] 笔者的思路至此一分为二,其一仍然是如何借鉴域外法理言说中国问题;其二却是面对台湾地区学者对制度源流的尊重,我辈后学是否也应当慎终追远?于是寻找宪法当中的文化传统实已成笔者隐隐的写作动力。

(一)文化传统的普适意义

这里首先有必要对两个概念进行区分,即文化传统和传统文化。尽管这两个概念中的文字完全相同,但因文字组合的形式不同而具有不同的含义。从现代汉语词汇组合逻辑来看,“传统文化”和“文化传统”均属于典型的偏正结构,但也正因为如此,二者所要传达的中心意思各不相同。所谓“传统文化”,强调的是“文化”,而以“传统”一词修饰之。“文化传统”则正好相反。正因为如此,就词义而言,“传统文化”因其“传统”意味着“过去”而一般具有特定的文化样式“所指”,即在过往中逐渐形成并成型的文化式样或曰文化形态。比如我们通常所说的所谓儒家文化、道教文化和佛教文化等。而所谓的“文化传统”却因“文化”含义本身的多样性而使得这个概念的内涵具有不同于“传统文化”特定性,尤其是时间特定性的丰富性。也因此不得不说,“传统文化”是文化静态的标识,而“文化传统”则是文化动态传承和传播的表征。

总之,“文化传统”较之于“传统文化”而言,其内涵更为宽泛,且

---

① 参见许育典:《文化宪法与文化国》,台湾元照出版公司2006年版,第16页。

② 参见同上书,第28页。

“文化传统”包含着作为过去特定文化样式的“传统文化”。也因此，“文化传统”较之于“传统文化”而言，一方面具有更为普适的价值意义；另一方面，在其内在的时间属性上更具积淀的要求。影响之下，“文化传统”一词也就有了更为宽广、更为松散的用法。如将文化分为“精神文化”与“物质文化”，又譬如所谓的“法律文化”或“政治文化”①等。

由此衍生出的逻辑是，“传统文化”可以但非必须成为一种“文化传统”，但是作为传统的，并囊括了精神要素和物质因素在内的所谓广义的“文化”，即此处所指的“文化传统”，于一个国家和民族而言是断不可或缺的，而“文化传统”对于一个“社会人”的塑造也是根本而全面的。所谓“慎终追远，民德归厚”。是什么在型塑一个社群的基本秩序结构？是文化传统。又是什么在型塑着一个“社会的人”的人格？还是文化传统。

（二）文化传统的国别特征

正如学者所言，“近代以来，受到美国独立与法国大革命的影响，文化脱离国家的思想逐渐形成。当时的美国独立运动与法国大革命，主要是对专制的反动，以自由法治国为诉求，要求个人权利绝对保障，个人权利的行使，只要没有侵害他人自由，皆属私人的事务，国家不应干涉。在自由法治国的思想下，宗教首先脱离国家，造成国家的世俗化；之后，文化逐渐从国家脱离出来，文化变成私人事务，国家以具强制力的法规管制文化事务，即不符合文化自治的概念。因此，国家对于文化事务，唯一可以做的，就是节制国家的每一种文化活动。”②似乎近代世界各国都在遭受着不同程度的“文化代谢”，就法律制度而言，有学者也认为：“中国传统法律在近百年中经历了三次极其沉重的打击。第一次是从清末到民国时期，在列强逼迫下为了重建国家主权而大规模移植西方法律，几乎完全抛弃传统法律。第二次则是在现代革命运动中，从解放区时期到毛泽东时代，既否定了国民党引进的法律，也再次完全否定了中国的传统法律；前者被认作‘资产阶级’法律，后者则

① 参见王沪宁：《转变中的中国政治文化结构》，载《复旦学报（社会科学版）》1988 年第 3 期。

② 许育典：《文化宪法与文化国》，台湾元照出版公司 2006 年版，第 28 页。

被认定为'封建主义'法律。……第三次是改革时期,再次全盘引进西方法律,既抛弃了毛泽东时代的现代革命法律传统,也再一次否定了中国的传统法律;现代被等同于西方,中国传统被等同于不能适应现代化和市场经济需要的'前现代'或非现代。"①

在这样一种背景之下,我们不仅仅忘却了中国当代法律继受来源的复杂性,同样也在自觉或不自觉地回避中国宪法所根源的"文化传统",以至于"中国宪法学"几乎完全成为了"西方宪法移植学"。于是,我们的学术话语越来越"言必称古希腊、古罗马";于是,我们的立宪理论构架也很少再去重视《中华人民共和国宪法》对诸如苏联宪法等人民民主国家宪法的参考;我们的宪政思维也很少再去追忆"人民革命根据地"时期的宪政实践;而我们更容易罔顾那些贯穿于整个宪法文本中的基本理念和价值追求,将包括文化权利在内的基本权利切割出来予以单独的却又与这些理念和价值几近无关的解说,使得条文间的规范意义呈现出事实上的紧张关系。

就前文所列三种主要的"文化权利"解说模式而论,第一种"法条注解模式"因容易造成对整个宪法规范体系的切割而有可能最终为"结构解说模式"所取代。但在笔者看来,"结构解说模式"却又和以"基本权利功能说模式"为代表的"其他模式"一样,容易因过于自由的解说视野而开放太过多元的释宪理论,由此可能导致原初立宪精神及其内在传承性的流失。无论如何,中国宪法当中的文化权利应该有其自身独特的解说语境与逻辑,无论传统的未来抑或未来的传统究竟会是何种模样,对于学术研究而不是理论预测而言,理解它的原初含义都是其题中应有之义。

三、条文背后的宪法文化传统

在分析我国宪法当中的文化权利时,第一个不容忽视的前提是社会主义的国家属性。正因为如此,"我国宪法属于社会主义宪法,其基本精神更强调个人利益与国家利益、社会整体利益的一致性,强调在国

① 〔美〕黄宗智:《过去和现在:中国民事法律实践的探索》,法律出版社 2009 年版,第 1 页。

家帮助下个人的发展与价值实现"[①]。因为"按照马克思主义的这种国家社会和谐一致的观念,社会主义宪法所规定的公民权利,就不是资本主义宪法中那种个人消极防御国家的权利,而是个人与国家、社会共同协力、共同促进的权利"[②]。因此,分析我国宪法当中的公民基本权利便不能简单套用西方宪法学者所习以为常的"消极权利"与"积极权利"二分法,把基本权利一章当中的"文化权利",即"公民有从事文化活动的自由",以及"国家对有益于人民的创造性工作给以鼓励和帮助"进行粗率的二元化归类。而应该从马克思主义的历史实践当中寻找我国宪法及其公民基本权利规范的生发与变动要素。第二个不容忽视的前提是集体主义的文化属性。诚如学者所言,"近代中国以前占主导地位的是文化主义(culturalism),而非民族主义(nationalism)。前者认同的是文化,而后者的根基是种族。"[③]当然,近代以前是"文化主义"这一点几无异议,但近代以来的文化改造也并未脱离"苟日新,日日新,又日新"的中国文化传承规律。因此笔者认为中国自始都是一个文化大国。在这样一种人文交感的文化国视域当中来讨论与文化相关的人的权利,又必须对一些与人的基本生存有关的文化命题作出一定的回答。

(一) 作为法规范的文化传统

毛泽东曾于1954年1月15日给刘少奇和中央其他同志写信,要求"各政治局委员及在京中央委员从现在起,即抽暇阅看下列各主要参考文件:(1) 1936年苏联宪法及斯大林报告。(2) 1918年苏俄宪法。(3) 罗马尼亚、波兰、德国、捷克等国宪法(毛泽东在电文中说明:宪法汇编'所辑各国宪法大同小异,罗、波取其较新,德、捷取其较详并有特异之点,其余有时间亦可多看')。(4) 1913年天坛宪法草案,1923年曹锟宪法,1946年蒋介石宪法。(5) 法国1946年宪法。"[④]而从中共中央向宪法起草委员会所提交的《中华人民共和国宪法草案(初稿)》来看,"宪法草案在借鉴苏联1936年宪法的基础上,根据中国

① 张翔:《基本权利的规范建构》,高等教育出版社2008年版,第52页。
② 同上书,第28页。
③ 郑永年:《中国模式——经验与困局》,浙江人民出版社2010年版,第12页。
④ 《毛泽东文选》(第6卷),人民出版社1999年版,第320—321页。

社会发展的实际情况,以中国共产党的基本宪法观为基础,规定了公民的基本权利与义务。”[①]

应该说,1954年《宪法》从一开始就主要参考了以苏联1936年《宪法》为代表的各人民民主国家的宪法。所不同的是,“中国1954年《宪法》将法律面前人人平等和公民的政治权利与自由放在公民基本权利之首,并将选举权规定在公民基本权利之中,同时还规定了公民的居住与迁徙自由、控告国家机关工作人员违法失职之权。苏联1936年《宪法》将劳动、休息、物质帮助、受教育等经济文化权利放在公民基本权利的最前列,并在公民基本权利中规定了组成共产党和各种社会团体之权,将选举权放在宪法有关选举制度内容之中。”[②]通过查阅《罗马尼亚人民共和国宪法》(1952年9月24日通过)[③]和《波兰人民共和国宪法》(1952年7月22日通过)[④],也可以明显看出二者受苏联1936年《宪法》先规定社会权,后规定自由权的编排格局的影响。对此,该学者甚至引用毛泽东《关于中华人民共和国宪法草案》当中的文字来提纲挈领他的研究思路:“我们的宪法有我们的民族特色,但也带有国际性,是民族现象,也是国际现象的一种。”[⑤]

对于以上文本的比对,有学者也发现“我国五四宪法有关公民权利和义务的规定,采取从政治权利到公民权利再到社会权利的排序,规定了很难兼容于社会主义经济秩序的迁徙权,对关系到社会主义的核心价值的结社权和社会权规定得非常简略,这些都与苏联1936年宪法形成鲜明对比”[⑥]。但其对这种差别的理解却聚焦了中国的经历与经验。如其认为:“五四宪法关于公民权利的排序当然也有我党宪法性文件方面的历史传承。1931年《苏维埃宪法大纲》首先规定的是政治

① 韩大元:《1954年宪法与中国宪政》(第2版),武汉大学出版社2008年版,第102页。

② 程乃胜:《论影响1954年宪法公民基本权利规定的因素》,载《宪法研究》(第11卷),黑龙江大学出版社2010年版,第163页。

③ 《人民民主国家宪法总编(中央人民政府法制委员会编译宝典)》,人民出版社1953年版,第211—232页。

④ 同上书,第191—201页。

⑤ 程乃胜:《论影响1954年宪法公民基本权利规定的因素》,载《宪法研究》(第11卷),黑龙江大学出版社2010年版,第163页。

⑥ 涂四益:《五四宪法之公民权利义务规范的特点——兼论与苏联1936年相关宪法规范的区别》,载《法学评论》2011年第13期。

权利和社会权利,然后才是个人自由;1939 年的《陕甘宁边区抗战时期施政纲领》和 1941 年的《陕甘宁边区施政纲领》依次规定的是政治权利、个人自由权和社会性权利;1946 年的《陕甘宁边区宪法原则》依次规定的是政治权利和社会权利,对个人自由权则没有做出规定;1949 年的《共同纲领》规定的权利顺序和后来的 1954 年、1978 年《宪法》和 1982 年《宪法》完全一样。20 世纪 60 年代末到 70 年代中期是我国最意识形态化、最强调斗私灭修的时期,因此,1975 年《宪法》将社会权利排在政治权利之后,而将个人自由权排在最末端。"[①]

中国的问题还得回到中国来回答。有学者认为,"从一般的关系上讲,1954 年《宪法》是以《共同纲领》为基础,同时又是对《共同纲领》的发展。……从内容和原则方面,1954 年《宪法》是以《共同纲领》为基础而制定的。"[②]而《共同纲领》则在第一章总纲的第 4 条、第 5 条、第 6 条当中分别规定了"选举权和被选举权","思想、言论、出版、集会、结社、通讯、人身、居住、迁徙、宗教信仰以及示威游行的自由权","男女平等权",但其权利主体则是作为群体性概念的"中华人民共和国人民",而非公民个体。当中所体现的正是对"最广大人民群众"的"民主",是"人民民主"的国家性质与"民主集中"的政治原则在宪法中的又一体现。

不过 1954 年《宪法》最能凸显《共同纲领》功能的部分应该是第四、第五、第六、第七章所规定的"经济政策"、"文化教育政策"、"民族政策"以及"外交政策"。从某种意义上来说,这几章所明示的"国家提倡和鼓励"等原则和措施正是针对前面人民政治权利和自由的国家义务。但以如此篇幅和精力阐释这种政策性的国家义务,一方面透露出《共同纲领》本身的功能属性,即作为临时的宪法性文件用以召集各人民团体共商国是;另一方面也从一开始就给中国宪法当中的基本权利格局奠定了基调,即更加注重作为国家义务的集体性建设目标的实现,也即更加重视人的权利的普遍实现。其中凸显的乃是一种集体主义式的价值关怀。

---

① 涂四益:《五四宪法之公民权利义务规范的特点——兼论与苏联 1936 年相关宪法规范的区别》,载《法学评论》2011 年第 13 期。

② 韩大元:《1954 年宪法与中国宪政》(第 2 版),武汉大学出版社 2008 年版,第 294 页。

（二）作为法价值的文化传统

以上所论认为，以原苏联《宪法》为代表的人民民主国家的宪法，以及以《共同纲领》为代表的宪法性文件支持了社会主义中国宪法秩序与格局的成型，而其内在的主导性思想可以用与西方“个人主义”相对的“集体主义”概括。但要完成对整个宪法文化传统的勾勒，还需要将视线投向更为久远的时空。或许这种集体主义的思维模式在中国还有着更为深远的因果。

所谓文以人传，人以文传。中华文明不仅有着源远流长的生命种性，还有着“天造地设”的生命格局。生命的种性决定了人的情感认同，即我们通常讲的价值偏向；生命的格局则又决定了人的思维取向或者说是思维趋向。作为受此生命种性与生命格局影响的“族群”，其实是一种超越国家与公民、权力与权利，更超脱意识形态之争的存在。因此，了解这种生命种性和生命格局的源远流长与天造地设，又恰恰成为我们理解这个文化国家（作为族群的国家）的关键所在，也必将成为这个文化国家的宪法的基本眼界。

作为一个地域最广、历时最长的“宗法宏观一体化社会”，中国自古以农耕立国，看天吃饭，就地种粮，这种特殊的生存方式必然造成我们的祖先经常观察天文气象，不断总结季节与气候的规律以把握农时。同时，还要注意土壤与水流之间的关系，可谓天时、地利、人和，一个都不能少。所以，天、地、人也就作为一个整体放进了人心之中，更重要的是，时间和空间也都统一在一个观念系统之中——可以思考一下“久远”这个词。

往深里问，为什么中国古人只能看天吃饭，就地种粮呢？这和中国特殊的地理位置与河流分布状况有着根本性的关系。我们知道，中国绝大部分地区都处在北温带，这是非常适合种植农作物的地域；同时，黄河、长江都是东西的流向，这可能在整个世界上都是唯一的。[①] 东西不同于南北，这样一种流向的河流使得人们无法在同一季节中靠“东游西荡”获得食物。因为处于同一纬度的缘故，当严冬季节人们无法在东方获得生存所需之食时，同样也无法在西方获得食物，只有“走南

① 参见陈绶祥：《国画教程》，广西美术出版社2007年版，第127—128页。

闯北”才不至于冻饿致死。然而“行路难,多歧路”,原始社会中的中国人不能完全依赖“走南闯北”来实现整个生命和整个氏族的温饱。于是,这种特殊的时空生存环境逼迫着人们由被动到主动地去把握季节性农业种植规律,进而渐渐形成了中国古人平和、容忍的等待心性,以期实现由个体到族群的“可持续发展”。

基于中国农耕文明对季节变化的关注,以及对于时间与生命的理解,中国人考虑问题往往就有一个“周”的观念。这种“周”的观念乃是一种时间性观念,是一种循环往复、面面俱到的观念,并进而衍生而成周期(时间)、周围(空间)、周到(为人)、周全(处事)等众多的人文观念。于是,作为一种始源性的人文观念,从一开始,中国人的“心眼”里就已经充塞了“乾坤万里眼,时序百年心”的气魄,加之农耕文明对记录天时、季候规律的特殊要求,则“以文传史、以史记志”的纵向历史文明尺度也最终在国家制度层面得以形成。

正所谓“君子周而不比,小人比而不周”。正是这样一种“周”的观念在人伦价值层面的展开,使得中国人更重视作为一个完整且不断丰富的“人”而不仅仅只是“自己”;更注重同“周遭”人、事的调和而不是对立;更提倡“一个篱笆三个桩,一个好汉三个帮”,而不是“包打天下的绿林好汉”这样的人际关系。即使是“克己复礼”,那也要“己欲立而立人,己欲达而达人”地去“推己及人”。这种仁民爱物式的“民胞物与”同时也以各种各样的“名义”传承下来,比如在近代抗击外敌入侵之时,凝聚将士们的口号仍然是“岂曰无衣,与子同袍”的“袍泽情深”;而在热火朝天的现代化建设时期,“群策群力,无私忘我”却又成了“为人民服务”的群体性意识。

四、文化共同体的宪法构造

这种“天造地设”的地理条件决定了中国人特有的生产方式,而这种“源远流长”的生产方式又决定了中国人特殊的生活方式和思考方式,于是,同心协作的集体主义思维模式和行为习惯也就一以贯之地得以保留下来,而成为中国人的一种恒常的文明形态,并渗透进各个历史发展阶段与各种社会活动领域,包括宪法领域。这就提醒了笔者,作为“权利宣言书”的近现代宪法,在中国恐怕除了单纯地塑造着权利共同体之外，还有一个人伦道德的文化共同体等待着它的关注。

这个共同体或与政治共同体有关，也可能与政治共同体无关，甚至正是这个共同体在决定并持续影响着政治共同体。无论怎样，对于一个有着五千年未曾间断的文明古国而言，这确实是作为最高法的宪法所不能回避的一个重大问题。

因此，笔者一方面服膺上文所引许育典《文化宪法与文化国》一书的立论前提——“多元社会中的自我实现”是文化宪法与文化国成型的基石；另一方面，又开始对“多元认识”这种所谓“现代文明社会”的典型特点作出系统的反思。并认为所谓的“多元社会”，其实不仅仅存在于“现代”，一方面，作为一种预设，“现代”和“现代性”也不过是一种“名”的逻辑，而这种逻辑既可以是“今非昔比”，也可以是“万古长青”；另一方面，文以人传，而“物以类聚，人以群分”，因此，文化形态不可能是单一的。也就是说，文化“从来”就是多元的。而这“从来”本身就是文化“一如既往”的生存状态，也因此可以说是其唯一的存在方式。所以，具体的文化形态从来都是多元的，但多元文化形态的存续方式却又从来都是唯一的。所以文化多样性并不是“现代社会”所独有的特征，此其一。

其二，多样存在于一体当中。比如我们经常论及的“全球化”，正是因为不同的文明体才构成了多样化的全球文明。也因此才叫做“全球”，而不是“一球”。“全球一体化”也已被一些学者重新解读为“全球性的一体化”，或直接叫做“全球本土化”(Glocal)。[①] 因此，“文化体的多样性”有着一体和多元的双重含义，文化是一体和多元的双重负载，也双重地负载着一体和多元。忽视多元，文化将失去包容性而不能传播；忽视一体，文化将失去选择性而不能传承和积淀。“多元”和“一体”理应成为文化宪法的双重维度，缺一不可。

再次品读我国的宪法文本，一个多元而一体的文化共同体形象也就呼之欲出了。以《宪法》第 47 条“中华人民共和国公民有进行科学研究、文学艺术创作和其他文化活动的自由”为核心，辐射作为实现“文化权利”基本前提条件的第 46 条“公民有受教育的权利和义务”，

① 参见杜维明:《文化多样性、文明间的对话与和谐:一种儒家的视角》,载《第 24 届国际法哲学与社会哲学大会(全球和谐与法治)全体大会论文集》,第 57 页。

兼涉公民的言论、出版等表达自由及宗教信仰自由，并需要周延至有关民族文化保护的相关条款，这个多元的文化权利体系才能有望覆盖多元的文化权利主体。与此同时，以第 24 条“社会主义精神文明建设”为轴心，以包括“国家发展社会主义的教育事业，提高全国人民的科学文化水平”在内的第 19 条、第 20 条“国家发展自然科学和社会科学事业，普及科学和技术知识，奖励科学研究成果和技术发明创造”、第 22 条“国家发展为人民服务、为社会主义服务的文学艺术事业、新闻广播电视事业、出版发行事业、图书馆博物馆文化馆和其他文化事业，开展群众性的文化活动。国家保护名胜古迹、珍贵文物和其他重要历史文化遗产”、第 23 条“国家培养为社会主义服务的各种专业人才，扩大知识分子的队伍，创造条件，充分发挥他们在社会主义现代化建设中的作用”为辅助，来型构一个一体化的现代中国社会伦理。而前者又应当以第 33 条第 3 款“国家尊重和保障人权”为总结；后者则以序言第一段“中国是世界上历史最悠久的国家之一。中国各族人民共同创造了光辉灿烂的文化，具有光荣的革命传统”为概括。当然，笔者更愿意将后者解读为与前者相对而称的广义的国家义务，这样便能在权利与义务的对应关系当中，寻得二者之所以能够统一于宪法文本的法理依据。

五、结　　语

作为一个繁衍数千年的文明古国，不可能缺乏一种对人的关照与对人的生活的制度性安排。只是诚如以上所论，这种关照和安排建立在一个完整的社会的人的基础之上，而不是那个简简单单的“自己”。“吾十有五而志于学，三十而立，四十而不惑，五十而知天命，六十而耳顺，七十而从心所欲不逾矩。”中国人的自由观建立在这个漫长而又铿锵有力的生命体验基础之上，因此需要“苦其心志，劳其筋骨，饿其体肤，空乏其身，行拂乱其所为”，才能“动心忍性，增益其所不能”。如果不是经历身体的历练和生命的锤打，又怎么可能有自由的身心？如果一个人不能自省、自警、自控、自律，又怎么可能获得真正的身心自由？这是中国人生命的底色，也是包括当今宪法语词在内，各种制度言说的底调。影响之下，诚意正心以全人德，克己复礼以立人品，不能说中国人没有自己的自由观。而又如上文所述，基于长期农耕文化所造就的平和、宽容及顺从,中国人习惯也善于用随顺的态度和方式去接受逆袭而来的事物,甚至认为逆来顺受就是逆水行舟,因此,对抗和斗争从来都是中国社会的非主流。“为权利而斗争”在中国,去对抗化是因,缺权利诉求才是果。

当然,“周虽旧邦,其命维新”,漫长的历史演进会对这些基本观念进行新的“命名”,以促成诸如对社会主义的接纳,又或对西方社会法理实践的包容。同时我们也应当意识到,个人自由主义及自由权其实脱胎于基督教信仰及其对人性的规制与训诫,正是在“神的训示”之下,“个人”才发展出了一套系统而健康的“个人主义”。而异于西方神祇的中国,却自始有着“圣贤教化”的“人伦”传统。只是过去总讲“一以贯之”,而现在习惯表述为“一脉相承”。那么,若要塑造成型中国的个人自由权利理念,是否有必要重新反思这套属于中国特有的文化传统呢?在笔者看来这至少是“中国”宪法学所不容忽视的一个问题。

(责任编辑:唐冬平)

《新宪法秩序》书评

编者按：“宪法秩序”这一概念一直备受国内外宪法学者的关注，马克·图施耐特（Mark Tushnet）的《新宪法秩序》就是一本让我们很好地理解“宪法秩序”这一概念范畴并思考我国宪法运行与发展的重要著作。作者认为美国宪法文本虽然没有明显的更迭，但是美国已经实现了从“新政—伟大社会宪法秩序”到“新宪法秩序”的转变，并宣称自己处在新宪法秩序之中。这一新的秩序的特征表现为分治政府，意识形态明显有别的政党，以及已被遏制的宪法抱负。作为这本著作的译者，王书成的书评《宪法秩序的图景》对我们理解这本书很有帮助，王书成认为图施耐特在《新宪法秩序》中所阐释的宪法秩序这一概念归根结底是以美国历史、政治、社会等为基础的。这其中所暗含的方法则与国内学界所阐释的“宪法秩序”范畴在哲理层面有诸多相通之处，这有助于我们进一步思考中国宪法秩序究竟是什么，以及在此语境下该如何去建构。邓凯的《远离法院的宪法秩序论》则把图施耐特的“新宪法秩序”与凯斯·桑斯坦（Cass Sunstein）所提出的“宪法极简主义”联系在一起，文章认为，新宪法秩序基于对美国宪法实施的政治经验而非司法经验的整体理解。而且最高法院的实际政治作用已然式微，不可能挑起实质性的宪法变革。江登琴的《宪法变迁、新宪法秩序与消磨的宪法雄心》则对于这本著作中关于“新宪法秩序”的提出背景以及其内涵、特征进行了梳理，文章认为这本著作中“脱离简单的宪法文本，对宪法秩序的思想体系进行深入探讨”的方法值得我们学习和借鉴，这一方面有助于我们改变长期以来对美国宪法及其实践片段化、片面性的理解，过于关注美国宪法案例的法院判决而忽视了其背后的社会因素、其他机构的关系；另一方面也有助于我们学会把思考中国宪法实施原则与社会结构、政治机构有机联系起来。霍晓立的《变法与守法之间》一文则把注意力放在了把美国带入“新宪法秩序”的“里根革命”是否在当时固有的宪法秩序之中这一问题上。文章通过对比阿克曼和图施耐特两个人的观点，认为图施耐特其实是以一种变相的、隐晦的方式，而非像阿克曼那样以直率的、决绝的方式，为新政—伟大社会的宪法秩序张目。

宪法秩序的图景

王书成*

虽然图施耐特在《新宪法秩序》一书中用“宪法秩序”这一概念提纲挈领式地概括了整本书所要传达的线谱，但概念本身其实已经蕴含了一种理论。① 在美国语境下，其理论脉络在很大程度上受批判法学的影响，即将传统的法学思维拓展至历史、政治和文化等社会语境之中。当然，这种拓展并没有与传统法学完全决裂，而是在其基础上从政治、历史等多种视角乃至宪法哲学层面来透析镶嵌于社会中的而非仅仅呈现于文本中的宪法现象。

当然，美国作为世界上第一个制定并实施成文宪法的现代国家，其对宪法文本的顶礼膜拜是毋庸置疑的。从立国到每一次重大历史变革，可以说都萦绕着宪法的“幽灵”。然而，在对宪法进行诉求或解读的过程中，所涉及的命题很大程度上已超越了文本范畴。随着社会的历史性变迁，不同的主体基于不同的考量从不同的角度完全可能对宪法文本存有不同的解读。虽然在法律意义上，美国最高法院可以在司法审查层面对宪法予以解释并定分止争，但这种司法审查权的正当性在理论上一直存在争议。如果最高法院对宪法解释持积极姿态，很容易沦为“司法暴政”。现实中，最高法院当然不会仅仅局限于对宪法文本进行一厢情愿的解释，而会谨慎地考量文本背后所蕴含的政治、经济、文化、历史等诸多因素。所以，宪法案件的背后其实也内含着不同的决定性因素，如关于布朗诉教育委员会案的判决，如果离开当时社会情境中的各种决定性因素，如最高法院的司法哲学、民权运动的发展、种族歧视的社会效应等，则根本无法深刻地理解美国宪法条文所呈现

---

* 中南财经政法大学“楚天学者”特聘主讲教授，牛津大学克拉伦敦（Clarendon）学者，目前任教于香港城市大学。

① 参见〔美〕马克·图施耐特：《新宪法秩序》，王书成译，中国人民大学出版社 2014 年版。

的平等权为何能够发挥效用。

"宪法秩序"这一概念已使宪法学超越了传统以法院或司法审查为中心的范式。当然这种超越并非否定法院在实施宪法中的重要角色,而是更进一步,从"机构"(institution)和"原则"(principle)的角度分析社会中的宪法现象。[①] 由此,如本书所阐释的,媒体、政党、联邦制结构、总统的政治倾向、全球化的影响等所有对宪法秩序已构成影响的重要因素都应当纳入"宪法秩序"范畴的讨论之中,这样才能更清晰地勾勒出宪法秩序的真实图景。其中暗含的逻辑是"透过文本并深入社会以认识宪法"。

无独有偶,国内法学界也有研究论及"宪法秩序"范畴及理论。[②] 其中指出"真实的生活世界是宪法的根基和土壤,宪法是对人类整体生活的组织和反映。只有回复于真实的整体性生活世界,才能解读宪法的真正意蕴。作为组织共同体的规则,宪法正是基于共同体生活的整体性而全方位地覆盖到社会生活的各个领域,并对不同领域的相互关系做出制度安排。宪法对共同体生活的整体性关照有利于保护共同体的整体利益并维护稳定健康的宪法秩序。"[③]那么,在中国的语境下,如论者所言,成文宪法、现实宪法及观念宪法都应该成为宪法秩序的内在构成要素。而且,只有在这三者的有机关联和系统协调的互动中才能体认到宪法秩序的形态。近些年,学界所提出的"政治宪法"其实在很大程度上也是尝试在"文本"或"规范"的基础上有所超越,以增强学理上的解释力。[④] 如果从宪法秩序的范畴来看,其正是试图将视域延伸至成文宪法之外的现实宪法等图景之中。当然,对于转型国家而言,这种论述也要面临如何实现"实然宪法"向"应然宪法"的转变,以及两者在国家向民主法治转型的过程中如何进行有效的互动等挑战。

比较来看,宪法秩序作为宪法学的基本范畴,可以使我们在宪法文

---

① 〔美〕马克·图施耐特:《新宪法秩序》,王书成译,中国人民大学出版社 2014 年版,第 1—11 页。

② 刘茂林:《宪法秩序作为中国宪法学范畴的证成及意义》,载《中国法学》2009 年第 4 期。

③ 同上。

④ 代表性成果如陈端洪:《论宪法作为国家的根本法与高级法》,载《中外法学》2007 年第 4 期;高全喜:《政治宪法学纲要》,中央编译出版社 2014 年版。

本的基础上更清晰地展现镶嵌于社会中的复杂宪法现象。[1] 这种展现过程并非以法院及其裁判所依据的宪法文本为唯一聚焦点，而是涵盖了其他相关的社会因素。同时，如国内宪法秩序论者所言，其可以摆脱历史、逻辑与文化上的局限性。[2] 中国改革开放三十多年的经验表明，照搬西方的宪法政治理论根本无法解释中国宪法秩序逐步建构的过程。近来“宪政”一词在意识形态上所遇到的尴尬情形，在一定程度上也可以说明中国宪法秩序在建构过程中有区别于西方的独特性。不可否认，这种独特性的建构过程并非完全排斥人类文明的共同成果，但依然会是一个不断尝试、借鉴及摸索的过程。图施耐特在《新宪法秩序》中所阐释的是以美国历史、政治、社会等为基础的宪法秩序。那么，在中国的语境下，宪法秩序这一基本范畴当然也要立基于中国的历史、文化、社会等现实情境。可以说，宪法秩序在摆脱历史及文化等局限性上具有超越国别的相通性。当然，这并不排除在不同宪法秩序的语境中可能会遇到同样的问题，比如全球化，等等。

因而，《新宪法秩序》虽然描述了美国宪法秩序的蓝图，但其所暗含的方法则与国内学界所阐释的“宪法秩序”范畴在哲理层面有诸多相通之处。一方面，在美国的语境下，《新宪法秩序》可以让我们更深刻地理解美国宪法的现实情境，以及进一步思考在社会哲学层面“宪法应该是什么”；另一方面，在中国语境下，其会促使我们进一步思考中国宪法秩序究竟是（is）什么，以及在此语境下该（ought）如何去建构。具体而言，比如，“如何让人民代表大会制度更好地代表人民的利益”，“如何在人民代表大会制度下更具体有效地实施宪法”，“如何在宪法层面处理法治与一党执政制度之间的关系”，等等，都是在建构中国宪法秩序过程中需要面对的中国命题。

可以说，在一定程度上，“宪法秩序”在传达“宪法是法律”的这一传统教义的基础上，摆脱历史及文化等方面的局限性，进一步在社会哲学层面阐释了“宪法并不仅仅是法律”以及“宪法究竟是什么”。

（责任编辑：杨光）

---

① 当然，在转型中国的语境下，强调宪法文本对于法治的发展具有非常重要的意义。可参见韩大元：《认真对待中国宪法文本》，载《清华法学》2012 年第 6 期。

② 刘茂林：《宪法秩序作为中国宪法学范畴的证成及意义》，载《中国法学》2009 年第 4 期。

远离法院的宪法秩序论

邓 凯*

在一众作为学术引进甚至是文明移植的美国宪法学译著中，马克·图施耐特（Mark Tushnet）的学术作品无疑举足轻重。自“宪法远离法院论”始，这位现任哈佛大学法学院威廉·纳尔逊·克伦威尔讲席教授便以批判法学之健将的形象为国内宪法学人所熟知。从《让宪法远离法院》（杨智杰译，法律出版社2009年版）到《反对有理：美国最高法院历史上的著名异议》（胡晓进译，山东人民出版社2010年版），从《分裂的法院：伦奎斯特法院与宪法的未来》（田飞龙译，中国政法大学出版社2011年版）到《宪法为何重要》（田飞龙译，中国政法大学出版社2012年版），图施耐特教授以其精致、独到的笔触尽情地表达对政治宪法理论的不懈坚持。2014年，经由王书成博士翻译，中国人民大学出版社出版，图施耐特教授的又一部扛鼎之作——《新宪法秩序》——问世于中文世界，再一次向国内宪法学界展示了其对美国宪法过程的极具洞见的政治分析。坦诚地讲，《新宪法秩序》并不是图施耐特教授的学术新作，其英文原著于十一年前就已由普林斯顿大学出版社出版。就时间维度及理论脉络而言，“新宪法秩序”的学术宣言，或可视为对此前“宪法远离法院论”的某种承继或延续。

在美国宪法的语境下，图施耐特教授所定义的“宪法秩序”是一种制度性的宪法安排或称为“并不限于政治的宪法结构”，它既涵盖国家在特定时间内借以持续性作出重大决策的机制与机构，又包括指导这些决策的种种原则。由此，切入对美国宪法秩序的叙事，绝不能仅依赖于对美国成文宪法的理解与评价；在描述、预测美国宪制发展的过程中，也应以整全的政治安排为理论视角，勾勒出总统、国会以及最高法院大法官等宪法性机构之间的良性互动关系，而非执着地坚守“美国

* 香港城市大学法律学院博士候选人。

宪法即为司法审查”的司法教义(判例)式叙事。无疑,这是对法院中心主义——作为美国宪法学研究的主流方法论的大胆叛离。

图施耐特教授研究美国宪法一如既往秉持政治分析而非规范式教义梳理的方法进路,其依据更在于对美国现实政治体制的精准刻画:在大政府时代,直接通过法律来追求正义的那种雄心,已经在根本上被消磨了。这种法律角色的弱化尤其是低迷的宪法抱负,也被视为美国新宪法秩序已然产生并得到巩固的表征之一。首当其冲,选民于新秩序中所青睐的分治政府即由不同政党分掌国会与总统的制度安排着实消磨、遏制了政府的宪法雄心。其次,伴随着大政府时代的终结,最高法院——作为构成美国宪法政治体制的一个重要政治机构——在公共生活中的作用尤其是其运作规模已大幅度缩减,例如最高法院听审案件数量的下降。更为重要的是,最高法院在一系列实体审判中一改新政时期司法能动姿态,转而表达其回归司法谦抑及秉持宪法审慎的意愿,即现有体制下的大法官们已无须视自身为改革宪法的工具,也不再热衷于透过司法审查与其他政治机构激烈对抗,更不会在判决论证中将自己装扮为抱负满满的宪法学家,而是还原法官作为恪守谨慎法则的消极裁决者的应然角色。由此,不论是基于对否定司法审查的批判方法的承继惯性,抑或是对美国宪法政治事实及经验的“就事论事”,图施耐特教授的这一番超越司法教义的宪法统一叙事都是对美国宪法学主流的有益补充。

从旧到新,宪法秩序的转型应如何识别?较之于另一位美国著名法学教授布鲁斯·阿克曼(Bruce Ackerman)将美国的宪法历史表述为日常政治与宪法时刻的规范结合,图施耐特教授并不赞同应以某一具有明显隔断性的时间节点来标识宪法秩序的新旧演进。这是因为,美国宪法政体的修筑是一个长期渐变的线性过程,而非通过某一些突发时刻完成的。例如,图施耐特教授认为其所描述的新宪法秩序最初形成于1980年里根的总统选举之中,其后又在克林顿任职期间得以巩固;又如,由处于新政治体制中最高法院所作判决而导出的部分宪法原则也往往带有某些旧的特征;再如,新宪法秩序仍旧致力于对过往体制中诸如环境保护、社会保障等事项的维护。尽管,在图施耐特教授的宪法政治分析中,缺乏阿克曼式的规范形式标准,但这并不意味着其无法就新宪法秩序的生成作出界定与判断。为此,图施耐特教授运用的是政治科学中的既有素材与分析成果,并以修辞式的阐释方法,对新宪法秩序所具有的相对合理的稳定性加以描述。当然,图施耐特教授由此所达致的初步结论仅仅为——“我们有可能处于新宪法秩序之中”,其仍须求得某种理论支撑以获取宪法法理上的正当性。于是,凯斯·桑斯坦(Cass Sunstein)教授所提出的“宪法极简主义”借以成为了新宪法秩序法理的有力背书。

宪法极简主义的理论模型之建构源于桑斯坦教授对美国最高法院进行宪法裁判时所用技术方法的分析及概括,即大法官们倾向于在宪法争议的处理中作出某种既“窄”又“浅”的政治判断。换言之,法院形成判决意见的方法只能是为特定争议之解决提供一个适度保守的框架结构而非一个影响深远的激进性裁断,以避免公众的过激反对。极简主义就此与雄心已消磨的宪法体制发生了互动及共鸣。然而,通过极简主义证立新秩序法理却不可避免面临着方法论的矛盾。一方面图施耐特教授极力反对司法至上并主张“让宪法远离法院”;而另一方面,极简主义式的判决意见无疑又会扩充司法权在宪法体制下的作用,这是因为:在极简主义成为普遍规则的情况下,只有诉求于最高法院之审查才能确定一项法律合宪与否,这反倒不利于型塑一个温和审慎的“极简的最高法院”。

作为新宪法秩序法理的极简主义无法实现对司法审查的有效驱离,但仍被图施耐特教授视为最能准确描述新体制下联邦最高法院之角色的工具性概念,这是否意味着教授已经放弃对法院中心主义的反对与批判,并妥协于美国的宪法学主流?答案显然是否定的。图施耐特教授始终认为,尽管关于最高法院的论述占据了较多的篇幅,但识别新宪法秩序依旧是基于对美国宪法实施的政治经验而非司法经验的整体理解。更为重要的是,较之于其他机构,最高法院的实际政治作用已然式微,不可能挑起实质性的宪法变革。一段饶有意味的阐述在很大程度上代表了图施耐特教授坚守否定法院中心主义的批判性态度:“在新宪法秩序中,法院拿到的是一张副卡……新政时期的法院与其他政治机构之间所发生的对抗情形,好像也不会再出现了,因为不管法院怎么做,分治政府都将与法院有力地结盟,而且更为重要的是,对于产生危机的因素,分治政府将只会给法院留下那么一丁点的空间。”

（责任编辑:杨光）

宪法变迁、新宪法秩序与消磨的宪法雄心

江登琴*

一、宪法变迁与新宪法秩序理论

20世纪90年代,全世界范围内掀起了社会发展与宪法变迁的浪潮,现代福利国家的重心已从"命令控制型"管制向"市场导向型"管制转移。在宪法变迁的全球浪潮中,从1787年美国联邦宪法制定至今,美国自身发生了怎样的变革,是否再次参与到世界范围内的宪法变迁运动中?这些问题,不仅是比较宪法学研究无法回避的问题,也成为美国宪法学界、宪法史学界基础理论研究及其争议的焦点。正是基于对基础理论问题的关注与倾力,哈佛大学法学院教授马克·图施耐特(Mark Tushnet)在总结梳理其多年批判法学研究成果的基础上,出版了《新宪法秩序》(*The New Constitutional Order*)一书。① 毋庸置疑,该书认为"在历史上,宪法变迁的全球浪潮也曾促进了美国的变革"。② 虽然没有宪法文本上的明显更迭,而且"沃伦(Warren)法院已经死亡了",但在这场变革中,美国已经实现了从"新政—伟大社会宪法秩序"

---

* 中南财经政法大学副教授,硕士生导师。本文为湖北省教育厅人文社科项目(2009b108)"责任政府与问责制度的法治化研究"的阶段性成果。

① 英文版于2003年在普林斯顿大学出版社出版,中文版由王书成博士翻译,中国人民大学出版社2014年版。若无特别说明,本文所引,都是中文版内容。

② 关于"新宪法秩序已经形成"的理论,最早可见其先前发表的论文《新宪政秩序与消磨的宪法雄心》,载《哈佛法律评论》第113卷第1期(1999年11月)。该文已被彭亚楠所译,发表于"思想与社会"第四辑《宪法与公民》,上海人民出版社2004年版,第29—109页。

不过,原文"constitutional order",译者多用"宪政秩序"的表达,较之"宪法"与"宪政"两个概念在其内涵上的界分以及后者当下在国内引发的诸多争论,笔者更愿意采用"宪法秩序"的表达。基于行文的统一与规范,下文也采用"宪法秩序"、"新宪法秩序"的表达。

到“新宪法秩序”的转变,“我们处在新宪法秩序之中”。①

被誉为“全球宪法学、法律史等领域的权威学者,并为美国批判法学运动的代表性人物”②的图施耐特教授,坦言“本书的论点是我在该领域开始研究宪法及其理论以来所持观点的一种延续”。③ 以年代时序比较图施耐特教授的研究成果不难发现,从 1988 年的《红白蓝:美国法律的一种批判分析》,到 1999 年的《让宪法远离法院》,再到 2003 年《新宪法秩序》三本著作,如何运用批判法学的分析方法、如何认识宪法原则与社会组织的关系,在思路、内容上延续、修改的背后也呈现出作者研究心路的变化调整。这种研究心路的不断修正,作者自己亦深有体会:较之前两部论著,《新宪法秩序》一书中,诚如作者在“序言”所言最大的变化莫过于“我不再把具体的宪法原则与那些宽泛的社会结构联结在一起,而是把宪法原则的结构与当前政治制度在实际运转中的某些方面联结起来”④。具体而言,这种变化主要体现在两个方面:一是在研究方法上,不再仅仅局限于“以最高法院为中心、以文本和案例为基础”,而是扩展到宪法文献产生的历史背景和语境研究;二是在案例研究中,不再只是投向司法原则和司法程序,而是关注案例的“政治化”及其过程。而这种变化,则是 20 世纪 90 年代以来宪法史研究最明显的变化,也被视为是获得“新生”(newbirth)的表现。⑤

在研究方法和研究视野拓展的基础上,具体的研究结论反而并不是唯一目的,诚如作者在其论文《序言:新宪法秩序和消磨的宪法雄心》中所言:“然而,尚不明确的是,取代新政体制的是成熟的新政治和宪法体制,还是缺少统一主题的制度和决定的随机组合。本文认为一个新的宪法秩序已经形成。我的分析是推测性的;其目的是提出一种用以思考最近宪法发展的方法,并提出一种方案,而只有当我们发现宪

① 〔美〕马克·图施耐特:《新宪法秩序》,王书成译,中国人民大学出版社 2014 年版,导论第 6 页。

② 同上书,该书扉页“作者简介”。

③ 同上书,序言第 1 页。

④ 同上。

⑤ 参见王希:《我如何教美国宪法史》,载强世功主编:《政治与法律评论》第五辑“美国宪法的教学法”主题研讨,法律出版社 2014 年版。

法秩序的确已经变化了的时候,该方案才会是有成果的。"[1]由此可见,提出"新宪法秩序"概念、明确"新宪法秩序已经形成"的结论,才是其研究框架展开的前提和基础。针对巴尔金(Balkin)、列文森(Levinson)等的质疑,在作者看来提出"新宪法秩序"这一命题,其意义并不在于明确其何时形成,而是在"新宪法秩序"这一命题之下,"会让我们更清楚地理解对当下所进行的那些思考"。[2] 纵观全书也是如此,与其说是作者意欲探讨"新宪法秩序"及其理论,毋宁说是在新宪法秩序中对总统、国会以及最高法院等国家机构相关制度、原则发生变化的现实关注和具体分析。

二、宪法秩序与新宪法秩序

(一) 宪法秩序的内涵:机构与原则

对于"宪法秩序"的含义,作者首先阐明:"通过宪法秩序(或政体)这个概念,我想表明的是:某个时期会存在一套相当稳定的制度,而国家的重大决策都可以通过这种制度得以持续地作出,而且经由原则来指导这些决策。这些制度和原则会产生一种结构,由此让一般的政治主张都置身其中。"[3]正如作者所言,"我在此书中的探讨也详细地展示了我对于宪法秩序观念的独特理解"[4]:通过"宪法秩序"这一概念将"指导原则"与"制度安排"有机结合起来;将"政治主张"寓于宪法秩序所蕴含的制度、机构、原则和决策之中。这是图施耐特教授理论体系展开的前提,也是其基本主张,"这也是为何我把它们称作是宪法的(constitutional),而不仅限于政治(political)"[5]。

在具体内容上,宪法秩序的构成要素包括机构(institution)和原则(principle)。"而在机构层面,宪法秩序并不限于最高法院这一个机

① 〔美〕马克 · 图施耐特:《新宪政秩序和消磨的宪法雄心》,彭亚楠译,载《宪法与公民》第四辑,上海人民出版社 2004 年版。

② 〔美〕马克 · 图施耐特:《新宪法秩序》,王书成译,中国人民大学出版社 2014 年版,第 7 页。

③ 同上书,第 2 页。

④ 同上书,第 9 页,脚注 2。

⑤ 同上书,第 2 页。

构,也包括全国性政党组织、国会以及总统。实际上,就如我在第一和第二章中所主张的,如果不考虑可以主导其他联邦机构的制度性安排(institutional arrangement)这个语境,我们根本无法理解最高法院所阐释的那些宪法原则。”[①]在宪法秩序的机构上,之所以要实现从最高法院到总统、国会以及全国性政党组织等其他机构的拓展,个中缘由,诚如作者所言:“激发宪法秩序的那些原则可能在法院对立法进行合宪性审查的过程中被贯彻执行,但是以这些原则为基础的司法审查并不是认识新宪法秩序的先决条件。”[②]这种“在政体原则上所使用的方法在某种程度上不再只以法院为中心”[③],因为在作者“原则——机构”的分析框架下,“如果我们把注意力仅仅局限在法院,那么对于‘我们的制度是如何运作的’这个命题,我们就会在认识上有所偏差”。[④] 因此,“对于美国宪法秩序的研究,如果我们超越司法教义以及成文宪法这个层面,进而放眼那些相对稳定的政治安排以及指导性原则,那么这样会更为奏效”。[⑤] 这种研究视野与框架的调整,不仅是作者研究径路的不断修正,也是其对美国宪法秩序的深刻洞察。

(二)“新宪法秩序”的提出:从“新政—伟大社会宪法秩序”到“新宪法秩序”

既然是以机构和原则为构成要素的宪法秩序,在美国1787年《宪法》制定以来的两百多年时间里,有无阶段性的划分?在美国顺应世界宪法变迁的过程中,这种阶段性的划分,又呈现出怎样的特点?所谓的“新宪法秩序”,是相对以前的哪一种宪法秩序而言,二者的差异性又体现在哪里?这些不仅使得读者满腹疑团,也是图施耐特教授提出“新宪法秩序”理论首先需要解答的问题。

正是在此基础上,图施耐特教授在《新宪法秩序》一书中对宪法秩序进行了阶段划分,即“新政—伟大社会宪法秩序”与“新宪法秩序”的

---

① 〔美〕马克·图施耐特:《新宪法秩序》,王书成译,中国人民大学出版社2014年版,第2页。

② 同上书,第9页,脚注3。

③ 同上书,第6页。当然,针对最高法院在新宪法秩序中的作用及影响,本文将在第四部分详细分析。

④ 同上书,第6页。

⑤ 同上书,第2页。

划分。借用罗斯福总统在1944年国情咨文中对宪法秩序的指导性原则的界定,图施耐特教授将20世纪30年代到80年代这一阶段称为“新政—伟大社会(New Deal—Great Society)宪法秩序”,而80年代之后尤其以克林顿总统1996年国情咨文中“大政府的时代已经结束了”这一论断为标志,则是“新宪法秩序”。对于自20世纪80年代业已形成的新宪法秩序,也有其“成形”、“确定”、“加固”的不同阶段呈现,即“当前的宪法秩序最初成形于1980年里根总统的选举之中,接着在1994年的选举中,它在内容上更为确定,然后在克林顿任职的最后几年,又得到了加固”[①]。当然,其间也存在着“被修建”、“转型”的可能,但这些修建与转型的逐渐过程“很难被描述为某一种宪法秩序”,不足以影响整个宪法秩序的核心特征。由此可见,图施耐特教授所言的“新宪法秩序”是对美国宪法及其实施从20世纪80年代迄今的描述。相对之前的“新政—伟大社会宪法秩序”,宪法秩序的这种“新”是相对而言的,不是对过去的简单推倒重建,只能是一个承继与发展、修建与转型的逐渐过程。

在比较“新宪法秩序”与“新政—伟大社会宪法秩序”时,如何妥当地将其与布鲁斯阿克曼教授对宪法历史的描述方法区分开来,也是图施耐特教授首先要解决的问题。“美国宪法政治的连续性并不意味着它是按部就班的、循例守法的、自生自发的,美国宪法政治实践的复杂就在于它的连续性孕育于不断自我革新的能力中,‘唯一不变的是变化本身’。”[②]根据阿克曼的宪法理论,美国人今天生活在罗斯福新政所形成的宪法秩序内,而这个自1937年后统治美国的现代宪法根源于建国(Founding)、重建(Reconstruction)和新政(New Deal)三次宪法政治转型。[③] 也正是在此基础上,阿克曼将美国宪法的历史描述成:长期维系的日常政治(normal politics)之后发生的一系列宪法时刻(constitutional moments)。通过比较对照,图施耐特教授指出:“阿克曼的日常政治时期大致可对应我所说的宪法秩序,而他所说的宪法时刻

① 〔美〕马克·图施耐特:《新宪法秩序》,王书成译,中国人民大学出版社2014年版,第3页。

② 〔美〕布鲁斯·阿克曼:《我们人民:奠基》,汪庆华译,中国政法大学出版社2013年版,“总译序”第12页。

③ 参见同上。

也许就是新宪法秩序出现的时刻。”①

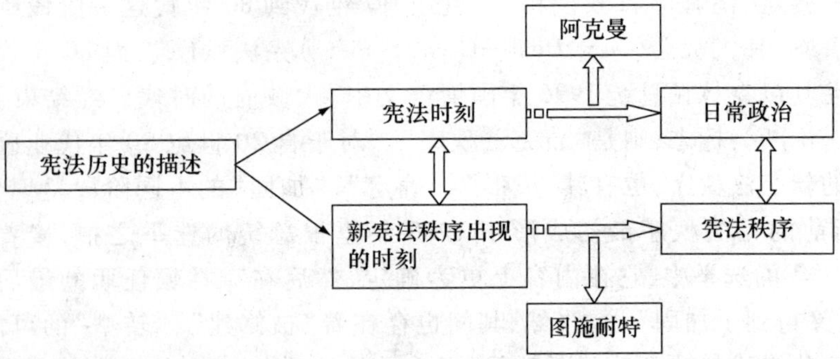

虽然借用了阿克曼教授对宪法历史的描述,并总结了宪法秩序、新宪法秩序所对应的时刻,但图施耐特教授坦言,其与阿克曼的认知分歧,主要体现在三个方面:一是反对阿克曼将宪法发展仅寄希望于某一突发时刻,与巴尔金、列文森教授的观点一样,认为宪法政体是在长期的过程中逐渐形成的②;二是针对阿克曼通过强调宪法时刻的识别提出“规范宪法理论”从而解释长期以来的难题——即宪法上的时际困难,提出很少关注时际困难方面的规范难题,并认为没有必要通过去满足一些特殊的形式标准来证明新宪法秩序是否产生;而且阿克曼这种来源于规范性关注的形式主义,会使我们看不清当下的宪法秩序究竟是什么③;三是,与阿克曼关注时际困难不同的是,认为“时际困难和那些指导宪法秩序的原则在司法适用方面是紧密相连的:在某种程度上,这个困难是我们担心自己受制于那些多年前所做的决定,并且让法院来发布具有法定约束力的指令”。④ 而且“宪法原则可以——并且正是——通过连贯性宪法政治体制中的法律(Statutes)得以呈现出来”⑤。而运用“原则”将宪法、法院有机联系起来,在图施耐特教授的先前著作——《让宪法远离法院》一书中便有详细阐述。在区分“厚宪法”(the thick constitution)与“薄宪法”(the thin constitution)时,就指出“厚

① 〔美〕马克·图施耐特:《新宪法秩序》,王书成译,中国人民大学出版社2014年版,第3页。

② 参见同上书,第4页。

③ 参见同上书,第5页。

④ 同上书,第6页。

⑤ 同上。

宪法”是指“用来描述如何组织政府的许多细致的条款”;“薄宪法”则体现为政治原则和宪法价值,这些原则就是由《独立宣言》和宪法序言中所体现出来的美国宪法的政治或道德原则。①

三、新宪法秩序中的机构与角色分工

在界分“新宪法秩序”与“新政—伟大社会宪法秩序”以及比较二者差异时,图施耐特教授运用了其深具标志性和洞察力的“宪法雄心的消磨”这一重要概念来阐明。即“最常见的是,那些指导新宪法秩序的原则所达到的情形是:直接通过法律来追求正义的那种雄心,已经在根本上被消磨了”,与过去的新政—伟大社会宪法秩序相比,在新宪法秩序中,法律(包括宪法)在作用和角色扮演上,比过去弱化了许多;在正义实现方式上,仅仅是搭建一个架构,让个人和组织来追求正义。之所以强调消磨的宪法雄心,该书第三章中针对“新宪法秩序”理论的各种质疑,作者提出“被遏制的宪法抱负,这可能确实是两个宪法秩序替换之间的那些时期所具有的特征所在,这要么是因为已归至保守性规范,或者我想更有可能,是因为阿克曼所强调的政治能量已经耗尽了。这种被消磨遏制的宪法雄心也是新宪法秩序的特征所在”。②“消磨的宪法雄心”,不仅用来分析“新政—伟大社会宪法秩序”与“新宪法秩序”的明显区分,而且也被作者视为是新政秩序(New Deal Order)溃败的原因,在其看来“新政已经一去不复返了,但是在某种程度上,这只是说明政府的那些宪法抱负已经被消磨了,而不是说被彻底废除了”③。

《新宪法秩序》一书,除“导论 宪法秩序之理念”与“结语 新宪法秩序中的规制”之外,共分五章。从篇章安排上看,前两章“新宪法秩序中的政治机构”与“新宪法秩序中的最高法院”,占了全书将近一半的篇幅。新宪法秩序中的国家机构,是作者着墨最多的问题,在笔者看来

① 参见〔美〕马克·图施耐特:《让宪法远离法院》,杨智杰译,法律出版社2009年版,第9—11页。

② 〔美〕马克·图施耐特:《新宪法秩序》,王书成译,中国人民大学出版社2014年版,第167页。基于翻译表达的差异,书中多次出现的“消磨的宪法雄心”、“遏制的宪法雄心”、“被遏制的宪法抱负”,在此笔者都将其统一表达为“消磨的宪法雄心”。

③ 同上书,第44页。

也是其宪法秩序理论的主要内容。而"新宪法秩序之外"①、"新宪法秩序之法理"②、"全球化与和新宪法秩序"③三章,应该是站在"新宪法秩序"体系之外,对不同宪法秩序之间以及其理论基础、全球化的影响进行的客观分析。

在新宪法秩序中的机构,作者首先关注的是总统和国会。正如图施耐特教授所言:"在我看来,在一个新的政体中,总统与国会之间的相互作用会产生一个宪法雄心被消磨遏制的政府。"④首先,借鉴斯蒂芬·史卡罗奈克对总统在宪法政体转型中的关键作用的理论分析,图氏指出:"每一个宪法秩序下都有一个促生新秩序的总统,他既对新秩序下的那些原则进行阐释,同时也着手让制度转型,从而最终产生一个与以前有所不同的宪法政体。"⑤而总统行使权力的宪法运行体制、策略选择也会因领导人的不同而有所差异,在此我们不妨借用威廷顿教授关于总统行使权力的背景以及方式的类型化分析,进一步分析新宪法秩序中不同总统的特质及其差异。总统不是抽象的个体,其权力行使及其方式都有赖于当时宪法秩序的特点,"这些盘根错节的制度、意识形态和党派承诺形成了一个总统行使权力的基本背景,帮助他们构建自己的策略选项,并且对特定政治领导人面临的一套约束和机遇进行了第一次裁剪"。⑥ 而在总统与宪法运行体制、政治体制的关系中,创业型总统(reconstructive presidents)、守成型总统(affiliated presidents)、先发制人式总统(preemptive presidents)等不同类型的划分,也呈现出不同

① 主要是对"我们处在新宪法秩序之中"这一观点诸多质疑的回应,尤其是对巴尔金、列文森等的质疑。在作者看来提出"新宪法秩序"这一命题,其意义并不在于明确其何时形成,而是在"新宪法秩序"这一命题之下理解对当下的思考。

② 主要结合宪法学研究的最新进展,尤其是凯斯·桑斯坦(Cass Sunstein)的研究成果,认为其理论与宪法秩序在宪法法理上是一致的。

③ 进一步探讨如何让本国的新宪法秩序去适应全球化,"所关注的是推进普遍人权过程中的那些国际利益,以及这些国际利益给联邦制下的国内法可能带来的间接影响,因为在新秩序下,联邦制已成为宪法原则发展上的焦点问题"。参见该书"导论"第7页。

④ 〔美〕马克·图施耐特:《新宪法秩序》,王书成译,中国人民大学出版社2014年版,第13页。

⑤ Skowronek, *The Politics Presidents Make*, p. 27。转引自同上书,第14页、第46页。

⑥ 〔美〕基斯·威廷顿:《司法至上的政治基础——美国历史上的总统、最高法院及宪政领导权》,牛悦译,北京大学出版社2010年版,第25页。

总统对宪法解释、最高法院角色地位等在认知和处理方式的差异。[①]

在政府运作上,图施耐特教授指出“现代宪法秩序最重要的特征是政府在意识形态上的分治,这给联邦政府在行为选择上施加了很多严格的限制”。[②] 在对政治学家研究成果进行梳理选择的基础上,图施耐特教授论述了为何会出现分治政府,以及它是如何影响总统与国会之间关系、如何影响了国会内部那些组织的。在对州政府的影响上,“新政—伟大社会宪法制度给州以及地方政府留下的空间很小”,“州和地方政府在新宪法秩序中的作用也许可以发挥得再大一些”[③],主要体现在两个方面:一是对州和地方政府征税能力的限制,二是对民选官员任期的限制。

对于不参与政治的公众,也纳入了图施耐特教授的关注视角,“新宪法秩序包括那些不参与政治的公众,也包括分治政府中那些处于弱势地位但党派特性却很强的政党组织”[④]。而不参与政治的公众被包含在新宪法秩序之中,“这反而促使那些处于弱势地位的国会党可以发展起来,这些国会党成员几乎就像独立的企业家来参与竞选活动”。[⑤]

此外,作者同时也分析了新宪法秩序中的媒体,“在新宪法秩序中,媒体的作用也是复杂的”[⑥]。为更加深刻地解释媒体对法律的影响,作者借用了政治学家道格拉斯·里德所言“司法与娱乐一体化”的概念,即“那些法律程序和法律冲突转变成可以被消费的商品,并以此来教育、启发但与此同时也兴奋、娱乐我们的普通大众。这是……通过专业人士进行重新解释这样的过程,来获取政治上的影响力……然后

---

① 威廷顿教授指出,具体来看:创业型总统,拒绝最高法院作为宪法含义最终阐释者的理念,他们声称自己有权力忽略最高法院的宪法推理,并根据自己独立的宪法判断行事,但创业型总统相对稀少,因为挑战现有宪法规范和意识形态规范、重建新政治体制的风险较大;较为常见的是守成型总统,他们主要关心继续、扩展或更为创造性地重新概念化那些由早先创业型领导人作出的基本承诺,但他们解释的是继承下来的体制,而非宪法秩序本身;先发制人式总统,与其他类型总统不同,是在一种较少意识形态支持和政治支持的背景下上台执政的。参见〔美〕基斯·威廷顿:《司法至上的政治基础——美国历史上的总统、最高法院及宪政领导权》,牛悦译,北京大学出版社2010年版,第26—28页。

② 〔美〕马克·图施耐特:《新宪法秩序》,王书成译,中国人民大学出版社2014年版,第6页。

③ 同上书,第39页。

④ 同上书,第26页。

⑤ 同上书,第19页。

⑥ 同上书,第27页。

从更传统的意义来说,这便为政策的制定打下了基础。"[①]在介绍社会学者曼纽尔·卡斯特对法院与媒体之间的"共生关系"理论之后,作者提出:"卡斯特对法院和媒体之间的共生关系有其深刻的洞见,这也许可以在一定程度上解释当代最高法院对第一次修正案所持有的那种热情。"[②]

新宪法秩序中的最高法院,以及最高法院在新宪法秩序中的角色承担,应是作者关注的重点所在,也是第二章的主要内容。较之新政—伟大社会宪法秩序,"在新宪法秩序中最高法院时常扮演着一种'重要指示器'的角色。它废弃了新政大社会宪法秩序,发展了新秩序下的那些宪法原则,并在制度上作相应的安排,从而最终可以为这些原则提供一个更为宽广的制度环境"。[③] 从最高法院对新宪法秩序的影响而言,通过具体分析最高法院在过去几十年里所作的重要判决,在作者看来"目前的最高法院很好地契合了这种新秩序,进而不可能挑动一场实质性的宪法变革甚而将宪法秩序推至另一块领地"[④]。在笔者看来,这一分析梳理和澄清了美国长期以来的"司法中心主义",也在一定程度上批判了将美国宪法变革单纯视为"联邦最高法院变迁史"的片面认识。图施耐特教授并未停留于此,而是进一步追问"而问题的关键在于:最高法院的角色定位是否已经偏离了现代宪法秩序给它所设定的界限"[⑤]。受那些激进乃至变革的影响,法院判决有可能会成为重大变革的预言者。而这些激进和变革会使宪法得以重塑,而且这些重塑已经发生。但是宪法原则发生根本性变革是不可能的,因为当下最高法院的教义与那些政体原则是内在一致的,这些政体原则其实就是新宪法秩序中其他权力机构的表征所在。[⑥] 由此可见,在新宪法秩序中,最高法院的判决对宪法原则,可能是重塑,但不可能导致根本性变革。

---

① 〔美〕马克·图施耐特:《新宪法秩序》,王书成译,中国人民大学出版社 2014 年版,第 29 页。

② 同上书,第 30 页。

③ 同上书,导论第 6 页。

④ 同上书,导论第 6 页。

⑤ 参见同上书,导论第 8—9 页。

⑥ 同上书,导论第 9 页。

四、新宪法秩序的特征:被消磨的宪法雄心

(一)被消磨的宪法雄心:如何体现?

在新宪法秩序中,其核心是国家政府维护公正的雄心正在消退,国家政府不再推动野心勃勃的提案。而分立政权、强烈分化的党派,以及公民对政治参与的减少,是新秩序在结构和动力上的特点;在司法系统中,慎重极小主义是符合可能成为联邦法官的人的特点,也符合政府雄心的普遍消退。[①] 这一论断和论述框架,最早在其发表论文《序言:新宪法秩序和消磨的宪法雄心》中有充分论述。在图施耐特教授看来,新宪法秩序中,不仅是各机构的角色分工的变化,而且是各自承担功能的宪法雄心的消磨。

首先,宪法雄心的消磨体现在政府政策的制定上。“政党极化和那些阻碍措施并不意味着国会在新宪法秩序中就是消极怠工的状态。但是,政府机构本身的厚重以及那些——残留但又重要的——为那些利益集团所享有的权力,使得对那些重要纲领进行修改变得非常困难。”[②]由此,“联邦政府在新宪法秩序中所实施的这些政策也符合这样的理念,即‘我们在宪法上的那些雄心抱负已经被减少了’”。[③]

其次,宪法雄心的消磨体现在媒体与公众的关系上。媒体、公众的这种关系,在作者看来也不过是新宪法秩序之下宪法雄心消逝的一种表现而已,“在新的体制中,国家在宪法上书写的那些雄心抱负已经降到这样一种程度,那就是‘公众似乎已经把华盛顿发生的那些精英操控游戏当成一种有些许娱乐价值的肥皂剧罢了,这对美国人民的生活已没有什么影响’。”[④]诚如上文所言,新宪法秩序中的媒体,呈现出政治问题新闻报道的娱乐化、司法与娱乐的一体化以及法官、检察官和调查委员会成员与媒体的共生关系。

---

① 参见〔美〕马克·图施耐特:《新宪政秩序和消磨的宪法雄心》,彭亚楠译,载赵晓力主编:《宪法与公民》第四辑,上海人民出版社 2004 年版。

② 〔美〕马克·图施耐特:《新宪法秩序》,王书成译,中国人民大学出版社 2014 年版,第 34 页。

③ 同上书,第 35 页。

④ 同上书,第 31 页。

再次，宪法雄心的消磨体现在个人权利保障上。在个人权利保障上，通过新政—伟大社会政体与新宪法秩序的比较不难发现，也体现为宪法雄心的消磨。“从新政—伟大社会政体的宪法图景来看，国家当时需要制定第二人权法案，因为财产权的那些背景规则——即使结合第一人权法案的条款以及重建时期的那些修正案——已经无法促进人类的繁荣。”①这些都对种族隔离、经济上的不平等以及提供医疗保健计划等问题提出了更高要求。“在新宪法秩序中那些已经被遏制的宪法抱负，……新宪法秩序有可能是返回到一种适度的自由主义状态，而不是把纯粹自由主义作为政体的组织原则：适度的自由主义之所以会盛行，是因为在新秩序之下，政府无法做得太多，所以就都交给了人民。”②

最后，宪法雄心的消磨体现在最高法院的功能发挥上。在新宪法秩序下，如何认识并定位最高法院的角色，图施耐特教授作了明确回答：“那么在新宪法秩序中，最高法院要通过发展一些宪法原则来处理国际事务方面的规制权，并以联邦制的名义来限制联邦权力，这种可能性并不大。要谦逊，而非革命，这才是当下的秩序所在。”③“要谦逊，而非革命”，较之最高法院新宪法秩序之前作为改革的塑造者和推动者，毫无疑问地，这种角色和功能的自我限缩，也是新宪法秩序下最高法院宪法雄心消磨的最明显表征。

（二）被消磨的宪法雄心：进步抑或倒退？

如何认识新宪法秩序中被消磨的宪法雄心，这是一种历史的倒退还是顺应历史发展的必然趋势？对该问题的回答，在笔者看来，图施耐特教授的回应是从两方面展开的。

一是，新宪法秩序的雄心消磨，是出自对如何实现自由与繁荣的不同看法。从某种程度上，该看法要比新政—伟大社会秩序的更注重自由权（more libertarian）。为保证自由和人类繁荣，只需对财产权利的背景规则进行少量调整。因此，新宪法秩序的特色在于，政府项目规模

① 〔美〕马克·图施耐特：《新宪法秩序》，王书成译，中国人民大学出版社 2014 年版，第 42 页。

② 同上。

③ 同上书，第 266 页。

小,且目标温和:任何在医疗保险或养老保险中的缺陷和不足,都通过市场为基础的调节来加以解决,而不是通过雄心勃勃的再分配方案。与之相似,减少贫困的手段是保证穷人获得教育和培训,以使他们可以积极参加劳动力市场,而不是提供慷慨的公共救济。[①]“在新宪法秩序中那些已经被遏制的宪法抱负,在某种程度上‘对实现自由和繁荣的那些前提条件’在观念上有所不同。在一定程度上,与以前的新政—伟大社会秩序相比,新宪法秩序对‘自由和繁荣’采取了一种更加自由主义式的定义方式。”[②]

二是,借用卢曼的“自生成理论”[③]来阐明,自我生成的机构分化过程中,也促成了宪法雄心的消磨。如果新宪法秩序是这样的秩序,即宪法是自我限制的制度,那么宪法革命恰好包括压抑宪法雄心。如果将宪法雄心的消磨与国家、经济联系起来,其意味着宪法对于其他制度的作用正在减少。在国家之内,难以推行大型的规制计划,企业、州政府有了更大的活动空间;在国家之外,主权似乎正在从民族国家手中溜走,民族国家将无法大包大揽,会受制于超国家政府、非政府组织所设定的规则。

对于宪法雄心消磨这一现象,作者也鲜明地表达了自己的态度。“早先我指出我对新宪法秩序消磨雄心感到不快。也许重新实现宪法雄心的勃兴,将要求主权进行一些变革,但那肯定会花相当长的时间,并且当(或者说如果)其果真发生了,我们就将处于另一个宪法运行体制。而就目前而言,消磨了雄心的宪法秩序就是现有的秩序,并且或许是最可行的。”[④]

宪法雄心的消磨,如何对其阶段、具体表现、准备定位,也并非易事。“一个推行福利改革和减税计划的政府,怎能说它的宪法雄心已

① 参见〔美〕马克·图施耐特:《新宪政秩序和消磨的宪法雄心》,彭亚楠译,载赵晓力主编:《宪法与公民》第四辑,上海人民出版社 2004 年版。

② 〔美〕马克·图施耐特:《新宪法秩序》,王书成译,中国人民大学出版社 2014 年版,第 42 页。

③ 德国社会学家尼克拉斯·卢曼(Niklas Luhmann)提出的自生成(autopoiesis)理论主张,现代社会中机构差异普遍提高,机构运作的环境也逐渐复杂。为此,这些机构回应的方式是内敛化(turning inward),从而减少环境的复杂性;它们完全运作在其自我界定的范围内,并只通过其自身内在标准的方式与其他区域相联系。

④ 〔美〕马克·图施耐特:《新宪法秩序和消磨的宪法雄心》,彭亚楠译,载赵晓力主编:《宪法与公民》第四辑,上海人民出版社 2004 年版。

被消磨了呢?”[①]图施耐特教授以此反诘作为“结语 新宪法秩序中的规制”的首句,其目的不仅展示这一疑问,而且为其分析新宪法秩序中,较之新政—伟大社会宪法秩序中政府规制方法与关注点的变化。首先,针对新宪法秩序中各种“完全的去规制化”的主张,图施耐特教授予以有力的批驳,因为从“信息公开”和“输出基准”来看,“一个政体如果一味地推行去规制化,那么就会把公开方面的问题留给市场,即通过市场来获取信息,这就如同把产品的设计留给市场来处理一样”[②]。之所以需要政府强制公开信息,因为如同此前“生产环节在市场中失灵”一样,“信息的获取在市场中失灵了”正是其立论依据。而输出基准,正是可以替代新政—伟大社会宪法秩序中的“命令和控制”的典型规制方式。输出基准最明显的两个特征,一是政府不再注重于监督经济行为,只关心结果,而以往对经济的命令与控制型规制方法经常是与“干涉”、“独断”方法相结合而最终以失败而告终;二是政府对输出程度在要求上也有具体明确的规定,政府关注点也实现了从“判断对哪些要采取命令和控制型方法”向“找到输出在程度上的那些要求”[③]。

五、结　　语

如何从深层次探讨“宪法塑造美国政治、政治塑造美国宪法”[④],脱离简单的宪法文本,对宪法秩序的思想体系进行深入探讨,是图施耐特教授一贯的研究进路和研究特色。这种研究进路和特色在其著作《新宪法秩序》一书中,再次得以鲜明呈现。正如艾斯格拉伯(Eisgruber)所言:“《新宪法秩序》精妙地把政治科学和司法问题融合在了一起。该书高屋建瓴,且具原创性。马克·图施耐特在该书中既对美国政体的诸多变化作了深刻的评析,也对那些常被主流宪法理论忽略的诸多

① 〔美〕马克·图施耐特:《新宪法秩序》,王书成译,中国人民大学出版社 2014 年版,第 284 页。

② 同上书,第 286 页。

③ 同上书,第 286—287 页。

④ 书中多次提到的杰克·M. 巴尔金(Jack M. Balkin)教授(耶鲁大学法学院)评价图施耐特教授《宪法为何重要》一书时,说“一部非同凡响的导论性作品。阐明了宪法塑造美国政治、政治塑造美国宪法的诸多方式”。参见〔美〕马克·图施耐特:《宪法为何重要》,田飞龙译,中国政法大学出版社 2012 年版。

司法问题进行了细微的分析，且两者结合得恰到好处。”[①]这对我们改变长期以来对美国宪法及其实践片段化、片面性的理解，过于关注美国宪法案例的法院判决而忽视了其背后的社会因素、其他机构的关系，大有裨益。

的确，宪法不是抽象的文本，宪法实施不是某一国家机关的单独行动。将宪法原则与社会结构、政治机构有机联系起来，不仅是图施耐特教授研究美国宪法的时代使命，也是当今世界各国在建设法治与宪法政治的当下共同面临的话题。该书在2014年被及时翻译引介到国内，当然是图施耐特教授在宪法学研究领域的杰出贡献，以及国内对其研究的关注和认可日益增强的结果。而着眼于本书，着眼于作者“新宪法秩序”的理论体系和分析框架，在笔者看来，他山之石的经验或许能为当下中国宪法理论研究的诸多争议提供些许参考和借鉴。无独有偶，在该书的“译后记”中，译者披露之所以“未加思索地爽快地接受”翻译任务，除了与马克·图施耐特教授的交往感恩之外，首先一个原因便是“早在读本科的时候，就在宪法哲学层面接触并学习了刘茂林提出并系统阐释的宪法秩序概念及理论”[②]。这是偶然还是机缘巧合，在“宪法秩序”的理论研究上国外学者与国内学者[③]存在怎样的共识与分歧，尚需深入论证。如何在基本范畴、理论框架、研究体系的层面上界定“宪法秩序”，如何将“宪法秩序”的基础理论研究运用到中国宪法实践，在笔者看来，认真研读《新宪法秩序》一书或许可以找到启示和思路。

（责任编辑：杨光）

① 普林斯顿大学法律与公共事务项目主任克里斯托弗·L.艾斯格拉伯（Christipher L. Eisgruber）对该书的评价，见该书封面。

② 〔美〕马克·图施耐特：《新宪法秩序》，王书成译，中国人民大学出版社2014年版，“译后记”第333页。

③ 关于“宪法秩序”的理论研究，系统性的阐释可见刘茂林：《中国宪法导论》，北京大学出版社2005年版，“第一章宪法原理”中“第五节宪法秩序”第50—55页。

在变法与守法之间

霍晓立*

1999年,马克·图施耐特在《哈佛法律评论》上发表了《新宪法秩序与消磨的宪法雄心》。① 此文是图施耐特受《哈佛法律评论》的邀请,为最高法院1998年开庭期所写的“卷首语”,而这在美国法学界是只有资深的法学名家才能享有的殊荣。这篇论文,后经作者进一步深化和扩展,并系统整理为本书。《新宪法秩序》是要回答这样一个问题,即20世纪80年代“里根革命”(Reagan Revolution)以来,美国是否处于新宪法秩序之中?图施耐特通过对当前宪法秩序的描述,得出自己的判断:“我们处于新宪法秩序之中”②,“新宪法秩序的特征表现为分治政府(divided government)以及意识形态各异却又统一的政党制度。它所秉持的原则实际上是那些曾经指导新政—伟大社会秩序(New Deal-Great Society Order)的宪法雄心被消磨后的版本”。③ 图施耐特认为,他的此种描述和判断是解释主义的。但是,在图施耐特的解释性命题背后,却又隐藏着一组规范性命题,即为什么“里根革命”将我们带入了新宪法秩序之中,却并未完全抛弃新政—伟大社会的宪法原则?既然新宪法秩序没有否定新政—伟大社会的宪法原则,那么所谓的新宪法秩序又“新”在何处,“里根革命”又何来的成功呢?然而,1980年以来,如何证成新政—伟大社会宪法秩序的正当性与“里根革命”的失败,却是始终困扰自由派宪法学者的问题。

---

* 重庆大学人文社会科学高等研究院博士研究生。

① Mark Tushnet, The Supreme Court 1998 Term—Foreward: The New Constitutional Order and the Chastening of Constitutional Aspiration, *Harvard Law Review*, Vol. 113, Issue 1 (November 1999), pp. 29—109。

② 〔美〕马克·图施耐特:《新宪法秩序》,王书成译,中国人民大学出版社2014年版,第6页。

③ 同上书,第12页。

一

马克·图施耐特,现任哈佛大学法学院威廉·纳尔逊·克伦威尔讲席教授。他的主要研究领域为宪法学和法律史,包括美国宪法、比较宪法,特别是司法审查的比较研究;20世纪美国法律史,特别是美国宪法史、民权史与20世纪30年代的联邦最高法院史。在图施耐特初入学界时,使其声名鹊起的却是美国20世纪七八十年代的批判法学运动。1977年他与邓肯·肯尼迪(Duncan Kennedy)、大卫·楚拜克(David Trubek)组织了第一次批判法学大会,从此批判法学成为美国法学界的一支重要学术力量。当然,批判法学运动由于其对法治信仰和法律职业的颠覆性和破坏性,遭到美国法律人职业群体的"联合围剿",80年代之后很快沉寂下去,最终碎片化为批判种族主义、女权主义与后现代主义法学。此后,"浑身带刺"的图施耐特不见了,他从威斯康星大学、乔治敦大学一路走到哈佛大学法学院,也将研究的主要精力转向了宪法学和法律史。

图施耐特在文字上的产量是惊人的。我在Wikipedia上搜索Mark Tushnet,发现图施耐特独著、合著、主编、参编的出版物足有27部之多。我又在Heinonline的Law Journal Library条目下搜索Mark Tushnet,发现他迄今仅仅在法学类的期刊上发表的学术论文、书评、短评等就多达311篇。将其放在美国法学界的学术评价体系内,其学术跨度虽并不算大,但这种学术产出量确实是一般人无法望其项背的。这也决定了,我的这篇书评不可能对图施耐特作一种返回其作品的历史语境和浸入其自身学术脉络的"横剖纵切"的全景式评论,而只是就着《新宪法秩序》文本所展示的内容作一种"管中窥豹"式的观察,或许能够对这本书所内嵌于的20世纪80年代"里根革命"以来的美国自由派宪法学者的问题意识,作一个"可见一斑"的初步分析。

20世纪80年代之后,图施耐特的激进主义政治立场有所收敛,但正如他在《新宪法秩序》的序言中所说,他的批判法学的思想底色和分析方法依旧还在。"忆往昔峥嵘岁月稠",他念兹在兹。"虽然学术界有一种一般性的认识,即'与批判法学派相关联的那些分析方法已经过时了',但我在此仍要表明的是:在我看来,本书的论点是我自在该领域开始研究宪法及其理论以来所持观点的一种延续。”①而且，他对《红、白和蓝：美国法律的一种批判分析》《把宪法从法院那里拿走》与本书学术延续性的说明，似乎是要表明他“宝刀未老”，他对批判法学分析方法的运用更为老练。但是，我要说的是，我们在读这本书时，必须有意识地屏蔽掉那个对自由政治理论的宪法解释的可能性提出质疑的图施耐特②，以及主张“大众宪法”并把宪法从法院那儿拿走的图施耐特。因为，这些问题无关本书宏旨，在本书中也不会找到这些问题的答案。同时，将他的社会学描述方法留下，即“超越司法教义（judicial doctrine）以及成文宪法（written Constitution）这个层面，进而放眼那些相对稳定的政治安排以及指导性原则”。③

二

我们前面说到，《新宪法秩序》是要回答这样一个问题，即 20 世纪 80 年代“里根革命”以来，美国是否处于新宪法秩序之中？从本书结构上看，图施耐特在导论中，直截了当地表明了自己的立场：“当前的宪法秩序最初成形于 1980 年罗纳德·里根（Ronald Wilson Reagan）的选举之中，接着在 1994 年的选举中，它在内容上更为确定，然后在克林顿任职的最后几年，又得到了巩固。”④第一章与第二章分析了政治科学家最近的研究成果和最高法院过去几十年的重要判决，从制度（institutions）和原则（principles）、机构（institution）和行为（behavior）等多个层面，描述了当前的宪法秩序，指出“我们处于新宪法秩序之中”。第三章分析了那些挑战本书观点“我们处于新宪法秩序之中”的诸多说法——杰克·巴尔金（Jack M. Balkin）与桑福德·列文森（Sanford

① 〔美〕马克·图施耐特：《新宪法秩序》，王书成译，中国人民大学出版社 2014 年版，序言。

② 图施耐特对此问题的论述，可参见 Mark Tushnet, *Red, White, and Blue: A Critical Analysis of Constitutional Law*, Harvard University Press, 1988; The Possibilities of Interpretive Liberalism, *Alberta Law Review*, Vol. 29, Issue 2(1991); Following the Rules Laid Down: A Critique of Interpretivism and Neutral Principles, *Harvard Law Review*, Vol. 96, Issue 4 (February 1983)。

③ 〔美〕马克·图施耐特：《新宪法秩序》，王书成译，中国人民大学出版社 2014 年版，第 2 页。

④ 同上书，第 3 页。

Levinson)的“过渡期”说和布鲁斯·阿克曼(Bruce Ackerman)的“日常政治”(normal politics)说,指出“我们目前的情形是很稳定的,而且特色鲜明,因此可称为新宪法秩序”。[①] 第四章分析了凯斯·桑斯坦(Cass Sunstein)的相关研究成果,表明其宪法审慎(constitutional seriousness)和极简主义(minimalism)与新宪法秩序的宪法法理是相一致的。第五章和结语指出了新宪法秩序产生的国内外背景——全球化和“权力分散”(decentralization)与联邦制的复兴,并以民主实验主义(democratic experimentalism)为例分析了新宪法秩序中的福利国家规制模型。

我们如果将整本书的结构打乱,对其内容进行重新组织,本书要回答的那个核心问题就可以分解为这样两个问题:为什么这是新宪法秩序,而不是之前宪法秩序的延续或者进入新宪法秩序之前的过渡阶段?这个新宪法秩序是什么样的,这个新宪法秩序的宪法法理与规制特征是什么?我们又可以把这先后两个问题颠倒过来,来组织我们对整本书的思考,即先回答这个宪法秩序是什么样的,再回答为什么这是一个新宪法秩序,因为当前的宪法秩序与之前的宪法秩序不同,并不意味着其就构成一个新宪法秩序,它有可能是“宪法时刻”(constitutional moment)之后一个长时段的“日常政治”的波谷,也可能是进入新宪法秩序之前的“过渡期”。

“新宪法秩序的特征表现为分治政府(divided government)以及意识形态各异却又统一的政党制度。它所秉持的原则实际上是那些曾经指导新政—伟大社会秩序(New Deal-Great Society Order)的宪法雄心被消磨后的版本”。具体来说,当前宪法秩序与新政—伟大社会宪法秩序在制度上的不同在于,1980年的选举带来了一个很长时期的政党组织解组(dealignment)与调整(adjustment)的过程,并改变了政党—选民关系:“两党在‘哲学层面的一致性’(philosophical coherence)有所增强:自由派的共和党人几乎消失了,而且保守派的民主党人在数量上也有所减少”[②],政党之间意识形态两极化;“许多选民不再依附于某个政

① 〔美〕马克·图施耐特:《新宪法秩序》,王书成译,中国人民大学出版社2014年版,第7页。

② 同上书,第13页。

党"[①],中间选民数量增多;选民投票率的下降与预选体制,导致"政治已经被那些相对少数的选民所控制,而不是被那些政党组织所控制"[②],而且,在议员选举中,国会中的全国性政党组织取代了地方政党组织的作用。由此,(1) 形成了高度意识形态化的全国性政党以及两极化的国会(polarized congress)。(2) 选民更为青睐一个由不同政党共同执政的分治政府。图施耐特对克林顿的所谓"第三条道路"(The Third Way)提出质疑,认为里根作为新宪法秩序的政体发起人(regime initiator)并未实现宪法转型,而是(3) 来自本应反对建构新政体的党派的继任总统运用"先占政治"(politics of preemption)策略,盗用他在形式上反对的政党方案,"带着新政体里的这些动议,继续向前发展"[③],并完成了新宪法秩序的巩固。此外,"政党组织弱化使得政治家们更加依赖于那些有利于他们的媒体报道"[④],而且,(4) 媒体呈现的政治像肥皂剧一样越来越娱乐化。

上述的制度变化和机构变迁,产生了一系列的宪法后果,并塑造了政治行为主体的选择与新宪法秩序的原则:(1) 重大的立法动议很难同时获得两党多数的支持;(2) 授权立法呈现总体下滑的趋势;(3) 总统的提案基本上是小型的计划项目(small pet project);(4) 高度党派化的众议院无需重大事由即对总统进行弹劾,这种经常性的"弹劾肥皂剧"却不会产生破坏性效果;(5) "新宪法秩序对'自由与繁荣'(liberty and flourishing)采取了一种更加自由主义式的定义方式"[⑤],即更多地通过市场、地方政府和个人,而非联邦政府来实现社会公正;(6) 新宪法秩序使得总统不倾向于提名立场鲜明的法官,"被提名者从而很可能是'经验丰富,有能力,且不会招致争议的'人"[⑥],这些抱负平平的法官既不会向左,也不会向右。因此,新政已经一去不复返了,政府通过法律实现社会公正的宪法雄心已经被消磨了,而不是说彻底

① 〔美〕马克·图施耐特:《新宪法秩序》,王书成译,中国人民大学出版社 2014 年版,第 13 页。

② 同上书,第 19 页。

③ 同上书,第 15 页。

④ 同上书,第 27 页。

⑤ 同上书,第 42 页。

⑥ *Foreward: The New Constitutional Order and the Chastening of Constitutional Aspiration*, p. 59.

消失了。也就是说,“新政治体制的指导原则并不是说政府不能解决问题,而是说它不能解决更多的问题”[①]。

图施耐特认为新宪法秩序中的最高法院的判例,也表明“法院目前正在发展与新宪法秩序相一致的宪法原则”[②],即当前的宪法秩序并不是如恢复主义者(restorationist)所说的那样,要重建原初宪法规定的联邦主义的图景,而仅仅是说政府的宪法抱负被遏制了。在分治政府中,“总统和国会已不再是不愿联手起来攻击法院,而是那些控制了各个机构的政党都身体力行地保护法院的独立性,从而使其免受另一方的威胁”[③]。而且,国会中政党意识形态的两极化,使得最高法院大法官,特别是那些中间派法官,“基本上可以去做他们所想做的任何事情”。但是,正如合众国诉洛佩兹案(United States v. Lopez)[④]、普林茨诉合众国案(Printz v. United States)[⑤]与博恩市诉佛罗尔斯案(City of Boerne v. Flores)[⑥]的判决所示,法院实际上没有也无意于作出革命性的举动,即将判决中的原则进行适用上的扩展,“对于过去的那些旧法,法院有可能是革命性的,但对于制定的那些旧法,法院有可能是被动的”[⑦]。因为,在图施耐特看来,法院的谦抑和“对立法过程的怀疑”,只是意味着“法院自身的能力将是一种被消磨的形象,而不是革命性的形象”[⑧]。也就是说,此时期的法院所秉持的宪法审慎和极简主义的司法理念是与新宪法秩序的宪法原则——“并不是政府不能解决问题,而是说它不能解决更多问题”——相一致的。

---

① *Foreward: The New Constitutional Order and the Chastening of Constitutional Aspiration*, p. 63.

② 〔美〕马克·图施耐特:《新宪法秩序》,王书成译,中国人民大学出版社 2014 年版,第 67 页。

③ 同上书,第 44 页。

④ United States v. Lopez, 514 U.S. 549 (1995).

⑤ Printz v. United States, 521 U.S. 898 (1997).

⑥ City of Boerne v. Flores, 521 U.S. 507 (1997).

⑦ 〔美〕马克·图施耐特:《新宪法秩序》,王书成译,中国人民大学出版社 2014 年版,第 141—142 页。

⑧ 同上书,第 144 页。

三

当前的宪法秩序无疑与新政—伟大社会的政体在结构上存在诸多的不同。但是,这并不足以证成它就构成一个新宪法秩序。因为,它有可能是阿克曼所说的“宪法时刻”之后一个长时段的“日常政治”的波谷,即人民在“宪法时刻”所确立的政体的延续,也可能是巴尔金和列文森所说的进入新宪法秩序之前的“过渡期”,即还是政体转型的“黎明前的黑暗”。

按照阿克曼所建构起来的“宪法时刻”的标准,里根革命以来的宪法秩序只是新政“宪法时刻”之后的“日常政治”。里根“有意去挑战所继承宪法遗产的根基”,但“事实并没有如此发展”。[1] 因此,20 世纪 80 年代以来的宪法秩序不论发生了什么变化,只要不满足“宪法时刻”的形式标准,就还是在“日常政治”的轨道中的。换言之,里根革命是一次失败的革命。但是,在图施耐特看来,阿克曼的标准太过形式主义(formalism),因为“尽管(阿克曼意义上的)宪法时刻有可能会发生,但是其并不是政体转型发生的唯一时刻”。[2] 阿克曼重新讲述美国宪法政治史,在其中发现的“二元民主”和“宪法时刻”,看似是历史解释主义的,但其实是一种“规范宪法理论”(normative constitutional theory),其目的在于就“人民在多年前所作的决定为何还可以在当下约束人民在行为上的选择”[3]这个代际政治问题作出解释。他区分了“日常政治”中人民代表作出的“常规立法”(normal lawmaking)和“宪法时刻”中人民自己作出的“高级立法”(higher lawmaking);在“宪法时刻”被广泛动员起来的人民,经过审慎讨论、深思熟虑而作出的“高级立法”比“常规立法”更为根本和长远;人民代表在“日常政治”时期的“常规立

① 〔美〕布鲁斯·阿克曼:《我们人民:转型》,田雷译,中国政法大学出版社 2014 年版,第 484—486 页。

② Mark Tushnet, Living in a Constitutional Moment?: Lopez and Constitutional Theory, *Case Western Reserve Law Review*, Vol. 46, Issue 3 (Spring 1996), p. 851.

③ Bruce Ackerman, The Storrs Lectures: Discovering the Constitution, *Yale Law Journal*, Vol. 93, Issue 6 (May 1984), p. 1045.

法”必须受制于人民的“高级立法”。① 而且，阿克曼为识别“宪法时刻”和“高级立法”，建构了一套程序、机制和标准。“高级立法”分为两种模式，即依据《宪法》第五条修宪程序的经典模式和由建国联邦党人创制、重建共和党人和新政民主党人实践的第五条修宪程序之外的现代模式。“高级立法”分为四个阶段：(1) 发出改革信号，即改革动议赢得充分的宪法权威，政治动员满足了广度、深度与坚决性的标准；(2) 提议，即改革者提出一系列具有可操作性的宪法改革提案；(3) 动员公共辩论，即改革提案在高级立法程序中，通过选举、法院填塞、司法转向和随波效应等机制，经受人民反复的检验；(4) 法典化，即通过《宪法》第五条正式修宪，或通过法院司法转型意见书将“高级立法”的成果法典化。② 因此，虽然里根在 1980 年总统选举中胜出，释放了一种宪法改革的信号，共和党改革的“美国契约”(the Contract With America)也满足提议的标准，即挑战现行政体宪法原则的明确提案，但 1994 年选举并不能被视为“宪法批准的选举”(triggering election)，因为，“人民的注意力并没有被广泛地吸引到其所提议的政体转型议题上来，特别是，人民并不清楚‘美国契约’是否仅仅是日常政治时期政客们惯用的政治修辞”。③ 也就是说，20 世纪 80 年代以来的宪法秩序中，“没有某一特定宪法机构的阻挠使得人民的注意力被吸引到政体转型议题上，没有转型立法被一致通过，没有宪法批准选举来认可改革提案，所以，我们还不能说宪法时刻已经发生”。④

米克尔·J. 克拉曼(Michael J. Klarman)指出，阿克曼的宪法叙事为了服务于他的规范性命题，而歪曲了美国宪法史。事实上，政体转型往往不是以阿克曼所描述的间歇性的方式，而是渐进地发生的，“总统行政权的逐渐扩张就是一个例子；这一过程不是一个突然的转型，而是逐渐地发展为帝王总统(imperial presidency)的”。⑤ 因此，图施耐特认

① ［美］布鲁斯·阿克曼：《我们人民：奠基》，汪庆华译，中国政法大学出版社 2013 年版，第 5—6 页。

② 同上书，第 293—321 页。

③ *Living in a Constitutional Moment?: Lopez and Constitutional Theory*, p. 849.

④ Ibid., p. 851.

⑤ Michael J. Klarman, Constitutional Fact/Constitutional Fiction: A Critique of Bruce Ackerman's Theory of Constitutional Moments, *Stanford Law Review*, Vol. 44, Issue 3 (February 1992), p. 791.

为，阿克曼所描述的那种“宪法时刻”在大量的宪法争议积聚起来，亟需解决时，确实有可能会发生，但政体转型更多的是在“一事一议”(from issue to issue)的过程中渐进地发生的。阿克曼没有提供充分的理由，证明政体转型仅仅发生在“宪法时刻”。[①] 图施耐特甚至对阿克曼的这种“强词夺理”作了一种“诛心之论”的解释，他认为，阿克曼之所以用那些形式主义的标准来识别“宪法时刻”，并认为 1980 年以来的宪法秩序还不足以构成新宪法秩序，在某种程度上，是出于一种派性意见，即守护新政的宪法遗产。[②] 对此，阿克曼也不遮不掩，坦言其宪法叙事意在对抗保守派在里根革命后所营销的另一种叙事。[③]

巴尔金和列文森虽然在批评阿克曼“宪法时刻”的突发性(convulsive)这一点上，和图施耐特分享了共同的观点[④]，但对他们来说，“宪法变革要通过他们所说的‘政党巩固’(partisan entrenchment)过程来发生，其中某一政党通过主导性的意识形态——有时是迅速，但时常是逐渐地——来获得对三个政府权力部门的控制”[⑤]，也就是说，政党巩固是政体转型的一个重要组成要素，在此之前，还处于向新宪法秩序的“过渡期”。图施耐特则认为，巴尔金和列文森并没有考虑到他所描述的 1980 年以来意识形态两极化的政党共同执政的分治政府的宪法特征：它们各自用自身的意识形态和政治原则来制定政策，而不大可能会发生他们所说的政党巩固的过程。当前的政体特色鲜明，表明“我们已经向新宪法秩序转型了”[⑥]。但是，即便当前的宪法秩序特色鲜明，那么它是否具有稳定性和长期性呢？换言之，即使不会发生政党巩固，那么是否会通过短暂的统一政府(unified government)、中间派大法官或总统领导权等替代性机制，使得当前的宪法秩序发生更大的转型呢？如果是这样的话，图施耐特的新宪法秩序依然摆脱不了“过渡

---

① *Living in a Constitutional Moment?: Lopez and Constitutional Theory*, p. 852.

② 〔美〕马克·图施耐特：《新宪法秩序》，王书成译，中国人民大学出版社 2014 年版，第 10 页。

③ Bruce Ackerman, *We the People: The Civil Rrights Revolution*, The Belknap Press, 2014.

④ Jack M. Balkin and Sanford Levinson, Understanding the Constitutional Revolution, *Virginia Law Review*, Vol. 87, Issue 6 (October 2001), pp. 1045—1110.

⑤ 〔美〕马克·图施耐特：《新宪法秩序》，王书成译，中国人民大学出版社 2014 年版，第 4 页。

⑥ 同上。

期”的魔咒。

对此，图施耐特说，“我对新宪法秩序中的政体原则以及政治结构所作的评价，是相对自信的。但是政治生活从来都不会平静如水，而且目前的情形下所出现的新机遇使得宪法秩序有可能发生更大的转型”。[①] 也就是说，新宪法秩序已经存在了，但“也有可能在某个角落这已是一个与众不同的宪法秩序”，而且，“随时都可能被不可预见的事件或人为决定改变了”。[②] 图施耐特的这个答案看似模棱两可，实则滴水不漏，也是与他的解释主义分析方法相一致的。在他看来，任何一种宪法秩序都是逐渐形成的，它也处于不断修补、乃至转型的渐进过程中，“很难被描述为‘某一种’宪法秩序，因为总存在一些需要考虑的特征——这些特征有的是过去留下的，有的是未来可预期出现的”。[③] 但是，在某个时期必定会存在一个相当稳定的政体结构，其核心特征可为我们所认知。虽然不可预见的事件或人为决定有可能会改变当前的宪法制度和原则，促使当前的宪法秩序向其他方向转型，但是“这种偶然性非常低，且每一件事情也许都会带来一场宪法危机”。[④] 因此，从最低限度上来说，新宪法秩序“也许已经发生”，其宪法结构的核心是分治政府，“其中的治理原则可以说是新政—伟大社会宪法秩序中那些原则被遏制后的版本”。[⑤]

四

我们对比《新宪法秩序》与图施耐特发表在《哈佛法律评论》上的《新宪法秩序与消磨的宪法雄心》，可以发现：图施耐特在“卷首语”的第二部分——“新宪法秩序中的最高法院”中提及了“宪法转型中司法机关的功能”，就宪法政治内含的“变法”与“守法”的紧张、宪法的连续性叙事以及法院在其中所扮演的角色进行了简单的论述。新宪法秩序争论的背后，实际上是守法、变法与宪法的连续性叙事的问题。这一问

① ［美］马克·图施耐特：《新宪法秩序》，王书成译，中国人民大学出版社 2014 年版，第 182 页。

② 同上书，第 8 页。

③ 同上书，第 3 页。

④ 同上书，第 170 页。

⑤ 同上书，第 182 页。

题在这篇论文中占用的篇幅不长,却是我们理解新宪法秩序的解释性命题背后的规范性命题的要害所在,也是20世纪80年代以来美国自由派宪法学者的问题意识的一个极好的注脚。然而,这部分内容在本书中却"缺席"了,这不能不说是一个遗憾。

图施耐特指出,政体转型以一种激烈的方式提出了宪法政治的普遍问题,即"解释为什么当我们认为先辈的承诺将妨碍我们推行现在更喜欢的政策时,我还必须继续遵守他们所作出的那些承诺"。[①] 当然,图施耐特讲的是一个"变法"的故事。他通过对赛恩斯诉罗案(Saenz v. Roe)[②]判决的分析,所试图论证的是,我们之所以没有完全抛弃新政—伟大社会的宪法秩序,而是将其整合到新宪法秩序中来,是因为最高法院所建构的宪法连续性叙事"把前一个宪法秩序作出的承诺也当做我们的承诺",这表明,"宪法施加给我们的约束是我们自己选择的"。[③] 换言之,我们守法的正当性在于我们自己当下所作出的承诺,从而不再是受制于"死人之手的统治"(dead hand)。在他看来,守法的正当性是需要证成的,而变法却是一个纯粹的解释性问题,其正当性无需论证。但是,图施耐特只是说出了宪法政治的普遍问题的其中一面——守法的正当性,却没有说出它的另一面——变法的正当性。也就是说,一种新的宪法秩序的确已经存在了,但是其存在本身并不能证成其存在的正当性。而这也是20世纪80年代宪法原旨主义兴起以来,支配美国自由派宪法学者的最大的问题意识。因为,宪法政治首先是一个"守法"的故事,它要求遵守既定规范(following the rules laid down)[④],即制宪者和人民所作出的先定承诺(precommitment),甚至人民自己的短期偏好(short-term preferences),也要受制于宪法这个管长远的先定承诺(long-term precommitment)。[⑤] 或者说,守法的正当性是

---

① *Foreward*: *The New Constitutional Order and the Chastening of Constitutional Aspiration*, p. 97.

② Saenz v. Roe, 119 S. Ct. 1958 (1999).

③ *Foreward*: *The New Constitutional Order and the Chastening of Constitutional Aspiration*, p. 100.

④ Mark Tushnet, Following the Rules Laid Down: A Critique of Interpretivism and Neutral Principles, *Harvard Law Review*, Vol. 96, Issue 4 (February 1983), pp. 781—827.

⑤ Michael J. Klarman, What's So Great about Constitutionalism, *Northwestern University Law Review*, Vol. 93, Issue 1, p. 152.

“天经地义”的，恰恰变法的正当性是需要加以解释的。但是，宪法政治不是活在当下的政治，并不意味着它可以无视当下的难题。“每一代人的挑战都在于必须回到先定承诺，但仅有先定承诺却不能解决问题”①。也就是说，对自由派来说，宪法政治的根本性难题在于，它要容纳变法的内容，却偏要把变法的故事讲成守法的故事。

正如我们所看到的，在20世纪80年代里根政府时期，美国宪法学的保守派树立原旨主义的大旗，批判新政革命和沃伦法院是对建国宪法的背叛，宪法原旨主义就是要清算新政革命、沃伦法院和民权革命的遗产，并将被颠倒的颠倒过来。面对咄咄逼人的原旨主义，自由派的宪法理论多少有些捉襟见肘，因为宪法作为一个200年前制定的且仍在适用的文本，对其理解必须是解释主义的。而且，在保守派的论述中，制宪者已经终结了政治，其后的每一代人只需沿着制宪者指定的道路前行。正如乔恩·埃尔斯特(Jon Elster)所说，“只有制宪会议是严格的政治化政策意义上的政治行为人，所有的后来人都只能是限于政策化的政治，也就是说只能局限于依据基础规则的日常立法(也就是说具体的演示或实施)”②。因此，原旨主义的口号具有天然的正当性。而自由派试图从宪法中解释出一种“变法”的规范，这种规范却是要革其据以产生的宪法的命。③ 此时，以“共和主义复兴”为代表的自由派的宪法学者，则借助历史学和政治哲学的思想资源，重新讲述美国宪法的历史，以此证成新政革命的正当性。这是20世纪美国宪法学中的大问题，在这篇书评中无法展开，我在此引入阿克曼的宪法叙事，将其和图施耐特作一个对比。

原旨主义是一个口号，对此可以各自表述。阿克曼的“我们人民”就是高举“人民原旨主义”的旗帜，打破建国原旨主义的文本主义与形式主义，重访建国者走过的道路，重新理解美国的宪法传统，从建国—重建—新政的宪法历史中，发现真正的宪法规范——建国联邦党人制宪行为本身即是一次以我们人民的名义所为的违法的非常规举动，重建共和党人和新政民主党人是这一伟大先例的继承者。这种由“宪法

① 田雷：《美国宪政：先定承诺与历史叙事》，载《读书》2014年第4期。

② Jon Elster, *Ulysses and the Sirens*, Cambridge University Press, 1979, p. 94.

③ Mark Tushnet, The Possibilities of Interpretive Liberalism, *Alberta Law Review*, Vol. 29, Issue 2(1991), p. 279.

时刻”动员人民的非常规先例和二元民主的宪法政治结构所构成的“不成文宪法”才是真正的宪法规范。这一宪法政治历程“不只是重塑了美国的实体政治身份,它们还重新定义了美国人发出这种先知声音的宪法过程”①,而“原教旨原旨主义视变革为任意的创新,而非把其看做我们政治身份的有机发展的组成部分”。② 也就是说,在阿克曼看来,新政民主党人不仅不是建国宪法的背叛者,反而是建国联邦党人的真正传人。新政革命对建国政体与重建政体宪法原则的修正就如同重建对建国政体的修正,是内在于二元民主的宪法政治体制的。因此,新政革命是忠诚于宪法的守法之举。新政民主党人理应同建国联邦党人、重建共和党人一样,位列美国宪法史的先贤祠。然而,“里根革命”并不满足“我们人民”出场的高级立法的形式标准,因此,它不是一次守法的变法。

阿克曼的连续性的宪法叙事使得变法守法化,而其实现,不仅在于美国人民的统一的政治身份,还在于二元民主宪法政治体制下的,介于“纯粹守法”和“无法暴力”之间的“人性尺度上的革命”。而且,美国人民的统一的政治身份正是在这一行走在守法与变法、合法与违法边缘的跌宕起伏的宪法政治历程中锻造出来的。“每一代人都想自由地约束下一代人,而又不受前一代人的约束”③,但是,每一代人又是生而不自由的,其必然受制于某种先定承诺。任何一次变革也不可能无中生有或推倒重来,在真空中运行。正如阿克曼所言,“美国人并不是退回到一种前政治的状态,而是设法让原有的机构担负起新的意义,面对着他们的宪法身份危机,锻造出一种民主的解决方案”④。也就是说,正是在宪法改革者和建制机构之间独特的互动中,美国人民的政治身份建构为一个统一的整体,而不是如同托马斯·杰斐逊(Thomas Jefferson)所说的那样——“根据自然法则,一代人之于另一代人,正如

① 〔美〕布鲁斯·阿克曼:《我们人民:转型》,田雷译,中国政法大学出版社 2014 年版,第 3 页。

② *Living in a Constitutional Moment?: Lopez and Constitutional Theory*, p. 856.

③ Ulysses and the Sirens, p. 94.

④ 〔美〕布鲁斯·阿克曼:《我们人民:转型》,田雷译,中国政法大学出版社 2014 年版,第 193 页。

一个独立国家之于另一个独立国家一样”[①]——分裂为零散的碎片。由此，美国宪法政治历程中的三次转型和三种政体获得了一种“裂而未断”的连续性的宪法叙事。当然，这种连续性的宪法叙事不是自动实现的，而是有意识地建构的产物，“如果这些往昔的宪法成就要存续下来，我们就无法托付于成就创制时即在场的那代人所给出的结论。只有每一代的公民、法官和学者都可以去反思所遗留的历史遗迹的含义，这些成就才可能生生不息”。[②]

我们可以说，阿克曼“宪法时刻”的形式标准以及连续性宪法叙事的主题看似是“守法”，而实际上背后隐藏的却是“变法”，即新政革命遵守了“我们人民”出场的非常规立法的先例，所以是一次成功的变法；里根革命不满足此形式标准，故是一次失败的变法；所谓新宪法秩序并不满足“宪法时刻”的形式标准，所以还是在“日常政治”的轨道中的。如果拿图施耐特在此的论述对照阿克曼的论述，可以发现：不论图施耐特对当前宪法秩序描述的解释性命题，还是其所试图论证的守法的正当性这个规范性命题，其主题看似是“变法”，而实际上却是“守法”。图施耐特描述了一个变法之后的新宪法秩序，但是，其却是新政—伟大社会宪法秩序的宪法雄心被消磨后的版本，最高法院的判决也表明，新政—伟大社会的宪法秩序已经被整合到新宪法秩序中来了。换言之，即使里根革命成功了，还是要守新政的法。因此，作为自由派宪法学者，在维护新政遗产和反对里根革命这一点上，两人走到了一起。

两者的不同在于，图施耐特选择了解释主义的立场，不为新宪法秩序设定任何形式上的标准，承认了这场“反动革命”的胜利。因为，不论你喜欢与否，里根革命确实已将新政打得人仰马翻。为了维护新政遗产，阿克曼选择了成为一个“保守派”，而图施耐特依旧是一个不折不扣的“自由派”。阿克曼论证了新政革命的正当性，而在阿克曼的宪法叙事中，新宪法秩序是不存在的；图施耐特证明了新宪法秩序的存在，而在图施耐特的宪法叙事中，新政—伟大社会的宪法秩序的正当性

---

① 〔美〕埃尔斯特、〔挪〕斯莱格斯塔德编：《宪政与民主》，潘勤、谢程鹏译，朱苏力校，生活·读书·新知三联书店 1997 年版，第 213 页。

② 〔美〕布鲁斯·阿克曼：《我们人民：转型》，田雷译，中国政法大学出版社 2014 年版，第 318 页。

是新宪法秩序正当性的前提，在新宪法秩序中新政革命的遗产也得到了最低限度的保留。可以说，图施耐特其实是以一种变相的、隐晦的方式，而非像阿克曼那样以直率的、决绝的方式，为新政—伟大社会的宪法秩序张目。因此，我们或许可以说，在图施耐特和阿克曼的宪法叙事中，根本就没有什么新宪法秩序，有的只有一个“裂而未断”的连续性的宪法秩序。

（责任编辑：杨光）

《规范性的来源》书评

编者按：同伦理学一样，“规范性”也是法学的一个核心概念，作为一种重要的行为规范，如何理解法律规范性直接影响到法律的运行与实现。在这样的情况下，如何理解法律中“规范性”的来源，怎样更好地协调法律与其他行为规范中“规范性”的关系是法学研究所必须加以思索的问题。针对“规范性”这一问题，《规范性的来源》给我们提供了一个新的角度。这本著作是作者克里斯蒂娜·科尔斯戈德(Christine M. Korsgaard)1992年于剑桥大学发表的关于人类价值的泰纳讲座基础上经修改扩充而成。作为一本伦理学著作，本书通过分析现代道德哲学家所主张的关于规范性来源的四种不同的解释来探讨规范性的来源。下面四篇书评从不同的角度分析和讨论了这本著作所分析的“规范性问题”：首先是姚思帆的《何为规范性》，这篇文章通过对法学中“自然法学派”和“实证分析法学派”这两大学派对于“规范性”问题的见解进行梳理，分析了这两大学派对于“规范性”问题认知的优势和缺陷，并最终指出“维度双重性”、“内涵双元性”、“普遍性”和“自然性”是我们认识和分析“规范性”问题所应该坚持的前提。陈辽宇的《从道德规范性到法律规范性》则从本书的“规范性来源”这一角度入手，指出克里斯蒂娜·科尔斯戈德提出用“理性反思性认可”来解析“规范性的来源”虽然是对康德主义的发展，但是她过于强调个人在规范性来源中的作用而会导致其逻辑不周延。这篇文章提出应在探寻规范性来源方面坚持“个人性”和“社会性”统一，并在这样的统治之下构建伦理或道德规范性和法律规范性之间的桥梁。代剑锋的《反思性认可与秩序构建》则从“反思性认可”这一科尔斯戈德规范性理论的重要论据与研究方法出发，从反思性认可中抽象出一种理性重叠的共识，并借鉴哈耶克的自发秩序说、凯尔森的规范性理论与哈贝马斯的商谈论，对科氏的规范性理论进行修正，提出从反思性认可到秩序建构的合理路径。最后谢铖涛的《义务限制与反抗：义务为人心接受的过程》一文则将这本著作中从伦理学角度分析规范性的观点映射到法律领域内，将法律对人的义务限制、反思该义务限制引发的反抗、反抗义务的主观动因三者结合谋求见解义务与人心磨合的过程。本单元文章都是由本科生所完成，文笔与论述相对来说比较稚嫩，但是他们的思维有可圈可点之处，也让我们感受到法学发展的新生动力。

何为规范性

姚思帆*

在日常生活中有很多被认为是具有“规范性”的符号、标语或行为，例如法律规范、道德规范、语言规范等①。但当问及何为规范性时，我们却往往难以回答，但事实是，这又是不得不去面对的问题。因为规范的存在意在表明行为要接受一种指导或约束，而对此规范的理解是判定其指导或约束正当性的重要标准。然而由于视角不同，进路各异，导致学术界对何为规范性这一问题的学说纷纭。其中自然法学派和实证法学派的观点尤为引人注目，因此本文便以这两个学派的学说为论体，在解读其各自对何为规范性这一问题解答的贡献与不足的同时，尝试通过比较分析法提炼出其两者的共同理性，并在其基础上补全两者在理论中的缺陷，进而提出不同于此两种理路之新见解。

一、自然法学派对何为规范性的解读

西方自然法观念源远流长，其演变历程大体可以分为古代自然主义自然法、中世纪神学自然法、近代理性主义自然法和现代人文主义自然法几个阶段。然而根据其各自的学说体系及其学说所照见的社会需求，又可以进一步将其总结划分为古代自然法学（包括古代自然主义自然法、中世纪神学自然法）和近现代自然法学（近代理性主义自然法、现代人文主义自然法）两大阶段。尽管两阶段的自然法学都以昭示着宇宙和谐秩序的自然法为正义标准，坚持正义的绝对性，但因其各自产生的社会基础的差异，因此它们对何为规范性的解读亦有较大的分野。

---

* 中南财经政法大学法学院本科生。

① 朱继萍：《法律规范的意义、结构及表达》，载《法律科学》2007年第4期。

（一）古代自然法学派对规范性的解读

古代自然法学派对规范性的理解是基于神人共享理性的逻辑预设，他们认为这种规范性是根植于自然的、指挥应然行为并禁止相反行为的最高理性，此种理性可以解释为古代自然法学派理论中规范性的来源。而此种理性通过某种形式内化成人类意识中的固有行为逻辑，并实现完全展开后便成为具有规范性的法律。然而值得注意的是，此种法律是指具有绝对正确性的神律。因此著名的古代自然法学派的代表人物——西塞罗为区分现实中的恶法，创造性地提出了“真正的法”的概念，所谓真正的法在自然法学派看来便是指那些符合最高理性的自然法，只有这种“真正的法”所表达出来的规范性才是正当并值得遵循的。

（二）近现代自然法学派对规范性的解读

近现代自然法学派的产生以近代欧洲资产阶级大革命为背景，以启蒙思潮为思想基础，因此这一学派具有很强的政治诉求，其学说与古代自然法学派相比，也更贴近于形而下的社会现实，强调人的实际权益的实现。然而为了寻得对抗利维坦的合法性依据，他们经常以诸如正义、平等、自由等抽象价值来构建自己的批判武器，并认为存在一种永恒的绝对理性是一切实然问题的应然规范。他们不再把这种理性简单地诉诸上帝，而是诉诸人的自身，认为人本身就天然具有一部分这种理性，此种理性所具有的约束力属性便是近现代自然法学派所认为的规范性。

（三）自然法学派对规范性解读的困境

一个事物的形而上的问题其实是一个哲学问题，因为“形而上”本身就是一个哲学概念，因此对这一问题的探寻也必须是从哲学的角度来进行，也就是要基于价值观的基础对此问题进行考量。然而此价值基础正确与否，其实是一个不可辨的命题，因为价值观从来没有绝对的正误，只有强理性与弱理性之分，因此我们便不能草率地判定两阶段的自然法学派对规范性的探索是正确还是错误。

对于形而上规范性的探讨，如上文所言，古代自然法学派对规范性的理解是基于神人共享理性的逻辑预设，他们认为规范性是根植于自然的、指挥应然行为并禁止相反行为的最高理性，此种理性可解释为古代自然法中的规范性来源，也就是形而上的规范性来源。而近现代则把这种规范性理解为永恒的理性在人身上的内化。然而他们这种解读都将规范性诉诸神秘的本体，故此我们不得不追问这种理性又来自何处呢？关于这个问题，笔者认为这绝不是一句简单的上帝的恩赐，或永恒的演化就可以解释的。

首先古代自然法学派认为人神是共享理性的，因此我们解析这个问题的第一步便是要弄清楚什么是理性。举个例子，许多人作出利益最大化的选择时，我们往往便会说他的选择是理性的，理由是他兼顾了每一种权变因素，并在调和这些因素中按满意原则找到了整体最优方案。因而，使利益最大化的决策便是理性的，这是理性的表征。而因为这种表征包含着经济的内容，其反映着这一理念的社会需求，因此依合作惯习理论，拥有共同需求的人必然会接受此种理性的定义。而无疑的是，在社会共同体中生活的每一个人都有其生存需要，所以我们推定每个人都是经济的，因此可以得出这种理性是普遍的。我们知道世界上有有神论者与无神论者，而古代自然法学派认为理性是神的意志，这显然是让无神论者无法接受的，因而此种对理性的阐释姑且不论其实质，光从其表征上看就不是普遍的。因为如果按照这种说法，神是规范性的最终来源，众多信教者可能对此深信不疑，然而问题在于对于无信仰者来说，这种规范性的来源明显是不能归结于他人基于价值判断而形成的神格，尽管或许真的存在万能的造物主。因此虽然古代自然法学派把规范性来源归结于万能的神，将对此规范的探索从形而下的维度上升到形而上的层面，然而他最终没能解决文章一开头就提到的，在持不同理论的社会族群间，如何实现规范性约束力的持续有效传递，实现规范性同一的问题。

而近现代自然法学派虽然不再把这种理性归结于神，并承认了永恒理性的存在，但却又将这种理性归结于人，认为人法本身就存在着自然法的要素，这种逻辑到后来又不得不滑入如下文所提到的实证法学派的逻辑困境中，无法找到新的出路。但无论自然法学派将其诉之于神还是诉之于永恒的理性，我们都不得不继续追问神是否存在？何为永恒？何为理性？所以在其原有的理论框架中，他们都难以在实践中证成这种本体的存在。

(四)对自然法学派困境的解读

1. 是否存在演绎于神秘本体的规范性

凯尔森的“纯粹法理论”以新康德主义为哲学基础,尝试以基础规范来解释规范性的来源,并力图在实证主义的框架内,提出一种不同于自然法理论的规范性理论。① 他在《法与国家的一般理论》一书中痛斥了自然法的二元论思想,并认为“如果人们能知道自然法学说所断言存在的那种绝对正义的秩序,那么实在法就成为多余的而且简直是毫无意义的。实在法的立法者面对从自然、理智或神圣意志中了解的社会正义秩序的存在,他们的任务就如同是在灿烂阳光下进行人工照明那样的愚蠢工作”。② 然而我们仔细分析可以发现,凯尔森提出此观点却忽视了一个很重要的逻辑规则,即大前提错误,结论必为假。

理由是,如果他认为人们不能知道绝对正义的秩序,那他就同时否定了人类能部分领会到那秩序真意的情况。就以凯尔森自身的观点举例,他曾批评某些实证主义法学家一味坚持经验主义的立场而忽视了“是”与“应当”之间的分野,那他用以判断一个行为是否为实然的应然标准难道是实然的外化吗?人类若没有部分领会到绝对正义的秩序,又怎么会区分什么是实然什么是应然的呢?因此,此大前提为假,他后面提到的探索行为无价值的观点也必为假。然而凯尔森坚持实然与应然相分离,规则与事实相分野,就此而论,他的立场又接近自然法学派。但是笔者认为凯尔森把规范性解释为规定某种“应当”的规范明显是不正确的,因为社群成员基于承认规则而形成的共同意志能最大限度地解释为应然,但为何在法律与道德相冲突时,法律却能凭借权威在合法的环境下消除这种道德瑕疵呢?所以凯尔森的理论便无法解决这一问题。进一步推理,我们可以得知此种规范性在与承认规则相悖的情况下是不能解释为应然的,也就是说凯尔森所认为的“规范性”并非是应然规范的体现,凯尔森凭此而否认绝对正义秩序的存在也是不合理的。

---

① 参见苗炎:《凯尔森法律规范性理论评析》,载《法制与社会发展》2009年第6期。

② 〔奥〕凯尔森:《法与国家的一般理论》,沈宗灵译,中国大百科全书出版社1996年版,第12页。

2. 来源于神秘本体的规范性能否被认知

上文中,我们否定了凯尔森的“不可知论”,并认为人类对绝对的正义秩序的探索是可能的。《易经》的屯卦向我们讲述了“始生之难”的道理,因此在人类探索绝对正义秩序的路途上也必定充满了无限的坎坷,这种坎坷更多来自于未明的前路与艰险的现途。

哈耶克在《法律、立法与自由》一书中认为:“自生自发秩序不仅是由行动者与其他行动者发生互动而形成的,而且更重要的还是由行动者与那些并不为他们所知而直接影响他们的社会行为规则发生互动而构成的。”①因此我们可以知道,自发秩序是由一个个独立的个体凭借着已知的规则与他人发生互动并受未知规则所指引而形成的一个社会结构。可以肯定,在这种前提下,每个人都必然是无知或限知的。每个人都在具有内在结构性的结构中活动,而这个结构所具有的大多数决定因素,则是我们所不知的。② 那么我们已知的最庞大的规范性表征无疑便是法律,也就是直接影响我们活动的规则,然而在规则使用过程中还存在着许多未知的规则,这些未知的规则又由谁来明确呢? 书中提到:“法官持有一个明确的目标,尽管不是一个特定的具有目的,亦即通过制定一项能防止业已发生的冲突再次重演的行为规则来逐渐改进某个特定的行为秩序。”③因此他把将未知的规则明确为已知的伟大使命交给了法官,因此法官也就成为应然规范性与实然规范性对接的关键点。

将探索形而上的法律这一神圣使命诉诸法官,这就将哈特承认性规则中的普遍主体,限缩在法官这一特殊主体身上。但值得注意的是两者并不割裂,因为普遍主体依据对绝对正义秩序的自然理解形成道德,由下而上为两种规范性的对接提供活力,而法官这一特殊主体依据其专业知识,从民众道德中提炼理性,由上而下地通过对形而上规范性的探索来实现与形而下的对接。

---

① [英]哈耶克:《法律、立法与自由》,邓正来、张守东、李静冰译,中国大百科全书出版社 2000 年版,第 8—12 页。

② 同上。

③ 参见同上书,第 8—12 页。

二、实证法学派对何为规范性的解读

(一) 实证法学派对规范性的解读

实证法学派认为法是规范性的外在表征,此规范性来自于社会契约的授予。这种契约通过固定化的形式(一般表现为文字)将人们有偿让渡的权力依逻辑,抽象概括成为契约的一般条款,并通过这些条款来证成国家与人民之间的权利与义务。这种契约正当性是建立在契约双方的意思自治,而非古代自然法学派所认为的人神共享的理性及近现代自然法学派所认为的永恒理性基础之上。因此其规范性来源便是由意思自治的双方所共同构建起的法定的国家机关,依照法定的职权和程序创制、认可、修改和废止法律和规范性法律文件的活动。他们通过这种立法和解释法律的活动,将阶级意志上升为国家意志。[①] 这种规范性及于社会共同体中的每一个社群成员,因此即使其立法受阶级意志及固有利益的引导,诱发出其对抗性的本质而造成阶级立法的不公局面,社群内的任何人都不得以其存在道德瑕疵为由而阻断其规范性的传递。

(二) 实证法学派对规范性解读的困境

实证法学派对规范性逻辑层次构造的理解与自然法学派相比缺失了对形而上的应然规范性的划分,或者说是把"应然"这种形而上命题,归结于形而下的社会实践当中,并试图从中寻找答案。这就造成许多问题,比如实证法学派虽然承认恶法具有规范性及制定法地位。然而既然承认此法为恶,那么判定此法恶的标准又在何处呢?依照实证法学派的观点,法这种规范性表征通过契约而建立,那契约双方在契约成立时所作出的真实意思表示似乎是评判后法善恶的绝好标准,然而如果这般想象,那判定其原始意思表示的善恶标准又在何处?

因此从逻辑上可以认为,如果在实证法学派的理论框架中要解决此问题,那就必须存在一个其自身不存在有效无效问题的承认规则,赋

---

① 参见王重高:《法理学》,中国人民大学出版社 2002 年版,第 56 页。

予其他规则以法律效力,并成为法律体系效力的终极和最高判准。哈特提出的承认规则理论就类似于这种思想,然而问题是如果我们把这种规则的来源诉诸社会实践,也就是说,这种规则只有当社会成员接受并实践它才可能存在。若此,我们的疑问是:不被社会成员所接受的恶法的规范性难道也来自于这种承认规则吗?

(三)对实证法学派困境的解读

1. 对实证法学派承认规则的理性批判

假如我们设一个社会共同体为S,存在一个当条件C被满足时,Y应当去做某行为X,而Y又不会因此而受到共同体S中的其他社群成员的批评性反应,那么此条件C就是被社会所普遍承认的规则。然而哈特对这一规则提出了一个理性预设,就是C本身不存在任何效力瑕疵,因此检验此种具有逻辑先验性的规则是依靠Y所作出X行为的本身,当X行为符合C的要求便从X中抽象概括出符合标准C的M规则,即M规则视为对C的逻辑演绎与解释。负责这种演绎与解释职能的主体便是人们依意思自治的契约而遴选出的国家立法及法律解释机关。

其实这里普遍承认的社会规则的最直接表现便是道德,而且是正确的道德。然而此种演绎及解释并不如承认规则C一般具有逻辑先验性,其失误表现为在立法实践中恶法的制定。依现代法治观念来看,若制定的主体表现了大多数人的意见,即达到了制定人员2/3或3/4的同意,则此立法草案当应被宣布通过成为法律,并赋予其规范性。这样看来制定法的规范性来源于立法机关,从更深层次来说应该是来源于人们初始成立此立法机关时所依据的根据意思自治而订立的社会契约。然而此时的问题在于立法者若由选举产生,则可视为其代表的大多数社会成员的意志,而表现了大多数立法者意志的规则M又是否代表了大多数社会成员呢?这个答案显然是否定的,所以我们便不能保证这种道德是绝对正确的,也就因此不能说现实中的道德便是规范性,因为不争的事实是现实生活中存在着大量的恶法。笔者认为,此处的实然的规范性起码应包含两个层次的内涵,即可将规范性拆分为“规”(可理解为约束力)和“范”(即被社会群体S所共同接受的行为范式)。那么表现大多数立法者意志的规则M为非C时,依据哈特的社会规则理论，此 M 必定不能获得社群成员的共同认可，那就是说此时的 M 所被科予的规范性是残缺不全的，即有“规”无“范”，由此可见，不能把制定法的规范性来源简单地归结于立法机关。那么制定法残缺的规范性该从何处补全呢？

2. 对规范性残缺的补全

诚如科尔曼所言，哈特确实混淆了规则与实践。但他认为这个缺陷可以在哈特的理论框架内修复。修复工具就是以哈特的内在观点为基础，引入托马斯·谢林与大卫·刘易斯所提出的合作惯习理论。所谓合作惯习理论便是在合作行为中，每一个人的行动都依赖于所有其他人的行动。只有一个人或少数人以某种方式行动，而其他人不采取类似的行动，就会导致合作失败。① 因此根据他的这一说法，我们便可假想，为避免失败，社会成员便会自觉形成一种合作的行为范式，这种行为范式不断地推广，直至到达整个社会共同体，那这种范式便抽象成为规则 M，而这种 M 规则在经过立法机关的颁布成为正式的法律后，这时的法律便拥有了完整的规范性即同时具有约束力和行为范式功能。若照此理解，就能很好地洞见这种行为范式形成的经济动因，并从社会群体出发，照见法律所蕴含之规范性正当性的社会基础。至此我们可以总结出制定法规范性的两个来源，即一个是立法机关，它是课予法律约束力的形式主体；另一个则是社群成员的共同意志，它是法律约束力正当性的社会来源，恶法若需要具备受自然法学派所承认的法律地位，那就必须依此社会承认规则，补全“范”的要素。

3. 困境的出路

德沃金指出并非所有的规则都依赖于社会实践。比如说，社群的大多数成员都接受并实践“不得说谎”这个规则，该社会实践完全可以满足社会规则的存在条件，但它并非惯习性规则。因为“不得说谎”这个规则的效力，并非来自其他人的行为，而是社群成员基于独立的道德立场接受并实践的。因此，德沃金认为哈特的实践理论最多只能用来说明惯习性规则，而不能适用于协同性规则。那么这种标准既然不来自于社会实践，又到何处去探寻呢？我们可以从纯粹法学派的创始人 H. 凯尔森处寻得思路，他认为：“一个规范效力的理由始终是一个规

① 参见徐显明：《法理学原理》，中国政法大学出版社 2009 年版，第 37 页。

范,而不是一个事实。探求一个规范效力的理由并不导致回到现实去,而是导致回到由此可以引出第一个规范的另一个规范。”[①]至此,实证主义法学派明显已不得不逐渐超脱形而下的维度而上升到形而上维度去探索何为规范性的问题,其原本的逻辑构造缺陷也在此时一览无遗。

而且上文虽然提到了制定法规范性的两个来源,然而依据社会契约论,立法机关在某种意义上也可将其看做社群成员共同意识的外化表现,故此可把制定法的规范性来源归结为一,即社群成员的共同认可,也就是哈特所说的承认规则。然而诚如上文所言,这种承认规则的缺陷在于其形而下的维度局限,在此语境下,当我们说一个法律为何具有权威时,往往会追溯到其规范性的来源,而当我们问为何此来源能具有规范性时,又不得不将其诉之于权威,这就陷入了一个类似鸡生蛋还是蛋生鸡的循环解释之中。所以,在法律人的视角下,如何终止这一解释循环自然成为解决法律所表达出的规范性来源的关键。

三、结　语

通过上文对自然法学派和实证法学派各自学说的解读,我们可以看出,两个学派在原有学说体系中都不能很好地解答何为规范性这个问题,但两者对这一问题的探索所作出的贡献却是不可忽视的,因此我们可以尝试着从其已有成就中总结出规范性的一些基本特征,以此来尝试解决何为规范性这一问题。

(一)维度双重性

规范性作为一种以约束力为外化的基本属性,其合理内核应包括形而上与形而下两个层面,而不仅仅只作“应然”与“实然”的区分。因为我们通常说“实然”是形而下的实践层面的,这没有理解上的障碍。然而对于“应然”一词,实证法学派却将其理解为形而下的应然,即将其诉诸社会实践,这种理解显然在逻辑上是有残缺的。因为《易经》曰:“形而上者为之道,形而下者为之器。”笔者认为形而上与形而下并

① 〔奥〕凯尔森:《法与国家的一般理论》,沈宗灵泽,中国大百科全书出版社 1996 年版,第42页。

不是互相割裂的两部分，不涉及形而下的理论只不过是痴人说梦中的空中楼阁，而不涉及形而上的学说则是没有思想与灵魂的法律。因此我们坚信“一种不接触墙上影子的哲学，只能是一种贫瘠的乌托邦”①。而对于规范性的理解也同样如此，实证法学派因拒绝向形而上维度去探寻，因此其只得其器而不知其道。所以笔者认为规范性的第一个特征就是其包含形而上的应然内容与形而下的实然内涵。

（二）内涵二元性

笔者认为规范性起码应包含两个层次的内涵，即可将规范性拆分为“规”（可理解为约束力）和“范”（即被社会群体 S 所共同接受的行为范式）。若我们说某种制度或意识形态是具有规范性的，那么我们便认为，其不仅应该具有在社会契约成立时衍生而出的约束力，而且在契约存续期间能得到大多数社群成员的自觉认可与遵守，成为成员们共同的行为范式。

（三）普遍性

斯多葛学派曾试图创立一种以人人平等的原则和自然法的普遍性为基础的世界主义哲学，并构建一个具有同一性规范的世界国家。这里所说的“同一性规范”其实指的是这种规范所蕴含之规范性的普遍效力的现实表达，这不仅是指其能在持不同理论的社会群体乃至不同信仰的族群中非排他地有效传递，还表现在其能阻断社群成员基于不同立场否定这种规范性的可能。因此规范性首先在其所表达出来的效力上应该是普遍的。

（四）自然性

从最广泛的意义上来说，规范性是源于事物本性的必然联系，就此而言，一切存在物都有其规范性。所谓“上帝有其法，物质世界有其法，超人智灵有其法，兽类有其法，人类有其法……”②因此规范性应该是一种自然存在的属性，而不是人类社会独有的创设，本文一开始所追

---

① 〔美〕迈克尔·桑德尔：《公正，该如何做是好》，朱慧玲译，中信出版社 2011 年版，第 2 页。

② 〔法〕孟德斯鸠：《论法的精神》，许明龙译，商务印书馆 2013 年版，第 9 页。

问的何为规范性之来源中的“规范性”,就应该不单单指人类社会的规范性,实证法学派将其诉诸社会承认规则和近现代自然法学派将其诉诸人的理论,其逻辑前提就有很大的局限。因此对规范性的追问,我们不能单单从人类的法律或道德处追寻,而应该面向整个自然界去求索答案。

当然以上所总结的规范性的四种特征显然不足以回答何为规范性这么一个简单却深奥无比的问题,但却可以让我们对规范性有一个总体的印象并对何为规范性这一问题的继续探讨提供一个思路。至于对何为规范性这一问题的探索,应该从规范性的来源处求索,而规范性的来源又是什么?值得继续思考。

(责任编辑:杨光)

从道德规范性到法律规范性

陈辽宇*

克里斯蒂娜·科尔斯戈德在《规范性的来源》中通过对唯意志论和实在论的批判,指出正当性是规范性的核心,并提出新康德主义的规范性来源学说。正当性是指对于一个观点或者事物的可接受性。可接受就包括了个人的接受和社会的接受,即正当性体现在个人接受性与社会接受性两个方面。笔者认为,科氏规范性理论的不足在于其诉诸个人内心的反思性认可理论缺乏了社会性,过于强调个人的作用,正当性不足。实质的法律规范性以正当性中的社会接受性为基础,这也正是科氏把规范性限缩为道德或伦理上的规范性,而无法对实质的法律规范性进行讨论的原因。笔者基于科氏的理论提出,规范性来源于社会需求,是不同个人之间需求的交流和交融。

一、科氏规范性理论及其不足

(一)规范性之正当性

克里斯蒂娜在《规范性的来源》中通过对唯意志论和实在论的批判,指出规范性的核心是正当性。

1. 主张唯意志论的霍布斯、普芬多夫认为,规范性来源于一个权威,比如上帝或者主权者,人的生命更像是一个机械生命与被外界所强加的道德结合所形成的集合体,"就像产生物理实体的最初方式是创造,因此产生道德实体的最初方式莫过于强迫"①。克里斯蒂娜认为,唯意志论的外在的规范性主张混淆了行为动机和行为规范来源。行为

* 中南财经政法大学法学院本科生。

① 〔美〕克里斯蒂娜·科尔斯戈德:《规范性的来源》,杨顺利译,上海译文出版社 2010 年版,第 23 页。

的动机是指行为的起源，而规范性的来源则指规范性本身的来源。行为规范来源更强调规范的正当性。外界所强加之物不一定具有正当性，并非规范性的来源。

2. 坚持实在论的克拉克主张，规范性来源是事物客观性质之一，规范性来源如同事物的长度、颜色等性质，都是客观存在的。他认为，只要道德要求是真实的，那么它们就具有规范性。如果存在着它们正确地描述的具体规范性的实体或者事实，那么道德要求就是真实的。对此，克里斯蒂娜批评道："要解释规范性概念或者规范性真理范畴的存在，无须假设一个内在规范实体或者客观价值领域。"她认为，要解释规范性的来源不在于道德的真实性而在于正当性，这是两种不同的性质。

唯意志论关于外加道德的说法与实在论关于道德真实性的理论都违背了规范性来源本来的含义。规范性来源强调的是其正当性。克里斯蒂娜通过"批判他人观点→提出自己观点"的论证模式，把规范性来源的研究对象进行了重新定义，把规范性之正当性置于研究的首位。

（二）规范性之理性反思性认可

"反思性认可的方法源于那些反对实在论并把道德建立在人性中的理论"。[①] 对于反思性认可的规范性来源，有着不同的理论支撑。大卫·休谟"旨在揭示思想的解剖学因素，那些因素使我们赞同或反对我们的所作所为"。[②] 伯纳德·威廉斯的概念学说及约翰·斯图尔特·密尔提出"可欲望就是善"、"快乐和没有痛苦是唯一可欲的东西"以及"我们会乐于看到我们自身成为一种不敢伤害他人的人"都旨在说明人的自身认可是规范性的来源。这些理论强调人类的自身认可，认为经过人的自身认可，道德就具有了正当性，这就是规范性的来源。

在以上理论的基础上，科尔斯戈德提出自己的观点，她认为如果基于对真正的道德伦理的反思发现我们依然愿意认可道德对我们提出的要求，那么道德就是规范性的。可见，她进一步完善了反思性认可理论，她的反思性认可理论不再基于人简单地以自然欲望进行反思，而是

---

① 〔美〕克里斯蒂娜·科尔斯戈德：《规范性的来源》，杨顺利译，上海译文出版社2010年版，第57页。

② 同上书，第60页。

强调真正的道德伦理反思,即理性的反思性认可,这是对康德主义的发展。同时,克里斯蒂娜对康德主义中的“自身的同一性”进行了新的定义,把同一性的自我分为思想的理性自我和实践的行动自我。她认为“自我同一性”是实践的同一性,是以先验自我为基础,具有经验性的一种现象。关于实践和经验性的观点的引入,为科氏反思性认可理论的“理性”提供了一定依据,使其在康德主义的基础上得到了很大的提升,形成以理性为核心的新康德主义。

(三)社会接受性的缺失

克里斯蒂娜在康德主义的基础上引入关于实践和经验性的观点,企图通过理性的反思性认可来解释规范性的来源。笔者认为,科式规范性来源理论仅停留在个人层面的规范性来源解释是缺乏社会接受性的,故其正当性不强。不同个体对理性或道德标准的理解都有一定差异。站在社会层面的角度来看,仅强调个人层面的理性反思性认可并不一定是理性的。

规范性的核心是正当性,正当性是个人性和社会性的统一。克里斯蒂娜提出“反思性认可规范性来源不仅是行为者用来检验自己的具体动机和倾向的道德标准,它还是道德本身”的观点,这明显地夸大了个体行为者对于规范性的影响。规范性之正当性并不是个人就可以确定,由个人确定的仅是个人的接受。规范性的正当性应该由社会所确定,以社会是否可以接受为关键。实质的法律规范性是具有社会接受性的,缺乏社会接受性的科式规范性来源理论正当性不强,难以在伦理或道德与实质之间构建一个桥梁,把伦理层面的规范性适用于实际,构建出一个完整的以正当性为核心的规范性来源理论。

笔者认为,克里斯蒂娜在该书的第一章中就提出“伦理标准是规范性的,伦理标准不只是在描述我们实际调节行为的方式。它还向我们提出了要求,它们能够命令我们、强迫我们,或者建议我们、或者期盼我们在使用这些标准的时候,是在相互提出要求。”这就缩小了“规范性的来源”的范围,把“规范性来源”限制在伦理和道德层面,避开对实质的法律规范性来源的讨论以保证科氏规范性来源理论的逻辑之周延。

二、法律的规范性来源

科氏规范性理论由于过于强调个人接受性,而缺乏社会接受性,其正当性不强。在科氏规范性来源理论的基础上,笔者认为规范性来源于社会约束力或社会需求。个人对自身的理性反思性认可促成个人约束力或个人需求,而为个人所接受。个人与个人之间通过交流,以不同标准为依据所形成的不同的个人需求,经过碰撞与融合结合成具有公共性和共识性的社会约束力或社会需求,并为社会所接受,这才是规范性的来源。

社会性的需求是众多的个人性需求通过一定方式结合形成的,个人对理性标准理解的差异得到了弥补。正如上文所提,探究规范性来源的研究对象是规范性之正当性。社会需求以社会性的理性标准为依据,纯粹的个人反思性认可以个人性的理性标准为依据,而社会性的理性标准比个人性的理性标准更易得到普遍接受,所以规范性来源于社会需求的观点更具有正当性。

从社会需求的角度来认识规范性来源把反思性认可理论从个人层面推进到社会层面,个人接受性与社会接受性得到了统一,其比科氏规范性来源理论更具说服力。其最终完成了伦理层面规范性到实质的法律规范性之间的对接。下面将以法律的制定和修改为例,说明法律的规范性来源于社会需求。

(一)静态:法律制定

法律规范性是实质存在的,其来源于社会的需求。法律的制定是不同的个人需求融合成统一的社会需求的结果。以 2010 年 7 月 1 日通过的《中华人民共和国侵权责任法》(以下称《侵权责任法》)中第 17 条、第 22 条、第 49 条、第 59 条为例展开讨论。

1. 在法律以外,对于生命价值之确认及对受害者近亲属赔偿范围的标准存在着不同的说法。不同个体之间的反思性认可衍生出了不同的需求或约束力,如“一命抵一命”和“有钱人的命更值钱”等。这些不同标准的合理性显然是有差异的。不同的个人反思性认可得出的结论都不能为别人所彻底接受:“以命还命”被指侵犯他人生命权,而以金钱为标准衡量生命的价值则被认为歪解生命的价值。经过不断的交流,各方不断协商并让步,得出一个统一的社会性结论。这个结论经过确认,演化成了《侵权责任法》中不全面的“同命同价”理念,不全面性体现在对于侵权行为导致一人死伤的赔偿问题,不适用该规定,即个人财产与赔偿数额仍有一定联系。

2. 侵犯他人精神领域是否需要赔偿一直饱受争议,不同个体之间以自身的理性标准经过反思和认可得出不同的需求,有人认为精神领域不属于实质的法律规范所调节的范围,相反观点则指出精神与实质之间具有密不可分的联系。各方只能在不同需求中找到平衡点,以形成为社会所接受的关于精神损害赔偿问题的社会需求。于是《侵权责任法》得以规定精神损害可以得到赔偿,但仅限严重的精神损害。

3. 对于机动车所有人所租赁或借用出去的机动车发生属于该机动车一方责任的交通事故时的责任问题,处在不同的社会层次或领域的个体经过反思性认可形成不同的个人需求。与保险公司有利害关系的人认为转让导致保险标的危险程度增加,保险公司不承担责任;而机动车所有人则提出所有人与事故发生无直接关系,使用人和保险公司应承担责任。涉及利益的争端,各方都不愿意损失自己的利益,担负责任。最终,需求经过交融从个人性向社会性过渡且经确认,《侵权责任法》第49条的法律规范性形成。

4. 代表不同利益的个体就医疗物品缺陷的赔偿主体有着不同的看法。受害方认为其理应得到最快速有效的赔偿,作为医疗物品直接提供者的医疗机构应当进行赔偿。但医疗机构以关于药物质量之保障责任不在己方为由坚持不对受害方进行赔偿。与上例一样,代表不同利益的个体经过不断的争论和交融,最终确定了统一的社会需求,并形成《侵权责任法》第59条及其相关法律原理。

(二)动态:法律修改

上文的论证是在一个静态环境中进行,笔者所主张的规范性来源于社会需求的观点在动态环境同样能够被验证且具有适用性。每个人对于个人理性和道德的标准是动态的,随着社会的发展也会改变。个人以自身理性标准或道德标准为依据所进行的反思性认可形成个人约束力或个人需求也是动态的。因此,个人需求经过一定方式融合而成的社会需求也处于不断变动中。规范性来源于社会需求,规范性因此是动态的,法律规范性也是动态的。下面以我国 2005 年 10 月《公司法》修改为例进行说明。

20 世纪 90 年代,改革开放已取得一定的成效,社会经济逐渐活跃,出于社会对于保障经济制度存在与发展的需求,我国出台了《公司法》。21 世纪以来,随着中国经济体制改革的逐步深入,中国的市场经济相对以前发生了根本性的变动。不同的个人以变动后的理性原则为依据进行的反思性认可,形成了新的个人需求。这些不同的个人需求经过一定的方式交融成统一的社会需求。《公司法》中严重的计划经济时代的痕迹和为国有企业改制量身定做的制度框架等已经完全不符合社会需求。

2005 年修改前的《公司法》具有极强的政府管制性,强制性规范远远多于任意性规范,公司的自主权受到抑制,私法自治精神严重缺乏,市场主体的自主发展、自由竞争和自我管理受到了限制。同时,《公司法》中有大量针对国有企业的特别待遇条款,如第 7 条、第 72 条、第 152 条、第 159 条。这些条款过度地强调和巩固国有企业的优势地位,不但没有给国有企业的发展壮大提供助力,反而成了当时市场的症结和制度瓶颈,不平等的地位严重地损害了非公有经济的利益。随着市场经济的活跃度持续上升,不同层面和经济领域的个人经过反思性认可提出的新需求经过交融形成了关于自由化经济和公私经济地位平等或相对平等的社会需求,直接导致了《公司法》的大改。此外,随着公司设立、企业改制、资产重组、债务重组、企业托管经营等方面的不断发展,公司法人格滥用之现象大量出现,社会经济秩序被严重破坏。在新的经济环境下个人形成了新的理性标准,并以此为根据进行反思性认可得出新的个人需求。个人需求融合而成的社会需求促成了《公司法》中公司法人人格否认制度的产生。

三、结　　语

克里斯蒂娜指出了唯意志论、实在论等规范性来源理论混淆了行为动机起源与规范性来源的概念,强调规范性来源的研究对象具有正当性,并通过重新定义自身同一性的方法,提出理性的反思性认可理论。笔者则认为正当性是个人接受性和社会接受性之统一,社会性理性标准和纯粹的个人性理性标准相比更具正当性。所以,仅停留在伦理或道德的规范性来源是有缺陷的,笔者主张社会需求是规范性来源,社会需求统一了个人接受性和社会接受性,相比科氏规范性来源理论更具说服力。这在伦理或道德的规范性和实质的具有社会接受性的法律规范性之间构建了一座桥梁,完成了从道德规范性到法律规范性的对接。

(责任编辑:杨光)

反思性认可与秩序建构

代剑锋*

科尔斯戈德师承罗尔斯,同时也是一个新康德主义者。从其思想中可以看到科氏并未继承罗尔斯的思想,而是走向内在主义的反思与自律,但是她并未提出一个有效的机制来约束和统一每个人的自律,由此引发了其后众多学者的批判性思考。在其著作《规范性的来源》一书中,集中体现了科氏的理论立场和逻辑证成的路径即反思性认可对于构成人的实践同一性的重要意义,以此来推证规范性的来源是人的实践同一性。科氏提出自己关于规范性来源定义的理解:"规范性问题是第一人称问题,它是对那个必须实际地做道德要求他做的事情的那个道德行为者提出的问题"。① 在书中,科氏对唯意志论、实在论、(单纯的)反思性认可、诉诸自律论进行了继承与批判。但在这种批判中,科氏运用这种反思性认可到了何种程度,能不能突破单个人的自律,形成一种有效的共识与秩序,这就是本文探讨的出发点。本文将从科氏反思性认可理论的基本内涵着手,沿着科氏反思性认可与秩序建构的进路探索,试图阐述科氏反思性认可对于秩序建构的理论贡献与原理,并提出自己的见解。

一、何为科尔斯戈德的反思性认可

"如果人们基于对真正的道德理论反思之上发现我们依然愿意认可道德对我们提出的要求,那么道德就是规范性的。"②这是科氏在全文中体现反思性认可定义最鲜明的 点。在科氏看来,反思性认可是

---

* 中南财经政法大学法学院本科生。

① 〔美〕克里斯蒂娜·科尔斯戈德:《规范性的来源》,杨顺利译,上海译文出版社 2010 年版,第 17 页。

② 同上书,第 57 页。

根植于人性之中的，是同人的实践同一性密不可分的。失去了反思的能力，也就失去了人之为人的本质性东西。可以看到的是，其所采用的反思性认可这一研究方法仍然为现今学者思考规范性的来源提供了理论借鉴的价值。接下来，笔者将从科氏反思性认可理论的程序机制与基本内核上来尽可能阐释科氏的反思性认可理论。

（一）科氏反思性认可理论的程序机制

科氏在其规范性理论中的演绎之法集中在反思性认可的理据上。相比唯意志论、实在论、（单纯的）反思性认可理论、诉诸自律论而言，科氏的高明之处乃是研究路径的选择。其表现为反思性认可研究方法的运用。反思性认可的程序机制为其论证规范性来源于人的实践同一性这一论点提供了翔实的论据。那么科氏是如何运用反思性认可的呢？笔者以为，这种反思性认可在实质上仍然是一种程序性的反思，它建立在从人性到规范要求的过程之中。科氏反思性认可要经过三重反思程序。其理论预设是人在本性上具有反思性结构，并体现为人具有自我反思的意识。

第一重反思是人通过理性反思把自己认同为支配自己行为的理由。它是冲动与反思在心灵上的距离。其自然过渡为绝对命令或者自由意志赋予的一种自觉力，这是人类本心上存在的一种潜在“动物”意识，是基于“私利”的初步价值判断，这被解释为出于动物本能意识，也是基于意识指导行动的朴素唯物论而进行的思考。第二重反思为理由到道德义务（或者不仅仅是道德义务）的契合，它通过反思的方式把这种理由确立为一种内心的道德义务，赋予了我们理由的正当性。这让我们行而不惑，有一定的信念去实现它，是哲学上的感知到信念的过渡，是人之为人在思想上的本质属性。第三重反思乃是将我们的道德义务付诸我们的行动，并用行为加强我们的义务感与实践信念，这一重反思更重要的是实践的反思，是思想上的自我到行动上的自我的二次飞跃。用实践来逐步确立我们的认知，这时自律才真正表现为我们的实践同一性。整个程序运用的机制体现了内在主义的逻辑论证思路。

（二）反思性认可的基本内核

科氏同一性理论论证了规范性来源于人对自身实践同一性的认

同,这种认同建立在自身运用反思性认可的方法之上,以达至实践的同一性为目的。这就是科氏规范性论证的中心,它表征了道德自我建立在一定的实践同一性的必然表现形式之上,体现了反思性自我的内在能动性。“人类生活具有一种目的,只有那些遵守伦理标准和满足道德要求而生活的人才能够实现这个目的。这一点被设想为足以确立伦理学真正是规范性的说法”。[①] 人是在遵守道德要求的基础之上实现了自我的价值与生活的意义。科氏正是在认可这一基本理论的基础之上,并主要以康德建构主义理论为思想基石,对道德规范理论进一步深入探讨,提出了同一性理论。她认为人类意识的反思能力是规范性的来源,只有通过反思认同的方法才能揭示出一个人的实践同一性概念,进而才能正确地说明和解释规范性的权威力量。科尔斯戈德将实践同一性理解为人特有的反思力与行动力。人作为具有自由意志与判断力的个体,本质上具有一个理性反思的结构,当我们进入反思活动时,会在内心发现一个作为人格同一性的自我,这个自我不是形而上学意义上的自我,而是一个简单的、不可回避的自然事实,即人作为目的的道义性地位。[②]

二、科氏反思性认可到秩序建构的研究进路与困境

科氏的理论出发点是人在本质上是反思的,这种思考体现为人具有使得思考成为可能的心理结构。科氏以实践同一性为论点,辅之以反思性认可的研究方法,引证了康德的两处论点作为自己的理据,一是自律是义务的来源,二是我们具有道德义务。[③] 在论述人具有道德义务的过程中,经过人作为自己目的的国王的法则这一路径,进一步论证了道德法则作为所有理性存在者构成的共和国法则的重要性。

科氏将康德建构主义里的“绝对命令”与“道德法则”作了区分,并引入“实践同一性”的概念,体现了科氏理性思辨能力之超群。她主张将其分开的原因有两个:其一,科氏认为任何法则都是普遍的,它普遍

① 徐秋梦:《规范通论》,商务印书馆 2011 年版,第 475 页。

② 参见〔美〕克里斯蒂娜·科尔斯戈德:《规范性的来源》,杨顺利译,上海译文出版社 2010 年版,第 213 页—217 页。

③ 参见贾琳:《科尔斯戈德规范性问题研究》,山东大学 2012 年硕士学位论文。

适用相类似的事情，但是康德并未能指出绝对命令究竟在何种范围适用其普遍性；其二，自律仅仅适合单个人的反思，当每个人都有自己的道德标准之时，那么统一的道德标准如何形成，有没有有效的手段来解决它？这个问题在康德那里没有办法找到答案。但是，科氏也仅仅给出了思路，并未能给出有效的方法来解决这一矛盾。不过在学术批评方面，存在一种学术补白的观点就已经很不易了，这是作者在反思性认可走向秩序建构中的重要一步。

笔者以为，科氏未能走出“自律”作为弱势规范要求的误区。第一，科氏并未认识到人类反思性能力是有限的，受到理性程度差异的影响。每个人理性思维的反思程度不同，故而很难依靠单个人的自律形成有效的共识。她所主张的自律与道德反思性认可乃是一种弱制裁性甚至是没有制裁性的规范。因而，未能解决人们在内心形成的道德判断冲突之时道德标准的选择困难问题。第二，单个人的自律是脆弱的，依靠人的自律形成的规范的执行力是极其脆弱的，法律制度的出现是为了克服这一弱点，弥补人的自律在规范上的弱制裁性；同时，这也提供了新的契机，人在制度的执行与自我认同上仍然需要自律的发挥与道德规范的约束。科氏主张人类共同的反思形成一种有效的规范，并为人性共同体所遵守。但是在这个反思的过程中，无法找到一种有效的程序机制加以统一，并将其固定下来，成为一种执行的规范。从这个程度上讲，法律制度作为一种规范，既弥补了同一性理论的缺陷，又为人更好地发挥反思性认可提供了法律架构的空间。

一言以蔽之，对于从反思性认可走向秩序建构的进路，科氏走出了两条不一样的论证路径：其一，道德规范性通过实践同一性的反思性认可，可以引申出其他的规范性要求，这些要求共同构成了社会秩序的衍生。其二，义务往往不一定只是道德义务，事实上相反，它还包含其他的义务综合体。自律对于人认识其他个体义务的存在也有着类似的作用，基于人性之上的秩序建构，正是由此出发推证出来的。她通过私人理由到公共理由的导入路径来论证他人也使我们负有义务。[①] 这两种解释路径体现为元伦理学的知识转向，赋予了自律以新的反思性价值，

① 参见〔美〕克里斯蒂娜·科尔斯戈德：《规范性的来源》，杨顺利译，上海译文出版社2010年版，第152—153页。

但是自律本身构建秩序的能力是有限的,甚至于说单个人的自律没有强制性规范的介入,又会陷入一种新的混沌状态。这是科氏所解决不了的难题。

三、走出常识之路

沿着科氏反思性认可与秩序建构的进路,笔者试着提出一种程序机制,以此来统一人们在运用反思性认可的过程中产生的共识,从而达到秩序的有效构建。这正是修正科氏理论的不足之处,走出常识之路。所谓共识,只不过是绝大多数人所接受的对事物的认知。这种认知体现为“人们可以合理地相信事物,尽管他们并不理解”①。从另一个角度而言,这并不妨碍他们认识和遵守秩序。笔者试着通过对哈耶克、凯尔森、哈贝马斯关于实践理性的理论梳理中获得启发,进而提出自己的浅薄之见。

(一)哈耶克的自发秩序说

哈耶克的“自发秩序说”对于社会秩序的建构乃是基于社会经济学的知识导向,其对反思性认可走向秩序建构具有一定的理论参考价值。尽管哈耶克的知识转向被诸多学者批判,但仍有值得借鉴的地方。

哈耶克的自发秩序说首先是基于对“秩序”的准确界定:“‘秩序’乃是一种事实的状态,在这种状态之下,各种联系被有机地统一在一起”。② 其次,作者在论述经济秩序的理论前提下推导出了自发秩序的建构。在这里,哈耶克在一定程度上摒弃了反思性认可,认为秩序的构成是人们对于习惯和传统的遵循,是人们作为秩序的一个构成要素对于秩序的理性回应。但是在论证走向秩序建构中,哈耶克的实践理性为这种有效的建构提供了一种新的思路:物质基础或者说经济基础的实践是导向秩序的合理土壤。其更加注重社会需求与人性的融合,而不是停留在“唯心”自律的论证基础之上。特别是哈耶克对于秩序要素的竞争的论证中,提出一种新的借鉴:“竞争的存在尤其需要一种制

① 参见〔美〕理查德·A.波斯纳:《证据法的经济分析》,徐昕、徐昀译,中国法制出版社2001年版,第23页—34页。

② 〔英〕哈耶克:《自由秩序原理》,邓正来译,三联出版社1997年版,第6页。

度的固定,尤其是法律规范的存在,既弥补了竞争的保存,又要使竞争尽可能地发挥作用。"①这种有序的社会自由竞争体现了法律的规范功能。

这种思路的推演体现为社会知识谱系的不同,哈耶克所论述的立场乃是基于社群主义的共通。而科氏则更多地站在个人主义的立场之上,故而所依赖的实践基础也有差异。这种理论立场的预设使得两者的逻辑证成呈现出不同的风格,并直接影响了各自结论的成立。

(二)凯尔森的规范性理论

凯尔森的法律规范性理论核心思想体现在《法律与国家的一般理论》一书中,该书以19世纪分析实证主义法学和新康德主义哲学为理论基础,单纯研究实在法,即国家主权者实际制定和实际存在的法律。其主要分析了这种法律的规范要素、规范要素间的关系以及法律规范结构。与此同时,还分析了作为法律规范整体的法律秩序、不同法律秩序之间的关系以及法律在许多实在法律秩序中的统一辩证关系。在其看来,法律秩序是依次由"个别规范"、"一般规范"、"宪法"和"基本规范"构成的等级制度。

首先,凯尔森认为若干个人之所以形成一个共同体,是因为一个规范性秩序正在调整着他们的相互行为。② 而这一秩序在其看来,主要是存在法律规范的一元论分析的基础之上,规范性之所以能够构建一个新的秩序,是因为它为一个国家所创造或对于一个国家有效力,法律与国家的关系被认为类似于法律与个人的关系,这种国家与法的二元性,就体现为一种新的秩序的衍生。国家是作为法律上的一个共同体而存在,是国内法律秩序的人格化,这种法律规范实际上为国家和个人所遵守,是因为个人对于国家的情怀与国家效力的认定。

其次,凯尔森对于法律构成秩序的论述还体现为个人对于秩序构建的主体作用,法律是个人行为的秩序之一,法律规范从其效果来看,主要是体现为个人的行为规范。个人的"反思性认可"是集体意志诉

① 〔英〕哈耶克:《通往奴役之路》,王明毅、冯兴元等译,中国社会科学出版社1997年版,第40—46页。

② 参见〔奥〕凯尔森:《法与国家的一般理论》,沈宗灵译,商务印书馆2013年版,第203页。

诸规则的结果。换言之,规范是由人们组成共同体而创造的,这种规范体现为每一个人自由意志保护的结果,理应得到恰当遵守。这是由法的纯粹性决定的。

凯尔森的理论可以借鉴的地方在于,它从源头述明了法律规范性与法律秩序建构的关系,引用法律与国家的二元性分析,来达到认识规范与秩序的新层次。相对于科氏而言,凯尔森走向了法律规范的认识路径,体现为共同体意志的表达,个人的自律在秩序形成之前被加以有效使用。

(三)哈贝马斯的商谈论

哈贝马斯的商谈论集中体现于其著作《在事实与规范之间》之中。首先,哈贝马斯在其理论中把实践理性解释为交往合理性,这一界定为其论述政治性商谈与民主参与提供了可能性。哈贝马斯的民主性建制主要是通过事实性与有效性的张力关系来完成的,其认为法律规范主要是通过事实的强制性与合法的有效性来建构有效的秩序,这种构建体现了合法律性[①]的特点,这样才会被人们所遵守。

其次,哈贝马斯运用商谈论来阐述法律规范作为一种使得秩序具有可能性的必要条件,这种秩序的共识是通过自我理解来达到的,主要体现为道德—实践的自我理解。这种自我理解正如其概念所示,要经过道德自我理解到实践自我理解的两次反思。其一,道德的自我理解促成人们从伦理学视角对规范进行自我理解,这种理解存在于他人合理有效的交流之中;其二,实践的自我理解是通过参与商议性活动来完成的,在这个过程中要理性参与共同体的有效实践之中,认识到自我行为对于他人行为的有利与不利影响,这种实践的自我认知有助于形成共同体的行为规范,借此来推动人们加强共识,遵循合理有效的秩序。

哈贝马斯的商谈论可资借鉴的理论条件主要在于让实践理性走下形式概念的高台,走向人们不断交往形成的生活实践与政治实践之中,通过商谈这种创造性的活动,让秩序的形成在理论基础上获得了可证成性。与科氏相比,民主程序体制比人们的自律显得更为有效,不过这

① 参见〔德〕哈贝马斯:《在事实与规范之间》,郑永流译,法律出版社 2010 年版,第 34 页。

种道德—实践的自我理解仍然与科氏有异曲同工之妙。

（四）法律规范对于秩序建构的分析

从以上三种理论的合理内核出发，对科氏的反思性认可与秩序建构理论就会有新的思考。科氏的理论太过于重视自律在形成秩序中的重要性，或者说单个人的道德反思有助于极大地增益秩序的形成。笔者以为，要在反思性认可与秩序建构中引入一种新的程序机制，在社群之间形成一种有效的共识，用法律规范来固定这种共识，从而形成一种有效的秩序运行的机制，才能够达到一种有效的事实状态。

首先，共识的凝聚得益于每个人对于自身在构成秩序的价值上的反思性认可。这种反思性认可主要体现为一种内在的约束。同时，假定在原初状态[①]下，每个人都恰当地运用了反思性认可来加强对自己义务的认知。这种对自身的认知，不仅仅停留在自我意志与利益自取的层面，还应将他人的合理诉求加以考虑。人是社会性的动物[②]，不可能脱离共同体的其他人而单独存在，这种考虑是不切实际的，所以必须要将他人的合理诉求纳入到自己的意志范围之中来，这样才能使得秩序的保有与维护成为一种可能。由此可以推知，共识的凝聚必然经过两个步骤：一是个人作为理性反思的自我，必须要运用反思性认可来意识到自己的义务与价值，这是一种个体意识的觉醒；二是这种理性共识的重叠需要通过反思性认可来加以审视，从个体义务到共同意志，必须要经历一个统一理性共识的过程，这种过程体现为理性思维的构建从个体扩张到全体的共识达成过程。

其次，用法律规范固定这种共识，并用对话程序机制来加以引导。而这种程序机制可以从法律中得来，主要是因为法律具有较强的建构性与强制性，可以弥补人在自律方面的缺陷，又可以保证自律的有效发挥。法律所具有的现实强制性，正是自律作为弱规范性所缺乏的。而这种程序机制，主要表现为对话沟通的民主程序。通过有效的对话机制来深化人之间的认知与理解，促成新的共识，将有利于秩序的遵守。

---

① 参见〔美〕约翰·罗尔斯：《正义论》，何怀宏、何包钢、廖申白译，中国社会科学出版社 2012 年版，第 17 页。

② 参见〔古希腊〕亚里士多德：《政治学》，姚仁权编译，北京出版社 2007 年版，第 40—47 页。

“不同的价值只有通过自由而理性的讨论协调相互的关系并解决冲突，形成合意、共识以及公共意志。”[①]这种讨论式对话机制对于共识的保有具有重要作用。与此同时，法律规范自身具有的事实的强制性与合法的有效性对于固定共同体形成的共识与公共意志具有重要作用，它表现为共同体之内的个体有限理性的自由表达与合致。

最后，秩序的存在需要人发挥主体性出于自由意志的默示遵循。人类共同体在秩序的认知上应该达到一种理想化的状态，人用实践理性来指导自身的行为，从某种程度上讲，乃是自我主体意识的觉醒和理性运用思维的结果。“能够为人民所信仰的法律必须是能够给人们或者至少是绝大多数人带来利益的。”[②]人们应该意识到这一点，并妥善参与民主政治实践，从自我的层面去遵循秩序。除此之外，“让自由地联合起来之公民的自我组织的观念接受高度复杂的现实的‘对质’”[③]，通过现实对实践理性形成的共识之检验，来达到秩序的被遵守。

四、结　语

本文对于反思性认可与秩序建构的探讨，是基于科尔斯戈德的规范性理论之上的，并对科氏进行了批判，借鉴哈耶克的自发秩序说与凯尔森的规范性理论、哈贝马斯的商谈论，形成自我的浅薄之见，来修正科氏理论的不足。从反思性认可到秩序建构的过程中，应该严格把握秩序、自律、法律规范三者的有机联系，从程序的衔接与运用上来达到秩序的默示遵循。秩序乃是一种应然与实然状态的结合，从某种程度上讲，人主观能动性的发挥对秩序的形成与保有具有重要作用，通过法律规范与合理有效的程序建设来达到秩序建构之目的。

（责任编辑：杨光）

---

① 季卫东：《宪政新论——全球化时代的法与社会变迁》，北京大学出版社 2005 年版，第 291 页。

② 苏力：《批评与自恋》，法律出版社 2004 年版，第 182 页。

③ 〔德〕哈贝马斯：《在事实与规范之间》，郑永流译，法律出版社 2010 年版，第 360 页。

义务限制与反抗:义务为人心接受的过程

谢铖涛*

科尔斯戈德的《规范性的来源》一书对社会中的规范以及义务的生成问题进行了深刻的探讨。规范性是道德层面的,当然某种程度上可引入到法律层面。引言中作者提出:"我们需要学习德性……因为我们是人,这就是我们的本性。"①不像道德,法律建立在社会的基础上,是次生的。人的理性作用于法律的创制要比感性作用更多,但就讨论的规范性问题来说,两者也具有相通性。本文旨在将书中的观点映射到法律领域内,将法律对人的义务限制、反思该义务限制引发的反抗、反抗义务的主观动因三者结合探析义务与人心磨合的过程。

一、外力:法律编织限制

作者在书中第二讲试图把规范性限定在人类行动领域之内。框定到人类领域的规范性问题就和法律有了重叠。当今,法律作为义务规范的主要形式,在更狭窄的法益范畴内限制了思维、喜好、言辞、行动,其事先设立了禁止性、许可性条款。如广义规范性即德性所含概念都讲述"应该做什么"以告诫人们什么事该做一般,法律同样作了告诫,只是借可追责行为对应义务的形式来呈现。

引言直接给出作者对义务的定义:"义务,是强制性把价值施加给那些有懈怠、反抗和抵制因素作祟的质料。"②反观法律,其工具性意味着自然、政治等因素能够干涉其制定和实施,但这些因素的干涉为的是让立法者意志得到满足。即便相比道德,法律上人性内在力量比重更

* 中南财经政法大学刑事司法学院本科生。

① 〔美〕克里斯蒂娜·科尔斯戈德:《规范性的来源》,杨顺利译,上海译文出版社2010年版,第4页。

② 同上书,第5页。

小，规范性的需求仍让人类自发形成义务规则去约束同伴。行为适用法律的前提是根据过往确定的形式成立一种假定状态，人与人交流时，法律义务不如道德吸引人，合法大概是最常见评价。不知道是否算讽刺，法律在普通人视角中不容易对应快乐满足，相反，义务预示着痛苦和损失。

作者认为约束全体的规范源于理由表达和义务两者共同反映的同一性，这和法律抽象于具体事实的特质存在统一：法律条目在运用时，选择这一条作为依据而不是另一条，原因在于觉得相比起来这一条同所认为的事实更为接近，同一性更明显：自然犯侵害的法益具有不可侵犯性源于义务禁止自然犯所对应行为。"通过是你思考这些思想，迫使你承认我人性的价值，我使你负有一个出于对这个价值的尊重而行动的义务。"[①]作者演绎内格尔对义务产生的过程得出结论：义务形成期间存在社会成员彼此的压迫。义务限制在善恶观问题上纠缠了整个人类文明史。法利赛人昔时被奉为犹太法的正确解读人，他们完善鉴别正误的义务体系，谨遵"主"的意志，却迷失在借助义务制造过分远离法律底线的真空地带以规避神秘力量惩戒中。看清悬崖上石斛兰的芳容唯有贴近其才能实现，贴近其却也意味着万丈深渊，法律所标识的限制界限效果上同那丛石斛一致：最美的自由就在那，可稍不注意便将挥下的法槌威慑下，人会退缩。放任美丽凋零不去欣赏是遗憾，可此并非义务规范的本意——义务本身不排斥你靠近底线的行为。

我们本能的义务意识对社会的影响是正向的。法律促成义务意识需要高水平的立法技术、到位的宣传等配合；"恶法亦法"不是没人支持，法律的两面性常造成需要对非专业人士进行义务理念的传达。休谟思想中有德的人把自己设想为人类共同对抗邪恶和混乱的一员。作者把该理念运用到其他实践中去，可认为涵盖法律部分领域，不过由附录反映的"把义务看作我们在实施行为中所具有的某种特殊类型的目的……采纳其目的在内的整体行动的一个理由"[②]可见义务产生的限制仍有不少道德色彩，道德人体上是高于人们普遍素质层次的。

反思性认可将规范性建立在实践理性之上，即义务来自于在实践

① 〔美〕克里斯蒂娜·科尔斯戈德：《规范性的来源》，杨顺利译，上海译文出版社 2010 年版，第 163 页。

② 同上书，第 323 页。

中认为正确的规范。规范的存在是因为这些规范能够为反思所检验，根据实践的经验认可了规范的存在。法律在长久司法实践中不断扩充直到确立违规责任、剥夺越界自由而达成限制，自由的双翅被自己亲手构造的牢笼困住才激发人们对现行法律抽象世界的再次思考。

二、反馈:反思衍生反抗

作者援引霍布斯言论指出《圣经》中一些语句因为“主”的意志成为命令。相较而言法律是立法者意志的体现，其对若干事物作出义务规定。国家机器的强制力使得法律必须得到遵守。信奉《圣经》指导的人遵守戒律的自发性程度可能超过其之于法律义务。不是因为中世纪那套世俗不敌神权，而是法律范畴中，人具有更大的力量与自由，可选择漠视，更可选择提出要求反对既定的义务条款。

人类领域内的规范性离不开道德。道德会引发不满，继而因反思引发拒绝权威。法律也是一样，其存在缺陷导致呼吁修订。相比道德体系的固有缺陷，法律即使是宪法均不难作出修正:必要要件是法定程序而非社会主流长期认可。拒绝权威强加的义务，此行为是个体性的，如果上升到群体性就不是反思的范畴了。对法律或者道德的反思，着眼点更应是个人，两者比较太多，故不作赘述。休谟认为反思的价值在于:道德上善者因有机会自我愉悦并使他人喜爱而有助幸福的获得。法律学者对通说发出的质疑之声，在注重社会效益的公法领域，不存在非颠覆性观点可被视作为独立派别存在的可能。学者某观点的合理度或许会超越当时，仍有机会化作现实权利义务。这种看似异想天开的观点可以得到一定认可。

他人让自己对他人负有义务，作者提出“你必须能够闯入我的反思之中——必须能够抓住我的心”①——义务来源于反思，反思作为意识具有私人性。那法律特别是私权第二位的公法是否构成对私人权利的干涉？法律规定的义务具有法定效力，不能随意取消。在作者的逻辑思维之下要使得法律义务为人认可，就要“闯入”反思中去，而反思

① 〔美〕克里斯蒂娜·科尔斯戈德:《规范性的来源》，杨顺利译，上海译文出版社 2010 年版，第 156 页。

要求人们对那项内容熟识,才有反思的可能性。不过道德并不要求要有反思的过程。原文引用了霍布斯的话指出:如果你违背了法律,把法律丢到一边,那么主权者就根本不能惩罚你,因此你也就没有错[①]。这句话应认为是法律与主权的关系,脱离法律所适用的主权范畴,就可以跳脱束缚。作者则用来针对实在论者,强调了人内在的主要性,不能说是误读,而是基于不同的论证需要产生不一样的见解。法律关系主体在现世必然包括一国主权领域外的对象,追溯到域外主体的义务真具有天然的必然性吗?民事主体接纳异国规定在一般领域无阻碍,然绝非任意将别国法律置于至高地位。

后面本书自生命出发去探讨义务问题,批评生命与价值的讨论。生命因保存同一性的命令特质成为道德形式,于是“我们有义务以某些表现为感受性的方式把它们当作生命的东西或美好的事物来对待”[②]。如此平等对待并非常见义务,更多作为习惯,源自于人们内心的情感迁移。作者认为该义务源自于对生命的敬畏心理,并不要求动物反过来负有义务。生命价值产生义务会让人细思极恐,其实相对应的,法理上义务源自于法的价值吗?法的本位是权利,权利主体需要义务主体来配合去实现权利,义务主体同样拥有权利去抗争,公权力亦得尊重义务承担人的合理承受力。动物不会反抗,个体的人却会分析利弊特别是那强加的义务,经由反思得出异议。

三、追问:诉诸自我的内在动因

包括异议在内的意志有意愿实现某个目的的基础,实在论者似乎认为符合要求的命令不过是意志的产物。法律所契合的倘若不是立法者意志又能是什么?法律似乎就不应是基于对规范性事实或者真理的认识。显然上述观点存在矛盾:法律不是事实,因它概括抽象了事实的要件,具有规范性,在追求真理,探求事件的正确处理法则。

真实却正相反,某部法律不符合大多数人认可或运行效率低下,但其适应社会现实就存在依其行动的可能性。譬如禁止枪支的法律被利

① 〔美〕克里斯蒂娜·科尔斯戈德:《规范性的来源》,杨顺利译,上海译文出版社2010年版,第167页。

② 同上书,第179页。

益集团百般阻挠而不得通过,战乱严重时期瘫痪的国家机关行事不得不简单粗暴,散布国家暴力恐怖。以上两例应视为常态与特殊的典例:特殊状态下固守本质付出代价更多,现实会趋于妥协。各国刑事诉讼法鲜有如我国对检察机关的双重性义务要求,兼任打击犯罪与监督处理犯罪的程序。任务是理论化奢求。特别是一线检察人员,忍耐煎熬下易萌发出让立法者修正过分义务的想法。最为贴切的描述即是出于职业习惯反抗法律固化。

"你在慎思的时候,似乎有什么东西凌驾于你所有的欲望之上,这个东西就是'你',而这个东西选择了你将据以行动的那个欲望。"①作者似乎想强调人性自身作用,那这里道德和法律都可称为指导人性的物。人们选择遵守相应的义务规范来控制欲望,不让其肆意妄为。可惜此时此地的"人"不可逃脱因生活环境浸染为潜意识的思维模式,即使是经受过法学教育的学生若缺失长期协调也难自发认同。一如当今普法工作最为艰难的就是怎样创造针对普通民众的模式。出于欲望,试图掌控无义务职责约束的权力,引起错误反抗,故意忽略必要的弱者权益倾斜保护。

作者在追寻为什么要人类自身形成规则时给出了修正错误的办法。"道德法则告诉我们,仅仅根据一个在有效的合作系统内所有的理性存在者都能认可的准则而行动"②,该句重点在于:仅仅、有效的合作、理性存在者都能认可三点。道德要求范畴内,理性存在是基本要求,情感受到约束就不是感性,经过逻辑思考得出的结论仍会多如牛毛;"都能认可"则抹杀了占少数或者不正确的内容;"有效合作"提出更高层次要求,道德驱使下的行动脱离与他人有促进的行动就会失去长久前进的力量;最后"仅仅"两字更是作出巨大的限制,让人们必须谨记且仅供参考。与上述道德法则相应的法律本质同样需要尝试此办法。于此大概很多人会认为法律同样会需要这些限定,毕竟追求正义是法律代名词之一。然法律所说的正义即自上而下的公正合理?此处仍强调谋求有效合作:立法人员需要在自我意识中明确自己所参与表决的新法修正案不会完美,一如它替代的旧法会留下未来被诟病的可

---

① [美]克里斯蒂娜·科尔斯戈德:《规范性的来源》,杨顺利译,上海译文出版社2010年版,第115页。

② 同上书,第113页。

能性。那请任由职责附带的义务敦促自己去反抗需要进一步推敲的条文。好事多磨,法律不靠出台速度说明质量,有如其认为柏拉图的《理想国》中正义灵魂的内在属性使它善,使它值得拥有。

书的附录中作者称“任何合乎理性的道德心理学理论中都必须把被动的输入这类东西考虑在内”[①],很值得玩味。康德所称的“动因”之于法律领域,即法律是否算做被动的输入?修订《公司法》是人们在从事公司经营时行为改变的动因,双向反馈或许才是最合理的解释:人们经营活动的自发改变要求产生动力促进法律改变,那么这样就不是一种被动输入,而是主动输出。权利的实现是义务设置的目的,如果将义务作为目的会导致为了实现义务破坏他人的权利,也不能认同义务原因论。因为义务存在而驱使行动的话,权利就成了不可言状的意志,也许应该认为义务是对内心引申出的义务,是尊重他人权利而对应的义务作为自己行动的指引。

法律的规范性与道德的内在性之间存在差异。法律编织造就义务的外力下人心给予反馈、进行反思、衍生反抗,最终发自内心的自我动因追问在另两类步骤的反复中让义务与人心间的空隙消失,被接受后终成一幅贴合的镶嵌画。

(责任编辑:杨光)

① 〔美〕克里斯蒂娜·科尔斯戈德:《规范性的来源》,杨顺利译,上海译文出版社 2010 年版,第 311 页。

域外译文

宪法冲突、道德困境及法律解决途径

西尔维纳·阿尔瓦雷斯(Silvina Alvarez)* 著

张景旭** 译　秦小建*** 校

内容摘要　本文着重于对作为道德困境的宪法冲突这一定义进行阐述,并讨论了悲剧性冲突的概念,正是这一概念,使得"损失"成为识别道德和宪法困境的关键性特征。文章同样阐明了宪法冲突与道德困境相比的典型特征,以及解决宪法冲突的法律途径的可能性。

关键词　宪法冲突　道德困境　法律解决途径

一、引　　言

部分观点把"宪法冲突"定性为包含有道德"损失"(loss)的法律冲突。不过,笔者认为,虽然"损失"概念一直与宪法冲突如影随形,但它并非将宪法冲突认定为道德困境的显著特征。此外,笔者坚持认为,宪法冲突作为一种法律冲突,应当适用法律途径予以解决。笔者断言,尽管在很多宪法冲突中并不存在一个单一的或绝对正确的道德解决途径,但仍有一种、甚至多于一种正确的通过法律或宪法予以解决的途径。为印证上述结论,笔者将首先阐释何为"道德冲突",然后转向对

---

* 马德里自治大学法哲学教授,曾在牛津大学等高校担任访问教授。原文由作者发表在《An International Journal of Jurisprudence and Philosophy of Law》2011 年 3 月第 24 卷第 1 期。

** 中南财经政法大学 2012 级法律硕士研究生。

*** 中南财经政法大学法学院讲师,法学博士。

本文系教育部青年基金项目(14YJC820039)"社会道德困境的宪法回应与宪法实施问题研究"的阶段性成果。

具有道德冲突和法律冲突共同特征的"基本权利冲突"的论证。

二、道 德 冲 突

冲突意味着某种困境,其严重程度对应于那些可供选择解决途径的道德满意程度。最严重的道德冲突,可以称为"道德困境"(moral dilemma)或者"悲剧性选择"(tragic choice),笔者稍后将会对此予以阐述,下文首先要从总体上来简要讨论一下"价值冲突"(conflict of value)。

两种价值或两种实现它们的行为,即使独立开来可分别达致自足,但只要不是被同时促成,就会不可避免地陷入冲突。换言之,价值冲突预示着,由于现实滞碍,两种具有平等道德意蕴的价值不可能同时实现,这就意味着我们必须从中抉择。但是,只要存在基于理性正当判断的解决路径,此种价值冲突就不构成真正的道德困境(genuine moral dilemma)或悲剧性选择(tragic choice)(McConnell ,2006)。即使最终解决途径并非最好或最为理想,即使它可能仍然会不可避免地产生某些非预期后果或某些价值性事物的"损失",事实就是如此。

简单而言,存在如下情形,某种价值选择会产生"损失",但由于其具有道德正当性,因而这一有关价值冲突的解决途径并非"悲剧性选择"。譬如,当某人计划实施针对他人的致命袭击,为阻止这一致命后果的发生,第三人决定打倒攻击者。无疑,这一行为确实造成了"某人被打伤"的损失,但它却不能被理解为悲剧性选择。这是因为,这一"损失"的发生具有道德上的正当性。在这些情形中,所有潜在的解决途径都可能会产生某种"损失",但我们仍然可作出一种优先选择,而此种优先选择拥有道德正当性的支撑理由①。

一些典型例证可以用来阐明上述情形。例如,如果某一承诺是把枪还给一个我们知道会用它来行凶的人时,信守承诺可能会对他人造

---

① 此类冲突可以归结为 Stocker 所描述的冲突类型,尽管存在一个我们所了解的较好的解决途径,但这一途径仍是不完美的,因为它包含有某种严重损失。Stocker 确信这种冲突表述方式可以承载对那些最频繁冲突的理解,如他所言:"这一定义可以对许多明显不公平案例(dirty hand)以及其他一些案例作出合理解释,例如,基于政治原因而背叛朋友,基于个人原因而背叛国家;在第二次世界大战期间,(盟国)轰炸德国城市却殃及无辜的德国市民;再如,逃离一桩对自己毫无意义但却对配偶来说意义重大的婚姻。亚里士多德在《尼各马可伦理学》第三章第一节中讲述的为从暴君那里救出家人而需要去为某种行为的案例。"

成伤害(Sinnott-Armstrong,1988)。在此类情形中,我们可以确信信守承诺的义务并不那么重要,而相应的,另一种义务则凸显出来,这就是为了阻止诸如人的死亡之类的更糟情形的发生,行为人绝对不能履行“还枪”的义务。正如 Sinnott-Armstrong 所主张的,一种义务优先于另一种,因此就不存在道德困境。[1] 在此类冲突中,尽管其解决途径并非最完美,也存在某种道德损失,但我们依然可以通过价值衡平来确定价值间的优先顺序,由此找到最优的解决方式。这些冲突可称为“非完美解决的冲突”。

另一典型例证可用 Sartre 提出的著名案例:一个年轻人必须在参军奔赴前线为国作战和留在家中照顾体弱的母亲之间作出抉择。[2] 尽管这一案例中关于两种义务重要性的区分[3]不如上一案例中那么明晰,但两种义务的不同特性却为各自提供了阐述自身重要性的空间,依此最终会确定优先顺序。[4]

最大的困难出现在同质性义务彼此冲突之时,此种冲突意味着在各种选择之间无从确定优先秩序。此种困境通常发生于如下情形,两

---

① 关于“绝对优先的道德要求”,参见 Sinnott-Armstrong,1988。

② 关于这一案例的分析,参见 Sinnott-Armstrong,1988;McConnell ,2006。

③ 关于这一案例的不同答案,参见 McConnell ,2006。

④ 另一个关于“非完美解决冲突”的案例也值得注意。这是一个有些类似于电影情节的案例,讲述的是关于战争集中营中一个俘虏的故事。假设这名俘虏被赋予一个生存的机会,但要以亲手杀死另一名俘虏为代价。让我们进一步假设,如果这名俘虏有年幼的子女需要他出狱照顾,否则,他子女的未来就无法获得保障。这名俘虏就必须在如下二者之中作出抉择:要么杀死伙伴以求生存,并可以出狱照顾自己的子女;要么选择不杀他,这样自己可能被杀害,也使自己的子女处于无助的境地。在这一案例中,我们也许可为冲突中的价值确立某种优先顺序,例如生命权高于亲属责任。但是,另一因素不能被忽视,这就是处于危险之中的俘虏自身的生存权利。某些道德体制可能会要求某人为挽救他人的生命而牺牲自己,但另外一些道德体制会为人们试图去挽救处于危险中的自身而给出理由。道德系统并不提供解决特定冲突的具体途径,基本原则之间往往也不存在一个严格的先后顺序。在这一案例中,对冲突需要采用一种不同的分析方式,一方面,这一案例可以通过具有道义普遍性的道德义务之间的冲突来理解,要求不损害他人,这一特定义务要求,会引起行为人对自己生命、情感纽带和责任的思考。另一方面,这一案例同样可以通过关于道义原则之间的冲突来理解,它要求不杀害自己的同伴,以及行为主体由此所需要考虑到自己生命受到的威胁和对特定义务的忽视。关于这种冲突,Larmore 认为具体而特定的义务优越于道德禁令的情形只存在于那些未能注意优先原则而导致我们违反熟悉的道义禁令的案例之中。比如,你仅有的选择就是杀死甲或乙(两者都是无辜的),甲还是你的朋友。否则,这样的道德诉求必须被证明是紧要的。(Larmore,1987)。因此,具体案例中关于优先顺序的问题不是那么容易解决,并且不同的标准会要求采用不同的解决途径。

种价值选择明显无从协调,实现其中任何一种均无法达致道德满意,也无法获得道德上的正当性(Stocker,1997)。这就是所谓的“对称性冲突”(symmetrical conflict),在这一冲突中两种义务涉及同一价值或道德内容。有关于此的一个最佳例证就是 Sophie 的选择①,在她和她的两个孩子被带往集中营之后,一名纳粹军官要求 Sophie 从她的两个孩子中作出选择:她选择的这个孩子可以继续和她待在集中营之中,另一个则会被处死;如果她拒绝作出选择,两个孩子都会被处死。

这一关涉两个同等珍贵生命的选择成为了一种“悲剧性选择”:Sophie 可以挽救她的儿子或者女儿,但她不能同时挽救两个。而从道德层面而言,只有同时挽救两个孩子才是正当的,Sophie 不仅毫无理由在两个孩子中作出优劣选择,并且,无论她如何选择,她都在酿造着悲剧。

这一情形的最大困惑在于,除了在相互冲突的选择之中作出一种选择(挽救她的儿子还是女儿)之外,Sophie 无能为力,而其中任何一种选择,从道德立场来讲,都不是好的选择。这一论断提出了诸多重要问题,更为重要的是,它指出,道德困境(悲剧性选择)的存在,对作为规则系统的伦理道德体系融贯性提出了质疑。我们如何在不存在一个令人满意的行为标准,或不存在一个在道德上更容易被接受的选择的情况下,去判断行为人的行为是否恶意?换言之,任何可能的选择都不能令人满意,其原因就在于行为人唯一可以选择的行为方式均属道德错误。因此,道德困境赋予了我们一些在现实情况下根本不可能达成的道德义务。② 一旦行为人知道了这种不可能性,那就意味着,由于现

① 参见 Finkelstein,2001;McConnell,2006;Barberis,2006。

② 当道德困境以义务的方式呈现,它就变得更加难以解决,因为它对道德系统的体系融贯性提出了质疑。(应当说明的是,正如 Williams 指出的,没有必要以义务的方式来表述困境以达到凸显道德冲突的目的)。尤其在真正的道德困境中,由于现实制约,行为人不能同时为两种善行,这就对行为人据以完成善行的原则提出了质疑。关于对这一原则的质疑所引发的道德困境衍生出的逻辑不一致问题,研究者给出了数种解决途径。其中一种方案从理想化的视角承认了两种冲突价值相互协调的可能,正如 McConnell 所指出的,在一个“可能世界”(possible world)里,困境表现为由现实所致的必然结果,而非规范的不一致性(McConnell,2006)。正如上文指出的,依照 McConnell 的观点,“应该蕴涵能够”(ought implies can)是一个真正的规范准则(substative normative principle),而非观念事实(conceptual truth)。或者,在道德困境中,考虑到现实环境,处于冲突中的众义务成为可分离的诉求:行为人必须从中选择其中一种正当行为予以实施。然而,上述解决路径却未关涉行为人以各种方式表现

实所迫，他必须放弃在他看来道德上最为理想的解决途径，作为替代，而仅能从一些可能的行为方式中作出选择，然而，对于他的无奈选择，他不能为其提供道德的正当性说明，尽管这一行为是由于现实需求而必须作出的。[①]所以，我们所能做的，就是为他为何这么做提供解释，并提供困境结构形态的论据；同时，我们应该原谅行为人的行为，因为任何可能采取的行为都将造成悲剧性后果。

综上，所谓“悲剧性冲突”是指无论如何选择，不管采用什么行为方式，其结果都不能令人满意——不存在任何基于道德理由的解决方式，所有解决途径在道德上都是不完整的，因为它们普遍缺乏道德正当性。值得注意的是，尽管存在“损失”，比如，不管我们采取何种解决途径，总有人会因此失去某些有价值的事物，此点是蕴含于道德困境中的一个显著要素，不过，这一元素却不足以解释“悲剧性冲突”。由悲剧性冲突引起的悲剧，不是如 Zucca 所说的由关于冲突的各种选择所造成的“损失”引发的，而是基于如下综合原因：(1) 造成这一“损失”的道德正当性之说明的缺位；(2) 令人满意的道德解决途径的不可能；

出来的道德问题。正如 Williams 所言，尽管我们找到了症结所在，但行为人仍存有如何行为的困惑，关于这一点并不存在确定答案，因为冲突中的各种诉求仍继续存在，并且任何一个都不可能轻易得到解决。关于“应该蕴涵能够”这一原则的问题，参见 Sinnott-Armstrong，1988 第 4 章；McConnell ，2006；关于 Williams 所说的与联合原则或附聚原理之间的关联，参见 Williams，1973；Bayon，1991；McConnell，2006；总的来讲，关涉道德困境和道德领域的不一致问题，参见 Gowans，1987；Sinnott-Armstrong，1988；McConnell，2006；关于困境前提下赞同道德一致性的争论，参见 Marcus，1987；Bayon，1991；关于道德困境、道德一致性和权利冲突问题，参见 Finkelstein，2001。

① 笔者在此想声明的是，尽管我们依靠在此提供的解决途径成功地解决了由道德困境所造成的不连贯或逻辑不一致问题，但道德不满仍继续存在。道德主体并没能用一种令人满意的方式成功地解决冲突，道德准则也未能为行为主体提供一种合理的道德解决途径。正如 Williams 所说，这种不满正反映了行为主体内心某种道德感觉的存在，例如内疚感或悔恨感。正是当行为主体认识到自身不能满足义务所要求的某种责任时，这些感觉便会随之产生——尽管有时人们认为行为主体的感觉并不一定能反映真正义务的存在。在这些情形中，对选择行为的现实需求并不一定能解决众多需求之间无法通过道德途径来解决的冲突。关于先前提到的对行为主体心理状态的阐明，以及通称的“道德保留”或“残留效应”，参见 Bayon，1991。对于非以道德保留形式对冲突作出的解释，比如，把内疚感或悔恨感的存在，解释为一种无论行为主体如何行为，都会产生内疚感的情形，参见 Marcus，1987；对这种解释的批判，参见 Foot，1987。

(3) 以及解释行为人为何如此行为的道德正当性的缺失。[①]

尽管悲剧性冲突揭示了为我们行为提供理由以及进行正当性辩护的道德之界限，但可以肯定地说，这些情形都是罕见的(Stocker, 1997)。关于不同价值的悲剧性冲突的案例并非不可比较，因为我们有一个共同的评估标准。但是，由于它们的价值等同，并且因为现实的需要而不能同时实现，这就可能会引起另一种介于无法比较和可以比较之间的价值冲突。

无论在何种情况下，都不可能找到一个满足或尽可能满足处于争议中的诸种价值的解决途径。每个冲突都有强烈的寻找解决路径并予以解释的现实需要，尽管这种需要并不能解决道德冲突，尤其在真正的道德困境中。在现实层面上达成这一解决途径的唯一方式，就是分析每一个具体案例及其特殊的社会背景和行为人行为的可能性。如上文所说，只要有冲突，就会有针对某人的“损失”。[②] 道德“损失”意味着某种不满意或部分满意的东西对某些人来说是有价值的。但如果我们能把这种“损失”放到具体情境中，与这一案例的其他要素相联系，如所关涉的不同行为主体可能遭受的相应“损失”，我们就进一步接近于达成一种通过对比和分析案例的具体情境而形成的解决途径。

由于缺乏一个独特的、层级分明的系统，现实中丰富多彩的道德生活所致的价值冲突无法寻求解决依据，冲突由此而生。冲突是价值多元主义(value pluralism)的结果。迄今为止，具体的分类标准仍付诸阙如，导致严格的价值排序尚不能确立，由此，我们经常面临着估量众多相冲突的价值但不能完全实现它们的尴尬处境。道德规范的本质是施加于个体的强制性规则，它要求个体为某种价值作出牺牲，但是，找到能够协调道德规范与个体牺牲的最佳举措，却是众多道德主体力所不及的。对道德多元主义的认同使得这些结论更加清晰：相关价值需要

---

① 在这些情形中，可以明确看到，正是对“行为”指引的需求将人们置于这样的道德十字路口。在这种意义上，Bayon 指出，道德困境的悲剧性特色，恰恰表现为人们不能为其行为选择寻找合理根据，但又不得不作出选择，McConnell 认为困境的存在引起特殊的不满，因为它揭示了道德准则在作为行为指引时的无效性。

② Stocker 指出“损失”这一概念作为多元主义的特色之一，与“定性不同的评价”以及不同于一元论体系(monist system)的特殊道德评价方式相一致。关于后者，笔者指出，多元主义所面临的权衡不同价值观念的任务，使得我们需要一种全新的评价标准来进行比较，参见 Stocker，1990。

被审慎考量，全部满足冲突所涉诸种价值或参照恒定的优先顺序来解决冲突的方法，似乎远不足以描述冲突的产生和演进方式。在此意义上，笔者同意 Zucca 提出的承认道德困境之存在但绝不可痴迷于有关于道德困境的完美解决途径的观点，因为根本就不存在完美的解决方案(Zucca,2008)。但是，这种认同和作为真正的道德困境之特征的完美解决途径的缺失，应当建立在对宪法困境进行深入思考的基础上。

三、法律冲突

为检验由价值多元主义引起的道德冲突的异同，笔者在下文将集中探讨基本权利之间的冲突。基本权利或人权，正如它们在宪法性文件中所表现出的，乃是通过原则加以阐述的①，也即，基本权利或人权之表达，潜含价值理念。这意味着，权利、原则和价值三者的显著区别，并不主要是存在于它们的价值含蕴之中，此点同样适用于它们的形成方式和它们与被用作行为指引的法律或道德系统的关系方面。关于原则和价值观念之间的相似之处，Robert Alexy 深刻指出：

原则和价值彼此关联：正如某人可以提及相互冲突的诸多原则并且可以在众原则中确定平衡点一样，他也可以在相互冲突的价值中实现这一效果；此外，对原则的满意程度与对价值的满意程度是相一致的。(Alexy,2002)

一旦我们放弃在原则和基本权利之间确定等级秩序的可能性，它们之间的可能性冲突往往会被证实。② 例如，在价值多元主义的案例中，众多表达同一重要性价值内容的原则或者权利，往往被赋予同样的等级顺序，这就使得确定一个稳定的、抽象的优先顺序变得不再可能。

尤其是，当不能完全实现两种权利时，两种权利便会发生冲突。权利总会对他人产生干扰，当 A 为实现他的权利而行为时，他不可能不会妨碍、限制或损害 B 的权利。然而，当某人不能完全实现他本人所拥有的两种不同的基本权利时，冲突同样会产生。由此，如同上文对于道德冲突的类型化一样，法律冲突同样可以类型化，即以是否按照相同

① 关于原则的特征，参见 Dworkin,1977；Alexy,2002。

② 关于价值观的分层秩序，参见 Alexy,2002。

基本权利主张诉求为标准,法律冲突可以区分为同种权利之间的冲突和不同权利之间的冲突。①

让我们回到关于冲突的假设上来。人们对于不同规范性需求的冲突是十分频繁的,法律的角色正是依靠规则体系来为此提供解决途径。然而,在一些情形中,由其提供的解决途径并不见得完全奏效。正如在关于冲突性价值观念的案例中,例如,信守承诺和避免伤害之间的冲突,即使我们知道最佳的解决途径或者了解规则的体系为此提供的解决途径,冲突仍可能发生。这一解决途径并非最佳——行为人的合理诉求可能会遭受牺牲或被削减,尽管它可能优于其他的解决方式。例如,如果丈夫和妻子都主张对孩子的监护权,那么可能的解决途径是将监护权给丈夫或给妻子,二者仅选其一,但是任何一种解决路径都不能令双方满意,因为总会相应牺牲妻子或丈夫的利益。不过,其中一种解决途径可能要优于另一种,因为它对孩子而言更有利于孩子的成长。冲突最后还是解决了,而且解决路径还是其中相对而言较为理想的,尽管它并没有满足冲突所涉的全部法律利益。总而言之,有关冲突的解决途径通常包含着其中一方的利益损失,而且损失总是随具体情境的不同而不同。

从个人自由的角度而言,法律作为强制性系统(forcible system),总是意味着对个人自由的限制,也即个人自由的"损失"(loss),尽管存在其他的原因使得我们接受、赞同和遵守法律。此点道明了一个重要事实,即作为行为规范系统(regulatory sysrem)的法律的内在特性,就是规范行为,并确立个人行为边界的指导原则。基于以上考虑,笔者认为,所谓的"损失",在不能达成或者实现某些价值这一意义上,普遍存在于所有冲突的法律解决途径之中。(法律)这种纯粹的强制性或自我强制性规范会从相对重要的个体自由的"损失"这一角度来阐释这一观点。

依靠探究冲突是如何形成来解决冲突,存在诸多困难。如我们上文所谈到的,这种方式的首要困难在于,从众多解决途径中选择的一个最佳方式,也不能满足所有需要被保护的利益(如权利所包含的利益),或者需要牺牲某种价值。让我们回忆一下上文所言的"价值冲突",既然存在一种相对而言较为理想的解决路径,那么这种情形就不

① 关于冲突的类型学,参见 Waldron,1993;Moreso,2005;Zucca,2008。

意味着是一种真正的道德困境。[①] 此种解决方式的第二种困难因素存在于那些无从通过某种标准来确定何种解决路径为最佳的情形，应该说这种困难已经越来越显著。它主要发生在当两个行为人分别就同一权利主张而产生冲突的情形，换言之，当发生“对称性冲突”（symmetrical conflict）时，现实情境又不可能满足所有诉求。在对称性冲突中，存在多种可能的解决途径，但所有解决途径均有理可据，而且被认为是同等合理。此情此景下，困难被无限放大，因为选择其中任何一种都无甚区别。正如在真正的道德困境中，尽管我们有责任去回应冲突中的诸种诉求，但我们只能选择其中一种方式，并且如此为之必然会产生因如此选择而直接造成的“损失”。

此种类型解决方式所表现出来的各种困难，在涉及基本权利冲突的情形中，更为凸显，以至于 Zucca 和 Atienza 等学者把基本权利之间的冲突定性为一种悲剧性困境，即作为一种冲突，无论采取何种解决途径，都会有人面临价值损失。[②] Zucca 似乎坚持把关于基本权利的冲突称为“宪法性悲剧”（constitutiongal tragedies），因为它除了作出一种包含某种“损失”的悲剧性选择，除了对冲突中某种权利的违背之外，别无他法。这种悲剧性冲突的定义方法，关注于不可避免的“损失”，即实现某项基本权利的不可能性上。这种“损失”，有时归因于宪法规范不可能提供合理的、令人满意的解决路径。[③]

---

① 这种解决途径会实现 Atienza 所称的“最佳平衡”，比如，一种可以提供某些要素来证明这种被选择的决定明显优于其他可能方式的解决途径。

② 关于以“损失”这一概念为基础的基本权利之间的冲突这一特征，参见 Atienza，1989。Atienza 认为悲剧性情形是指从法律或道德视角来看不存在无需牺牲冲突价值的部分关键要素的某种基本解决途径。

③ 在宪法学著作中，“宪法性悲剧”有不同含义。与 Balkin 和 Fleming 描述的大体一致，我们至少可以在四个层面讨论“宪法性悲剧”。首先是指当宪法文本包含有与道德相冲突的规则时，就会造成宪法规范与非宪法规范（在这一案例中，非宪法规范即道德规范）的冲突。关于这种冲突，有很多案例可以用来作为证明：美国对奴隶制的宪法保护和关于死刑的合宪性规定是经常被使用的两个例子，参见 Post，1998；Fleming，1998；Bradley，1998；Strauss，1998。这一悲剧性情境概念的后果之一就是，法官不得已而为的一种悲剧性选择，在这种情形下，她必须在遵守宪法但违背道义和尊崇道义但违背宪法二者之间作出抉择，参见 Post，1998；在第三种意义层面上，所谓“宪法性悲剧”，是指通过宪法解释所达成的结论并不公平，尽管这一不公平并不是宪法规则所造成的。最后，所谓“宪法性悲剧”，潜含在基本权利冲突之中。严格来讲，宪法性悲剧乃是通过这种方式来解读，在这一框架内，悲剧性冲突的不同侧面都得以彰显。Calabresi 和 Bobbitt 专注于悲剧性冲突包含不能同时被实现的众多价值的冲突这一事实，因此导致他们将“悲剧”等同于“严重损失”。然而，笔者重申，对损失或损害的侧重正在逐渐淡化所谓“悲剧性冲突”的显著性特征。

然而,“损失”这一概念,尚不足以将冲突定义为“悲剧”。在分析道德困境的过程中,基本权利冲突反映了不同价值间的冲突。真正赋予这些常态“悲剧性”特色的不是某种对人有价值的客观“损失”的存在,而是无法证明这种“损失”的道德正当性。在这个意义上,所谓“悲剧性道德困境”(tragical moral dilemma),是指一种缺乏道德解决途径的冲突。但是一旦有一种解决途径得以超越其他途径,也就是说,就被保护的价值而言,这种途径能提供更好的道德理由,能证明“损失”的正当性,由此我们有理由采用这种途径。因此,即使关于基本权利冲突的解决途径会导致部分人遭受“损失”,但只要存在一种优于其他解决途径的方式来为“损失”辩解,冲突也不会演化成悲剧。① 另一方面,正如上文所言,如果我们基于阻止或解决冲突的视角,将法律视为行为规范系统,就会发现,在某种程度上,“损失”这一概念本身就内在于法律,因为为达成这一目的,法律必须削减或者限制个体利益。然而,由基本权利冲突所引发的不确定性,并不能等同于法律解决途径的缺失,尽管可能会存在多种合法的解决途径。面对两种相互冲突的基本权利所引起的困境,法律必须提供一种通过价值比较而得出的结论,并通过这种比较,来寻求法律答案。而当我们发现自己已然处于前文所言的“对称性冲突”中时,由基本权利冲突所潜含的道德困境所致的道德不满意就不可能完全被消除,就此而言,我们可能会面临道德困境或悲剧性冲突。不过,在法律制度框架内达成的解决途径却有效地阻止了将

---

① 众多可能解决途径的相对重要性取决于对它们的解释,由此形成有关平衡可能性的最具争议的一个焦点。笔者在此想要强调的是,避开解释问题不谈,当存在表明某种解决途径优于其他的正当理由时,冲突就找到了一种解决损失的有效途径。在道德冲突的情形中,如上述不得不在违背诺言和引起损害之间作出选择的案例,尽管行为人面临着要选择去承担其中一种义务的责任——去遵守承诺还是避免伤害,但这种情形并不构成真正的道德困境,因为避免伤害显然要比遵守先前承诺重要得多。许多关于基本权利之间的冲突亦是如此。比如,美国联邦最高法院关于言论自由的 Chaplinsky 诉 New Hampshire 一案中,由其首次确认并随后通过司法判决和政治哲学分析得以广泛发展的著名的“寻衅性言论”规则,为对那些含有侮辱性言词、有可能激发暴力行为的言论自由施加严格限制奠定了基础。这一规则的制定是为了允许对那些极有可能激发当场肢体冲突的个人极度敌对行为的惩罚(373N. E. 2d 21)。通过这种方式,言论自由与危险情形之间的冲突,通过对前者的限制来避免后者情形的发生而被解决。关于这一原则的解释,参见 Greenawalt,1995;Sadurski,1999。

法律困境演化成为一场无法解决的悲剧性冲突[①],尽管在某种程度上仍存在道德困境。

在这种意义上,笔者声明两点。首先,当我们说到两种权利发生冲突时,如果可以找到一种合理的解决途径(例如作为一种平衡结果),那就意味着权利间存在可比性。在此,既然基本权利的冲突会产生估量和校准权利相对价值的可能性,我们就需要讨论(权利间)无法比较的问题。冲突中的价值可以被呈现为不具可比性的价值,这就无法通过参照一个普遍的绝对标准来衡量。那么,这是否就意味着冲突中的基本权利不能彼此比较?既然这些权利均潜含价值,因此,它们同样会面临着价值冲突案例中所指出的无法比较的问题。在这一点上,(权利冲突与价值冲突)类比的意蕴得以凸显。即使基本权利如同价值一样可能不会有统一的参考评审标准,但是,由于基本权利归属于整个法律体系,这一法律体系意味着对其所属规则的创造、认同和判断,因此,基本权利作为法律体系的架构,它们可以在法律制度框架内进行相互比较。这就进一步明确了权利间的可比性,并进一步澄清它们不是绝对性的诉求(并非如同价值一般呈现绝对性)。[②] 权利间的优先顺序可以通过比较、平衡或者观察它们在冲突中的相对重要性而引起的定性演化来确定。

完全拒绝可比性并且承认在一些法律案例会呈现出强烈的无法类比性,也是可能的(Zucca,2008),但笔者不能确定这一论断是否也涉及道德或法律的无法类比性。它可能侧重于强调部分宪法性冲突无法避免,甚至无法解决,坚持冲突不存在解决途径的观点。但是,即使道德困境是无法解决的,宪法困境仍然需要被解决。除非我们认为在道德和宪法规范之间不存在任何差别,否则我们就要承认,后者归属于法律

① 当然法庭提供的解决途径至少因为以下两个原因而显得不令人满意:从规范的有效性或冲突产生之时监控制度所包含标准的视角来讲的司法不满意性,或者从更广泛的道德价值系统视角来讲的道德不满意性,我们甚至可以说有时法律无效包含着道德无效。事实表明道德不正当的司法判决不可能依靠自身排除法律的有效性。

② 个体权利的重要性并不取决于其“绝对”本质这一事实形态。如果某项权利是绝对的,那就意味着,生命权不可能通过例如自卫权或选择死亡的权利来衡量。这种关于权利的无法类比性及其绝对价值的视角只可能存在于理想世界中。但人类经验世界由时间、空间及环境决定,权利同样如此。因此,并不存在绝对的人权,它们是系统中彼此互相联系的构成,并且只有在此情境中它们才有意义和实现的可能性。

系统这一特点就决定了它需要具备可比性。

这并不意味着，我们不能在法律体系内比较诸多互相冲突的选择或权利，然后就此对案件进行理论化分析。此点与道德系统相似。我们发现并不存在一种绝对优先顺序，也就是说，在这些案例中，可能的比较并不能呈现出二者的相关差异。以上的情形即对称性冲突，在这些冲突中，由于现实情况的限制，所有的诉求不可能全部被实现，也就意味着它们不能共存。此外，这一类型案例中的比较也没有考虑到其他因素和周围的特征。让我们以医院中两个病人的案例为例来加以说明：这两位病人诊断结果相同，并且其他各个方面都完全相同，为了治疗各自的疾病，都需要吃药，然而药却只剩下一剂。[①] 在此情况下，无论在事实层面还是法律层面都不可能改变冲突中的诉求关系，两种权利陷入冲突，进而构成了真正的道德困境，即不可能为实现其中一位病人的权利而找到任何法律或道德正当性。考虑到我们正在讨论的基本权利，假定相关原则的内容是价值论的，那么法律就必须提供与所涉价值相似的、既具有道德正当性又符合法律正义的解决途径。这又可以被理解为提供符合道德规范的解决途径。此外，如果我们认同道德困境的存在揭示了通过道德指引正确行为的不可能性，那么悲剧性选择就会进入法律体系，法律就会如同道德一样，无法为此类情形提供一种合理结果。[②] 如果我们认同了上述结论，就会使法律制度陷入瘫痪而无法解决冲突的窘境，除此之外还会因将权利与道德相混淆而滋生问题。这些结论强化了那些赞同权利的可比性的观点。[③] 比如，Frederich

---

① 关于这一案例的原始介绍可以参见 Kamm，2001；Zucca，2005。

② 从另一个视角来讲，这一论断表明，即使我们采用包含道德争议的法律概念和司法解释，冲突仍会存在。有时尝试去克服宪法性冲突的方式可以用道德解释这一工具来阐明宪法合理性。也就是说，并不限制法官用来作为解决涉及宪法认知案例的思考依据，严格来讲，就是指关于宪法的体系性解释，然而这种观点并不能解决以宪法性困境的方式表现出来的无法解决的道德困境。参见 Post，1998。

③ J. Bomhoff 和 L. Zucca 分析了欧洲人权法院审理的一个著名案例，在这一案例中，相互冲突权利的不可比性被用来作为逃避争议的依据，而在其他案例中，权利间的平衡却是解决冲突最常用的方式。在 Evans 诉英国政府一案，申请人在被诊断患有卵巢肿瘤而需要做切除手术之后，她决定冷藏与她时任丈夫配子受精的卵细胞，以确保将来可生育，并要求政府授予她要求其前夫进行人工授精的权利。这个案例被描述为是关于 Evans 女士成为母亲的权利与其前夫不成为父亲的权利二者之间的冲突。这构成一种对称性冲突，对于两个权利主体而言，成为母亲的权利和不想做父亲的权利是相互矛盾且互相排斥的。正如 Bomhoff 和 Zucca所言："双方的权利如此紧密关联，以至于此消彼长，我们对其中一个保护得越多，对另

Schauer 指出(权利间的)平衡产生于解决权利冲突的需要,如果我们认同宪法平衡机制,我们应同样认同可比性。[①]在这个意义上,Ronald Dworkin 提供了一种关于权利可比性的典型观点:只要能够比较和权衡权利的相关范围,法律体系就有可能通过法官为冲突提供解决路径。[②]声明此点,其意并非在于说明只有一种答案或者其中之一具有道德正当性,而是说在此类冲突中,法律可以被用来解决问题。

其次,当谈及基本权利冲突能够通过法律来解决时,笔者并非简单认为,冲突需要被解决,因此任何一种来自于权威机构(如法律体系)的解决方式都应被视为合理的。相反,笔者认为,对权利冲突进行平衡、限制或选择的法律解决途径及其合理性说明,应当从作为冲突解决机制的法律体系中寻求,这样,法律解决途径就不至于与道德解决途径相混淆。[③]总体而言,法律论证有更多可比较因素(element for comparision)如高度严格的优先价值(比如法律程序主义)、法律相关性

一个形成的干预就越严重。"令人奇怪的是,法庭竟然通过不可比性这一概念来避免权利间的可能性比较,而不是适用 Bomhoff 和 Zucca 所称的形式主义方法,即所谓法律上的考虑。在上述案例中,英国法要求只有取得双方同意才能进行受精行为。以同样的方式,议会依靠自己的权威确认了一些限制性措施,以用来解决类似于上面案例的存在真正道德困境的冲突。正如笔者所言,英国法的此种处理方式的风险在于:"不可比性可以发展成为法庭用来顺从代议机关的'牌匾'。"让人无法理解的是,正是以这种方式,形成了一个真正的宪法性解释。

① Schauer 建议从一个经验主义者的视角来分析无法类比性的问题,相应地关注采用权利可比性与不可比性之后的结果,通过观察来确认哪种方式可以使权利得到更好的保护。Schauer 认为:"即使不可比性在理想道德领域是正确的,但把这一理念应用到经验世界,或许会产生更好的效果。"另一种关于不可比性和法律关系的观点,参见 Sunstein,1997;关于对 Schauer 的批判,参见 Waldron,1993—1994。

② 关于 Dworkin 的权利可比性理论,Schauer 在权利可比性层面上的解释是有趣的,正如 Schauer 自己所主张的,权利的可比性源于较价值观念性分析更深一步的思考。对此,Dworkin 回应道,我们进行比较的能力或许比进行思考的能力更要求以可比性为先决条件,因为进行比较的过程,就是赋予一个比较框架给那些可能需要比较、但在理论上又是不可比的事物。因此,尽管我们不能说一块石头的重量可能要比一根绳的长度要重(轻),但我们可以选择是要一百磅的黄金还是两串珍珠。因此,对 Dworkin 来讲,所有的比较都是目的论的,不可或缺地包含有某些比较目的,并因此可能导致将一种可比性价值强加于一个或许不可比的世界。

③ 对基本权利的宪法解释进行观察,我们可以形成这样一个结论:由于解释不可避免地要包括社会和历史考量因素,因此它们可以法律考量因素相结合,把对原则的解释作为道德准则。在 Rawlsian 理论对最基本阶段所达成的关于原则解释的宪法性等级分类所作描述的基础上,对宪法原则进行分析,Scanlon 坚持认为不仅历史和社会理论在宪法解释中占有重要地位,而且公共秩序或安全等价值也占有一席之地。最终,它是指一种来源于平衡不同考量因素之后所得出的关于权利的惯常解释。

的现实考量等等，以及诸多可弥补因素（element for compensation），从而有助于法律解决路径的提出。这在很大程度上是由于如下事实的存在，即法律本身就充斥着各种利益衡量，而且，此种情景预设乃是冲突情境，因此，在道德意义上，其所达成的法律解决途径不可能是最为理想的。换言之，即使在那些悲剧性案例中，包含法律冲突的道德困境滋生着道德上的不满，但法律解决途径也可能完全符合法律或者拥有正当法律根据。

Zucca 对解决冲突并不感兴趣，他认为理解宪法困境或许比解决它们更为重要（Zucca，2008）。确实，欲解决冲突，首先要理解冲突。但是，宪法思维（constitutional reading）不能回避解决冲突的现实需要（这种需要有时是非常迫切的），倘若这种解决方式主要是通过法律完成的。基本权利冲突总是会引起道德层面的思考，就此而言，解决途径并不总能让人在道德上满意。在此，笔者不想就法律解决途径是否总应符合道德规范以及其与何种道德规范相适应等问题展开讨论。在引起道德困境的宪法冲突的情形下，由于不存在道德途径，法律解决途径也总是不能达成道德满意。

总的来说，笔者认为，基本权利之间存在相互冲突，此点标示着多元价值的存在，因而，基本权利冲突的内在构成与道德冲突一致，均可置于价值多元主义的框架内来理解。由于某些时候它们可能会导致真正的道德困境，所以在特定情形下，权利冲突会反映出这些困境之中的悲剧性选择之类型。笔者同样认为，正是因为处于法律体系之中，并构成法律体系之框架，基本权利冲突才得以、甚至必须要由法律提供一种不同于发生在道德领域的价值冲突的解决方式。若非解决潜在的道德困境或者不考虑悲剧性道德后果，法律选择就不必表现出牵扯到真正道德困境的悲剧性成分，它不是由“损失”的存在来予以阐释，而是由不存在符合道德规范的解决途径这一事实来证成。

（责任编辑：庄培彩）

会议实录

全面深化改革与公法学发展学术研讨会会议实录

编者按:2013年11月中共中央召开了十八届三中全会,会议作出的《关于全面深化改革若干重大问题的决定》是我国今后一定时期内改革开放的纲领性文件。2014年又是1954年《宪法》颁布实施60周年。为了探讨全面继续深化改革中面临的各种公法学问题,促进宪法的有效实施和法治国家建设目标的落实,中南财经政法大学法学院宪法学与行政法学学科于2014年4月12日召开了以"全面深化改革与公法学发展"为主题的学术研讨会,共有80余位公法学人参加了本次研讨会。为展示参加本次会议学者们的学术思想,本刊特将此次会议实录收入其中,以飨读者。

主持人:刘茂林(中国宪法学研究会副会长,中南财经政法大学副校长、教授)

"全面深化改革与公法学发展"研讨会是中南财经政法大学主办的研讨会,本次大会请到了很多知名度很高的专家,共有42个高等院校的82位学者参与本次大会。

一、嘉宾致辞

1. 张中华(中南财经政法大学党委书记)

尊敬的各位专家、来宾、同学们,大家早上好。本次研讨会在我校隆重举行,群贤毕至,我代表中南财经政法大学衷心感谢各位的到来。本次研讨会的主题是"全面深化改革与公法学发展",本人认为公法学是研究政府权力范围的一门学科,而全面深化改革与公法的关系又尤为密切。十八届三中全会明确了要使市场在资源配置中起决定性作用,同时也明确了政府的权力清单,我认为只有制定相应完善的公法制度,才能保障改革的成果,才能确认改革发展的成果。我校公法学的发展呈现着一番欣欣向荣的景象,离不开在座各位公法学人的支持与鼓励!希望各位专家、学者能够继续关注、支持我校公法学的发展。最后祝愿本次大会取得圆满成功。

2. 姜明安(中国行政法学研究会副会长、北京大学法学院教授)

感谢中南财经政法大学邀请我来参加本次会议,本次研讨会的主题——“全面深化改革与公法学发展”涉及改革与法治的关系。关于这个问题,我们的主要困惑在于究竟是法治为改革服务还是改革为法治服务?目前的现状是法治服务于改革。现实中存在大量违法征收土地、拆迁房屋的问题就是法治让位于改革的最好例证。从历史的角度来讲,法治是目的,改革是帮助法治实施的手段,法治是保守、稳定的,是通过人类几千年的发展得以促进的,改革应当是对根本正义的维护,改革如不是为了维护根本的正义,则改革是没有效果的,这一问题并不是简单就能厘清的。我们应当认识到三个问题:第一,法治是目标,所有全面深化改革都是为了更好地限制权力,保障根本正义;第二,法治对改革起制约作用,从根本上保证改革的方向;第三,法治是改革的保障,从消极方面看,法治能够防止改革滥用权力,而从积极方面看,法治能促进改革走正确道路,防止改革不作为,推动改革实现法治目标。最后本人认为公法学者在当下应当有自己的立场,要能发出自身的时代之音。

3. 莫纪宏(中国宪法学研究会常务副会长、中国社会科学院法学研究所研究员)

感谢中南财经政法大学邀请我来参加本次研讨会,我代表个人对举办方热情的接待表示感谢;同时也代表宪法学会对中南财经政法大学表示感谢,2002 年宪法学研究会曾在中南财经政法大学召开,中南财经政法大学给予了宪法学会极大的支持,最后也代表中国社会科学院法学研究所表示感谢,因为所里很多年轻人都来自于中南财经政法大学,感谢中南财经政法大学为我们提供了这么多的优秀人才。

我要讲的是从哈佛校训看公正和正义概念的价值区分。前段时间网络盛传哈佛大学学生凌晨四点还在图书馆看书,于是大家纷纷感慨哈佛校训同中国大学的校训在某种程度上是相同的。但是我在哈佛楼道看到的校训同网上所流传的完全不同,用中文来表达,其中能代表主流价值的一是“非正义的法律不是法律”,二是“非正义的法律本身就是一种暴力”。哈佛法学院校训与其学校校徽的校训精神是一致的,它号召学生追求真理和正义。我们的文化侧重于公正,而对正义关注较少,但公正在很大程度上是不同于正义的,公正的结果不能代表正义的要求,这是中西文化的差异。正义是一种价值引导,但是公正与正义孰优孰劣,并不能简单评价。如果要在全面深化改革的浪潮中寻找改革的方向,那么必须要在正义和公正中寻求一种最佳平衡点。

4. 方世荣(中国行政法学研究会副会长、时任中南财经政法大学法学院院长、教授)

尊敬的各位领导、各位专家学者、各位同仁,大家上午好!今天,我们共同汇聚在风景秀丽的中南财经政法大学,隆重召开“全面深化改革与公法学发展”的学术研讨会。在此,我谨代表中南财经政法大学法学院对出席本次会议的各位领导和专家学者表示热烈的欢迎!

自十八届三中全会召开以来,全面深化改革深入人心,以习近平同志为总书记的党中央对改革作出了全方位的战略部署。中共中央《关于全面深化改革若干重大问题的决定》明确指出推进国家治理体系和治理能力现代化是全面深化改革的总目标,国家治理的现代化首先必须依法治理、依宪治理,这就要求公法学为国家治理提供坚实的理论基础。《决定》还提出必须切实转变政府职能、深化行政体制改革,建设法治政府和服务型政府,加强社会主义民主政治制度建设,健全司法权力运行机制,完善基本权利司法保障制度,强化权力运行制约和监督体系,创新社会治理体制,有效预防和化解社会矛盾体制,改革行政复议体制和信访工作制度,这些都对公法学研究提出了新的要求,为公法学发展指明了方向。在改革的背景下,公法学的发展迎来了新的生机。

中南财经政法大学法学院是一所有着60年办学历史而又充满勃勃生机的学院,学院有200余位师资,拥有法学一级学科博士点,在民商法学、宪法学与行政法学等九个二级学科均有博士学位授予权;同时也拥有法学一级学科硕士点,拥有法学理论、法律史学、宪法学与行政法学等8个硕士点和法律硕士专业学位授予权,30多个研究方向。我院公法学的发展历史悠久,蒋碧昆、曾广载、刘庆华、廖晃龙、李益才、肖秀梧等老一辈著名学者辛勤耕耘,为本学科的建设和发展倾注了毕生心血,奠定了本学科坚实的发展基础,其中蒋碧昆教授亲历第一部宪法的诞生,所编著的《中华人民共和国宪法名词简说》、《中国近代宪政宪法史略》和曾广载教授所编著的《西方国家政府和宪法》等书蜚声国内。此次学术研讨会由宪法与行政法学科牵头举办,会议收录论文56篇,来自于全国各地共计42所高校,与会学者达82人,是一个高层次、高水平的学术会议。我们希望通过这次学术盛会,让大家得到思想的交锋,探讨全面深化改革中面临的各种公法学问题,在研讨中深化认识,求同存异,达成共识,促进宪法的有效实施和法治国家建设目标的落实,推动全面深化改革与公法学的发展,更好地完成时代赋予我们公法学人的使命!最后,衷心地祝愿此次会议取得圆满成功!谢谢大家!

二、主 题 报 告

1. 李树忠(中国宪法学研究会副会长、中国政法大学副校长、教授):全面深化改革与宪法的关系

依法治理,深化改革,首先应该是依宪而治。夏勇教授把宪法分为三个阶段,第一个阶段是革命宪法,也叫确认型的宪法;第二是改革宪法;第三是宪法政治的宪法。所谓革命宪法是在革命成功之后,把革命的成果,用一部成文的法典固定下来、记载下来,所以这样的宪法就是确认型的宪法。可以说宪法是革命的创造物,是一个光荣物,是人名英雄的纪念碑,是一部革命的史诗,而宪法本身则代表着一部革命的史诗、阶段性的顶点和憧憬。按照这样的分类,那我们的“八二宪法”可以把它视为革命宪法,因为它的指导思想、基本原则、国家发展的目标等等,和我们的“七八宪法”有着本质的不同,可以说是社会主义阶段一个革命性的成果。我们的“八二宪法”也明确介绍了改革开放的总体精神,可以说为我们的改革开放提供了一个方向和一个目标。但是由于我们的改革是摸着石头过河的改革,大胆实验的尝试,“八二宪法”解决宪法的认知远远不能承载我们未来改革承重的事项。正所谓现实的力量永远要大于规范的力量。所以我们在改革开放的实践中,

经常以违宪的方式来推进改革,那么它的一个严重后果就是摧毁了宪法的权威,摧毁了法治在人们心目中的权威。人民不是信仰宪法和法治,而是信仰能推动改革的力量。这就是我们改革开放三十周年来,改革开放与宪法法治之间一种无奈、尴尬的关系。

那么我们的宪法经过了三十年的发展,经过了四次的修改之后,可以明确地称作是一种改革的宪法。改革的宪法,它有重要的功能和作用。一个是保障改革的成果,这个还是一种确认性的性质,保障改革的方向和目标,保障改革按照宪法的基本价值去进行,这是宪法对改革本身一种保障的作用,是一种促进的作用。那么同样这一部改革的宪法,它还要起到一定规范的功能。规范的功能,就是宪法确立了一些基本目标和价值、宪法的指导思想、宪法的一些重要原则,无论是人民主权原则,法治原则,还是基本人权原则等等,它实际上为未来的深化改革设定了一些前提,那么我们的宪法不仅要确定改革的成果,不仅要保障改革的发展方向,它还要起到一个促进改革、推进改革、约束改革,在一定情况下限制改革的规范作用。

我们党的重要文件中也谈到,改革要与法一致,实际上谈的就是改革与宪法、宪法实施之间的重要关系。在新的历史阶段全面深化改革,要把我们推动改革那种自上而向下的政治的权威和我们尊重宪法、实施宪法的一种宪法法治的权威有机地结合起来,在最大的限度上尊重宪法和法治,处理好宪法和全面深化改革之间的关系。有一种现象值得我们警惕,就是我们在当下,需要统一意志,统一思想,需要摒弃权威,去破解改革的难题。我们改革已经进入了深水期。那么我们这样一种政治的权威,我们这样一种政党的权威,现在正在出现和涨起,然后它凝聚力量去全面深化改革,但是一定要处理好全面深化改革的政治权威与宪法法治权威的关系。

2. 杨海坤(中国行政法学研究会副会长、山东大学教授):把权力关进制度的笼子里

中共中央《关于全面深化改革若干重大问题的决定》中明确指出,全面深化改革的总目标是完善中国特色社会主义制度,推进国家治理体系和治理能力的现代化。所以这里涉及全面改革以及治理体系、治理能力现代化与公法自治的关系,也是习近平总书记在这个时期作出的创举和贡献,我重点讲把腐败的权力关进制度的笼子。国家治理体

系和治理能力的现代化本质上就是公权力体系和能力的现代化，而反腐败治理体系和能力的现代化是一个重要的标志。当前我们国家面临一系列矛盾和挑战，2013 年以来，我们耳熟能详的一句话，也是最主要和最振奋人心的一句话就是“把权力关进制度的笼子里”。反腐败过程，把权力关进制度的笼子里具有长期性、复杂性、反复性与艰巨性。治理体系与能力现代化意味着民主化、科学化和法治化。当前反腐败的特点和优势也应该考虑到民主化、科学化和法治化。因为中国历史上民主传统比较少，历史痕迹比较重，封建社会的遗留残余还存在于社会生活的方方面面，包括以阶级斗争为纲，经济为辅，也会在反腐败的领域时隐时现。2013 年以来，我们在政治方面取得了很多成绩，功不可没。但是作为走向法治领域的进程来讲，任何形式化、情绪化、简单化的一般体系和传统方法均应该摒弃。认为处理法律问题，仅仅依靠政策和策略，大风暴式的反腐倡廉，恐怕不能达到预期的效果。任何暗箱操作，神秘化的反腐，选择性的反腐，很可能给反腐带来后遗症。进一步讲，要坚持用制度管权、管事、管物，要让人民监控权力，让权力在阳光下运行，是把权力关进制度的笼子的根本之策。

既然腐败主要是权力的腐败，腐败寄生在权力的链条之中，这就决定了反腐败的艰巨性，也就是我们要有比腐败的权力更强大、更周密的权力体系，才能快速地消除腐败，这也是反腐败之中的重要之处，我们需要有强大的权力，才能有对腐败的威慑力。但是不管怎么样，反腐败也是一种权力，所以它同样必须要被关进制度的笼子里，这个制度最根本最主要的就是宪法、法律，当然包括行政法。反腐败权力是人民手里最虚拟最明快的意见，运用好这方面的意见，必须依靠宪法、法律，依靠常态化、程序化、秩序化的制度建设。当前而言，反腐败的体系要解决好政治与法律的关系，政治和法治的关系，党纪党规和国家法律的关系，党纪处理机构和国家反贪机构之间的关系，党员干部双规的程序和国家刑事法律程序之间的衔接关系，政策策略和法律法规之间的关系，反贪工作所遵循的保密性与政府信息公开之间的关系，保护举报者的权利、反贪工作人员及其家属的权利与保护被审查人员法定权利的关系，打老虎与打苍蝇之间的关系，惩治贪官与教育干部，保护干部与教育群众之间的关系，提高民主反腐的信心与增加公众反腐的私救动力之间的关系。这是解决人治、消除人治和坚持法治的关系。把党的领导、人民民主和依法治国之间的辩证关系,贯彻和落实到反腐败领域。反腐必须恪守法律面前人人平等的原则,办案必须以事实为依据,以法律为准绳。把每一件反腐案件办成铁案,经得起历史和时间的考验。

把权力关进制度的笼子,不是一个消极的意思。它的积极含义是有效地预防权力可能被利用,把滥用权力,已经造成人民利益损害的权力的掌控者绳之以法,同时要让为民造福、为民谋利的权力沿着科学和法治的轨道顺畅运行。我们需要有政治权威,有政党权威,甚至有个人的魅力,领袖的重要地位,但是我们通过加强权力的机动化,推行权力改革,推进国家治理体系和能力的现代化,最终目的是处理宪法法律的权威。把权力关进制度的笼子,同时要考虑让思想冲破牢笼。一方面,把权力,特别是可能给人民利益造成损害的权力要牢牢地锁进笼子;另一方面要让人民得到充分的自由,打破一些不应有的束缚,特别是包括我们思想的自由和解放。

3. 秦前红(中国宪法学研究会副会长、《法学评论》主编、武汉大学法学院教授):学术人的学术人格在哪里

我今天想说的主要是学术人的学术人格在哪里?这是由几个问题的感触想到的,最近开始编一本杂志,处理来稿的过程中,触及司法改革的问题时,很少是宪法学的稿件;十八届三中全会讨论司法改革,到场的宪法学者很少。

司法改革首先是宪法问题,关系到结构性的权力结构配置,仅仅是部门法学者研究,司法改革可能不会找到正确的道路。康德曾说过,一个人有两件事不能忘记,头顶的天空和心中的道德。宪法学者应当有关乎中国命运的使命感,应当在现有的空间下独立思考,敢于表达。中国当前发生的很多事情,宪法学者在哪里?这是关乎宪法发展、中国发展很要命的事情。

十八届三中全会中很多问题是与公法密切相关的。我们的基本权利在哪里,公法学者应当去回应,公法学者尤其是宪法学者关注的重点在宪法基本理念问题,而关乎宪法问题,例如立法的优点等是否也应加以评述?

法律人一定要对法律保持批判精神。对全民关注的大案要案是否能坚持程序正义,一定要有法律人的声音,法律人的信念坚守对当下讨论法治与改革是很重要的。

4. 叶必丰(中国行政法学研究会副会长、长江学者、上海交通大学凯原法学院教授):全面深化改革与《行政诉讼法》的修改

改革与公法学的发展,这是社会转型时期的重要问题。行政诉讼法修正案的起草问题很重要,但基本是对司法解释的经验总结,没有体现改革的精神。《行政诉讼法》是在党的十三大报告这样一种提倡改革和推进改革的背景下制定出来的,如果没有这种改革精神,那么这部法律恐怕会晚很多年出来。那么到了提出修改的时候,又正是十八届三中全会决定进一步把改革的旗帜举起来,要进一步推进改革的时候,但是基本只是把现有的法律堆置起来体现在修正案中,比如对《行政处罚法》、《行政强制法》等规定进行梳理,体现在法律中。另外一个方面基本是司法解释的深化和概括,没有体现改革的精神,有些方面也出现一些倒退,比如说涉案范围的问题,最高人民法院的司法解释已经从列举走向概括,但是行政诉讼法修正案又回到了20年前那种列举的模式,类似这样的情况还有很多。贯彻改革的精神,就必须走行政诉讼已经有的实践。比如说调解、和解,已经在实践中取得了很好的成功经验,但是在这部修正案中却没有体现。体现改革的精神就必须坚持公平、公正、正当的理念,但是行政诉讼法修正案没有把实践中探索了很久、已经取得一定经验的写进去,比如正当程序。正当程序已经指导实际,也有相关的司法解释,但是修正案中没有。贯彻改革的精神,必须把正在发展的东西进行预见,比如说行政合同等等。像这样一些在司法实践中已经有所探索,并且通过改革,这些现象已经越来越多的,没有在这部法律中得到体现。自治组织越来越多,选举案件也有,选举资格案件现在在《民事诉讼法》中规定,像这样一些案件,在很多国家的诉讼法中是在行政诉讼法中规定。这部法律没有体现适应社会,改革发展的趋势。另外,改革还必须借鉴一切文明的经验。大陆法系国家几乎都有行政法院,在这方面我们也应当对改革的方向和路径有所探索和规定。我们很多专门法院是针对人的,而没有针对权力的,只有行政法院是针对权力的,所以要坚持改革,推进改革,应该在这部法中有所规定。

第一单元

主持人:杜承铭(广东财经大学副校长、教授)

1. 发言人:叶海波(深圳大学法学院教授):中国政党立法问题初探

长期以来,我们研究宪法学,比较集中于宪法文本的研究,但是宪法文本与现实间的距离是非常远的,而现实经常去破坏宪法文本中的结构安排,比如说我们可能去研究宪法文本中关于国家主席的规定,所谓国家主席到底是一个虚权,还是一个实权,如果我们去看一下中国的政治现实就会明白。到了中共十八大以后,特别是十八届三中全会以后,通过三个领导小组的设置,一个委员会的设计,整个国家的权力结构就发生变化了。我们党的内部结构变化,直接导致了宪法文本中关于国务院、关于国家主席等等这些机构之间的权力配置。所以如果单纯以宪法文本为中心,宪法学的研究远远脱离于现实。面对这个现实,只有两种办法,第一个就是用规范主义的态度去解释宪法学中的条款,用宪法学中的条款去统合现实,以基本权利保护为中心去限制国家权力,这是长期起来宪法学中的一个理论话语。这样一种研究是可敬可佩的,但是离现实确实太远。所以长期以来,我们的宪法学者、公法学者难以对现实问题发声,也有可能与此有一定的关系。第二种方案无非就是承认现实。这两种方案都是有一定问题的。所以研究中国宪法学当然应该以宪法典为中心,但宪法典中的权力结构,不是国家权力与公民权利之间那种简单的关系,而是执政党领导权、全国人大的最高决定权和公民权利三者之间的关系。对于国家权力,宪法是有规定的。对于公民权利,也是有规定的。对于党的领导权,是没有讲清楚的。党的领导权,到底是怎样的范围,它是不是全面覆盖国家权力的范围。如果是这种情况,那么党的领导权与国家权力之间的冲突怎么避免。我认为在未来的研究中,应该改变传统的以国家权力与公民权利为核心的研究方式,以执政党的执政权、国家的权力以及公民权利三者之间的关系去建构宪法学理论,那么在这样一个建构过程中,一个比较重要的就是明确执政权、领导权的范围。关注宪法文本就可以发现,对于全国人大、全国人大常委会、国务院等等制定的法律或行政法规,我们是设置了一个审查体制的。全国人大可以审查全国人大常委会的法律,但是对全国人大制定的法律和行为,宪法没有作出规定。我们可以说全国人大可以审查自己制定的法律,但事实上,我们可以作出另一种解释,也就是说党的领导权和执政权可不可以把它限定为对全国人大的一系列行为的审查权。这是另外一种解释,这样一种解释,就可以相对明确地去划分党的领导权和国家权力之间的关系。而曾经探讨的伊朗违宪审查的体制,我认为对中国是有借鉴意义的。总之,在中国宪法学问题的研究中,一定要认真对待中国共产党,不认真研究它,我们所有的宪法学研究,事实上都不可避免地流于形式化,无法直接地回应现实。

评议人:林来梵(中国宪法学研究会副会长、《清华法学》主编、清华大学法学院教授)

叶海波教授意图将政党立宪作为一个宏大的叙事和精微的研究相结合的领域,也作为宪法学研究的一个样态确立下来。他的观点对宪法学界具有很大的启发意义。他在承认立宪主义精神的这一点上是非常重要的。他不是简单地说现实是这样的,而是对现实作出批判。这样一种思路,在当今中国公法学界,开始抬头。让学术为现实背书,让公理向权力低头,这样一种趋势在中国公法学界已经在抬头。他对这种趋势作出了批评,他批评的立场仍然是强调用宪法约束公共权力,这一点是值得肯定的。所不同的是,他讲的公共权力具有多样性,他并不是简单地把它理解为一种国家权力,而是针对中国具体的现状,认为在国家权力之外,还有政党的权力,同样是需要被约束的。因此宪法学所关注的,或者说界定的一种宪法关系,不是传统简单的国家权力和公民权利之间的关系,而应该是三角形的,即政党、国家与人民三者之间的关系。这个观点是有争议的。第一,党、国家、人民三者之间的关系,在一定程度上,也可以为公共权力与公民之间的关系这样一个命题所吸收。因为可以被吸收,所以它在学科领域中,就很难被普遍化。宪法学要建构一个政党宪法学,它难以被普遍化,因为它无法解决所有的问题。第二,它研究政党的关系,在宪法学里面基本没有优势。纵观世界各国宪法学,对政党问题的研究,不是强项。研究比较多的国家就是德国,德国的宪法学对政党的研究比较多,但原因是宪法中本身有明确政党的条款,其他国家很少。那么我们国家也是,我们国家有政党条款,但也是比较弱的,不如德国,而且德国有具体的立法,政党法。所以宪法学,从中国的角度说,研究政党问题,没有优势,一是没有规范上的优势,二是没有其他方面的优势,如方法上的优势。研究政党最有优势的学科,应该是政治学,不是宪法学。第三,他简单地把政党问题理解为与西方比较接近的规范,比如说他的许多观点当中,其中比较明显的是主张政党平等。这样一个政党平等的观点,在中国宪法中,如何确立,是一个大问题。

评议人:范进学(上海交通大学凯原法学院教授)

通过立宪主义来限制党权,在法治社会,是一个核心内容。在我看来,今天的宪法只是半部宪法,它只是规制了国家机构这一块的权力,它并没有规制政党权力。因此在我们的体制当中,党是起领导作用的执政党,同时它拥有国家的决策权、领导权以及监督权、反贪污权。还有很多权力是国家性质的,但是宪法对此恰恰没有限制。谈到宪法政治,也只是国家权力这一块,而把党权这一块拎出去了,这样我们的宪法就是半部宪法,就谈不上宪法政治,这里边恰恰是立宪主义重视的,也是叶海波教授研究的价值所在,也就是对党权的限制。党章对党的领导、如何领导作了三个要求,政治领导、组织领导和思想领导。政治领导就是制定正确的路线、方针、策略,借助于国家立法机关,按照法定程序使党的主张上升为国家意志,然后转化为法律,这是政策的一个要求。那么组织上的要求就是向国家推荐干部,通过人大来选举。思想上是制定指导思想,通过人大的立法程序成为宪法上的指导思想或者法律上的指导思想,借此指导公民的行为。党章和宪法的规定都对党的领导方式、执政方式作了一个限制,但是实际上真要把它变为现实,变成一部法律,如何把党的权力、政府的权力、人大的权力、司法机关的权力和人民团体的权力予以法律化,这是很困难的。执政党作为一个利益群体,它也有自己利益的考量,那么它需要宪法的一种宽大的胸怀,这种胸怀是一种自缚精神,一种放权精神。党的机构和人大机构的协调问题,这确实是一个现实问题,比如说 25 个省委书记兼省人大的主任,当然这只是一个侧面。我们就是从这个侧面反映如何处理党的领导和人大的关系,这里面主要是一个党的机构如何放权的问题。海波教授提出很多可行性研究,在我看来,可能比较宏观。如何化为具体的现实，是一个宏观的政治体制改革问题。司法体制改革是一种政治体制改革，但是党政关系也是一种非常重要的问题或者说是一个核心问题。十三大报告提出党政分开。党政权力要分开，理论上可以分得很清楚，但现实中确实有困难。徐特立说，“党是没有强迫之心面临权力的，所以它没有武装，没有监狱，也没有法律上的制裁，它本身不是一个权力机构、权力机关，只能靠党员在政府中，在群众中普遍发挥核心的作用，因此执政党不能代替人大，不能代替政府，包办一切政治，成为党的专政。”那么他认为把领导作用与政权混同起来，这在实际上取消了党，因此党的政治主张只能借助于法定程序，依靠国家意志，通过国家机关的实现，不能由党来取代国家机关，行使国家权力，通过国家机关，也就是自己的党员对政府起作用，而不是党对机关直接下命令而强迫执行，更不是将党凌驾于国家之上。

2. 发言人：夏正林（华南理工大学法学院副院长、教授）：从“五四宪法”土地所有制的规范和实践来看我国制宪理念的缺失——由一张房产土地证的有效性引发的争议

全面深化改革和法治的关系，我们很多人只看到了今天的问题，或者说我们看到的是20世纪80年代以来的问题，但在我看来，可能从“五四宪法”就开始了。因为改革和法治的关系，不仅仅是法治的问题，它是公权力的问题，是改革权的问题，且不仅仅是改革权的问题，实际上是国家权力有没有得到规范的问题。如果从这个角度来看，我们就会发现从“五四宪法”就开始了。引入一个案例，我住在广州大学城，它旁边有一个小村子，这个村子紧挨着我们，广东省给我们一个政策，如果能把这块地征下来，就给我们年轻教师盖公寓。那么如果是在十年前去做的话，一个铲车就把村子推平了。但是今天不行了，因为一个是村民的法治意识提高了，更主要的是那些村民竟然拿出了他们的土地证。最后结果是学校没把地拿下来，又重新去找地。论证有两种意见，一个就是宪法明确规定土地是国家的，因此这个就失效了。但是有些不妥，因为“八二宪法”毕竟是同一个时代修改了前面宪法的做法。如果简单说前面的失效，那这不是一个好办法，也不是一个诚信的政府。考察后发现，“五四宪法”中的执政党理念在法治的角度都带有策略性。所谓策略性就是它有阶段性，比如说土地，执政党长远的理念是公有，但在一定的阶段要保留一定的私有。但是在实践当中，为了实

现这种理念,就要推进这种公有,那么这就必然与宪法的规范有冲突,宪法的规范必然被扔在一边。可以看到我们的宪法现在都是这样的,把治国的任务写在宪法里面,而治国的任务随着时代的变化必然要调整,但是宪法不可能及时跟上,即使跟上,宪法也没用了。所以宪法缺少的是规范权力。用今天的话讲,改革权在宪法里面没有规范,这是最大的问题。认真考察后发现,"五四宪法"的制定本身就没有对公权力的规范有一个长远的考虑,这部法律的制定本身就带有策略性和便宜性。当然在某种意义上,规定总任务在某种意义上指引着权力,但是随着时代的变化,权力很容易调整总任务,这才是问题的根本。我们有一部很好的宪法,同时也缺少另外一部宪法。如果没有另外一部宪法,那么这部好的宪法没有办法得到实施。

评议人:汪太贤(西南政法大学行政法学院院长、教授)

土地问题是一个非常重要的问题,特别是革命过程当中。农民的问题就归结为土地的问题,因此在宪法文本中,土地的条款是无时不有、不可缺少的。宪法文本的很多修改,体现在土地条款文本内容的变化方面。研究这种问题,对当下中国宪法文本的内容,特别是意识,有非常现实的意义。土地条款内容的变化是与党的政策紧密联系在一起的。这个联系体现在两个方面:一个是大的方面,大的目标不变;一个是时代性,不同的时期,土地条款也能够体现当时的时代特征。在中国宪法文本中,土地的规律,它不是单纯的土地问题,它与国家公权力的便宜行使是密切联系在一起的。与此同时,夏正林教授讲的,"五四宪法"制宪理念的缺失。现有宪法规制公权力,过去确实没有这个理念,因为过去认为公权力不需要去规范,缺失在这个方面。阶段性、便利性,这个理念引导与政策一致。现行宪法在改革开放初期,经过几次修改之后,已经逐步向大家比较认同的公权力理念来转变、接近。在这种情况下,对土地制度的规定、影响以及国家过去公权力的便利行使的关系,有无改变,是需要认真思考的问题。

评议人:王广辉(中南财经政法大学法学院教授)

四点点评。第一个方面,夏教授这篇论文,最突出的特点就是表现在对问题的出发方式,由小到大,首先用一张 1954 年的房产证,联系到了"五四宪法"的土地制度,最后提到了大问题,也就是为什么我们会有宪法规定与实践中的差异。第二个方面，是一种纪念，今年是“五四宪法”60周年的纪念，特别是学术纪念，提供了一种思考。第三个方面，他认为“五四宪法”效力的缺失主要是缺乏权力制约，我的观点是不太赞同的。第四个方面，“五四宪法”实际上奠定了中国宪法的传统，这个传统没有进行深化，比如说授权性规则问题，“五四宪法”更多的是自己没有进行规则化，它是规范，但没有规则化，而更多的是一种授权的方式。这奠定了一个传统，实际上也是中华人民共和国宪法的问题，它表现在没有初级规则，主要是一种次级规则。一般无论是宪法还是其他基本法律，初级规则越多，实用性、自动性就越大，如果次级规则越多，则它往往被虚化了。宪法将自己的权力交给他人，主要创制次级规则问题。

3. 发言人：范毅（南京财经大学法学院教授）：变迁中的宪法规范之城镇化与城乡一体化要素研究——以迁徙自由权与土地所有权所对应的人口和土地为例

我研究这个问题是基于我的“城镇化和城乡一体化”这个课题，接到这个会议通知，我觉得还是要扣紧宪法规范。在新一轮的改革中经常能看到关于“城镇化和城乡一体化”的新的信息，尤其是地方。“城镇化和城乡一体化”应该是包含着很多实际的东西，从经济学的角度看，它包括人口、资本、土地等一些主要要素，一些观点认为城镇化应当是“人”的城镇化，而不应当是城区扩充“土地”的城镇化。目前我国的现实问题中，主要有以城乡二元结构为基础的户籍制度和土地财政，很高兴看到当政者提及“凡属重大改革都要于法有据”。基于此，便对与人口和土地相对应的迁徙自由和土地所有权制度进行宪法层面的探讨。

我的这篇论文主要讲了四个问题。第一个是从历史的角度梳理了一下新中国成立以来与“城镇化和城乡一体化”要素相关联的宪法规范的变迁。从《共同纲领》开始到“八二宪法”及“八二宪法”后面的四次修正案，考察这样一个变迁对我们理解和于法有据地推进“城镇化和城乡一体化”很有必要。在第一个问题里面，我从迁徙自由权“名”与“实”之间的关系进行了一些梳理，迁徙自由权是公民的一项基本权利，无论是“八二宪法”还是《国际人权公约》都对此进行了规定。新中国成立六十年以来我国的迁徙自由权经历了一个从名实相当到名存实亡,又从名存实亡到名实皆无的曲折过程。新中国成立初期,《共同纲领》第5条明确规定公民有迁徙自由,因此它的第一阶段是从名实相当到名存实亡;"五四宪法"同样规定公民有迁徙自由,但是"五四宪法"的规定比较空,因为没有下位法来落实,在1958年《中华人民共和国户口登记条例》颁布之后名存实亡;第二个阶段从名存实亡到名实皆无是在"五四宪法"以后二十多年时间里,在"左"的影响下,"七五宪法"、"七八宪法"没有关于公民迁徙自由的规定。后来的"八二宪法"及后面四次宪法修正案中,也没有关于公民迁徙自由的内容。土地的所有权涉及国家与集体之间的关系,我在之前看到刘连泰教授的论文,刘连泰教授侧重使用权这个实践的操作和宪法规范的矛盾以及宪法规范和土地管理法之间的矛盾,我这里侧重所有权。作为一项重要的宪法规范,土地所有权在六十多年的变迁中包括三个纵向阶段和横向的四个方面,三个纵向阶段是指新中国成立以后从封建的半封建的土地所有制进入农民土地所有制,紧接着变成国家和集体所有制;土地所有权变迁的四个方面,我的论文从第一个问题第二小点的三、四、五、六来讲。这就涉及从土地的集体所有到土地的国家所有移转中的单向流入性,第二个方面是城乡土地所有权在宪法规范里进行了国家所有和集体所有变迁的一种范围划分,第三个方面是"八二宪法"后来修改的,对国家土地的所有权和使用权进行了一种分离的规范,以及土地使用权的出租、转让与否进行了规范,最后一个是对土地集体所有权向土地国家所有权的移转给予补偿。

第二个问题,迁徙自由与城乡壁垒:户籍制度的前世今生。户籍制度的前世今生就是从开始的可以自由流动到越来越紧,20世纪80年代改革以后,虽然在宪法规范上没有松动,但是在具体的政策文件方面是有所松动的,而且在实践方面也是有所松动的,因为我们有大量的农民工。

第三个问题是土地所有权与城乡分割:土地财政的来龙去脉。最后是关于变迁中的宪法规范与城镇化和城乡一体化要素的思考,在这里我提出要着重考虑的几点,一是要注重城镇化和城乡一体化中的基本权利保障,二是要注重城镇化和城乡一体化中解决中央与地方关系问题,三是要注重城镇化和城乡一体化中土地法规和土地政策方面,我们应该有所更改、反省。

评议人:吴家清(中国宪法学研究会副会长、华南理工大学法学院教授)

范教授这篇文章对城乡土地一体化的要素结合宪法进行了一些研究,很系统而且很有历史感。他的逻辑是这样,首先以十八届三中全会中城乡一体化为出发点,同时分析了我们目前没有实现城乡一体化的原因在于城乡二元结构,这个结构的直接表现就是户籍制度和土地财政。户籍制度和土地财政不是深层原因,最根本的原因在于土地所有制和土地市场的城乡二元分割。由表及里,进入到土地所有权和迁徙自由的问题。而就迁徙自由怎样由名实相当到名存实亡,又从名存实亡到名实皆无进行论述。对土地所有权从国家和集体两个主体之间在宪法条文中的变化进行了一些梳理。最后,在这个基础之上,提出了三点思考,强调城镇化和城乡一体化中的基本权利保障问题,城镇化和城乡一体化中我们要注重解决中央与地方关系问题,另外从土地法规和土地政策方面讲到两化的问题。这里我觉得范教授有做得不够的地方,还要从宏观上进行深入的思考,要结合我们党的十八大报告和十八届三中全会的决定。在决定里面有较大篇幅讲到城镇化和城乡一体化建设问题,集中表现在第三部分的第十一条土地市场的问题和第六个部分体制问题。这些论述在我们的宪法文本中怎么体现,根据我对相关条款的分析,我们现有的宪法条款是可以包容十八届三中全会的相关论述,下面要做的就是在一些具体的规定方面进行一些调整。总的来讲,我国农民和市民的不平等确实存在,"工农联盟"好像没有很好地联盟,在经济层面没有很好解决平等问题。随着我国法制建设的完善,社会经济、文化的发展,这个问题最终是可以解决的。新的领导层从平等视角思考城乡问题,是一个很大的进步。

评议人:汪庆华(中国政法大学法学院教授)

谢谢主持人。读了范毅老师的文章,我还是蛮喜欢的。我想做三点评议,第一点就是范老师的文章是关于目前宪法学研究最重要、最突出的问题,即土地问题。我国目前的土地制度有两个方面,一是城市土地归国家所有,这是"八二宪法"规定的,在这之前,城市存在着私有的房屋和土地,"八二宪法"的明文规定剥夺了拥有私人土地的人权利,并且没有给出任何补偿,在北京就存在万人诉讼的情况,业主指出政府征收房屋的时候只补偿了房屋的赔偿款，没有给土地相应的对价，他们现在还在起诉、上访，这个问题一直到现在都没有解决。二是农村的土地属于集体所有，这是新中国成立后农村集体化的一个结果，在宪法文本上也有体现。现在集体所有土地中存在的最大问题就是当集体土地城镇化的时候，国家进行征收，那这个土地的议价哪里去了？因为农地变成建设用地，土地的价值可能涨三十倍、五十倍，但是给农民的补偿是依据农地进行补偿，这两种价值是不可相提并论的。

第二点评论就是范老师的文章有一个非常敏锐的视角，之前研究土地问题和户籍问题都是把两者分开的，在范老师的文章里有一个重要的观点就是我们现在城镇化的改革是要实现户籍制度改革和土地制度改革的联动，实现这个联动才是健康的、符合社会发展方向的城镇化。关于户籍制度，之前有很多讨论，费孝通有本书叫做《云南三村》，英文名字叫《A Bund China》，意思是被土地捆绑的中国，他认为中国的发展取决于将亿万农民从土地的束缚中解放出来。到现在，我们仍然面临着土地改革的问题。对农民来说，土地只是资产，没有办法变成资本，所以农民到城市里只能变成农民工。如果说农民可以把土地变成资本，那么就不会是农民工这个身份了。所以我觉得范老师土地制度和户籍制度联动的视角是非常独特、敏锐的。

第三点是历史的维度。她讲到两个问题，迁徙自由临时的互动和户籍制度的前世今生，这对我们目前宪政的实践是非常有启发的。这让我想起高更在 1897 年的一幅画，题目是《我们从何而来，我们是谁，我们向何而去》，我想这个对我们中国今天的宪政是有深刻寓意的，这就是我读完范老师文章的一些感想，谢谢大家。

主持人：因为范老师的文章涉及的问题非常多，我刚好也看了范老师的文章，有几点感想。第一，“五四宪法”确认土地所有权是没有问题的，到后来的宪法就取消了，从一种权利保护变成了一种政策。第二个问题，土地所有权究竟是什么？是一种基本权利？还是私有财产权？第三个问题是村民自治组织的地位、性质问题。下面请我们的第四位发言人发言。

4. 发言人：郑毅（中央民族大学法学院讲师）：论宪法中的两岸关系条款

选题的原因。2007 年陈水扁推行第二部“宪法”，把两岸“国与国”关系写进“中华民国宪法”,通过宪法的框架达到政治的主张,这是大陆学界关注比较少的。另一个原因,个人感兴趣的原因。最后,关于中央与地方关系的研究,强调基于宪法文本的进路,致力于宪法文本考察央地关系,对台湾“宪法”的关注也是央地关系的重要内容。

论文大概的框架。对宪法或宪法性法律中两岸关系条款进行体系化解读。“八二宪法”序言第 9 段讲台湾问题的基本定位;第 31 条讲一国两制的问题。宪法性法律里是指 2005 年出台《反分裂国家法》,是两岸关系里唯一一部涉台法律。序言第 9 段针对性提出对台湾问题的规范,由于是在序言中,它的效力存疑。第 31 条核心是一国两制问题,主要包含三个问题。第一个问题是授权全国人大立法,强调一国两制,对台湾还适不适用。我认为对台湾问题解决的支撑力度是不够的。第二个问题是《反分裂国家法》针对性效力非常有限,条文非常少,实施性不是特别好。第三个问题是《反分裂国家法》和《宪法》的逻辑衔接问题。

基本观点。(1)《宪法》序言的第 9 段有效力,如果《宪法》序言没有效力,《反分裂国家法》就没有宪法基础。(2)不能把目前宪法性法律对台湾问题规制比较差的板子完全打在《反分裂国家法》上。《反分裂国家法》偏重于两岸关系紧张时期,我们不能对《反分裂国家法》期待过高。

方案。(1)修宪没有必要充分的条件,应通过宪法解释来完成。(2)充分激活《反分裂国家法》的第 6 条和第 7 条。(3)在两岸关系没统一的历史时期,制定一部《祖国统一促进法》,吸收《反分裂国家法》的主要内容,和未来台湾地区的基本法有逻辑上的衔接。

最后我认为台湾问题既是老问题,也是新问题,但更多是新问题,需要宪法学者给予更多的关注。

评议人:齐小力(中国人民公安大学教授)

我认为文章的内容并不局限于《宪法》,而且分析了《反分裂国家法》的不足,还强调《祖国统一促进法》和《宪法》第 9 条和 31 条的对接,表示对基本框架的判断和论证过程很赞同。我认为不足主要有两点:第一,《祖国统一促进法》内容不清晰,比如在其他方面的内容不足。第二,《祖国统一促进法》全盘吸纳和综合《反分裂国家法》,吸纳后的《反分裂国家法》有没有存在的必要性,需不需要制定特别法还需要继续考虑。

评议人:杜力夫(福建师范大学法学院教授)

首先我认为选题非常好,司法体制改革、两岸关系发展和社会治理都是宪法问题。在两岸关系研究中宪法学者不应该缺席。祖国大陆方面在两岸人民关系中法律缺席。希望能够把两岸的政治对立化为法律问题解决。

我认为该文思路很好,很有启发,但是也提出了两个问题。第一,在"一个中国"框架下,两岸才是一个中国,那么北京的全国人民代表大会是大陆的最高权力机关还是整个中国的最高权力机关,如果只是大陆地区的最高权力机关,两岸中的一岸来制定基本法,台湾地区是否适合这种港澳模式。第二,台湾地区的全国人大代表怎么选出,是不是在台湾地区选出;台湾地区基本法谁来制定,台湾地区的代表怎么产生。

第二单元

主持人:薛刚凌(中国政法大学法学院院长、教授)

全面深化改革的主题是件非常有价值的事,也是很纠结的事情,因为我们公法学的发展是赶不上社会经济和改革开放的步伐,现在面临全面的深化改革,我们的危机感增强,我们现在要义不容辞地为国家转型作出贡献。

1. 发言人:苗连营(中国宪法学研究会副会长、郑州大学法学院教授):宪法学视域中的城乡一体化

这次会议的主题是全面深化改革与公法学发展,全面深化改革是这个时代最扣人心弦的历史篇章,在这样一个历史进程中,宪法能做些什么,这是公法学人应该思考的课题。这些年相关的命题我们反复提到,如宪法与市场经济、宪法与依法治国、宪法与和谐社会、宪法与科学发展、宪法与新农村建设,每提出一个重大战略部署,我们宪法都要紧跟其后,论述宪法与这些部署的关系,但冷静下来,我们应该反思一下,宪法到底做了什么?是提供一种价值引领还是一种制度保障?宪法是什么?宪法该干什么?这样一个公法学的原点问题,可能仍然是当代

中国社会应该认真思考和对待的问题。我有一个比较乐观的判断，也有一个比较悲观的判断，乐观的判断是十八届三中全会公报（下文简称公报）给了人民很多鼓舞的信息，我们期待的很多宪法理念和价值在公报中有生动的、充分的浓缩和展示，但让人担忧的是，宪法能否给我们的深化改革提供坚实的制度保障和明晰的价值指引，这是一个很纠结的问题，因为现在我们看到的情况似乎是我们的实践走在理论的前面，是现实在引领宪法学的研究和发展，而不是一个应该相反的关系。我们可以做一个简单的对照，比如说，宪法当然和全面深化改革有很多密切的内在关联，我们探究的很多问题在公报中都有非常深刻和全面的总结和升华。一般认为，宪法学最精髓的是宪法的原则，宪法第一个原则是人民主权原则，在公报和十八大报告里，都特别强调坚持人民主体地位的问题，主体性的表述都不落于宪法的表述，而且实实在在地提出了加强人民代表大会制度的理论实践创新问题，提出了加强健全公民的参与权、监督权、表达权的问题，还提出了协商民主的问题、基层民主的问题，所以公报把人民主权的原则不仅用新的方式表达出来，并且作出了新的制度性安排，又如宪法中的基本人权原则，在宪法中就是干巴巴的尊重和保障人权的概念性表述，对权利体系的罗列也不能让人满意，而公报中提供了一幅更为现实和生动的中国当代人权图景，比如说一个最核心的问题，就是城乡发展一体化的问题，这里面的平等权、迁徙自由、财产权的问题，公报用一种更直观的方式向国人展示出来了，我们在现实生活中实在找不到宪法为平等权提供了多少帮助，但公报中平等权被划为许多生动实在具体的内容，要实现城乡要素的平等交换、要实现公共资源的均衡化配置、要实现城乡基本服务均等化、要实现农民工的同工同酬问题，这些问题让我们看到平等在中国已经不是一种理想，而正在化为一种现实。再如迁徙自由的问题，学者们已经呼吁了很多年，但怎么做，我们没有看到到位的思路和建议，但公报中就明确提出要推进农业转移人口的市民化问题，他并不是给何种待遇的问题，而是要让农民享有同市民同等法律身份的问题，提出了要深化户籍制度改革，要全面放开小城镇的落户限制，有序放开中等城市的落户限制，这就实质上把迁徙自由的问题变成了可实在去追求和实现的问题。在公报中对农民财产权的问题、住房的问题等一系列问题，都做了非常详细的思路拓展和安排，这些规定让我们更感到公报才是真正的基本权利保障书,基本权利司法保障制度等等一系列问题和要求都让我们看到在基本权利方面作出的巨大努力。再如宪法的权力制约原则,作为对公权力的规范和约束,历来是古典立宪主义的核心,但在中国如何实现,我们更多地是对西方理论的移植和接受,但公报用整整一个部分的篇幅,提出了强化权力制约和监督的问题,提出了一系列适合中国国情的办法和思路,明确提出了让权力在阳光下运行,让人民去监督权力,并提出了把权力关进制度的笼子里这样具有哲理的宪法学意义上的命题。有限政府是宪法中非常重要的基本概念,但这很难跟中国本土文化概念相对接,但公报中有限政府是一个实实在在的政府制度安排,提出要深化行政审批制度的改革,减少中央政府对有关事务的审批,市场经济能调节的要一律取消审批,并提出了权力清单制度的问题,一切的权力行使都要在权力清单中找到依据,这实质上将有限政府的问题化成了中国政治改革的路线图,一个个方案和目标让我们看到宪法学的研究反而是滞后的,因此,如何认识宪法和改革关系的问题,宪法的稳定性和宪法的变动性的问题。这个问题在当代中国更为现实,要对此理清更为艰难。一方面在任何一个成文法国家,宪法作为一个凝固的智慧,无可避免地会滞后于社会的发展,无论制宪者多么高瞻远瞩,都不可能对未来作出详尽的预测与判断,宪法诞生后必然面临着发展、改革的问题,在中国可能更为艰难和复杂,因为中国宪法还涉及宪法自身正当性的问题、宪法自身的理念是否到位的问题,在这一前提不具备的情况下,我们片面地追求宪法的权威的意义在何处?

评议人:莫纪宏(中国宪法学研究会常务副会长、中国社会科学院法学研究所研究员)

苗教授虽说脱离他的论文在讲,但实际上还是在讲他的论文,进一步阐述他的宪法学视域是什么,在讲他文章的第一个问题。我想表达的观点是,他刚才也讲到,秦前红教授所提到的宪法学者到处缺位,我觉得苗教授的文章表明宪法学者要出来“站台”了,即“出台”。“城乡一体化的问题我也要说两句”,就是这个意思,所以还是有勇敢吃螃蟹的人的,不管我们宪法学者实际能力怎么样,但是要在城乡一体化这个问题上出来说话、发声,但是不是发得很洪亮,还是很沙哑,那大家看论文就可以了。我大概看了一下论文,我觉得发是发出来了,还噎在喉咙口,为什么呢？他是从平等权角度,认为从宪法学角度来看,对城市市民和农村村民的平等权保护还不是很够,那么城市化过程中要让他们更加平等。那么我就在想一个问题,这个城乡一体化是不是就是一个城市市民和农村村民的权利平等问题,是不是这样定义？所以我觉得发声的时候,这样的问题应不应该发声,这个问题在不在我们宪法学的视野范围之内,我们的工具能不能去分析这个问题,是不是能得出一些像样的结论,这是要留给你思考的。

评议人:胡弘弘(中南财经政法大学法学院副院长、教授)

刚才苗教授作了发言,他发言的时候,我发现他是脱稿的,而且是非常冷静的用流畅的言语表达了他对全面深化改革与宪法学关系的看法,我觉得他作了非常好的阐释。我们每次遇到重要的政策性决定出来时,我们认为宪法学者、公法学者不能够缺席,我们需要对它们作出完整的论证,对其提出完善建议。那么我们到底事先做了些什么呢？我们是不是每次一定要在事后去做这样的事情,我们事前的引领性工作,或者我们价值引导的工作,我们做了哪些呢？我们可以来反问我们自己。第二部分在他的发言中有讲到,我们实际上也可以以宪法不变的精神和原则来应对所有变化的问题,如果你去仔细探究宪法的精神,人民主权、基本人权、法治原则、权力制约原则,你会发现,这样的精神和原则是我们始终追求的,不仅是我们学术研究追求的,实际上我们的政治体制改革也在追求。我们全面深化改革的决定里面也表现出来这样的一些精神,所以恰好是需要我们继续去坚守和呼吁的,让更多的人去理解它,更多的人能够去坚持它和捍卫它。他最后提到第三个问题,就是宪法稳定性和改革的问题,这是一个老问题,同时又是一个永恒的问题,因为我们如果用成文法的稳定观来判断宪法的稳定性的话,可能会有些狭隘,所以当改革发展时,我们宪法的发展也可能会超越成文宪法和不成文宪法的一种划分方式。

这是他刚才发言后我的想法,他提交的论文《宪法学视阈中的城乡发展一体化》我觉得结构非常的清晰,而且问题涵盖非常之多,他从城乡二元结构的宪法之殇表明我们城乡之所以要谈一体化发展,是因为城乡二元结构根深蒂固,而且影响非常多的制度,所以他谈的第一个问题是宪法之殇,第二个城乡发展一体化的宪法基点,那么我们从宪法学的基点来看，那些平等原则，那些最基础的公平、正义的价值应该在中间如何得到体现？在第三部分中，他写的是城乡一体化的宪法路径，是告诉我们政府应该要做什么，虽然说我们是有限政府，但是在引导城乡一体化的过程中还是要有为。并且还讲到其他的一些迁徙自由、户籍制度的改革，我觉得文章已经非常全面，既有宏观的又有微观的，这是我对他文章的点评。

2. 发言人：刘连泰（厦门大学法学院教授）：集体土地征收制度变革的宪法空间

大家都知道党的文件和宪法文本都是互相解释的，这次十八届三中全会的公报和我国宪法文本之间在集体土地征收问题上再次互关。我之所以认为集体土地所有在经历了从基本权利变为国家政策再向基本权利的变迁，所做的全部是规范的分析而不涉及法社会学上的问题，所谓的论证就是假设一个命题是真的，然后论证另外一个命题是真的，所以杜承铭教授谈到现行《宪法》第 13 条里面讲的"私人财产权不一定是基本权利"，我这就有一个比对，《宪法》第 13 条和第 10 条是一样的，如果你认为第 13 条是基本权利那么第 10 条也可以是基本权利。问题就变成第 13 条是不是一个基本权利呢？杜承铭教授认为放在总纲里面的不是基本权利，这是一个误区。按照林来梵教授的观点说中国宪法文本非规定性的特点，即在总纲部分不一定不是基本权利，总纲可以是基本权利，政策放在总纲里面也可以是基本权利，这是没有问题的。所以第 13 条和第 10 条都是基本权利。前面说的集体土地所有在经历了从基本权利变为国家政策再向基本权利的漂移，那么根据《土地管理法》，是一个反向的漂移，对土地管理是越来越严的趋势，以至于掏空了集体土地所有权基本权利的特质。那么这一次十八届三中全会的报告就有着"补课"的意味，以前的《土地管理法》做得不好，现在将集体土地所有重新回到宪法上来。

评议人：焦洪昌（中国宪法学研究会副会长、中国政法大学法学院副院长、教授）

刘连泰教授是湖南澧县人，洞庭湖畔出生，高考制度使他跻身于精神贵族之列，但是骨子里还是有草根的气息。关于连泰教授的论文，我谈两点。第一点是对他刚才提到的中国宪法文本中关于土地制度的规定,我记得在"八二宪法"起草这个条文的时候有三种观点,第一种是实行土地的私有制,就是回到"五四宪法",这对于一个公民是非常重要的。我的老家是北京顺义的,现在我还保留了土地私有证,以后也要传承下去,尽管我国未必承认土地私有,但可以说"五四宪法"是承认土地私有权的。第二种观点就是实行土地证,因为中国要建设现代国家,现代国家的一个最大问题就是城镇一体化。那么城镇化的最大的问题就是对土地征收,但是国家征收土地就涉及农民的对立情绪,他们通过信访、上访的方式维护自己的权利。但是这两种观点都没有被采纳。采纳的是一个中性的观点,土地应该以集体所有为基础,也就是说集体土地是公有制的一个方面,但是集体所有制在法律概念中相对不确定,这里面暗含征收为未来城市化隐含了宪法的秘密。我们现在看到的是集体土地的国有化,我们理解这样一个制度,如果不理解这样一个文本的起草过程就不容易理解这个制度。土地包含的生存权是农民的社会保障,没有土地农民靠什么吃饭呢?所以这是个重要问题,预设了中国现代化的背景。

第二点,我简单谈一下出路在什么地方,这里面谈到了宪法的空间,土地征收往什么方向走?一个是国家拿土地转让金向农民征地,这样一条路会有更多的乡愁出现。还有一个就是我们将来的土地不是卖给国家,而是协商土地,北京很多地方进行调研,发现改革出现这样一个方法,产权是农民的,给农民租金。这个思路是非常值得认同的,这才是农民真正的解放之道。

评议人:潘弘祥(中南民族大学法学院教授)

刘老师的这篇文章写得很规范,是写论文的一贯套路。我有两点感受,一个是中国土地制度的走向是什么。国外土地要么国有要么私有,而在中国还有集体所有,我觉得就是一个怪胎,谦虚说就是一个过渡性政策,将来的发展趋势肯定是土地国有。为什么呢?因为新中国成立之前,为了动员社会,所以号召农民参加和支持革命,所以说土地私有,在这种基础上,农民就给中国解放事业提供支持,所以新中国成立后要兑现承诺,给农民土地私有权。到了现代,经历了社会主义改造存在了集体所有土地,将来的发展趋势是这种所有的土地形式在历史变迁中将会不复存在。第二个是这篇文章基于一个具体的事例,这一宪法条款与现实不相符,城市既有国家所有的土地也有集体所有的土地,所以在这种情况下怎么样对城市的土地属于国家所有进行诠释,这是宪法学界要研究的问题。对于《宪法》第 10 条第 1 款,他解释为城市土地可以成为国家所有,也可以不属于国家所有,他这种解释已经脱离了字面解释最普通的含义,那么中华人民共和国一切权力属于人民,也可以解释为既属于人民也可以不属于人民?脱离了字面解释的技术标准。刘老师采用另外一种标准,即 1982 年修宪前既有城市范围的土地,这样的解释也牵强附会,因为城市是一个动态概念,不是一个不动的事物,所以我的想法是通过宪法解释,解释不了就修宪解决。当然我们还要看到《宪法》第 10 条城市属于国家所有的立法真正动因是什么,它是中国土地所有权走向国有的真正来源。

主持人:感谢评议人,中国土地征收问题是非常重要也是社会非常关注的问题。我给大家补充一下,在行政诉讼案子里关于土地所有权和使用权征收所引发的争议,要占到百分之二三十,和信访案件加一起的话就要上百万。而且集体土地的权属是非常不清晰的,国家在这里有多大的空间,集体有多大的空间和个人有多大的空间都不是非常清晰,确实需要我们继续研究这一问题。最后感谢两位报告人和四位评议人的精彩发言!谢谢他们!

3. 发言人:屠振宇(南京师范大学法学院副教授):地方法院人财物统一管理的宪法解读

司法改革本身就是一个非常重要的宪法问题,我是从一个合宪性的角度来分析,目前改革有三种路径,第一种是大改,包括人民代表大会制度在内的内容进行全面修改,第二种是小改,第三种是完全不改。论文主要讨论两个方面的问题。第一个方面是,法院和同级人大的关系,因为当人财物统一管理后,首先面临的就是其产生于同级人大这种关系如何来理解,第二个方面是上下级法院的关系。第一方面我主要讨论《宪法》第 3 条的规定:国家的审判机关由人民代表大会产生,产生这个词我从两个方面来进行理解和分析,一是从产生这个词的形式含义分析:一种是机构设置,一种是人员的任免。这从设立的角度来看,目前改变法院人员不由人大产生的情况,在形式上不会有问题,但在实质上,因为人和事往往是相互关联的,能管住人才能管住事,这会使得人大授权的实质内容发生变化,地方法院的权力是否来源于同级人大,今天也有理解为这是中央事权而非地方授权,地方权力机关并不是一个全权机关,地方法院人财物剥离地方人大并不构成实质违宪。另一方面是上下级法院关系,上下级法院的关系主要是对独立审判原则和上下级法院之间的监督关系的条文进行分析,我得出的结论是目前的改革并不是违反宪法的,可能会存在加强法院行政化的问题,但法院的行政化不仅表现在上下级法院之间,还表现在法院内部,审判人员由省统管后,法院院长对本院的管理也会发生变化,这会有效地增强审判的独立,所以地方法院人财物统一管理可能是一项伟大的变革,做得好会给我们制度产生一些好的影响:第一是对地方人大建设产生深刻的变化,地方人大将专注于地方事务的建设;第二是对司法机关去地方化有所帮助。

评议人:刘松山(华东政法大学法律学院教授)

屠振宇老师是赞成地方法院人财物统一管理的,我提交的一篇是反对地方法院人财物统一管理的文章,屠振宇老师的资料整理得很丰富和详实,内容很正面。我是批判司法改革专业户,司法改革是一件大事,我们应该审慎而行。其次,法院的人财物要上到省一级的法院,再上到中央,我们认为财和物可以,但人和权也由省一级、中央一级统一管理,这是颠覆人民代表大会制度的行为,这会出事,这样的改革会做不下去。我们人民代表大会制度的基本内容是中央由全国人大及其常委会组织国家机关,地方是地方人大及其常委会组织国家机关,但这样改革把地方人大的权力剥夺了一部分,地方各级人民代表大会有职责保证宪法和法律在本行政区域内的实施,如果要修改宪法,那人民代表大会制度也会出问题,而我们知道,一切政治制度改革,应当是加强和巩固人民代表大会制度而不是削弱它,人财物统一管理是政治体制改革中特别重大的问题。

评议人:王旭(中国人民大学法学院副教授)

对屠老师的文章谈两点想法:第一是我们如何通过宪法原理去回应越来越多的例外政治,怎么回应执政党的释宪行为。十八届三中全会《决定》的出台以及若干个小组的成立,可能意味中国进入到了一个例外政治的时代,例外政治的本质是它可以基于必要性而取消或突破宪法与法律,所以这可能是改革的另一面,就是我们要面对越来越多的例外，所以这就刺激宪法学者用规范的效力去调试这样一种例外，更重要的是我们中国当代例外政治的出现是以一种解释宪法的方式出现的，《决定》中的很多内容就是对现行“八二宪法”的解释，如现行《宪法》第3条，对中央事权和地方事权其实并未界定，只是有一个中央统一，两个积极性的原则架构，在《决定》中就明确国防、外交、国家安全是中央事权，区域性的地方服务是地方事权，可以看到执政党不仅在作例外性规定，而且是通过释宪的方式进行例外政治，所以这要求宪法学者要有更多的宪法原理的分析去应对各种现象，所以屠老师这篇文章是在大的学理背景下对具体个案的阐发。第二是对于屠老师文章的基本观点，这种宪法解释学的分析，我认为坚持了宪法学上所讲的合宪性的推定与控制，这样一种审慎的品格得出的结论还是比较妥当的。宪法关于司法机关的设置问题，本身存在很多的解释空间，我们至少可以分解出三层逻辑，第一层逻辑，中国的宪法文本只是对机关设置作了规定，并未对法官个人作规定。中国的政府也是由同级人大产生的，但政府公务员必须由人大产生吗？显然公务员法在选任制之外还有委任制。这其实是宪法给法官的遴选机制留下了制度弹性空间。第二层逻辑是我们可以看宪法文本中强调地方各级法院对产生其的人大负责，并未表明是同级人大，地方人大及其常委会可以任免法院院长和检察院检察长，但并未规定法官的任免，所以对于省以上的人财物统一管理实际上是宪法本身行宪空间的弹性，所以在实施的过程中还是有合宪的可能的。这里我想表达一个想法，《决定》非常类似于宪法学上的方针条款，其有很多具体的操作方案要在进一步的实践中去明确和具体化，所以在这个过程中进行全程的宪法监控会更加重要，如果在顶层设计上一棒子打死会遏制制度创新的契机和空间，这是我想表达的第三层逻辑。人财物收归省一级管理的举措未必是我们宪法学原理所去探究的对法官的职务保障和身份保障所作的指挥，它可能是我们全面集权方案中的一个部分，所以对这个方案要保持学术冷静，更重要的是将法官的遴选机制按法官的职业特点建立起来，在这种情况下我们要按学术的规律去看待政治的设计，要保持学术的相对独立性。

第三单元

主持人：周佑勇（东南大学法学院教授）

1. 发言人：王学辉（西南政法大学行政法学院副院长、教授）：迈向可接受性的中国行政法

谢谢主办方，谢谢主持人，也谢谢两位评议人，首先要说声抱歉，因为我提交的那篇文章太长，阅读起来太花时间了，所以要在八分钟的时间把论文的东西全部说出来是比较困难的，在这样一个场合我说个思路。我的主题是我想在行政法学建立一个新的理论，就是关于行政决定可接受性的理论。讨论可接受性的问题，在立法层面和司法层面有很多，但是在执法环节学界很少有人去探讨这个话题，这个话题来源于许多实际执法部门的同事向我咨询的现实的案件，这些案件逼着我要去找一个出口，广东地区的天价罚款案，重庆地区的屠宰户被要求补缴税收和罚款六百多万，我详细研究后觉得这些案件事实清楚、证据确实充分，法律基本明确，处理也基本是得当的，但是结果网民与相对人都不接受。为什么会出现这种现象？不是个案，是最近两三年的普遍现象。问我怎么办？所以要去找一个出路。最后这几个案件我找的出路就是在罚款问题上，屠宰户能够拿出多少罚多少。行政法学界应该找一个出口，这是行政决定可接受性的来源，来源于当下的实际案件，所以我就想在行政法学理论创建一个行政可接受性理论。如何才能提高可接受性：(1) 我们的立法可能有问题，我们正在生效的，让我们行政机关去执行的许多法律可能是恶法。如果我们以事实为根据，以法律为准绳，严格地按照恶法办事行不行，所以我们首先要开展一场依法治法的运动，将恶法都治理成良法，最后我们再来严格地依法办事，这是我的一个基本想法。(2) 应该在行政法学领域创立一个新的行政行为，即行政协商行为。如果是我和姜老师协商作出的这个决定，他肯定不会去上诉，肯定不会去上访，因为我们商量好的，商量好的还去上访，说明有问题，因为对这个结果你的认可度应该很高，所以要建立一个行政协商行为，有利于提高行政行为的可接受性。(3) 民众的社会公共道德修养及素质的提高。因为有些人不讲道理，因为本身这个是有相对合理性的，本身也是一个处理得很好的问题，他就是不接受，那

么民众的公共道德素质的提高也是需要解决的一个问题。我为什么要提出这样一个问题,我究竟要干什么,要解决哪几个方面的问题。最后我以美国第36届总统林顿·杰克逊的话来结尾:杰克逊问美国最有名的经济学家贝克尔莱斯:“你想过没有,当你做经济学方面演讲的时候你有没有一种尿裤子的感觉?里面非常热,外面没有其他的什么感觉。”希望我今天的发言不是尿裤子,谢谢大家!

评议人:姜明安(中国行政法学研究会副会长、北京大学法学院教授)

我初步感觉这篇论文是一篇很优秀的、很好的论文,也是一个很精彩的演说,怎么评判呢?主要是四点:(1)选题,选题有没有价值和意义;(2)资料,资料论述得怎么样,是否能证明论点;(3)观点,有没有自己的观点,创新性的看法;(4)学术规范,多年积累的语言、文字、逻辑结构、方法、体系等。从这四个方面来看,他的论文都应该是优。可接受性是合法性的一个内容,合法性不仅是研究行政法还是研究宪法,它是一个理论基础问题。合法性的衡量一个是形式的合法性,再一个就是实质的合法性,实际上他也包括形式的合法性,是否符合法的文字性的规定,是否符合一般的规则,符合一般的规则他就是证成的。第二个就是可接受性,就是人民的同意,老百姓不接受就是不合法的。第三就是一种理念,一种实质的标准,符合那种理念、那种实质的标准那就是合法的。比如邓小平提出的三个有利于就是正当的,我能够把国家搞好,我能够把人民的生活搞富强,那就正当了,就很好。江泽民的“三个代表”,也是一种正当性,作出的行为符合你的利益。美国行政法合法性的评论是符合几点价值:公正、效力、可接受性,如果符合这三点就是正当的,就是合法的,这是实质的部分。对于合法的问题现在争论很大,宪法也需要研究,所以这个选题是很重要的,是宪法、政治学和行政法都需要解决的问题。他的论点有几个地方很好:一个是不可接受性,滞后、藏私 、混合型、脱节性恶法等,他能点出来、归纳出来是很不错的。可接受性是合作,没有可接受性大家就不会做,根本就没有存在的可能性。怎么达到可接受性,他提出,不要按照死的法律的条文,政府在某件事情上应该在法律的幅度内有一个裁量,甚至超过一般法律的幅度,也可以裁量,也有可接受的可能性,这个原则受到的制约写得太少了，写了两条是不够的。达到合作需要相对人的参与，这个比例原则不是你自己的比例，有个幅度是需要论证出来的。还需要公开透明，因为没有公开透明，暗箱操作不可能达到可接受性；宪法的基本原则应该达到制约比例原则、信赖保护原则等，以防滥用。

评议人：杨勇萍（中南财经政法大学法学院副教授）

前面的理论论证，从政治学、法学包括中国的传统文化方面等论证得洋洋洒洒，讲到便宜原则，但是其他的原则没有谈到，好像还有理由要说。文章写得非常的好，对我国行政法的研究方向和趋势，从程序到实体，从主观到客观都对行政行为的可接受性作了比较全面的概括。体会主要如下：王老师的构思和想法是来源于实践的，在中国官民之间的矛盾，包括我们现在研究中的一些问题是无法突破的，个案中有些困惑，其中很多是来自政府态度的傲慢，执法人员的素质、情绪，执法环节以及老百姓的不信赖等诸多因素导致。政府作出行政决定后相对人的不愿接受，心理上的抵触，客观上的不执行，在这方面王老师作了很多深入的剖析。王老师在谈可接受性和不可接受性的渊源，谈恶法的存在。在这个问题上学界关于恶法的谈论，恶法是不是法，包括它的执行力、效力，立法层面的可接受性是不得不接受，因为这是法律的尊严和权威，与法律的信仰和法律的权威有关系；在执法层面上，很少谈是不是可接受，怎么接受。我有一个问题问王老师，在中间你提到的合作与协商问题，实际与程序层面都提出了许多想法，如便宜原则，你设置权力滥用的大门怎么关住，因为中国人情化与人性化很难区分，对好多的违法行为人会不会有法律的放纵，中国的制裁不够有力，所以如何防止权力滥用呢？

2. 发言人：石佑启（广东外语外贸大学副校长、教授）：论有限有为政府的法治维度及其实现路径

谢谢，回到母校非常高兴。这是很好的学习机会，聆听了各位大家的高见。党的十八届三中全会提到深化行政体制改革，转变政府职能，精简行政审批，简政放权，创新行政管理的方式，建设法治政府和服务型政府。这实际上就表明了要建立一种与社会主义市场经济相契合的政府模式。我刚好原来就写过一篇《论有限有为政府的法治维度及其实现路径》，也拜读过很多文章，比如姜明安老师在《法学家》2004 年第

1 期发表的《建设有限有为的政府》都在谈这个问题,也有涉及政府模式的问题。有限有为政府是有限政府和有为政府的有机结合,是社会主义市场经济和民主政治的诉求。基本的观点是法治是有限有为政府的基础。建成有限有为政府的关键在于法治的落实。一种什么样的政府模式,它是与社会经济基础密切相关,但要受到占主流地位的价值观念影响的。人们通常说在计划经济时代所对应的是全能政府,那么在市场经济时代对应的是有限政府。但是社会主义市场经济,它是一种自上而下在政府主导之下的后发式的变革之路,在很长时期需要政府的主导和推动。这里所讲的有限政府不是一个消极的归类"小政府",而是有限和有为的政府。我们所说的政府是"必要的恶",它是一把双刃剑,它可以为善也可以为恶。有为的政府实际上是抑恶扬善。遏制政府的"恶性"让它少干或者不干坏事,充分发挥政府善的一面,更多地为社会公众谋福利,实现社会的公平正义,增进公民的福祉。有限有为政府是一种理念、追求、理论。也可以转化为一种具体的政府模式及其运作过程,体现政府和公民关系的价值取向和选择。我们在这里谈有限有为政府可以解决两个问题:政府要做正确的事以及政府正确地做事。如果从管理学的理论讲政府做正确的事比政府正确地做事更重要。一是要明确政府能够做什么,在这个基础上把政府该做的事尽全力做好。我们所讲的有限有为政府是指职能有限、规模适度、权责一致、运行规范、效率自由的政府。有限政府解决的是政府范围和幅度问题,有为政府解决的是政府效力的问题。有限有为政府以有限政府为前提,有为政府为其存在的价值,反映人们对政府的追问,到底要不要政府以及要什么样的政府。有限的政府要求政府应该做什么以及能做什么。有为政府是要求政府如何做以及如何把这件事做好。有限有为政府从法治的维度看,与法治政府相契合,也可以说是法治政府的应有之义。因为法治政府要求政府权力的取得和行使要受到法律的制约,不能随意扩张,要在法定的范围按照法定的程序做正确的事和正确地做事。法治是有限有为政府从价值取向转化成现实形态的一种助推器,从有限政府的法治维度来讲,就是职权法定。我们现在所说的对政府要做权力清单,要做到权责一致,同时要搞负面清单,既是对社会、企业、公民的负面清单,也是法无禁止即可为,给予其自由活动空间,要它明白这些事是不可以做的,除了这些事以外你才可以做,这是负面清单的问题。二是依照法律的实体和程序办事。三是违法必究。有为政府的维度第一是政府要积极地履行职责,不能够不作为,不能够推诿、扯皮、拖延,要提供高效优质的服务。第二是公正地行使自由裁量权,体现法治的精神和宗旨,实现公正的价值,起到良好的社会价值。第三是创新管理方式,满足社会公众多样化的需求。关于有限有为政府的实现路径。一是观念的转变。这种观念的转变就是在集权时代下的"父爱主义""父爱情结""为民做主"的心态转变。公众的依附、从属心理也要转变。出了什么事,大大小小的事都要去找政府,政府也乐此不疲,最后政府不堪重负,公民也不满意,双方关系闹得很僵。这就不是有限有为政府,就是公民有事找政府向政府能办的事找政府转变,从大而全的政府向精而能的政府转变,尊重公民的自主性和创造性。二是关系的整合。包括政府与公民的关系和政府与市场的关系以及政府与社会的关系。政府与公民的关系就是要尊重公民的主体地位和首创精神,成为一个有能力、讲诚信、敢担当的公民;政府与市场的关系在十八届三中全会讲得很清楚,就是要发挥政府在市场发展的稳定性作用,同时要发挥市场的作用,两者是共生共存的。现在社会的发展需要有效的市场和有为政府。既不能把市场和政府神圣化,也不能妖魔化;政府与社会的关系,就是市场的失灵、政府的失败要找到的第三条道路,培育和发展社会组织,让社会组织在政府与市场、政府与公民之间起到桥梁的作用,三者达到良好互动的局面。三是法治保障。政府组织、职权、编制、诚信、监督方面要进入法治化的轨道。总之,有限有为的政府不是否认政府的投入,而是借用比较的优势,让政府进行选择,在市场、社会、公民之间成为忠实的助手。把权力关进制度的笼子,政府在权限范围内要积极有为而不能消极无为,要做好事、做实事,成为公民信得过、用得上、靠得住的服务型政府。

评议人:肖金明(山东大学法学院教授)

姜明安教授在其某著作中提出要建设法治政府、创新政府和廉洁政府。关于创新政府,我认为,我们的政府观念需要创新,有关政府的制度和管理体制、管理方式及其能力需要创新,我们需要政府形成的效果也能够创新,核心问题是政府与社会、市场的关系需要进行创新。创新最终是以廉洁、伦理作为底线,以法律、法制作边界,这是我们可以看得见摸得着,可以进行评估的一个创新政府。创新政府到底是什么模样？创新政府应该是一个有限有为的政府,就如石教授所讲的一样。石教授的论述以十八届三中全会作为基础。《政府工作报告》特别强调改革,暗含着法治的思维。全面深化改革应以经济作为重点,基本思路是调整好政府和市场的关系,市场要发挥决定性作用。关于社会管理和社会治理的创新,无非是在创新中要发挥人民群众的主体作用,让社会各种组织发挥基础性的作用,这样我们就需要改造我们的政府,所有的改革从改革政府制度开始。2013 年开始减少了很多行政审批的权力,在改革试点中不仅仅是自由贸易区、负面清单的管理模式,政府的观念思维不一样,体现的精神就不一样,其基本精神是政府不再是万能的政府,而应该是有为的政府。它不一定适应我们所有社会管理的领域,但要适应我国市场化的改革。政府未获得授权的情况下不可为,但是对市场主体来说只要法律不禁止就可以做,有限有为政府不是大小政府的模式选择,而是我国发展阶段不同模式的选择。政府职能权责调整,有限政府观念有没有一个有为的问题,有为政府中有没有一个有限的问题。

评议人:章志远(苏州大学王健法学院教授)

谈三点体会。第一,敬佩之情,石老师专注公共行政的改革与我国法治的变迁,今天的论文也是其中的一个部分;第二,抓住了行政法的两个向度,有限政府和有为政府,承继了北大的平衡思想,法治政府有限的维度,服务型政府更多的是有为的维度,以后行政法学的研究应该坚持一个双向的体系,即禁恶扬善;第三,实现路径:政府要退出。过去政府管了一些不该管的事儿,李克强总理上台后深化行政审批制度的改革,即凡是市场和社会能够解决的,政府退出。关于半退出即在某些领域借助于私人的力量。国家治理体系能力现代化,政府作为一个协调者找合作伙伴共同完成任务。同时他也研究了三个问题:(1) 禁区:不该退出的退出了;(2) 公私合作方式:授权、委托等;(3) 职能的分担,只是在某些环节是半退出,政府在某些情况下承担担保责任。最后就是服务型政府。例如在食品安全领域建立最严格的食品安全监管的要求。如何提高政府的监管能力是需要我们研究的。

3. 发言人：何峥嵘（广西政法管理干部学院法律系教授）：行政法治视野中的事业单位改革

我今天提交的这篇论文，是我 2013 年主持的国家社科基金项目——《行政法治视野中的事业单位改革研究》的一个引言部分。关于选题，我想谈几点：第一就是理论上关于服务型政府的建设。关于这点，应该说我们行政法学者的关注是不够的，我看到的文献资料大都是政治学和行政学的。关于服务型政府建设的问题，我记得杨建顺老师曾说过：服务型政府更多的是作为一种指导理念，用来指导具体制度的构建。那么那些具体制度的构建有谁在关注？我觉得这方面的研究也不多。第二是实践中关于服务型政府的建设。地方上的实践活动轰轰烈烈，但是大多都是为经济发展服务，为 GDP 服务，为企业服务，忙于招商引资，那么对于事关我们个人生老病死、上学就业等等这样的问题，服务型政府又有什么样的职责与问题呢？这是我选题的第一个考虑。选题的第二个考虑是事业单位的改革事关一百多万个机构，四百多万事业人，其中教育系统占到了百分之四十五以上，在座的各位都和这个有关，但是我看了一下，高校对于事业单位改革的研究成果也不多见，好像是应了一句话：大学对什么都研究就是不研究自己，它准备对什么都进行改革就是不对自己进行改革。这就是我选题的两点考虑。我希望在这方面做点努力，也希望得到在座各位的支持与帮助。这篇论文大概主要阐述了四个问题：一是指导思想，广义来说所有的政府都是服务型的，但是具体到一个制度建设来说，我认为现代社会的服务职能更应该体现在提供公共服务上，而中国政府在提供公共服务上主要是通过事业单位，所以我认为服务型政府的建设更大程度上是取决于事业单位的改革能不能建立一个公平而富有成效的公共服务供给体系。上个世纪 90 年代开始的轰轰烈烈的事业单位改革，更多的是市场化改革，造成了看病、上学等一系列的民生问题，我认为它应该是以服务型政府为指导思想，要加强服务，而不是减少、甩包袱式的改革。二是关于事业单位的功能与定位。我认为事业单位是政府设立的提供公共服务的组织，但是大家要知道，现在提供公共服务的不仅仅是政府机构，有我们的事业单位、民间组织，还有其他公有企业，那么事业单位和自治组织有什么关系，什么区别？换句话说，事业单位是一个中国特色的概念，它有没有存在的必要？我认为其是有存在必要性的，从三个方面看,第一,由于公共服务中的专业技术问题,受到官僚体制及政府规模的限制,政府不宜或是不方便提供。第二,某些公共服务,比如说基本公共服务的提供,因其不能迎合市场主体逐利的动机。如在我们湖南,民办学校非常多,但是民办学校是可以随便开除学生的,还有就是很多民办学校的出现,导致我们的公立学校没有了,孩子们上学没有地方可去,要走很远才有一个学校,这就是市场的结果。第三,目前中国民间组织的力量太弱小,它不能承接政府的公共服务职能,所以从这方面来说事业单位的存在是必要的。三是事业单位的法律属性。现在研究此问题的很多学者认为事业单位是公权力的产物,不宜确定为民法上的法人。我认为事业单位的法律属性,是从其设定的社会功能、目标来说的,而不是说它由哪部法来规定。从设定目标来讲,其是一个提供公共服务的公法主体,但实际上我们的社会组织都会参与多种法律关系,所以作为民法上的法人并无不妥,就像行政机关一样,它也是机关法人,这是没有问题的。四是关于事业单位的行政法律地位。在这里,我特别要提到的是,事业单位里的基本行政法,像《行政许可法》、《行政处罚法》、《行政强制法》、《行政诉讼法》等都赋予授权组织行政主体的资格,这是没有问题的,但是对适用公共服务的主体则是有问题的。比如说高校和学生的关系,到底是民事法律关系、行政法律关系还是其他什么关系?能不能给我们事业单位一个独立的行政相对人的主体地位,现在像我们高校,有部属高校、省属高校,那么我们的高校是独立的吗?从《事业单位登记条例》来看,其是独立的,但实际独立与否,想必大家都清楚。《行政许可法》是明确地把行政机关主管的事业单位排除在许可范围之外的,所以我认为事业单位应该作为一个行政相对人的地位确立下来。

评议人:肖北庚(湖南师范大学法学院院长、教授)

很高兴来到五大政法院校之一的中南财经政法大学,来学习和探讨这个非常宏大的主题,这个主题是和我们密切相关的,所以我们难以置身事外。事业单位改革的话题是一个非常值得去探讨的话题,其意义和价值是值得肯定的。该文章是行政法治视野中的事业单位改革,因此我觉得其引言还是一个宏观的问题,相比行政法而言,还是要具体些,从行政法来谈这个问题的话,至少要谈三个问题:第一个是要谈行政主体地位的问题,不是谈现有主体地位的问题,而是要谈将来改革后主体地位的问题。第二个是事业单位和政府关系的问题。我觉得要结合十八届三中全会的相关内容,如凡事务性管理都可以委托的管理方式向社会购买服务,因此我们事业单位到底怎么改的问题是不是可以和这种委托服务结合起来?事业单位改革最根本的是去行政化,而去行政化又是非常艰难的,那么去行政化后的事业单位与政府的关系又是怎样的呢?这应该要做一个较全面的思考,我觉得行政法学界对于政府委托购买服务这个问题应该要有比较多的关注。对此我近期关注了国务院出台的一个"通知",以及财政部出台的一个"办法"。第三是从行政法视角来看事业单位改革的问题。事业单位人员最关注的是自身福利和保障方面的问题,因此这方面和社会保障有着怎样的关联?这也是应该要有所涉及与论证的,当然何教授从职能、功能等宏观角度都有所把握。但是关于社会组织的定位则可以借鉴国外的经验,看看国外是否有这方面的规定。

评议人:石东坡(浙江工业大学文化与法制研究中心教授)

尊敬的各位前辈,亲爱的各位同学,大家好。就何教授的这篇大作,我也在先期进行了拜读,刚才肖教授已经非常中肯和精准地谈了他的建议。我仅谈四点,一是何教授的这篇文稿如果置于治理体系和治理能力现代化这一基本主题上,置于行政法学近年来对于协同行政、参与行政、合作行政的理念及方法的汲取、品鉴的背景下,置于我国的事业单位改革作为公共服务体系建设的一个现实背景来看,可以说具有双重的意义。其一是有着研究方面的深化和拓展,其二是更能本土化,聚焦对中国问题的理解。二是如果将何教授这篇文章同汪进元教授和胡弘弘教授两篇文章放在一起,可能会使我们对于围绕社会行政主体及其相应的公共服务中法律问题的认识更加丰富,所以我斗胆建议何教授对汪教授和胡教授的两篇文章要有所汲取和融合。围绕事业单位改革,我认为在组织法治的方面要将政府与提供公共服务的具有行政主体地位的事业单位以及市场主体这三者的权能、职能关系理顺,这可能也是组织法治的核心。但是另外对于行为法治、监督法治方面还有一系列的行政法治问题,如公共服务主体的绩效评价问题、法律追究问题。三是文章涉及面很广。由此看事业单位的内部职能、权力性质、权力结构,将其置于外部生态治理中来看内部运行结构和运行机制,还需要进一步去透视。在比较法上,德国和法国可以给我们一些启发和借鉴。四是事业单位的改革置于行政法学当中来看,我们既要有一个自上而下的视角,也就是将其置于协同行政、参与行政、合作行政的理论背景下,还要有一个自下而上的视角。我建议何教授可以去关注和汲取如教育行政法学以及医事行政法学等学科的理论进展和制度设计,而这些方面在部门行政法学领域中也有着相对独特的贡献,因为事业单位改革的法律问题思考还需要进一步类型化。

4. 发言人:熊樟林(东南大学法学院讲师):公众参与在裁量基准中的应用检讨

我今天下午向大会汇报的论文题目是《公众参与在裁量基准中的应用检讨》,该论文是和我的导师周佑勇教授主持的国家社科基金项目——《行政裁量基准制度研究》的成果,论文的原名是《制定裁量权真的需要公众参与吗》,该论文已发表于《法制与社会发展》2013 年第 3 期。通过比较观察和对裁量基准之本身属性的研究,我国在裁量基准的制定过程中,可能并不需要遵循一个严格的公众参与制度,甚至可以说,在某种程度上无需履行公众参与环节。这一观点可能和目前学界的主流观点并不相同。但是,经过对比,我们发现,国外在制定裁量基准过程中并不需要公众参与,并对此持一种包容态度。敬请各位前辈予以指导、提出批评。

评议人:曹海晶(华中科技大学法学院党总支书记、常务副院长、教授)

谢谢主持人!大家下午好!熊老师的文章我认真读了好几遍,文章并不是特别反对在制定裁量基准适用公众参与,但是文章前半部分对公众参与持否定态度,引用了其导师的观点,并对其导师的观点提出了挑战。行政法学界对公众参与在裁量基准中的应用的讨论,主要集中在浙江京华事件出现以后的一段时间内。周佑勇老师对裁量基准的关注并不仅限于公众参与方面的问题,对其他问题正在后续跟进研究。熊樟林老师亦是如此。该论文从与发达国家相比较的角度对公众参与在裁量基准中的适用问题进行研究,从立法、现实两个层面,实事求是地对公众参与在裁量基准中的应用进行了考量,认为不必要浪费如此之大的成本来制定裁量基准规则,也并不需要公众参与这一程序性设计。公众参与突破了以专家技术模式为主的行政裁量基准制定规则,不足之处是文章前后表达不够自洽,但总体布局比较好,具有理论、实践层面的价值。最后,我提两个问题,一个是行政裁量本身或者行政裁量基准本身不仅仅局限于行政处罚层面,这样就具有内部差异,公众参与程序在何种情况下涉及、在何种情况下不予以涉及。基于此,应当加以区分,这不是一个绝对性的问题。另一个问题是文章对公众参与的内涵理解还不够完善,并将公众参与与听证等这种正式制度划上等号,专家参与制度也应当纳入到公众参与当中去,应就这些问题继续深入地论述。谢谢大家!

评议人:于文豪(中央财经大学法学院讲师)

大家好!熊老师的文章,我已经仔细认真读过。文章的核心观点可以概括为一句话:在地方立法、法规要求公众参与是徒劳无功的,因为公众参与并没有改变地方法律实施的状况,揭穿了地方将公众参与作为其违法行为的遮羞布、挡箭牌这样一种状况。另外,文章的一个价值在于,它促使我们对合作治理予以反思,在什么情况下,我们将公众参与作为合作治理的一种表现方式。当然,合作治理本身并没有问题,但是,合作治理在中国和西方国家所面临的社会环境、社会土壤是不完全相同的。在西方,合作治理是建立在国家与公民二元社会的基础之上,是一个契约论的结果。在我国,《宪法》第 3 条第 2 款可以视为推进公众参与的宪法依据,这是在人民当家作主之上或者之下的公众参与表现形式。这可能与西方的公众参与有所区别,直接借鉴美国、德国、法国、英国和日本等国家的公众参与制度作为论证的一个根据,还需要作进一步的合理性说明。另一个问题是,中西方的公众参与基础并不尽相同,我们应加以反思。这里,我也提出自己的反思,证成行政程序的合理性,必须要区别公众参与的方式,在何种情况下必须要应用公众参与这一制度,在何种情况下不需要应用公众参与,而且有些情况也并不需要裁量基准。因为裁量基准只不过是行政机关的一种反思、反省。基准的必要性在于立法给予了制定基准的空间,某些事项可以被量化、被区分、被归类,这是裁量基准的两个前提。所以,在很多情况下要不断地衡量基准的合理性,但这并不是否认裁量基准的必要性。

第三点就是文章的结论,在很多情况下,专家模式可能比公众参与更具有合理性,且居于主导地位。对此,我想作以补充,强调专家和公众的对立,体现了精英主义和大众主义的冲突,但是,需要明确的是专家的角色以及何为专家。专家的表现形式可能有两种情况,一种是公众的表现形式,因为在很多种情况下,专家也是公众,比如,一些专家、教授上书全国人大,这个时候,专家更多体现的是公众角色。第二种是专家作为行政机关的助手。这两种专家制度的区分,在于是否得到了有权机关或者行政机关的承认。如果得到认可,专家是作为行政机关的助手或者组成部分,在这种情形下,如果要保障专家参与的合理性,专家的独立性就要得到强调,专家要依法独立行使专家的权利。另外一个问题是,谁来挑选专家,可以保障专家权利的依法独立行使,也是很重要的。目前,在我国,专家的遴选主要是行政机关、主管部门自己决定的,如果行政机关来决定专家的遴选,则专家的独立性将难以保障。保障专家参与的合理性和独立性,一定程度的公开和专家在公众之间的表达也是很重要的。最后,公众参与、裁量基准、专家判断、专业衡量在很多情况下只能达成一个相对合理的平衡。

第四单元

主持人:谢维雁(四川大学法学院教授)

1. 发言人:肖泽晟(南京大学法学院教授):我国法治国家建设面临的问题

我想说一下目前我的几个观点,但不全面。第一个,上午有几个宪法学教授都把宪法上讲的国家所有权理解为民法所有权,这是极其糟糕的。我认为我们宪法上的国家所有权必须要解决一个问题,就是对国有土地自然资源上的利益进行初次分配的一种资格,原来城市的土地都是私人私有的,突然变成国有的,事实意味着什么?国家应该公平地分配它。运河是国家的,不是说国家想收费就收费。我们政府处分了那么多土地,那么到底有多少土地、多少自然资源应当供我们老百姓利用?它从中获得的财富如何取之于民用之于民?我们有没有这样的法律来切实保障宪法所规定的公有制目的的实现?我们将这么多的土地和自然资源交给国家所有,目的是为保障我们每个公民基本权利的实现，实现社会最基本的公平，消灭剥削这样一个问题。那我们有多少法律，这个法律体系是不是真的已经建立起来了。我认为这一个方面是欠缺的，所以我的第一个观点是，我国目前所实行的法治，是要与社会主义制度全面融合，是要完成对公有土地及其自然资源进行公平初次分配的任务，这个任务没有完成。第二个观点，我国目前实行的法治，存在过度强调中央集权的弊端，所有的立法应该是考虑到中央集权，导致地方要管理地方事务，没有权力。我不能在这个方面立法制定规则，并且形成许可法，也就是说我们不能随便在许可法里面规定许可法没有规定的事项，这个是不允许的。这样就带来了很多问题，我们很多地方性法规本身应该制定许可法，很多地方机关就征求其他部门的意见，其他的问题他不管你了。还有，在一些县里面的一些特殊问题，它本身应该制定规则的，但我们不可能啊，县里又没有地方立法权，到市里面都没有，只有较大的市才有。那么一个县里面的地方性问题怎么拿到省人大去制定地方性法规呢？在我们目前的体制上基本上不可行，但是问题出现之后，政府要依法办事，他们就很苦恼了，他们没办法依法办事，所以过度强调中央集权带来的弊端很多。第三个观点，我国现在实行的法治存在严重的倾向差别。很简单，我有一个自己的例子。我自己老家的人慢慢都出来了，我不知道我在农村还有什么权利，我没有口粮田了，但是我还有自留地、自留山。那是五几年由低级社到高级社，到人民公社的时候，那时候保留的，没有用集体的，后来“八二宪法”说了，土地管理法讲了，至于农村这个方面的税和费的问题没有得到调整和解决。第四个观点，我国现在实行的法治侧重于保障公民的人身权、财产权，宪法上十项基本权利在我们行政法领域里面没有得到贯彻和落实，没有得到保护。第五个观点，我国目前的法治侧重于以司法权作为其根本保障，忽视了纵向分权制约的问题。这样的制约机制最有利于解决现阶段我国当下的大量刑事纠纷和民事纠纷，如果我们想在人民代表大会制度上强调司法权的独立，怎样落实是一个问题。第六个观点，其实在座各位都已经知道了，就是说我国目前实行的法治缺乏宪法性的保障机制。这么多的法律法规规章，如果与宪法不一致，当然要有一个宪法保障机制。还有宪法的规定不能因为我们没有违宪审查机制就不去贯彻落实，部门法的学者如民法与行政法的学者把这些精神及其规定，通过解释部门法的基本观点就必然会融入到部门法之中,包括指导我们的立法,这样我们的宪法就可以得到有效的实施。

评议人:陈新(中南财经政法大学法学院副教授)

我研读了肖教授的文章,在这里我只能说谈一点我学习研读之后的感想和体会,主要有两个方面的问题或者内容。第一个方面就是一点启发,第二个方面就是有一些困惑或者请教。学习了肖教授的文章之后,我有两个启发,第一个就是他让我思考改革和法治之间的关系,特别是我国现在的改革是促进法治建设还是阻碍法治建设。因为肖教授文章的题目是我国法治建设中面临的问题,那么改革是不是问题,改革和法治之间的问题是不能回避的,是促进法治建设呢?还是阻碍法治建设呢?实际上上午几位专家学者都谈了这个话题,我感觉我们国家目前改革这个词语频率已经非常高了,据统计,今年李克强总理出席的讲话中,"改革"出现了77次,是历届政府提到改革最多的一次。我认为改革这个词已经蔓延化了,已经蔓延到民间,蔓延到普通的百姓都开始用这个词了。并且这个词语的广泛使用不仅会影响人们的行为,而且还有观念甚至是信仰。我判断,改革已经成为了先进、进步这样一个代名词了,改革现在已经神圣化了。那么在神圣化的这样一个时代背景下面,它能不能和法治兼容呢?或者说我国现在的改革能不能促进我们的法治建设呢?我觉得这实际上是一个问题,我国目前的一些改革实际上是突破了我国一些法治规则,甚至,我觉得是掏空了我们这种法律信仰的基础,这当然是我的一个看法,不一定正确,这是一个启发。第二个启发,我觉得肖教授文章中有一些观点给我以启发。他的文章内容讲得很丰富,很多观点都给我留下深刻的印象,其中两点印象很深刻,他谈到我们国家未来的法制建设改革要解决一个问题,他刚刚反复强调在第一点中提到的,国有财产的国家所有权需要限制。那么实践当中有很多损害公民利益的现象,包括自然资源分配不均,实际上是与国家所有财产权的滥用有相当的关系,他刚刚提到的很多事例也是这个观点。我觉得这个是有针对性的,特别是我们国家强调法治建设,如果这个问题不解决,而只是停留在抽象地谈立法权和司法权,我觉得这个没有针对性,没有解决问题。所以这个观点我认同,我认为有价值有意义。还有一个观点很有新意,他刚刚好像提到,提到不多,我现在指出来。他说我们为了公民权利的保障,不是说是要解决司法的问题(当然也需要啊),最重要的是解决中央和地方上分权和制约,我认为这和我们上午一些学者的一些观点是相关联的,上午有学者提到司法权是中央权力还是地方权力,实际上也是中央和地方的权力分配问题,他认为这个权力分配的问题解决好了,实际上是我们国家保障公民基本权利最有效的措施,这是他的一个观点,我觉得这个观点很有新意,但是我需要进一步理解。第二个方面就是困惑,也想向我们肖教授请教的问题。有一个困惑,肖教授他谈到六个方面的问题,法治建设中六个方面的问题,我的困惑是什么呢,就是这六个方面的内容有没有其内在的一致性,可不可以用一个概念、一个词来提炼这六个问题。我学习这个文章之后,文章中有一个词,就是公共资源的支配权。是不是这六个方面的问题都可以用公共资源支配权来描述和分析呢?这当然是我的看法。你看他谈到我们国家的这个资源分配不均是不是公共资源支配权的缺失,是不是可以用这个概念来分析你的这个观点,这是一个表达方式,这是我困惑的一个问题。当然我的这个改动是否也和他前面的那个观点,是否和文章第一段提到的要用公共权力、公民权利来分析我国法治建设中的问题,这个是不是更好的一致起来了呢?这当然也是我的困惑,这是我的评议,谢谢!

评议人:廖原(广西政法管理干部学院法律系副教授)

对于肖教授的这篇论文我的感受是,篇幅不长但是叙事宏大。而且和我一直思考的问题是有相互契合点的,所以我也暗自窃喜,能够跟大家的思维保持一致,是不是我本人会有一定的前途?希望大家能够多多培养我。另外我感觉肖教授这篇论文的主题和宪法的关系非常密切。尤其是在他论文的倒数第二段他引用了一句话,罗隆基说:“争人权,先争法治,争法治的人先争宪法。”那就是说,我们国家的法治国家建设离不开宪法。而肖教授论文中涉及的几个问题,比如说第一部分,实际上涉及国家的资源分配问题,第二部分还有第五部分,实际上涉及的是国家权力结构的问题。还有就是第三部分和第四部分,涉及我们宪法中的基本权利保障的问题,这些都是和宪法密切相关,这使我想到上午姜明安教授讲到的法治和改革的问题。到底法治是目的还是改革是目的?尤其是关于我们的资源分配,宪法中关于我们的资源分配有过表述,我本人对公民的私有财产这个宪法规范不太感兴趣,我们公民实际上没有多少财产。但是我对于公有财产的分配非常关注,为什么关注呢?因为对于公有制,我们的宪法表述是全民所有制。我是中华人民共和国公民,我肯定是全民之一,我在想,我们的矿产资源是国有的,那我们每年开采的金矿到底有多少克拉或者多少克多少斤属于我本人。我一直在计算,但是我算不出来。我觉得肖老师说的我们的分配实际上在法律规定上没有一个细化的过程,这是法治方式的一种缺失。另外就是肖老师提到的行政许可中的一些问题,但是我的感觉好像和肖老师有一些差异,很有可能是我误入歧途。它对于国家权力是有分配的,因为地方需要设置的行政许可是由地方法规或者由省一级的政府规章进行设置的,但是这就是一种地方分权。再就是对于肖老师的第五点,我们的法治侧重于以司法权作为保障,但是我觉得呢,如果我们的法治能够侧重于以司法权作为法治的保障,那我就欢欣鼓舞了。实际上,是司法权完全没有得到侧重,而是行政权过于侧重。所以,我的想法是我们的法治国家建设到底怎么样能够回归到它的本质来,那么我们只能期待推动改革的领导人,他们真正有法治思维、法治保障,他们真正的能够像我们一样把法治作为终生奋斗的目标,以上就是我对肖教授论文的一点点感想,谢谢大家!

2. 发言人:陈焱光(湖北大学政法与公共管理学院副院长、教授):法治中国的基本权利文化建设初探

按照统计,我国各种法律法规多达一千多部。在短时期内制定如此之多的法律可以说带来了很多问题。首先一个就是,在民法领域大量引进国外的一些法律;在公法领域很多与国际接轨。我们现在是有制度,但没有相关的制度文化;我们有很多法律,但这些法律在生活中比较苍白,这是一个方面。第二个方面,在我国来讲,不仅是公权机关基本权利意识比较差、基本权利文化素质比较低;作为公民来讲,也没有一个基本权利的意识。就是从这方面来讲,基本权利文化问题还是值得探讨。后来我搜索了一下相关的期刊、网站,专门谈这方面的文章至今还没有一篇,我感觉最早的、非常正式地在法学比较重要的法学刊物上谈论这个议题的是徐显明教授,他在《法学评论》上的一段话谈到了这个问题。对于这个问题,在国际公约里面也有很多地方谈到了加强基本权利文化教育的问题,但是反观我国改革开放这么多年,特别是人权保障入宪后,我们这个状况一直没有得到很好的改变。基于这样

一种考虑,所以我就作简单的思考。前面我也基于十七届六中全会谈到文化大发展问题,那么文化大发展建议建立主流文化,这个主流文化到底是什么文化？所以后来就想到法理学特别是宪法学和行政法学应该从基本权利文化角度对中国的主流文化进行这一方面的探讨,后来经过对西方基本权利文化的形成和我国基本权利进行比较来看,得到一点点体会。但是经过进一步的思考,发现里面问题太多,提交这篇文章可能是本人思考比较长的链条的一部。其实基于这个问题还有很多问题需要思考,所以我提出这个问题,只能说在我们法学界来讲,我觉得从现有的成果来讲研究还不是很充分的,希望起到抛砖引玉的作用,肯定有很多不对的地方,所以希望各位教授、专家、同学、同仁一起对这个问题提出更多更好的建议。

评议人:汤啸天(上海政法学院编审)

刚刚陈教授的演讲,是关于基本权利文化教育建设这样宏大的论题,我觉得陈教授思想深邃,这个文化功底是非常好的,这篇论文当中涉及古今中外很多方面的精彩论述,我这里就不一一说了,叫我点评实际上我是不合格的。陈教授在论文集第425页当中讲到,说一般而言,基本权利教育有两种主要途径:一是国家有系统、有组织地对普通公民和负有特定职责的公务人员进行基本权利教育;二是各级、各类社会组织结合自身优势开展基本权利教育。我觉得,这两个途径的选择确实很有道理,第一个路径我概括为“灌输教育”,国家有组织有系统地对公民和负有特定职责的公务人员进行教育;第二个路径我称为“自我教育”,社会组织发挥自身的优势进行教育。如果我下面不是狗尾续貂的话,我愿意坦承我的观点:我觉得在当下的中国更重要的是“示范教育”。我们都知道一个最简单的道理“身教重于言教”。我觉得可以用这样的话来描述我国的法治建设,即“唱功好,做工差”,这是我国法治建设特别是法律实施当中最根本的问题,“说得很好,做的大打折扣——示范很差”。宪法中的有关表述已经表明共产党的地位是领导者的地位,现在主要是考虑宪法规定性的领导,那么我觉得规定性领导是需要的,但是它是不够的,必须要从规定性领导转向示范性领导,就是领导要做出样子来、执政党要做出样子来。随着公民意识的觉醒,对基本权利保护更需要执政党率先做出表率,如果执政党不做出表率,那么所有的教育都是空洞的，甚至可能使人逆反。

评议人：贺日开（南京师范大学法学院教授）

我对陈教授的文章意见概括为三句话：一是问题很好；二是文章提出的路径很令人期待，但实施效果可能不佳；三是我对这个文章略作补充。这是三个概要。首先，问题很好，还有补充的就是：陈教授有讲基本权利文化的缺失影响我国法治建设的进程，讲基本权利建设的重要性，其实不仅仅如此，基本权利文化不仅是缺失，我们现在迷失是已经到负面了，就说已经背上包袱了，不但是零而且是负数了。不单单是影响中国法治建设，其实影响了我们很多的方方面面，影响我们的生活、人与人之间的关系、甚至是我们的亲戚关系。就像陈教授讲的“法令之争，道遵独有”、“君子爱财，取之有道”、“盗亦有道”，现在因为“见利忘义”的传统，基本权利精神、基本权利文化，现在我感觉人心不但不古，人心已经变坏了，这是对问题重要性的补充。其次，对路径的效果补充，效果可能不佳的理由，陈教授提的三个路径：一个是学校加强教育；二是改造传统文化中基本权利的因素；三是加强廉政文化建设。这三个路径当然是很好的，但是能否完全达到效果，我感觉是比较担心的。首先第一个路径，加强学校教育。学校教育是一个方面，还有家庭教育、社会教育，而家庭教育、社会教育对学校教育影响冲击更大。举个例子，南京老太太摔倒后讹诈扶她的人，那么这种教育，我们叫他去扶，如果案件判决扶了之后有什么不利后果，我相信，我们以后都不敢扶。今年春天有一个文集，就讲的这个，所以说这个社会教育效果的力量非常大。另外一个教育要有基本权利的精神，人心向善。但现在社会上大量的书专门教育人脸怎么变厚、心要变黑，还专门雇佣销售推荐。这个对我们教育的冲击是非常不可估量的。最后，就是廉政教育的文化建设，我觉得也是现在难以达到效果的问题，现行很多领导干部、党校，基本都台上讲反腐败，台下效果大家都知道的。至于怎么样去把文化建设好，我有一点补充。我觉得应该注重个案的教育，美国的司法历程，它基本上是通过案件塑造的，由司法档案构成的。我们的教育也应该用个案教育，个案教育效果非常明显。个案教育，通过实例，我想案件会深入人心，如最近警察枪杀孕妇事件，一审判了死刑，我想这个案件对滥用职权的警察会产生很大的震慑作用；又比如说“城管夏俊峰案件”,如果最高人民法院给他另外一种结果的话,我相信对城管的包庇执法也有一定的遏制作用。我想文化虽是制度之母,但是制度可以塑造文化,也可以改变人的观念。

3. 发言人:沈寿文(云南大学法学院教授):人民法院的性质与法院的“去行政化”

我要讲的是人民法院的性质和人民法院去行政化的问题,我的这个问题来源于我国现行《宪法》和《人民法院组织法》的相关规定,人民法院是国家的审判机关,那么按照这个理解呢,所谓国家的审判机关也就是国际社会意义上的专门从事司法裁判的这么一个司法机关,但是当前我国法院在实际运作中存在着和国际社会意义上的司法机关这个意义相背离的倾向。长期以来,我们宪法学界的研究主要着重于分析这个司法机关应该是怎么样的,从而发现我们今天人民法院存在的所谓地方化和行政化的两大弊病。那么这样的问题当然和我们学术界的研究有关。很多学者都在研究法官到底怎么判案,比如说法律解释怎么解释,宪法怎么解释,在研究这样一些问题。我就在想,我们研究这样的问题就像在研究鸡怎么下蛋,我觉得在我们中国应该研究如何让这个鸡自由下蛋的问题,而不是鸡如何下蛋的问题。那么这个问题就意味着,只要我们的人民法院去地方化和去行政化,那么审判机关的地位就能够得到很好的彰显,司法公正和司法理性就能够实现。但是在去行政化的这个问题上,到底什么叫行政化、什么是去行政化?人民法院能否去行政化?如果能够去行政化的话,那到底要去什么行政化?所以这样一些问题,在我们党的十八届三中全会的司法改革中,其中的重要内容就是所谓的省以下垂直管辖,那么省以下垂直管辖实际上可能和这个去地方化和去行政化之间存在着内在的张力。也就是说,你把地方这条线切掉了,可是,它以加强行政化作为代价。所以在这个问题上我们得澄清人民法院的性质是什么,而不是只是根据文本的规定来确定它到底是什么。如果说人民法院的性质是一个审判机关的话,那么在实践中出现的两个问题至少是不通的。一个问题在于人民法院的非审判职能的设计。人民法院的非审判职能的设计主要在几个方面表现出来:一个就是在人民代表大会制度下我们的人民法院必须对产生它的同级人大及其常委会负责,并接受它监督。那么这个负责,它到底是一种什么责任,是一种法律责任还是一种政治责任?这种监督是一种法律监督还是一种政治监督？如果它是一个法律责任的话，我们有所谓的民事责任、刑事责任还有违宪责任。可是它以违反法律为前提，如果我们法院在向人大做报告的时候，没被通过，这个时候它承担的显然不是一个法律责任。所以在这样一个问题上，它解释不通。另外一个问题就是这个监督，倒过来，同样也是一个政治监督。所以如果我们把它放在人民法院是国家的审判机关的角度来看待的话，不好理解。第二个同样不好理解的是，我国现行的《立法法》规定，最高人民法院和中央军委等等一些国家机关可以向全国人大及其常委会提出他们在全国人大及其常委会职权内的立法案或者其他议案，我查了一下关于这种提出立法案或者其他议案的行为，这个在国际社会上是很少见的。主要是在一些很个别的国家，这些个别国家所谓的最高司法机关，它并不是以国家审判机关的性质来提出的，而是以司法行政机关的性质来提出来的。那么反过来看我们国家人民法院的性质，如果把我们的人民法院看作是司法行政机关，那么上述两种情况就可以得到很好的解释。你向人大报告，实际上是一个司法行政机关的性质而不是一个审判机关身份。然后我们就可以解释实践中出现的非常有意思的，在司法史上的奇观:法院成为被告。最近这些年来，出现过成为民事案件中的被告，甚至出现在刑事案件中成为被告的情况。为什么会出现这种状况呢？原因并不是它作为一个审判机关的身份，而恰好是作为一个司法行政机关的身份而从事的相应的一些活动，一些民事活动，或者其他相应的一些活动。本质上它是以一个机关法人的身份参与到民事活动中去，所以能够成为被告。这些现象我们可以反过来追问，我们人民法院的性质到底是什么？如果这个问题能够得以解决的话，那么从侧面，早上刘松山教授等的担忧、他们文章中的问题能够得到一定的解释。也就是说人民法院去地方化是不是必定与人民代表大会制度相违背？还有就是孟建柱发表的文章所说的司法审判权是属于国家治权而不是地方治权，我想从司法行政机关和司法审判机关集于人民法院一身来理解的话，为什么就不能分开呢？也就是说，孟建柱的这个论断可能是对的。那么我们所谓的去地方化也就是要去掉这个司法机关的司法性质。那么这个司法行政的性质能不能保留给地方，这个可以考虑。人民法院去行政化这个问题，我想从国际社会法治国家的经验来看，人民法院是不可能完全抛离开行政的，也就是说没有行政它没法运作。这个是法治国家的经验,司法独立并不意味着司法机关自己能够作为一个独立运作的实体,它是需要其他机关配合的,而我们现在所需要去行政化的问题恰恰是什么呢?是那些不当地依附于审判机关,甚至是凌驾于司法行政机关的这样一个角色,我们的司法改革应该回归到这样一个原点,只有在这个原点上我想才有针对性。

评议人:江国华(武汉大学法学院教授)

沈教授的这篇文章分为四个部分,抛开两头两尾,中间两个部分,提出两个问题。第一个问题是说,人民法院的定性问题,实际上是出现了身份竞合,这个身份竞合一个是审判机关,一个是司法行政机关。正是基于这种身份竞合的现状导致现在我们法院内部的行政化色彩比较浓厚。与这个竞合相对应的是他提出的第二个问题,那就是我们法院出现了一些非审判职能。这些非审判职能使得法院不够专业和不够职业。这就是文章中提出的两个问题。根据文章中提出的问题和得出的结论,我感觉有一个问题需要澄清。第一个问题就是文章中没有说明也没有结论,文章中将法院一部分司法行政职能剥离出去成为改革的思路,这个思路我曾经提出过。这就与前面的定位有一点矛盾。你前面认为,我们现在的法院不是《宪法》第 123 条所说的审判机关,既然它是审判机关,那它就有一个权力,那就是审判权。根据这个定义,将人民法院所行使的审判权与行政权剥离还是可行的,至于你前面所说的身份竞合是一个制度安排,在这个制度安排下剥离和你前面所说的人大、组织法这些制度可能产生一些矛盾。第二个就是根据《宪法》第 126 条的规定,我国人民法院的权力属性是审判权,三中全会所提出的人财物的这种管理权不属于审判权的范畴,它属于司法行政权的范畴。所以将人财物的剥离理解为审判权的上收这种提法是错误的,是一个常识性错误。这是第一点。第二点,我们国家人民法院在 1983 年之前是没有人财物的管理权,这个权力恰恰是在司法行政部门,1983 年司法部与最高人民法院有一个协议,将法院的人财物这方面的司法行政管理职能移交给人民法院,然后人民法院基于这个契约从司法行政部门得到了这个权力。现在司法改革将这个职能从人民法院剥离出去,使人民法院回归《宪法》第 123 条以及第 126 条规定的轨道上去,我认为这个方向应该是正确的。这是我的点评,谢谢大家!

评议人:周其明(中南财经政法大学法学院副教授)

刚才沈寿文教授的文章中谈了两个问题。第一个问题是人民法院的性质,第二个就是人民法院的去行政化问题。第一个问题实际上就是人民法院究竟是一个什么样的机关。今天我们来谈论这样一个问题实际上是很尴尬的,因为人民法院制度在中国已经有65年的时间了。我们今天还不知道它是一个什么样的机关,这对于我们这样一个法学的研究者来说是说不过去的,甚至有时候可以说是一种失职。那么沈寿文教授出于这样一种责任感,试图解决这样一个问题的理论依据。众所周知,人民法院是我们的审判机关。沈寿文教授仔细研究了人民法院的一些非审判职能的问题,他认为法院对人大负责,以及法院对人大提出议案,这就不可避免地给法院带来一些非审判职能。我觉得这些认识是非常独到的。从我个人来说,我认为要弄清人民法院的性质,可以从两方面对它予以理解。第一个从观念上,第二个是从制度上。从观念上说,长期以来我们将人民法院作为一个专政的工具来对待。有时候用它,有时候又将它抛弃了。在一定的时候我们甚至把它给撤销了,这些代表了一代领导人的一些观念。几年以前,我们最高法院院长还曾经说过,人民法院不仅是司法的裁判者,而且还是社会的管理者。他的这样一个讲话代表了我们领导人对于人民法院的观念上的一个认识。那么我个人认为这样一个观念上的认识实际上是对法院性质以及对法院这样一种规定的背离。从制度上说,我们关于人民法院性质的规定第一就是《宪法》第123条,它规定为国家审判机关,还有就是《宪法》第2条关于人大制度的这样一个规定。还有就是序言中关于要坚持中国共产党的领导的规定。我们的法院实际上是一个具有独立法人资格的这样一个法人。因为我们的人大以及它的立法是不受司法审查的。那么对其负责的这样一个特点决定了它的行政性也是我们的沈教授文章中所揭示的一个观点。那么在宪法序言中这样一个规定,这一点在我们的沈教授文章中没有提这个问题。我们很多人也不敢谈论这样一个问题,回避这样一个真实的政治和法律存在。实际上从我个人的理解来说,你们的第一点上应当是坚持党的领导。坚持党的领导可以说是一个很重要的宪法原则。那么认识人民法院的性质应当在这两点的前提下进行,也就是说我们的人民法院实际上就是在人大监督、在党的领导下进行的这样一种独立审判。坦白地承认,我们人民法院就是在党的领导下这样一个基础上来探讨法院的性质和司法公正,可能会好一些。如果我们要承认这一点,就要好办一些,否则可能要涉及宪法的修改问题,实际上这种宪法修改是不可能的事情。所以我们说要回归人民法院审判机关的这样一种属性,还需要很长一段时间。这是我说的第一个关于法院的性质问题。第二个关于法院的去行政化问题。我个人认为沈教授的观念可能有一些误会,他把法院内部的一些行动活动视为它的一种行政性,甚至认为人民法院具有国家审判机关和国家司法行政机关这样一种属性。在这样一种基础之上又提出去行政化是一种很可疑的事情。从这点来说,比如我们行政机关购买商品或劳务,它并没有改变它作为行政机关这样一个特点,立法机关也有一些内部管理活动,也没有改变立法机关这样一个特点。所以从我们目前的这个讨论,这个司法公正问题,实际上大家也达成了共识,公正有三个方面的影响因素,第一是外部的干预,第二是内部的干预,第三是法院法官的个人自律问题,现在来说我们十八届三中全会决定中的司法改革的去行政化实际上不是去内部必要的行政化,而是去外部的行政化和内部不恰当的行政化,所以我个人认为在这个问题上可能还要做进一步的深入研究。谢谢!

4. 发言人:伏创宇(中国青年政治学院法学院讲师):计划生育法治的反思与调整——以社会抚养制度为核心展开

十八届三中全会决定实施“单独二胎”政策,从现行的法律制度看,这样的改革还是非常微弱的。社会抚养费案例:华南理工大学老师超生被开除,北京市公安局不给未缴抚养费的孩子上户口,现在我们大多数的行政事件和司法实践将抚养费作为一种行政处罚。第一个,规范体系层面内,《宪法》、《人口与计划生育法》的相关规定,都没有将超生行为视为一种违法行为。在法律实践中,官方立法将超生视为占用社会公共资源。从目前的法律体系看,国际公约等将生育权作为一种基本的权利,超生不是一种违法行为。第二个,征收对象不明,违法收养等对社会资源的占用显然解释得不合理,关于违法情节,放权给地方,导致征收恣意,还有就是承载了太多的道德标准,加倍征收违反我国的立法本意。最后就是法律体系外进行解读,公权力对生育问题的干预,干预是否要采取强制的手段,妇女的文化水平,权利保障,妇女的意志都影响生育制度的选择,计划生育不只是在数量上的限制。

评议人:丁丽红(中南财经政法大学法学院副教授)

选题非常好,超生巨额罚款要不要,是一种行政处罚,还是对社会经济补偿?他对其进行批判的时候论证视角独特,认为实际上不是行政处罚。他用大量的实例,批判行政处罚。从基本权利的角度看,生育是基本权利,国家不禁止二胎,是任意性的规定,未论证征收的正当性,直接论证征收。国家征收社会抚养费应该一视同仁,而不应该区分名人富人等。最后一点,征收社会抚养费是有必要的,法律相对保留,需要进一步的研究。

评议人:张青波(中南财经政法大学法学院副教授)

作为公法的初学者,汇报一下学习的体会。论文采取了德国的法教育方法,探讨收取社会抚养费的性质,以及对相关制度如何完善的问题。学者试图建构,但是现行制度提供了充分的解释空间,就没有必要主张重新建立一种制度。这种方法需要进一步的贯彻法律保留原则,在中国现行法中是有规定的。德国、中国是不一样的,征收需要依据什么样的层级规范。德国征收是履行公共任务,剥夺宪法保障的私有财产权,把社会抚养费理解为征收。对于征收,从规范的问题上,可以补偿,但是也可以不补偿,为什么对征收社会抚养费不补偿,有学者说超生不具有违法性,征收但不补偿,什么情况下不补偿需要进一步的界定。

(责任编辑:庄培彩、徐厚清)